Entwicklung fördern durch Musik

Waxmann Verlag GmbH
Steinfurter Straße 555, 48159 Münster
info@waxmann.com

Musik als Medium

herausgegeben von
Hans Hermann Wickel

Band 3

Waxmann Münster / New York
München / Berlin

Christine Plahl

Entwicklung fördern
durch Musik

Evaluation musiktherapeutischer Behandlung

Waxmann Münster / New York
München / Berlin

Die Deutsche Bibliothek – CIP-Einheitsaufnahme

Plahl, Christine:
Entwicklung fördern durch Musik: Evaluation
musiktherapeutischer Behandlung / Christine Plahl. –
Münster; New York; München; Berlin: Waxmann, 2000
    (Musik als Medium; Bd. 3)
    Zugl.: München, Uni., Diss., 2000
    ISBN 978-3-89325-907-6

Bibliografische Informationen der Deutschen Nationalbibliothek
Die Deutsche Nationalbibliothek verzeichnet diese Publikation in der
Deutschen Nationalbibliografie; detaillierte bibliografische Daten sind im
Internet über http://dnb.dnb.de abrufbar

ISSN 1436-6037
ISBN 978-3-89325-907-6
© Waxmann Verlag GmbH, 2000
www.waxmann.com
info@waxmann.com

Umschlaggestaltung: Pleßmann Kommunikationsdesign, Ascheberg
Gedruckt auf alterungsbeständigem Papier, säurefrei gemäß ISO 9706

Printed in Germany

Dem Andenken

meiner Freundin und Kollegin

Bettina Winkler

gewidmet

Vorwort

Die klinische Studie an der musiktherapeutischen Abteilung im Kinderzentrum München – und damit verbunden die vorliegende Arbeit – konnte nur realisiert werden durch die vielfältige Unterstützung, die mir von zahlreichen Menschen zuteil wurde, sowie durch die finanziellen und zeitlichen Ressourcen eines Promotions-Stipendiums der Ludwig-Maximilians-Universität München.

Mein Dank gilt an erster Stelle Gertrud Orff († Mai 2000), die durch die Entwicklung der Orff-Musiktherapie gewissermaßen das geistige Fundament dieser Arbeit geschaffen hat. Sie hat mir ihre Begeisterung für die Musiktherapie vermittelt und so den ersten Impuls für meine wissenschaftliche Auseinandersetzung mit diesem faszinierenden Thema gegeben.

Durch den Direktor des Kinderzentrums München, Herrn Prof. Dr. Dr. h.c. Hubertus von Voß wurde die Idee einer klinischen Studie zur Evaluation musiktherapeutischer Behandlung von Anfang an positiv aufgegriffen, kritisch begleitet und dankenswerterweise zusammen mit den Ärztinnen und Ärzten, den Psychologinnen und Psychologen in Ambulanz und Klinik des Kinderzentrums konstruktiv unterstützt.

Mein Dank gilt in besonderer Form den drei Musiktherapeutinnen des Kinderzentrums München, die das praktische Fundament dieser Arbeit geliefert haben. Frau Dr. Melanie Voigt als Leiterin der musiktherapeutischen Abteilung, Frau Renate Greifenstein und Frau Ursula Maisch haben durch ihr unermüdliches Engagement das therapeutische Behandlungswerk geschaffen, das anschließend untersucht werden konnte. An dieser Stelle sei auch Herrn Reinhard Prinz und den anderen Musiktherapie-Praktikantinnen gedankt, ohne deren Unterstützung eine lückenlose Aufnahme aller Sitzungen nicht möglich gewesen wäre.

Danken möchte ich Herrn Dr. Klaus Sarimski und Herrn Dr. Friedrich Voigt, die mich teilhaben ließen an ihrem reichhaltigen klinischen Erfahrungswissen und mir wertvolle Hinweise für die Planung und Auswertung der Studie sowie für die Durchführung der Kommunikationsdiagnostik gegeben haben. Besonderer Dank geht an die Patientenverwaltung sowie an die Mitarbeiterinnen der Eltern-Kind-Station für die stets gute Zusammenarbeit.

Schließlich sei auch den Eltern der untersuchten Kinder, die durch ihre hohe Kooperationsbereitschaft die Durchführung der Studie erst ermöglicht haben, an dieser Stelle mein Dank ausgesprochen.

Eine besondere Unterstützung fand ich in der wissenschaftlichen Begleitung des Projekts durch Frau PD Dr. Mechthild Papoušek. Zusammen mit ihrer Forschungsgruppe am Institut für Sozialpädiatrie der LMU München, deren Labor ich zur Bearbeitung der Videoaufnahmen nutzen konnte, hat sie die Entwicklung der vorliegenden Arbeit von Anfang an gefördert. Mein Dank geht auch an Herrn Prof. Dr. Hanuš Papoušek († Mai 2000), der mich zu Beginn des Projekts in der Konstruktion des Kategoriensystems beraten und mir in vielen Gesprächen seine Begeisterung für entwicklungspsychologische Verhaltensforschung vermittelt hat.

Sehr förderlich war die fachliche und praktische Unterstützung durch Herrn Prof. Dr. Rolf Oerter. Er ermöglichte die Auswertung des Videomaterials an der LMU München und betreute die beiden im Rahmen dieses Projektes angefertigten Diplomarbeiten. In diesem Zusammenhang sei auch noch einmal ausdrücklich Herrn Erhard Bernheim und den weiteren Sponsoren gedankt, durch deren Spende die Video-Auswerteanlage angeschafft werden konnte.

Die beiden Psychologiestudentinnen Frau Kari Åsebø und Frau Eva Schlimok leisteten im Rahmen ihrer Diplomarbeiten einen nicht hoch genug zu schätzenden Beitrag zur vorliegenden Arbeit. Sie unterstützten durch ihr außergewöhnliches Engagement, ihre große Sorgfalt und ihre unermüdliche Ausdauer in hervorragender Weise die mühevolle und langwierige Arbeit des Kodierens der Videoaufnahmen.

Besonderer Dank geht an Herrn Dr. Harald Wurmser vom Institut für Sozialpädiatrie der LMU München, der ein Computerprogramm für die statistische Analyse der Videodaten entwickelte und mich darüber hinaus in methodischen und statistischen Fragen beraten hat. Ganz besonders herzlich danke ich meinem Freund und Kollegen Benno Sterzer aus Wien, der die musikalische Notation eines Improvisationsausschnittes angefertigt hat.

Danken möchte ich schließlich auch meinen musiktherapeutischen und psychologischen Kolleginnen und Kollegen sowie den Doktorandinnen der Frauenakademie München, die mich durch ihr Interesse, ihre kreativen Vorschläge und ihre Aufmunterungen immer wieder ermutigt haben, auftauchende Hindernisse zu überwinden. Nicht zuletzt danke ich von Herzen meiner ganzen Familie, die während all der Jahre dieses Promotionsprojektes stets bereit war, mich in jeglicher Hinsicht zu unterstützen!

München, im Juni 2000   Christine Plahl

Inhalt

1 Einleitung..13

2 Kommunikation durch Musik...19
  2.1 Anthropologische Dimensionen von Musik..20
    2.1.1 Kommunikative Bedeutung von Musik..21
    2.1.2 Frühe Entwicklung von Musikalität..22
    2.1.3 Kommunikatives Potential von Musik...25

  2.2 Therapeutische Anwendung von Musik...27
    2.2.1 Musiktherapeutische Ansätze..27
    2.2.2 Musiktherapie bei Kindern..29
    2.2.3 Musiktherapeutische Wirkprinzipien...31

  2.3 Orff-Musiktherapie..34
    2.3.1 Entstehung und Beschreibung der Orff-Musiktherapie.......................34
    2.3.2 Therapeutische Vorgehensweise der Orff-Musiktherapie....................35
    2.3.3 Wirkprinzipien der Orff-Musiktherapie..37

3 Präverbale Kommunikation...39
  3.1 Bedeutung präverbaler Kommunikation...39
    3.1.1 Präverbale Kommunikation als Grundlage der Sprachentwicklung......40
    3.1.2 Funktionen präverbaler Kommunikation in der Interaktion.................41

  3.2 Entwicklungsverlauf präverbaler Kommunikation......................................42
    3.2.1 Modalitäten präverbaler Kommunikation..45
    3.2.2 Bedeutung präverbaler Kommunikation für die Interaktion.................47

  3.3 Präverbale Kommunikation bei mehrfach behinderten Kindern..................49
    3.3.1 Besonderheiten in den Modalitäten präverbaler Kommunikation........51
    3.3.2 Besonderheiten in der Interaktion mit mehrfach behinderten Kindern..........52

  3.4 Förderung präverbaler Kommunikation..54
    3.4.1 Prinzipien der Entwicklungsförderung..55
    3.4.2 Therapeutische Handlungsmodelle..57

4 Evaluation musiktherapeutischer Entwicklungsförderung...............................61
  4.1 Evaluation musiktherapeutischer Intervention...61
    4.1.1 Grundlegende Kontroverse zur Evaluation von Musiktherapie...........61
    4.1.2 Theoretische Kontroverse zur Evaluation von Musiktherapie.............63
    4.1.3 Methodische Kontroverse zur Evaluation von Musiktherapie.............64

  4.2 Evaluation von Entwicklungsförderung...67
    4.2.1 Theoretische Konzeption von Entwicklungsförderung........................67
    4.2.2 Methodisches Vorgehen in der Evaluation von Entwicklungsförderung.......68
    4.2.3 Entwicklung des eigenen Untersuchungsdesigns.................................71

4.3 Entwicklungsförderung durch Orff-Musiktherapie 75
   4.3.1 Entwicklungsfördernde Elemente der Orff-Musiktherapie 75
   4.3.2 Prozeßmodell der Orff-Musiktherapie...77
   4.3.3 Entwicklung der Forschungshypothesen..83

5 Forschungshypothesen 87

6 Forschungsmethoden...91
  6.1 Stichprobenbeschreibung...91

  6.2 Untersuchungsinstrumente 94
   6.2.1 Kategoriensystem *KAMUTHE*..95
   6.2.2 Early Social Communication Scales – ESCS...................................99
   6.2.3 Musiktherapie-Profil 101
   6.2.4 Elterninterview 102

  6.3 Auswertung und Analyse der Daten.. 103
   6.3.1 Durchführung der Videoanalyse.. 103
   6.3.2 Auswertung der ESCS 104
   6.3.3 Auswertung des Musiktherapie-Profils 104
   6.3.4 Auswertung des Elterninterviews 105
   6.3.5 Datenanalyse 105

  6.4 Untersuchungsdesign.. 106

7 Ergebnisse... 109
  7.1 Präverbale kommunikative Fähigkeiten.. 109
   7.1.1 ESCS-Gesamt-Wert 110
   7.1.2 ESCS-Funktionen *Aufmerksamkeitsausrichtung* und *Verhaltenslenkung* .. 113
   7.1.3 ESCS-Dimensionen *initiierendes* und *reagierendes* Verhalten.... 118
   7.1.4 Zusammenfassung Präverbale kommunikative Fähigkeiten 122

  7.2 Aufmerksamkeitsausrichtung.. 123
   7.2.1 Häufigkeitsrate der Aufmerksamkeitsausrichtung....................... 123
   7.2.2 Prozentualer Anteil der Aufmerksamkeitsausrichtung 128
   7.2.3 Mittlere Dauer der Aufmerksamkeitsausrichtung........................ 133
   7.2.4 Zusammenfassung Aufmerksamkeitsausrichtung......................... 137

  7.3 Produzieren kommunikativer Beiträge.. 138
   7.3.1 Häufigkeitsrate der kommunikativen Beiträge............................. 139
   7.3.2 Prozentualer Anteil kommunikativer Beiträge............................. 142
   7.3.3 Mittlere Dauer kommunikativer Beiträge.................................... 146
   7.3.4 Zusammenfassung Produzieren kommunikativer Beiträge 153

  7.4 Intentionale kommunikative Bezugnahme... 154
   7.4.1 Bezugnahme auf die Therapeutin 155
   7.4.2 Bezugnahme auf das Instrument.. 157

  7.5 Kontingente kommunikative Reaktion 159
   7.5.1 Kontingente Aufmerksamkeitsausrichtung.................................. 160
   7.5.2 Kontingenter kommunikativer Beitrag.. 161

7.6 Dialogische Abstimmung 164
   7.6.1 Länge dialogischer Abfolgen 165
   7.6.2 Anteil dialogischen Spiels 166
   7.6.3 Anteil gleichzeitigen Spiels 168

7.7 Kommunikativer Ausdruck 169
   7.7.1 Ausdrucksverhalten des Kindes 169
   7.7.2 Einzel Item-Paar-Vergleiche 170
   7.7.3 Zusammenfassung Kommunikativer Ausdruck 174

7.8 Auswirkungen der musiktherapeutischen Behandlung im Alltag 175
   7.8.1 Musikalische Aktivitäten im Alltag 176
   7.8.2 Einschätzung der musiktherapeutischen Behandlung durch die Eltern 176
   7.8.3 Veränderungen in Beziehung und Kommunikation 176
   7.8.4 Zusammenfassung Auswirkungen der musiktherapeutischen 177
       Behandlung

7.9 Qualität von Kommunikation und Interaktion 177
   7.9.1 Semantische Felder der Beschreibung von Interaktion und 178
       Kommunikation
   7.9.2 Zusammenfassung Qualität von Kommunikation und Interaktion 181

8 Diskussion 183
   8.1 Generalisierbarkeit der Ergebnisse 183
   8.2 Interpretation und Diskussion der Ergebnisse 188
      8.2.1 Präverbale kommunikative Fähigkeiten 188
      8.2.2 Aufmerksamkeitsausrichtung 190
      8.2.3 Produzieren kommunikativer Beiträge 193
      8.2.4 Kommunikative Bezogenheit 195
      8.2.5 Kommunikativer Ausdruck 200
   8.3 Zusammenfassung der Ergebnisse 202
   8.4 Exemplarische Validierung des theoretischen Prozeßmodells 205
   8.5 Ausblick 215

9 Zusammenfassung 221

Literaturverzeichnis 223

Anhang 249

1 Einleitung

> *Spielen* ist der Gegenstand und die Tätigkeit aller Musik.
> (Leonard Bernstein)

Wenngleich die Anfänge der Verwendung von Musik als Heilkunst im Dunkeln liegen, ist doch zu vermuten, daß Singen und Musizieren in Gemeinschaft sehr früh schon eine wichtige Rolle im Zusammenleben der Menschen gespielt haben (Lund, 1991). Zu den ersten überlieferten Quellen therapeutischer Ausübung von Musik gehören neben dem vielzitierten Harfenspiel Davids zur Behandlung der Depressionen von König Saul (1. Sam 16, 14–23) – ägyptische Papyrusrollen (ca. 1500 v.Chr.), in denen die Wirkung von Musik auf den menschlichen Körper beschrieben wurde (Mahns, 1994). Musik hatte in den westlichen Kulturen bis zum 18. Jahrhundert und in einigen Kulturen bis heute vorwiegend funktionale Bedeutung (Rösing, 1993). In den letzten zweihundert Jahren ging das Wissen über den vielfältigen anthropologischen Gebrauchswert von Musik jedoch weitgehend verloren. Erst durch jüngere musikethnologische Studien wurde die gesellschaftliche Relevanz von Musik und die Sprachfähigkeit des Phänomens Musik wieder mehr ins Bewußtsein getragen und die fundamentale Bedeutung von Musik für die menschliche Natur aufgezeigt (Suppan, 1976).

So versteht John Blacking (1987) Tanz und Gesang als primäre Anpassungen des Menschen an seine Umwelt und vermutet in deren Zusammenwirken ein kreatives Potential, das die Entwicklung der Menschheit befördert hat. Auch Hanuš und Mechthild Papoušek (1995) betonen, daß erst die Wahrnehmung und Verarbeitung von Klängen und sichtbaren Ereignissen zur Regulation menschlichen Verhaltens die Entwicklung komplexer Formen von Kommunikation und Kultur ermöglicht hat. Die Verbindung von vokalen Klängen und körperlichen Bewegungen schafft ein unbegrenztes Repertoire an Ausdrucksformen, das weit über die kommunikativen Beschränkungen anderer Lebewesen hinausreicht. Auf diese Weise konnten menschliche Kulturen mit einer noch nie da gewesenen Ansammlung und Anwendung von Wissen entstehen.

Wolfgang Suppan (1986) betrachtet Musizieren, musikalische Aktivität oder musikalische Kommunikation als eine spezifische Form menschlicher Kommunikation. Er verweist dabei auf die Habilitationsschrift *Musik und Sprache* von Friedrich von Hausegger (1871), in der dieser versucht, Musizieren als ein primär menschliches Kommunikationsmedium zu begründen, das biologisch disponiert ist und genetisch vermittelt wird. Besteht keine Gelegenheit, angeborene musikalische Fähigkeiten zu üben und zu nutzen, bleiben diese Ressourcen menschlicher Kommunikation unerschlossen (Blacking, 1981).

In der Mitte des 19. Jahrhunderts sah Gustav Schilling im Musikunterricht ein unentbehrliches Mittel zur Entfaltung menschlicher Kommunikationsfähigkeit, in seiner Bedeutung dem Sprachunterricht vergleichbar:

> Die Gesellschaft lebt nicht blos von Gedanken: Empfindungen und Leidenschaften sind ihre eigentlichen und hauptsächlichen Impulse, und deren Sprache zu erkennen, zu reden und zu verstehen, lernen wir am vollkommensten, leichtesten und richtigsten durch das Mittel der Musik (Schilling, 1854, S. 36; zitiert in Nolte, 1976, S. 437).

In der ersten Hälfte des 20. Jahrhunderts wurde schließlich die körperliche Bewegung wiederentdeckt und der gesamte Körper in den musikalischen Ausdruck einbezogen. Besonders prominent war die rhythmische Gymnastik von Emile Jacques-Dalcroze (1924), dessen Konzept unter anderem auch Carl Orff in seiner Idee einer elementaren Musik beeinflußt hat (Kugler, 2000). Das Anliegen des Orff-Schulwerks war es, grundlegende musikalische Erfahrungen in einer ursprünglichen Form zu vermitteln.

Carl Orff hat dies im Vorwort wie folgt charakterisiert: „Das Schulwerk will als elementare Musikübung an Urkräfte und Urformen der Musik heranführen" (Orff, 1930; zitiert in Möller, 1971, S. 62). Durch das besondere Instrumentarium, das nicht durch Kunsttraditionen und Spielschwierigkeiten belastet ist, kann das Kind elementare musikalische Reize erleben und unmittelbar im musikalischen Spiel schöpferisch werden. Im Idealfall verbinden sich rhythmische Bewegung und musikalisches Spiel des Kindes. Eine solch umfassende, elementare musikalische Betätigung betrachtet Hodges (1989) als essentiell für das menschliche Wesen.

Nach Auffassung des amerikanischen Musikanthropologen John Blacking (1987) entspricht sie der menschlichen Natur, da Tanz und Gesang durch ihre unmittelbare Körperlichkeit sensorische, kommunikative, koordinierende und kooperierende Fertigkeiten integrieren. Trevarthen (1997) ist daher der Überzeugung, daß Musik uns Menschen gerade deswegen in vielerlei Hinsicht bewegen kann, weil wir uns auf musikalische Art und Weise – rhythmisch, harmonisch und mit modulierenden Gesten – bewegen. Diese Art von musikalischer Bewegung könnte ein Hinweis auf den Ursprung der menschlichen Sprache sein. So vermutet Donald (1991) die Vorläufer der Sprache und des symbolischen Denkens in einem frühen Stadium der Evolution menschlicher Kultur, das er als *mimesis* bezeichnet. In diesem Stadium drückten die Menschen Erfahrungen und Gefühle körperlich durch dramatische Handlungen, Tanz und Gesang aus. So konnten sie erlebte Ereignisse musikalisch beschreiben und imaginäre Verwandlungen herbeiführen. Durch die expressiven Möglichkeiten der *mimesis* entwickelte sich schließlich die Fähigkeit des Menschen, Handlungen anderer als dramatische oder melodramatische Botschaft zu verstehen.

Die kommunikative Funktion musikalischer Ausdruckselemente in der Evolution könnte eine Erklärung dafür sein, warum auch für moderne Menschen Musik eine besondere Bedeutung hat, die unabhängig von der Sprache ist und über die Sprache hinausgeht.

Wesentlich an den vermuteten frühen Formen musikalischen Ausdrucks wie auch an den Heilmusiken früher und aktueller Kulturen (Maler, 1976; Mastnak, 1996; Touma, 1982) ist die gemeinsame Ausübung der Musik. Die kommunikative oder therapeutische Wirkung der musikalischen Aktivität kommt erst durch die Interaktion von zwei oder mehr Menschen zustande. Dieser Grundgedanke findet sich wieder in den Formen musiktherapeutischer Behandlung des 20. Jahrhunderts, die sich als *aktiv* bezeichnen und damit kennzeichnen, daß sowohl Klientin[1] wie auch Therapeutin spielend oder singend am musikalischen Geschehen beteiligt und affektiv eingebunden sind (Eschen, 1996). Die musikalische Kommunikation ist zum therapeutischen Agens geworden und unterscheidet sich grundlegend vom bloßen musikalischen Zuhören, wie Peter Faltin (1976) ausführt: „‚Kommunikation' unterscheidet sich vom ‚Hören' gerade dadurch, daß sie die soziale Interaktion zwischen Mensch, Musik und Gesellschaft als eine grundlegende Notwendigkeit des menschlichen Wesens zu erklären versucht" (Faltin, 1976, S. 451).

In der Broschüre der Deutschen Gesellschaft für Musiktherapie (DGMT) werden die allgemeinen Ziele musiktherapeutischer Behandlung definiert als „Verbesserung der Kommunikationsfähigkeit, Aktivierung der emotionalen Erlebnisfähigkeit, Entspannung psychophysischer Verkrampfungen sowie Entwicklung des kreativen Ausdrucks" (zitiert nach Mahns, 1994, S. 1737). Diese Ziele zeigen eine frappierende Ähnlichkeit mit den Funktionen der *mimesis*, wie sie Donald (1991) für die frühe Menschheit angenommen hat.

Das Vermögen der Musik, auf nicht-sprachlichem Weg Kontakt herzustellen und kommunikativen Ausdruck zu erleichtern, mag eine wesentliche Erklärung dafür sein, warum Musiktherapie insbesondere bei nicht sprechenden Menschen und bei Menschen mit autistischen Störungen (Evers, 1992) sowie bei Menschen mit kommunikativen Entwicklungsstörungen (Nelson, Anderson & Gonzales, 1984) besonders beeindruckende Erfolge erzielen kann. In meiner eigenen mehrjährigen musiktherapeutischen Arbeit mit mehrfach behinderten Kindern und Jugendlichen, die neben anderen Behinderungen sehbehindert oder vollständig blind waren, beobachtete ich, daß musikalische Aktivitäten den kommunikativen Austausch erweitern und intensivieren können. Hieraus entstand schließlich der Wunsch, die besonderen musikalisch-kommunikativen Prozesse der Orff-Musiktherapie genauer zu erforschen.

---

[1] In der vorliegenden Arbeit wird aus Gründen der besseren Lesbarkeit die weibliche Bezeichnung verwendet. Selbstverständlich ist die männliche Form stets einbezogen.

Orff-Musiktherapie wird seit 1970 mit großem Erfolg in einer eigenen musiktherapeutischen Abteilung am Kinderzentrum in München praktiziert und darüber hinaus in vielen Einrichtungen zur Therapie und Rehabilitation von behinderten Kindern, Jugendlichen und Erwachsenen angewandt. Klinische Beobachtungen zeigen, daß es der Orff-Musiktherapie gelingt, Kontakt zu Menschen mit eingeschränkten kommunikativen Möglichkeiten herzustellen, die dadurch einerseits ermutigt werden, sich selbst auszudrücken, und andererseits offener werden für die Angebote ihrer Umgebung (Orff, 1974; 1982).

Gerade bei mehrfach behinderten Kindern ist bedingt durch die Kombination von mentalen, motorischen, sensorischen oder zusätzlichen syndrombedingten Beeinträchtigungen der Erwerb kommunikativer Fertigkeiten häufig erschwert. Andererseits sind kommunikative Kompetenzen für Kinder mit mehrfachen Einschränkungen von besonderer Bedeutung, da diese einen wichtigen entwicklungsfördernden und präventiven Faktor darstellen. Forschungsergebnisse zur Prävalenz aggressiver, destruktiver und selbstverletzender Verhaltensweisen zeigen, daß diese abhängig sind vom Grad der Behinderung und von den verfügbaren kommunikativen Fähigkeiten (Überblick bei Sarimski, 1997). Entsprechend haben sich in den letzten Jahren für den therapeutischen Umgang mit derartig herausfordernden Verhaltensweisen behinderter Kinder verstärkt kommunikationsorientierte Konzepte durchgesetzt (Carr et al., 1994). Eine Verbesserung kommunikativer Fertigkeiten des Kindes hat Auswirkungen auf die Selbstregulation des Kindes und ist allgemein von hoher Relevanz für seine Lebenssituation und die seiner Familie (Sameroff & Emde, 1989). Es ist für mehrfach behinderte Kinder – wie für alle Menschen – von essentieller Bedeutung zu erleben, daß ihre Umwelt kommunikative Erwartungen an sie stellt und zu erleben, daß ihre eigenen kommunikativen Bemühungen Erfolg haben.

Der handlungs- und erlebnisorientierte Zugang der Musiktherapie ist inzwischen als adäquate Therapieform insbesondere bei sprachlich nicht oder nur sehr schwer zugänglichen Störungen bzw. bei Menschen mit Einschränkungen in ihren verbalen Ausdrucksmöglichkeiten weitgehend anerkannt (Mahns, 1994). Unklar ist allerdings, welche spezifischen musiktherapeutischen Elemente am Zustandekommen einer erfolgreichen Behandlung beteiligt sind, wodurch sich diese im einzelnen auszeichnen und welcher Art das therapeutisch wirksame, entwicklungsfördernde Zusammenwirken ist.

Die Wirksamkeit musiktherapeutischer Behandlungen wurde bislang überwiegend anhand von Fallbeschreibungen dokumentiert (Bruscia, 1991). Empirische Überprüfungen der musiktherapeutischen Praxis sind für die Entwicklung theoretischer Wirkkonzepte und differentieller Indikationsansätze ebenso notwendig, wie sie unumgänglich sind, um langfristig das Vertrauen in den musiktherapeutischen Berufsstand und seine Behandlungsformen zu fördern.

Die vorliegende Arbeit überprüft zum einen die Wirksamkeit musiktherapeutischer Intervention in der Entwicklungsförderung kommunikativer Fähigkeiten und untersucht zum anderen durch eine Mikroanalyse des kommunikativen Austausches die musiktherapeutische Interaktion. Darüber hinaus werden entwicklungsfördernde Elemente musiktherapeutischer Behandlung bei mehrfach behinderten Kindern identifiziert und die Besonderheiten entwicklungsfördernder Prozesse in der Orff-Musiktherapie aufgezeigt. Das zentrale Element der Interaktion in der Orff-Musiktherapie ist die Musik. Im ersten Kapitel dieser Arbeit werden daher das kommunikative Potential und die kommunikative Funktion von Musik erläutert. Nach der Darstellung von anthropologischen Dimensionen der Musik wird die kommunikative Bedeutung der frühen Entwicklung von Musikalität beschrieben. Weiter wird untersucht, warum und auf welche Weise Musik als therapeutisches Medium verwendet wird. Dazu werden zunächst therapeutische Anwendungen von Musik bei Kindern sowie die vermuteten musiktherapeutischen Wirkprinzipien beschrieben. Abschließend werden Entstehungsgeschichte, therapeutische Vorgehensweise und therapeutische Wirkprinzipien der Orff-Musiktherapie dargestellt.

Die Interaktionen in der Orff-Musiktherapie finden weitgehend auf der Ebene präverbaler Kommunikation statt und haben häufig eine Verbesserung präverbaler kommunikativer Fertigkeiten zum Ziel. So wird im zweiten Kapitel die grundlegende Bedeutung präverbaler Kommunikation für die Sprachentwicklung und ihre Funktion in der Interaktion erläutert. Neben dem Entwicklungsverlauf präverbaler Kommunikation werden die Besonderheiten in Entwicklung und Interaktion bei mehrfach behinderten Kindern beschrieben. Abschließend werden entwicklungsfördernde Prinzipien und therapeutische Handlungsmodelle zur Förderung präverbaler Kommunikation vorgestellt.

Anhand der Ergebnisse der klinischen Studie soll dargelegt werden, ob und wie durch die Intervention mit Orff-Musiktherapie nach dem aktuellen Stand entwicklungspsychologischer Forschung eine Verbesserung der kommunikativen Fähigkeiten mehrfachbehinderter Kinder erreicht werden kann. Im dritten Kapitel werden dazu Konzepte der klinischen Entwicklungspsychologie zur Evaluation therapeutischer Intervention auf die musiktherapeutische Behandlung angewandt.

Zunächst werden musiktherapeutische Positionen zur Evaluation anhand der grundlegenden, theoretischen und methodischen Kontroversen zur Musiktherapieforschung referiert. Danach wird die theoretische Konzeption von Entwicklungsförderung und das methodische Vorgehen in der Evaluation von Entwicklungsförderung beschrieben und davon ausgehend das eigene Untersuchungsdesign entwickelt. Abschließend werden die entwicklungsfördernden Elemente der Orff-Musiktherapie herausgearbeitet und in ein theoretisches Prozeßmodell integriert. Daraus werden die Interventionshypothesen abgeleitet, die in der klinischen Studie empirisch überprüft wurden.

Ziel der klinischen Studie in der musiktherapeutischen Abteilung am Kinderzentrum München war es zu untersuchen, ob die präverbalen kommunikativen Fähigkeiten mehrfach behinderter Kinder durch eine intensive Behandlung mit Orff-Musiktherapie verbessert werden können. Dazu wurde eine prozeßorientierte Evaluation mit verschiedenen Meßebenen und einer Kombination quantitativer und qualitativer Daten gewählt. Die Kriterien zur Bewertung der Ergebnisse wurden durch die Anbindung musiktherapeutischer Intervention an psychologische Entwicklungstheorien gewonnen.

Die vorliegende Arbeit versucht zu zeigen, welche Bedeutung dem Medium Musik in der frühen Interaktion und in der musiktherapeutischen Intervention zukommt und wie im Rahmen der musiktherapeutischen Behandlung eine Beziehung hergestellt wird, die mehrfach behinderten Kindern die Entwicklung interaktiver Fähigkeiten und kommunikativer Ausdrucksmöglichkeiten erleichtert.

2 Kommunikation durch Musik

Der Musik und den musikalischen Aspekten der Sprache werden seit jeher kommunikative Funktionen zugeschrieben, insbesondere, um emotionale Einfärbungen und persönliche Einstellungen auszudrücken. So hat Immanuel Kant in seiner *Kritik der Urteilskraft* (1790) drei grundlegende menschliche Kommunikationsmodi unterschieden:

> Wenn wir also die schönen Künste einteilen wollen: so können wir, wenigstens zum Versuche, kein bequemeres Prinzip dazu wählen, als die Analogie der Kunst mit der Art des Ausdrucks, dessen sich Menschen im Sprechen bedienen, um sich, so vollkommen als möglich ist, einander, d.i. nicht bloß ihren Begriffen, sondern auch Empfindungen nach, mitzuteilen. – Dieser besteht in dem *Worte*, der *Gebärdung* und dem *Tone* (Artikulation, Gestikulation und Modulation). Nur die Verbindung dieser drei Arten des Ausdrucks macht die vollständige Mitteilung des Sprechenden aus. Denn Gedanke, Anschauung und Empfindung werden dadurch zugleich auf den anderen *übergetragen* (Kant, 1790/1974, S. 258).

Diese Vorstellung von Sprache läßt eine Verbindung zum Musikbegriff des klassischen Griechenland (5./4.Jh. v. Chr.) erkennen. Die Einheit von Dichtung, Musik und Tanz wurde bezeichnet mit *musiké* (die ‚Musische‘), eine Frühform der später getrennten Künste. Etwa zu Zeiten von Aristoteles (384–322 v.Chr.) brach diese Einheit auseinander und die Wortbedeutung von *musiké* verengte sich auf den Bereich der Tonkunst, der heutigen Musik. Eine Auswirkung dieses umfassenden Musikverständnisses war es, daß der Mensch als gesamte Person angesprochen war und *musiké* über das Ästhetische hinaus auch ethische, politische und erzieherische Bedeutung erlangte (Brockhaus, Riemann 1998). Der Glaube an spezifische ethische Einflüsse der Musik äußerte sich dergestalt, daß ‚gute‘ Musik den Menschen zum Guten führen und ‚schlechte‘ Musik ihn schlecht machen konnte.

Platon (427–347 v.Chr.) hat dies im *Staat* folgendermaßen erklärt: „Durch das Ohr dringen die Töne in das Innere der Seele. Sie können durch ihre Gestalten und Zusammenhänge den Menschen nicht nur bilden und formen, sondern auch beeinflussen, je nach ihrem Wesen: zum Guten oder zum Bösen“. Der Einfluß von *musiké* ging sogar über das einzelne Individuum hinaus und zeigte Auswirkungen bis in gesellschaftliche Zusammenhänge: „Niemals werden die Tonarten verändert, ohne daß die wichtigsten staatlichen Gesetze in Mitleidenschaft gezogen werden“.

Heute wird in der Wahrnehmung und im Gebrauch von Musik meist der emotionale Aspekt der Klangerfahrung hervorgehoben, was sich nicht zuletzt im kommerziellen Erfolg von Entspannungsmusik und sogenannter New-Age-Musik widerspiegelt.

Ganz neu ist ein solches Musikverständnis allerdings nicht, da bereits Strawinsky (1957) feststellte:

> Die meisten Leute lieben die Musik, weil sie in ihr Gemütsregungen finden wollen, Freude, Schmerz, Trauer, Begeisterung an der Natur, einen Anlaß zum Träumen und schließlich noch ein Vergessen des ‚prosaischen Lebens'. Sie suchen in ihr ein Rauschmittel, ein ‚Stimulans'. Für sie ist es wichtig zu wissen, was die Musik ausdrückt, was der Komponist wohl gedacht hat, als er sie schrieb. Sie können nicht begreifen, daß die Musik eine Sache ‚für sich ist' und völlig unabhängig von den Gedanken, die sie in ihnen erweckt. ... Wenn diese Leute doch lernen wollten, Musik um ihrer selbst willen zu lieben! (S. 150f).

Welcher Art also ist die Information, die durch musikalische Kommunikation vermittelt wird? Erfüllt Musik ausschließlich eine emotionale Funktion? Wird durch Musik eine absolute musikalische Botschaft übermittelt oder sind die musikalischen Zeichen durch kulturelle Kodierungen geprägt? Die Beziehungen, die zwischen Musikalität und Kommunikation, Sprache und Musik existieren, sind auch deswegen wichtig, weil dadurch die Ursprünge der Musikalität und die adaptive Bedeutung von Musikalität für den Menschen verstehbar werden (H. Papoušek & M. Papoušek, 1995).

2.1 Anthropologische Dimensionen von Musik

Sprache wie Musik sind Universalien menschlicher Entwicklung und zeigen gleichzeitig vielfältige Variationen in ihren Ausprägungen in verschiedenen Kulturen der Erde. Dies weist darauf hin, daß Musik sowohl für den Bereich biologischer Entwicklung wie auch für die kulturelle Entwicklung des Menschen von Bedeutung ist – soweit diese beiden Bereiche überhaupt getrennt betrachtet werden können. Musik spielt nicht nur im kulturellen Leben der Menschen eine wichtige Rolle, Musik fördert auch Gesundheit und Widerstandskraft des Menschen gegen widrige Umstände, da sie in der Lage ist, nonverbal Emotionen zu übermitteln (M. Papoušek & H. Papoušek, 1981a; H. Papoušek & M. Papoušek 1995; H. Papoušek, 1996).

Die Frage, ob zuerst die Musik oder ob zuerst die Sprache da waren, ob der Mensch also zuerst gesungen oder gesprochen habe, wurde und wird unterschiedlich beantwortet. Blacking (1987) glaubt Hinweise darauf zu sehen, daß die frühe menschliche Spezies bereits einige hunderttausend Jahre bevor der *homo sapiens sapiens* mit seiner Kapazität für Sprache auftauchte, singen und tanzen konnte. Suppan (1984) zitiert hierzu aus den *Studien zur Entwicklungsgeschichte der ornamentalen Melopoie – Beiträge zur Geschichte der Melodie* von Robert Lach (1913):

Weder hat die Musik in der Sprache ihren Ursprung, wie Herbert Spencer lehrt, noch die Sprache in der Musik, wie die Darwinsche Theorie annimmt, sondern Sprache und Musik stammen beide von ein und derselben gemeinsamen Wurzel und Urausdrucksform, dem Schrei, d.i. dem Resultat einer wie jede andere Muskelkontraktion als Reflexbewegung durch einen Reiz ausgelösten gleichzeitigen Kontraktion der Zwerchfell- und Kehlkopfmuskulatur (Lach, 1913, S. 25 zitiert in Suppan, 1984, S. 179).

Diese damals noch eher spekulativ postulierte Verbindung vom ersten Schrei zum ersten Singen und zum ersten Wort ist mittlerweise empirisch bestätigt worden (H. Papoušek, 1994; M. Papoušek, 1994a, 1994b).

2.1.1 Kommunikative Bedeutung von Musik

Die neuere musikethnologische Forschung hat gezeigt, daß eine allgemeine Definition von Musik problematisch ist. Es läßt sich allerdings eine grundsätzliche Unterscheidung zur Bedeutung von Musik treffen. Musik, oder besser verschiedene Musiken, können zum einen als kulturelle Systeme aufgefaßt werden, die mit Hilfe spezieller Symbolsysteme und bestimmter Arten von sozialer Interaktion konstituiert werden. Zum anderen läßt sich Musik begreifen als eine menschliche Kapazität, die die Menschen durch ein angeborenes artspezifisches Set kognitiver und sensorischer Fähigkeiten dazu prädestiniert, diese zur Kommunikation zu nutzen sowie dazu, Sinn aus ihrer Umgebung zu gewinnen (Blacking, 1990).

Musikalisches Verhalten spiegelt also soziale Zusammenhänge wider und ist gleichzeitig in seiner Struktur und Funktion auf grundlegende menschliche Bedürfnisse bezogen. Blacking (1973) geht davon aus, daß musikalisches Verhalten wie die Fähigkeit zu sprachlicher Kommunikation biologisch angelegt ist: „It seems to me that what is ultimately of most importance in music cannot be learned like other cultural skills: it is there in the body, waiting to be brought out and developed, like the basic principles of language formation" (S. 100). Die unterschiedlichen Ausprägungen von Musik sind sozial akzeptierte Klangmuster, die von Menschen erfunden und entwickelt wurden, indem sie in verschiedenen sozialen und kulturellen Kontexten miteinander interagiert haben. Musik läßt sich so als ein soziales Phänomen begreifen, das nicht in erster Linie ein künstlerisches Produkt ist, sondern ein interaktiver Prozeß, der gelernt wird (Blacking, 1981, 1995a). Da sich musikalische Verhaltensweisen nicht als einzelne isolierte Phänomene entwickeln, sondern als Teil globaler Verhaltensweisen im Kontext sozialer Interaktion, läßt sich Musik auch verstehen als ein primäres Mittel, um den Prozeß der Sozialisation aufrechtzuerhalten (M. Papoušek & H. Papoušek, 1981a, 1987).

Beispielsweise besteht die kommunikative Funktion des spontanen Singens von Kindern unter anderem darin, Kontakt mit Gleichaltrigen herzustellen wie der norwegische Musikpsychologe Bjørkvold (1990) ausführt: „The informational function of children's singing is a basic aspect of its significance, the more so since the often subtle blending of music, emotion and information makes its rhetoric especially persuasive. All this music belongs to the socializing of the child. And the child's singing plays not a minor part in that general process" (S. 133).

Die vielfältigen Funktionen im einzelnen darzustellen, die der Musik aktuell in gesellschaftlich-kommunikativen und individuell-psychischen Bereichen zukommen, überschreitet den Rahmen dieser Arbeit. Es sei hier auf die umfassende Übersicht von Rösing (1993) verwiesen. Musik und Sprache stellen beide primär einen kommunikativen Prozeß dar und können als das klangliche Ergebnis von Handlungen, als Spiel betrachtet werden können (Baily, 1985).

2.1.2 Frühe Entwicklung von Musikalität

Musikalität wird von Blacking (1990) wie folgt definiert: „Musical intelligence is the cognitive and affective equipment of the brain with which people make musical sense of the world" (S. 72). Es stellt sich die Frage, wodurch sich eine solche musikalische Intelligenz im einzelnen auszeichnet und wie die individuelle Entwicklung musikalischer Fähigkeiten verläuft. Hanuš und Mechthild Papoušek (1995) gehen davon aus, daß Kinder biologisch für Musikalität prädestiniert sind, da sie entdeckt haben, daß elementare musikalische Fähigkeiten des Kindes durch intuitive elterliche Unterstützung gefördert werden.

Prägend für die musikalische Entwicklung in den ersten Lebensmonaten sind die universell beobachtbaren prosodischen Melodiekonturen der Bezugspersonen im kommunikativen Umgang mit dem Kind: Ansteigende Konturen bewirken eine Aufmerksamkeitserregung, während fallende Konturen das Kind beruhigen (M. Papoušek, 1994c). Darüber hinaus gehende individuelle Besonderheiten der Prosodie und Melodik in der Interaktion von Bezugsperson und Kind schaffen ein unverwechselbares Interaktionssystem. Das Kind ist durch die dialogische Interaktionsstruktur von Anfang an aktiv an seiner eigenen musikalischen Entwicklung beteiligt. Auf diese Weise erhalten alle Kinder bis zum Beginn des Sprechalters eine – wenn auch nicht direkt beabsichtigte – elementare musikalische Erziehung (H. Papoušek & M. Papoušek, 1995).

In solchen Interaktionen lernt das Kind auch, durch eigene Lautäußerungen etwas zu bewirken. Da die Laute des Kindes als kommunikativ interpretiert werden und entsprechend wie in einem wechselseitigen Gespräch beantwortet und kommentiert werden, erlebt das Kind die elterlichen Lautäußerungen als abhängig von seinen eigenen Lauten und kann durch diese Kontingenzerfahrung vertraute Laute von neuem auslösen (M. Papoušek, 1981). Die frühe Musikalität des Kindes ermöglicht auf diese Weise ebenso eine Selbstregulation wie den Ausdruck von Stimmungen. In diesen frühen Funktionen melodischer Elemente wird die enge Verbindung von Sprache und Singen besonders augenfällig.

Manturzewska und Kaminska (1993) haben ein Stadienmodell entwickelt, das Veränderungen in produktiven, reproduktiven und rezeptiven musikalischen Fähigkeiten auf das Lebensalter bezogen beschreibt. Die folgende Darstellung ist daran angelehnt. Die Grenzen zwischen den Stadien sind als fließend zu verstehen, so daß die Dauer einzelner Stadien sowie das zugehörige Alter jeweils individuell variieren können. Es ist zu berücksichtigen, daß nur beobachtbare Entwicklungsprozesse beschrieben werden können. Die Entwicklung des emotionalen Erlebens musikalischer Erfahrungen kann auf diese Weise nicht abgebildet werden.

Pränatales Stadium
In diesem Stadium werden auditive und taktile Rezeptoren ausgebildet und es erfolgen erste sensomotorische Antworten auf Musik. Bereits sehr früh läßt sich eine Wahrnehmung akustischer Reize beobachten (Lecanuet, 1996). Das Kind erlebt in dieser Zeit unmittelbar eine große Variation verschiedener Rhythmen etwa in Form des circadianen Rhythmus, des Herzschlags und des vegetativen Systems und besitzt bereits in diesem vorgeburtlichen Stadium die Fähigkeit zur Verarbeitung musikalischer Reize (Fassbender, 1993).

Kindheit (0–1,5 Jahre)
Von Geburt an sind Säuglinge mit Fähigkeiten ausgestattet, die eine Verarbeitung und Produktion von auditiven Mustern ermöglichen (Fassbender, 1996). Diese angeborenen Voraussetzungen für musikalische Aktivitäten umfassen die Lage des Stimmtraktes, die Kontrolle der Atmung, die orofaciale und gestische Motorik und die Körpersprache. Säuglinge bevorzugen grundsätzlich stimmähnliche Klänge gegenüber anderen Klängen, wobei die Mutterstimme wahrscheinlich aufgrund von Intonationsmustern eine besondere Rolle spielt. Bereits im Alter von zwei bis drei Monaten beginnen Kinder die Melodie der Erwachsenensprache nachzuahmen und sind mit etwa einem halben Jahr in der Lage, abfallende und moduliert ansteigende Melodiekonturen zu produzieren (Trehub, Bull & Thorpe, 1984). Da sich mit etwa acht Monaten anhand der Äußerungen der Kleinkinder erstmals die jeweilige Muttersprache identifizieren läßt, ist davon auszugehen, daß in diesem Altersbereich eine getrennte Weiterentwicklung von Sprechen und Singen beginnt (Bruhn und Oerter, 1993). Ab dem neunten Monat können erste Manifestationen des musikalischen Gedächtnisses beobachtet werden sowie kognitive Aktivitäten, die sich auf Musik und akustisch-musikalische Reize beziehen. Ebenso sind die ersten Zeichen von Wiedererkennen häufig gespielter Melodien oder oft gesungener Lieder in der Umgebung des Kindes zu erkennen (Manturzewska & Kaminska, 1993).

Insgesamt läßt sich in der sensomotorischen Entwicklungsphase eine Verlagerung von sensorisch-explorativem zu manipulativ-produktivem musikalischen Verhalten beobachten. Die ursprüngliche Faszination des Kindes am Variieren von Lautstärken weicht allmählich einer differenzierteren Erforschung von Tonhöhe, Rhythmus und Klangfarbe (Hargreaves, 1996).

Übergang von der Kindheit ins Vorschulstadium (1,5–3 Jahre)
Sobald das Kind laufen kann, dreht es sich im Kreis und führt Tanzbewegungen aus, wenn es Musik hört. Es ist noch nicht fähig, seine Bewegungen vollständig mit dem Rhythmus der Musik zu koordinieren, aber es reagiert auf Veränderungen im Tempo. Moog (1968) berichtet für dieses Alter Ansätze einer Synchronisation von Musik und Bewegung, die allerdings nur von kurzer Dauer sind. Ab etwa einem bis eineinhalb Jahren spielt das spontane Singen eine wichtige Rolle in der musikalischen Entwicklung des Kindes. Die von den Kindern gesungenen Lieder zeichnen sich durch einfache, kurze und wiederholte Formen aus und weisen anfangs noch eine unstabile Tongebung auf. Aufschläger und Oerter (1999) stellten in ihrer Längsschnittuntersuchung zur Entwicklung des spontanen Singens im Alter von zwei bis sechs Jahren eine Dominanz melodischer Elemente in den gesungenen Liedern fest. Erst mit fortgeschrittener Sprachentwicklung wird der Text mit seinen rhythmischen Elementen in die Melodiegebung integriert. Allerdings scheint hier die Art des häuslichen musikalischen Kontextes einen wichtigen Einfluß auszuüben (Kelly & Sutton-Smith, 1987). Diese Art von Lied-Sprache, die viele Kinder mit Bewegung verbinden, bezeichnet Bjørkvold (1988, 1990) als *musikalische Muttersprache* und schreibt ihr grundlegende Bedeutung für die ersten, prägenden Lebensjahre zu. Während im Alter von 12 bis 18 Monaten Vokalisationen und Experimente mit der eigenen Stimme überwiegen, fangen die Kinder etwa mit 19 Monaten an, Melodien und Rhythmen zu singen, die typisch für ihre Kultur sind (Manturzewska & Kaminska, 1993).

Vorschulalter (3–5/6 Jahre)
In diesem Alter differenzieren sich das musikalische Gedächtnis, die musikalische Vorstellung, der spontane musikalische Ausdruck, das Singen und die musikalischen Spiele des Kindes weiter aus. Ab etwa fünf Jahren verschwindet die kindliche Tendenz zu spontaner motorischer Reaktion auf Musik und wird gleichzeitig reflektierter und differenzierter (Manturzewska & Kaminska, 1993).

Wenngleich Gembris (1998) feststellt, daß sich die musikalische Entwicklungspsychologie derzeit in einer der bedeutsamsten Umbruchsphasen ihrer Geschichte befindet, so weisen doch die Erkenntnisse zur Entwicklung musikalischer Fähigkeiten bei Menschen mit Behinderungen noch große Lücken auf. Dies steht in gewisser Diskrepanz zur praktischen Bedeutung musikalischen Erlebens und musikalischer Betätigung von Menschen mit Behinderungen im musiktherapeutischen Kontext. Da musikalisches Verhalten sowohl motorische und kognitive wie auch emotionale und soziale Elemente enthält, führen Behinderungen oder

Störungen in einem oder mehreren dieser Bereiche entsprechend auch zu Beeinträchtigungen in der musikalischen Entwicklung. Bei Kindern mit Behinderungen können daher Entwicklungseinschränkungen in unterschiedlichen Aspekten der Wahrnehmung, Verarbeitung und Produktion von Musik auftreten. So muß das Kind in der Lage sein, sich den relevanten Dimensionen des Klangs zuwenden zu können. Es muß verschiedene Klänge differenziert wahrnehmen und verarbeiten können. Und es muß in der Lage sein, auf das Gehörte eine Art von Antwort geben zu können. Die Grenzen, die der musikalischen Entwicklung durch verschiedenartige Behinderungen gesetzt sind, implizieren jedoch nicht, daß musikalisches Erleben und Handeln nicht förderbar sind. Eine künftige Psychologie der musikalischen Entwicklung sollte nach Auffassung von Gembris (1998) eine differentielle Psychologie sein, die unterschiedlichen musikalischen Entwicklungsverläufen gerecht werden kann. An die Stelle von Entwicklungsnormen sollte eine Orientierung an den musikalischen Lebenswelten derjenigen Individuen und Gruppen treten, über die Aussagen zur musikalischen Entwicklung gemacht werden.

2.1.3 Kommunikatives Potential von Musik

Analogie-Vorstellungen von Sprache und Musik haben eine lange Tradition. Sie lassen sich zurückverfolgen bis in die antike Musikvorstellung von *musiké* und zeigen eine besonders markante Ausprägung in der analog zur Rhetorik entwickelten musikalischen Figurenlehre des 17. und 18. Jahrhunderts. So betont Johann Mattheson in seiner Schrift *Der Vollkommene Kapellmeister*, daß die „... Instrumental-Music nichts anderes ist als eine Ton-Sprache oder Klang-Rede" (Mattheson, 1739, zitiert in Nolte, 1976, S. 436). Noch näher an die Vorstellung von Musik als kommunikativen Prozeß kommt Joachim Quantz in seinem *Versuch einer Anweisung die Flöte traversière zu spielen*, wenn er schreibt: „Nun ist die Musik nichts anderes als eine künstliche Sprache, wodurch man seine musikalischen Gedanken dem Zuhörer bekannt machen soll" (Quantz, 1752, zitiert in Nolte, 1976, S. 436). Musikalische Kommunikation wird hier in direkter Analogie zur sprachlichen Kommunikation als ein Zeichensystem mit eigener Struktur und eigener Grammatik aufgefaßt.

Sloboda (1990) vertritt die These, daß das menschliche Gehirn versucht, Klänge in interne phonologische, syntaktische und semantische Strukturen zu übertragen. Dabei unterteile das Gehirn phonolgisch variierende Klänge in diskrete und separate Einheiten. Eine musikalische Syntax ermögliche die Ordnung der grundlegenden phonologischen Bausteine. Musikalische Semantik schließlich ermögliche ein Verstehen der Bedeutung von Musik. Allerdings räumt Sloboda (1990) einschränkend ein, daß das grundlegende Problem einer verbalen Beschreibung nonverbaler Phänomene bestehe.

Zweifelsohne spielt der von Menschen erzeugte Klang eine zentrale Rolle für die Übermittlung emotionaler Aspekte in der Kommunikation. Musikalische Kommunikation kann entsprechend deutlich mehr Gefühle hervorrufen, als dies durch rein sprachliche Kommunikation möglich ist. Dieses emotional-kommunikative Potential der Musik ist sehr wahrscheinlich zurückzuführen auf den Klang der menschlichen Stimme. Die Stimme, die ontogenetisch und phylogenetisch älter ist als die Lautsprache und in tieferen Schichten der zerebralen Hierarchie gründet als die Sprache, hat emotional-affektive, motivationale und kontakt-organisierende Ausdrucksfunktionen (Bastian, 1994). Nicht zuletzt wird die Verbindung zwischen Sprache und Musik offenbar durch die zweifache Funktion des menschlichen Vokaltrakts, der gleichzeitig das Organ der Sprache wie auch das erste musikalische Instrument ist, das das Kind zur Verfügung hat (H. Papoušek, 1994).

In vielen Kulturen ist der Sprachcharakter der Musik bestimmend für den klanglichen Ausdruck. Entscheidender als die an den Normen des Schönklangs ausgerichtete Ästhetik sind der Variantenreichtum und der emotionale Ausdruck. Nicht der reine Ton wird als Ideal betrachtet, sondern der charakteristische Ton. Musikalische Kommunikationsprozesse werden häufig über den Rhythmus körperlich organisiert und mitgeteilt. Den Trommelsprachen in schwarzafrikanischen und südostasiatischen Kulturen liegen hochdifferenzierte Mitteilungs- und Kommunikationssysteme zugrunde (Brandl & Rösing, 1993). In Abgrenzung zu abendländischer Musik ist es ein Wesensmerkmal schwarzafrikanischer Musik, daß Bewegungsmuster wichtiger als Hörmuster sein können und daß polyrhythmische Strukturen und Körperbewegungen eine Einheit bilden – anstelle einer mathematischen Einteilung des Zeitablaufs in Takte (Rösing, 1993; Suppan, 1984). Rhythmus war in der griechischen Antike das gemeinsame Substrat, das der Sprache, dem Vers, der Musik und dem Tanz zugrunde lag (Georgiades, 1958), und noch heute muß in Kulturen mit einer Tonsprache wie beispielsweise in China oder in vielen afrikanischen Sprachen die gesungene Melodie dem Sprachduktus folgen (Brandl & Rösing, 1993).

Musik und musikalische Aktivitäten sind für die Menschen von grundlegender kommunikativer Bedeutung. Dies manifestiert sich in der angeborenen menschlichen Kapazität für musikalische Reize und in den gesellschaftlichen und individuellen kommunikativen Funktionen, die Musik erfüllt. Die musikalische Entwicklung des Kindes basiert auf einem interaktiven musikalischen Dialog mit seiner Bezugsperson, und Musik läßt sich entsprechend als ein interaktiv konstruierter kommunikativer Prozeß begreifen. Musikalische Kommunikation ist stark geprägt durch den ihr innewohnenden körperlich organisierten Rhythmus und den Klang, der evolutionär ältere Strukturen des Gehirns erreicht und emotional berührend wirkt.

2.2 Therapeutische Anwendung von Musik

Die beschriebenen musikalischen Universalien, die bereits sehr frühen Fähigkeiten der musikalischen Wahrnehmung und die Kommunikationsmöglichkeiten durch Klang und Rhythmus erklären, warum Musik und musikalische Strukturen innerhalb eines therapeutischen Kontextes erfolgreich verwendet werden können. Auch hier verweist das griechische *musiké* auf frühe Formen therapeutischer oder Therapie-ähnlicher Verwendung von Musik. In der damaligen Musikvorstellung wohnte allem Musikalischen Göttlich-Wunderbares, aber auch Magisch-Bezwingendes oder Ekstatisches inne (Brockhaus, Riemann 1998). Die Kunst zu musizieren, wie auch die Kunst zu heilen waren in ihren Anfängen fest in magischen und mythischen Religionsvorstellungen verankert. Entsprechend war auch die Verwendung von Musik zu heilenden Zwecken an magisch-religiöse Vorstellungen von Krankheitsprozessen gebunden oder an philosophische Ideen der Beschaffenheit von Welt, Mensch und Musik.

In der Antike wurde versucht, Gesundheit als rational definierbare Ordnung zu verstehen und daraus Richtlinien für das ärztliche Handeln abzuleiten. Hier war das Denken der Pythagoreer prägend, für die in der Zahl das ordnende Prinzip aller Dinge lag. Da Seele und Körper wie auch beider Zusammenspiel von derselben Zahlen-Ordnung bestimmt waren wie die musikalischen Hauptintervalle, erschienen sie als wesensverwandt mit der Musik. Folglich kam der Musik die Aufgabe zu, mit Hilfe der ihr innewohnenden Harmonie die gestörte psychophysische Ordnung wiederherzustellen (Kümmel, 1976). Arabische Gelehrte des 9. Jahrhunderts betrachteten Musik als einen festen Bestandteil der praktischen Medizin und auch im abendländischen Mittelalter nahm die Musik in der praktischen Medizin bis ins 19. Jahrhundert einen festen Platz ein (Suppan, 1984). Versuche einer rationalen Erklärung der Wirkung von Musik, die neben ihrer strukturellen, ordnenden Eigenschaften auch ihr motionales und emotionales Potential berücksichtigten, kamen beispielsweise von Aristoteles, dem der Korybantismus als Musterbeispiel für seine Katharsislehre diente: Indem der Affekt eines Menschen intensiv hervorgerufen wird, verzehrt er sich selbst, so daß der Mensch auf diese Weise von unerwünschten Affekten gereinigt wird (Möller, 1976).

2.2.1 Musiktherapeutische Ansätze

Die musiktherapeutischen Auffassungen von Musik lassen sich zwei verschiedenen Mustern zuordnen. Auf der einen Seite wird Musik aufgefaßt als in sich heilbringend und die entsprechende musiktherapeutische Anwendung ist geprägt von der Idee heilender Kräfte in der Musik. Auf der anderen Seite wird Musik als ein kommunikatives Medium aufgefaßt und Musiktherapie wird als eine methodologisch begründete und systematische Anwendung dieses Mediums betrachtet (Ruud & Mahns 1992). Während frühe therapeutische Anwendungen von Musik die Heilkraft der Musik im Klang und in der musikalischen Struktur selbst begründet sahen, wird heute der kommunikative Aspekt der Musik als wesentliches Wirkelement betrachtet. Durch die musikalische Kommunikation werden insbesondere für Menschen, die in ihren sprachlichen Äußerungsfähigkeiten eingeschränkt sind, neue Ausdrucksmöglichkeiten wie auch psychotherapeutische Behandlungsmöglichkeiten eröffnet (Bruhn & Decker-Voigt, 1993). Im Rahmen tiefenpsychologischer Konzepte wird darüber hinaus postuliert, mit Hilfe musiktherapeutischer Kommunikation eine sogenannte Erlebnisregression in präverbale Zeiten erreichen zu können (Nitzschke, 1984).

Musiktherapie wurde im Laufe ihrer Geschichte unterschiedlich definiert. Die Definitionen stehen dabei häufig in Zusammenhang mit einer bestimmten Klientel oder erfolgen vor dem Hintergrund eines bestimmten philosophischen Denkgebäudes. Bruscia (1989) unternimmt den Versuch, bestehende Definitionen zusammenzufassen und gleichzeitig die Grenzen der Disziplin aufzuzeigen: „Music therapy is a systematic process of intervention wherein the therapist helps the client to achieve health, using musical experiences and the relationships that develop through them as dynamic forces of change" (S. 47). Damit sind die wesentlichen Bestandteile musiktherapeutischer Behandlung genannt:

- Die Form musiktherapeutischer Behandlung als systematischer Prozeß.
- Das Ziel musiktherapeutischer Behandlung im Erreichen von Gesundheit, bzw. im Initiieren von Wachstums- und Veränderungsprozessen.
- Die verändernden, therapeutisch wirksamen Elemente musiktherapeutischer Behandlung.
- Die musikalische Erfahrung.
- Die daraus erwachsende therapeutische Beziehung.

Kernstück vieler musiktherapeutischer Modelle sind musikalische Improvisationen, die eine Art von Ritual darstellen in Form von Wiederholungen und wiederholbaren Figuren. In den unterschiedlichen musiktherapeutischen Ansätzen variiert lediglich die Art und Weise, wie die Improvisation in die Behandlung integriert wird (Bruscia, 1987; Strobel & Huppmann, 1997; Pavlicevic, 1997). Das Besondere am Medium Musik sind allerdings nicht nur die kommunikativ-musikalischen Funktionen, sondern auch die kreativen, ästhetischen Ausdrucksmöglichkeiten, die der Musik innewohnen. Musik hat die Kraft zu faszinieren, sie regt die Phantasie und die inneren Vorstellungen an. Ruud & Mahns (1992) führen daher folgende vier Hauptfunktionen von Musik in musiktherapeutischer Verwendung an:

1) Verbesserung der Konzentration
2) Stimulierung sozial-kommunikativer Fähigkeit
3) Förderung emotionaler Ausdrucksfähigkeit
4) Stimulierung von Selbstreflexion (S. 128)

In der musiktherapeutischen Behandlung ist es möglich, durch die Ausdrucks- und Kommunikationseigenschaften der Musik eine soziale Situation herzustellen, die sich von der Alltagserfahrung abhebt. Durch gemeinsames Handeln wird die besondere Wirklichkeit der Musik geschaffen (Frohne-Hagemann, 1995).

Diese zeichnet sich insbesondere dadurch aus, daß eine *Ko-Respondenz* (Frohne-Hagemann, 1999) stattfindet, ein gegenseitiges Engagement beider Beteiligten mit wechselseitigem und gleichzeitigem Austausch, das in der räumlichen Dimension Gemeinsames und in der zeitlichen Dimension Gleichzeitiges entstehen läßt. In der zeitlichen Dimension offenbart sich die Besonderheit des musikalischen Dialogs, der im Gegensatz zum sprachlichen Dialog auch gleichzeitig – als Duett – stattfinden kann.

2.2.2 Musiktherapie bei Kindern

Musiktherapie ermöglicht es Kindern, ohne Sprache zu kommunizieren, oder ermutigt die verbale Kommunikation. In der musiktherapeutischen Situation wird eine Umgebung hergestellt, die die Entwicklung des Kindes insbesondere in kommunikativer Hinsicht fördert. Wesentlicher Bestandteil dieses Veränderungskontextes ist die musikalisch-therapeutische Beziehung, die durch spezifische musiktherapeutische Techniken geschaffen wird. Die Ausdrucks- und Kommunikationsmöglichkeiten der Musik wurden und werden in einer Reihe unterschiedlich orientierter Ansätze in der Arbeit mit Kindern genutzt.

Eine der ersten, die mit behinderten Kindern musiktherapeutisch gearbeitet hat, war die englische Musikerin Juliette Alvin (1959, 1961, 1984, 1988). Ihrer Auffassung nach fördern musikalische Erlebnisse die Entwicklung und Integration der Sinne, die motorische Kontrolle und das Raumgefühl. Sie bewirken eine Aktivierung geistiger und kognitiver Prozesse und führen zu einer Befriedigung emotionaler Bedürfnisse. Das Kind entdeckt durch die Musik seine Kreativität und seine Ausdrucksmöglichkeiten.

In ihrer Arbeit mit autistischen Kindern hat sie drei Entwicklungsstadien konzipiert. Während sich das Kind im ersten Stadium auf die Welt der Gegenstände bezieht, nimmt es im zweiten Stadium Bezug zu sich und zur Therapeutin auf, um schließlich im dritten Stadium Beziehungen zu wichtigen anderen Personen herzustellen. Auf Seiten der Musiktherapeutin setzt dies voraus, sich zuhörend in die Welt des Kindes einzufühlen: „... der Vorgang des Zuhörens ist die Grundlage beim Aufbau einer musikalischen Beziehung zwischen der geheimnisvollen Welt des Kindes und der das Kind umgebenden Wirklichkeit" (Alvin, 1988, S. 144).

Eine weitere frühe Form von Musiktherapie mit Kindern ist das von dem englischen Musiker Paul Nordoff und dem amerikanischen Sonderpädagogen Clive Robbins (1968, 1975, 1986) entwickelte improvisatorische Therapiemodell, das sie *Schöpferische Musiktherapie (Creative Music Therapy)* nannten. Während sie ursprünglich nur mit behinderten Kindern arbeiteten, wird die von ihnen entwickelte Therapieform heute auch mit Erwachsenen praktiziert. Die Besonderheit ihres musiktherapeutischen Vorgehens besteht darin, daß zwei Therapeutinnen im Team arbeiten, indem die eine am Klavier improvisiert, um dem Kind eine therapeutisch-musikalische Erfahrung zu ermöglichen, während die andere dem Kind hilft, auf die Improvisation der Therapeutin am Klavier zu antworten. Im individuellen Setting wird vor allem mit den Medien von Stimme und Trommel gearbeitet, während im Gruppen-Setting die Kinder sowohl singen, als auch eine breite Vielfalt von Perkussions-, Blas- und Streichinstrumenten spielen und an speziell komponierten musikalischen Stücken teilnehmen.

Nordoff & Robbins waren von Anfang an bemüht, das musiktherapeutische Geschehen auch wissenschaftlich zu untersuchen. So führten sie bereits 1961 an der kinderpsychiatrischen Tagesklinik der Universität Pennsylvania, USA, eine Studie mit autistischen und psychotischen Kindern im Alter von 2;6 bis 8 Jahren durch (Nordoff & Robbins, 1975) und entwickelten 1964–1966 Rating-Skalen zur *Beurteilung der Kind-Therapeut-Beziehung in der musikalischen Aktivität* und zur *Musikalischen Kommunikativität* (Nordoff & Robbins, 1986). Diese Tradition findet in Deutschland eine Fortführung in der Institutionalisierung musiktherapeutischer Forschung an der Universität Witten-Herdecke. In einer dort durchgeführten Studie konnten bei entwicklungsverzögerten Kindern durch musiktherapeutische Behandlung erzielte Entwicklungsschritte dokumentiert werden. Die Stärke der aktiven Musiktherapie für entwicklungsverzögerte Kinder liegt für Aldridge, Gustorff & Neugebauer (1994) insbesondere darin, daß eine Einheit von kognitiven, gestischen, emotionalen und Beziehungsaspekten geschaffen wird. Die Autorinnen fassen die Ergebnisse ihrer Untersuchung wie folgt zusammen: „Kreativ improvisierende Musiktherapie, mit der Betonung auf Aktivität innerhalb einer dynamischen persönlichen Beziehung, dürfte insbesondere dann eine Rolle bei der Ermutigung zur Entwicklung spielen, wenn sie sich auf die kommunikativen Fähigkeiten konzentriert" (S. 310).

Diese Annahme wird durch eine Reihe weiterer Untersuchungen zum Einfluß musiktherapeutischer Behandlung auf die kommunikativen Fähigkeiten von Kindern bestätigt. So berichtet beispielsweise Froehlich (1984) von Erfolgen der Musiktherapie in der Förderung von verbaler Kommunikation und von emotionalem Ausdruck bei hospitalisierten Kindern. Edgerton (1994) zeigt in einer Studie bei 11 autistischen Kindern im Alter von 6 bis 9 Jahren, daß durch schöpferische Musiktherapie eine signifikante Zunahme kommunikativer Verhaltensweisen erreicht werden konnte.

Ein musikalischer Kontext ermutigt die Vokalisation und die Sprachproduktion (Wylie, 1983), fördert durch eine Stimulation des Vibrationssinns die Produktion von Vokalisation (Jensen, 1981) und führt zu einer Zunahme des Anteils kooperativer Handlungen (Toolan & Coleman, 1994). Eine Theorie der Kindermusiktherapie, die die Bedeutung der Musik im therapeutischen Umgang mit Kindern analysiert und zum Verstehen dessen beiträgt, was innerhalb der Improvisationen geschieht, fehlt bislang (Mahns, 1998).

Das in der Musiktherapie angebotene musikalische Material orientiert sich an der Art von Musik, wie sie von Kindern im jeweiligen Entwicklungsbereich produziert wird. Es werden einfache, kurze, wiederholte, musikalische Formen verwendet. Die musiktherapeutischen Techniken in der Behandlung von Kindern sind jeweils an den individuellen Entwicklungsbedürfnissen des Kindes orientiert und werden entsprechend flexibel gehandhabt. Theorie- und schulenübergreifend lassen sich einfühlende und herausfordernde musiktherapeutische Techniken unterscheiden (Bruscia, 1987).

2.2.3 Musiktherapeutische Wirkprinzipien

Ein wichtiger Bestandteil des Erklärungskonzeptes musiktherapeutischer Wirkung ist biologischer Art. So ist es von grundlegender Bedeutung, daß zusätzlich zur afferenten spezifischen Hörbahn weitere Leitungsbahnen für akustische Informationen, die als unspezifische Bahn bezeichnet werden, als Parallelschleife über das Stammhirn und die Formatio reticularis führen. Neben den afferenten Bahnen des spezifischen und unspezifischen akustischen Systems existieren efferente Verbindungen zu einer Vielzahl von Gehirnarealen (Wehner, 1980, S. 133f). Besonders bedeutsam scheint es zu sein, daß die afferenten Impulse die Formatio reticularis und danach die Bereiche des limbischen Systems durchlaufen. Das retikuläre System übt vor allem eine aktivierende Wirkung auf die thalamo-korticalen Systeme aus und kann so über die graduelle Veränderung höherer Hirnabschnitte erhöhte Aufmerksamkeit bewirken. Die Funktionen des limbischen Systems bestehen im wesentlichen in einer Verstärkung von Informationen, die entweder aus dem vegetativ-endokrinen System oder aus der Umwelt stammen. Dies erklärt die Beteiligung emotionaler und motivationaler Elemente, die bei der Verarbeitung musikalischer Phänomene festzustellen sind.

Bis heute ist noch relativ wenig bekannt über spezifische neurophysiologische Wirkungsweisen der Musik. Dies mag auch damit zusammenhängen, daß im Vergleich zur visuellen Wahrnehmung der Bereich auditiver Wahrnehmung viel weniger erforscht ist, so daß das System des visuellen Cortex heute viel besser verstanden wird als das auditorische System (Brust, 1988). Über die zerebrale Organisation in der Verarbeitung musikalischer Aktivitäten besteht kein Konsens.

Die Verarbeitung von Musik wie von Sprache läßt sich wohl am besten als ein Zusammenwirken von linker und rechter Hirnhälfte beschreiben, als eine Art interhemisphärisches Duett. Akzentuierungen zeigen sich darin, daß sich die Verarbeitung von Sprachprosodie und Pragmatik eher rechtshemisphärisch beobachten läßt, während Phonologie, Syntax und Sequenz eher linkshemisphärisch verarbeitet werden. Die affektiven, sprich musikalischen Komponenten der Sprache werden also eher in der rechten Hemisphäre verarbeitet (Denckla, 1990). Übereinstimmung besteht darin, daß die linke Hemisphäre eher für rhythmische Elemente der Musik, die rechte Hemisphäre für die Verarbeitung von Melodien zuständig sein dürfte. Allerdings sind beim Hören von Musik stets beide Gehirnhälften in mehr oder weniger starkem Ausmaß und in verschiedenen Regionen beteiligt (Petsche et al., 1989). Es kann also nicht davon ausgegangen werden, daß Musik ausschließlich rechtshemisphärisch verarbeitet wird (Mazziotta, 1988).

Bemerkenswert ist, daß Patientinnen mit verschiedenen Formen der Aphasie ihre Fähigkeit zu singen und andere musikalische Fähigkeiten nicht verlieren. So können zur Unterstützung der Rehabilitation von Personen, deren Sprachzentrum zerstört worden ist, auch gezielt spezifische musikalische Aktivitäten verwendet werden (Taylor, 1990). Cossu, Faienza und Capone (1994) verweisen allerdings auf den begrenzten Einfluß von Umweltreizen. Musikalische Einflüsse können zwar mentale Funktionen in Gang bringen, sind jedoch nicht in der Lage, die primäre neurodynamische Struktur wiederherzustellen.

Somit ist zwar noch nicht eindeutig geklärt, wo und wie musikalische Informationen verarbeitet werden. Deutlich ist jedoch, daß bei der Verarbeitung von Musik eine allgemeine Aktivierung stattfindet und eine emotionale Berührung geschieht. Die Fähigkeit der Musik, emotionale Wirkungen hervorzurufen, wird von Cody (1969) allerdings nicht unmittelbar als wirksam betrachtet. Vielmehr schreibt sie die therapeutische Wirkung den mental oder psychisch repräsentierten Strukturen der Emotionen zu: „Such a mental representation is theoretically stimulated by a musical phrase, chord, etc., which acts as a fitting symbol for the emotions it thus connotes, because it has a structural resemblance to the emotions" (Cody, 1965, S. 48). Aufgrund einer solchen angenommenen strukturellen Ähnlichkeit von psychisch-emotionaler und musikalisch-symbolischer Form wird die in der Therapie geschaffene Musik als eine Art Sprache mit bestimmten Zeichen oder bildhaften Symbolen verstanden.

Eine ähnliche Wirkvorstellung findet sich in der morphologischen Musiktherapie, die in ihrer *musikalischen Weltauffassung* Musik, Lebensgeschichte, Krankheit und Behandlung in einen strukturellen Zusammenhang bringt und davon ausgeht, daß durch die musikalischen Gestaltungen musiktherapeutischer Improvisationen Aufschluß über die jeweils vorhandene *Lebensmethode* gewonnen werden kann und das Seelische in diesen Ausdrucksbildungen gleichzeitg umgebildet wird (Weymann, 1996, Tüpker, 1988).

In der Mehrzahl der aktuellen musiktherapeutischen Ansätze wird die Auffassung vertreten, daß es nicht eine spezifische Wirkung der Musik ist, die therapeutisch wirksam ist, sondern daß sich die Wirkung erst in Verbindung mit dem Vorgehen der Musiktherapeutin und der entstehenden musikalischen Beziehung entfaltet. Gembris (1987) spricht davon, daß Musik allein keine zwingenden, sondern nur potentielle Wirkungen hat und Frohne-Hagemann (1995) spitzt es weiter zu, indem sie schreibt: „Die Frage, die dahinter steht, heißt: Gibt es eine objektive Musik – z.B. universelle Musik, Sphärenmusik, die aufgrund ewiger göttlicher Gesetze unabhängig von unserem Zutun heilend wirkt, oder ist es der Mensch, der sich in der musikalischen Wirklichkeit durch schöpferische Gestaltung selber heilt?" (S. 17). Sie selbst definiert Musik als eine Form gemeinsamen Handelns, die wie die verbale Sprache durch die kodierte Erfahrung geteilter Wirklichkeit ganz ähnlich zu Objektivierungen in Form musikalischer Tonsysteme, Harmonielehren, Satzlehren führen kann.

Wird Musik als Resultat menschlicher Tätigkeit verstanden, kann die Wirkung der Musik nicht ausschließlich von der Wahrnehmung musikalischer Parameter bestimmt sein. Vielmehr wird durch gemeinsames musikalisches Handeln eine musikalische Wirklichkeit konstruiert und in dieser *poetischen Realität* (Orff, 1998) findet ein kommunikativer Austausch statt. Blacking (1995a) hat dies ähnlich formuliert: „We may say that ordinary daily experience takes place in a world of *actual time*. The essential quality of music is its power to create another world of *virtual time*" (S. 34). Er meint damit nicht, daß die Realität mit Hilfe der Musik überschritten wird, sondern, daß auf eine transzendierende Weise eine neue Wirklichkeit geschaffen wird.

Therapeutisch wirksam ist also der künstlerisch-musikalische Ausdruck des Kindes im Prozeß der gemeinsamen musikalischen Formgebung (Pavlicevic, 1995). Es findet in der Musiktherapie eine spielerische Integration von Erfahrung statt, die Prozessen des Spiels, der Kreativität (Mellou, 1996) und des Humors unterliegt (H. Papoušek, 1994). Diese Integration findet nicht auf intellektuelle Art und Weise statt, sondern direkt und unvermittelt. Sie ermöglicht es, eine kohärente Organisation mentaler, psychischer und körperlicher Aspekte wiederzuerlangen (Aldridge, 1991). Damit ist der Kreis geschlossen zum eingangs dargestellten ethnologischen Musikbegriff, wie er von Blacking (1995b) formuliert wurde: „... ‚music' as a human capability is a cognitive, and hence affective, activity of the body" (S. 241).

2.3 Orff-Musiktherapie

Am Beispiel der Orff-Musiktherapie wird die Anwendung von Musik in der therapeutischen Arbeit mit behinderten Kindern beschrieben. Es wird zunächst die Entstehung dieses musiktherapeutischen Ansatztes geschildert. Daran anschließend werden die Besonderheiten der therapeutischen Vorgehensweise erläutert und abschließend die angenommenen Wirkprinzipien zusammenfassend dargestellt.

2.3.1 Entstehung und Beschreibung der Orff-Musiktherapie

Gertud Orff gilt als eine Pionierin der Musiktherapie mit Kindern (Mahns, 1994). In der praktischen Arbeit mit verschiedenartig behinderten und verhaltensauffälligen Kindern in den USA und Deutschland entwickelte sie aus dem ursprünglich für rein pädagogische Zwecke konzipierten Orff-Schulwerk eine Form der therapeutischen Anwendung. Sie sah im Orff-Schulwerk die Möglichkeit „einer multisensorischen Applikation und Perzeption verbunden mit einer sozialbezogenen musikalischen Interaktion" (Orff, 1973, S. 199) und übernahm zwei Elemente daraus: Die Idee des spontan-kreativen Musizierens und das für das Orff-Schulwerk geschaffene Instrumentarium, das eine kindgemäße Behandlung erlaubte und so aktive Musiktherapie mit Kindern ermöglichte.

Die Idee des Orff-Schulwerks, dem Kind eine vollständige Dimension *Musik* zu schaffen, in der es sich ausdrücken, sich erleben und in Gemeinschaft Musik machen kann, bildete den Ausgangspunkt für die Entwicklung der Orff-Musiktherapie. Das musikalische Material für den musiktherapeutischen Umgang mit behinderten Kindern wurde allerdings von Gertrud Orff (1974) neu entwickelt: „Dem behinderten Kind sind keine fertigen Modelle, wie das Schulwerk sie in seinen 5 Bänden anbietet, zuzumuten. In den wenigsten Fällen wäre eine strikte Imitation eines gegebenen Rhythmus oder einer gegebenen melodischen Linie zu empfehlen, ganz zu schweigen vom Vollzug komplizierter Ostinatoübungen" (S. 14).

Die so entstandene Musiktherapieform steht in der Tradition der humanistischen Psychologie (C. Rogers, 1959/1991; Maslow, 1973) und hat das Ziel, mit Hilfe der Ausdrucks- und Kommunikationsmöglichkeiten der Musik das Entwicklungspotential eines Kindes zur Entfaltung zu bringen. Die Orff-Musiktherapie ist eine aktive Musiktherapie, die zur Handlung, zum Tun auffordert und versucht, Aktivität und Kreativität beim Kind anzuregen. In der Musikvorstellung ihrer Therapie bezieht sich Gertrud Orff (1984a) auf den griechischen Begriff *musiké*, die musische Gesamtdarstellung des Menschen in Wort, Ton und Bewegung, und schreibt dazu:

„Das Kind repräsentiert noch heute *musiké*, das Kind muß sie nicht erst lernen, diese totale Äußerung, es wird eher immer daran gehindert" (S. 168). Entsprechend beschränkt sich die Orff-Musiktherapie nicht auf die akustischen Phänomene des Musizierens, sondern versteht sich als eine Therapieform, die alle Sinne anspricht, eine multisensorische Therapie:

> Der Einsatz der musikalischen Mittel – phonetisch-rhythmische Sprache, freier und gebundener Rhythmus, Bewegung, Melos in Sprache und Singen, das Handhaben von Instrumenten – ist so gestaltet, daß er alle Sinne anspricht. Durch diese multisensorischen Impulse ist es möglich, auch da noch anzusetzen, wo ein wichtiges Sinnesorgan ausfällt oder geschädigt ist. In spontan-kreativer Zusammen- arbeit kann und soll sich das Kind frei äußern, seine Äußerung formen und sozialbezogen anwenden (Orff, 1974, S. 9).

Es werden in multisensorischer Weise einfach zu spielende Musikinstrumente verwendet, die keine spieltechnischen Vorkenntnisse erfordern. Zusätzlich kommen auch nichtmusikalische Objekte wie Tücher, Reifen, Bälle, Kastanien und ähnliches zur Anwendung. Die Wahl der Instrumente wird jeweils den Fähigkeiten und Bedürfnissen des Kindes angepaßt, um so eine Unterstützung der Wahrnehmung und eine Kompensation bei Sinnesausfällen zu erreichen.

2.3.2 Therapeutische Vorgehensweise der Orff-Musiktherapie

Es wird zunächst eine spannungsfreie Situation geschaffen, in der das Kind erleben soll, daß es als Person akzeptiert wird, ohne daß es etwas Bestimmtes tun oder leisten muß: „Die Arbeit ist prozeßorientiert nicht produktorientiert: Erfüllung liegt im Weg und nicht im Ziel" (Orff, 1971, S. 23). Es soll eine spielerische Atmosphäre geschaffen werden, die das Kind zum schöpferischen Tun und die Therapeutin zu kreativen Einfällen anregt:

> In der Musiktherapie ‚spielt' man mit der Musik, Regeln können unberücksichtigt bleiben. *Die Elemente der Musik, Klang und Bewegung, genügen.* Man greift die Musik sozusagen aus der Luft, das ist aus der Umgebung und sich selbst, aus einer Stimmung (Orff, 1984a, S. 59).

Methodisch leitende Prinzipien in der Orff-Musiktherapie sind die empathische Vorgehensweise des *Iso* und die herausfordernde Vorgehensweise der *Provo- kation*. Im *Iso* (gr. Isos = das Gleiche, Dasselbe, Ähnliches) wird versucht, durch einfühlende Begleitung des Kindes dessen Stimmungslage und Befindlichkeit zu treffen und auf diese Weise Kontakt herzustellen. Das jeweilige Angebot des Kindes in Stimmung oder Verhalten wird aufgegriffen und musikalisch unterstützt. Ausgehend von dem, was das Kind zeigt, wie es ist, wird ihm im gleichen Sinn begegnet.

Durch die unmittelbaren akustischen Rückmeldungen entwickelt das Kind Bewußtsein für seine Handlungen, so daß auf diese Weise das Selbstgefühl und die Selbstwahrnehmung des Kindes gefördert werden. Ist es gelungen, Kontakt zwischen Kind und Therapeutin herzustellen, wird versucht, durch das Setzen von Impulsen oder das Verwenden bestimmter Signalstrukturen Verhaltensänderungen und Entwicklungen beim Kind zu bewirken. Solche *Provokationen* (lat. provocare = hervorrufen) können beispielsweise die Aufmerksamkeit des Kindes von stereotypen Verhaltensformen weg auf etwas Neues lenken. Es können Bewegungen aufgegriffen und in eine musikalische Form gebracht werden. Gertrud Orff (1984a) erläutert die Anwendung folgendermaßen:

> Provokation, ein wichtiges therapeutisches Mittel, im Sinne des Wortes soll sie ‚hervorrufen' und nicht verschrecken. Sie soll einen Reiz darstellen, der interessiert, die Fassungskapazität etwas erweitert und dadurch anreichert. [...] Man sollte nicht Provokation einsetzen, wenn Wahrnehmung, Impuls vorhanden ist (S. 17).

In der Gestaltung der musikalischen Improvisation und der therapeutischen Beziehung werden strukturierende Elemente wie ostinate, kontrastierende oder überraschende musikalische Formen verwendet. Am Beispiel des *Ostinato* beschreibt Gertrud Orff (1984a) die vielfältigen möglichen Ausprägungen und die verschiedenen Funktionen, die dieses musikalische Element in der musiktherapeutischen Behandlung erfüllen kann:

> Ein *Ostinato* ist eine sich wiederholende Figur einer kleinen Einheit, die in klanglicher, verbaler oder bewegungsmäßiger Form möglich ist. Sie kann auch in einer Textur auftreten, wir sprechen dann von Muster. Solche ostinaten Muster können zwischen Aussagen bildlicher oder klanglicher Art stehen. Sie haben dann die Funktion der Einrahmung, der Kontinuität, der Zentrierung oder der Verbindung (S. 179).

Verschiedene Strukturelemente in der Musik wie beispielsweise Wiederholungen fördern das Gedächtnis durch bewußtes Wahrnehmen und Wiedererkennen von Tönen, Melodien, rhythmischen Mustern oder auch körperlichen Bewegungen (Orff, 1990). Das Ziel musiktherapeutischer Behandlung beschreibt Gertrud Orff (1984a) als eine Form reziproker Kommunikation zwischen Kind und Musiktherapeutin:

> Man muß den Kreis schließen von Wahrnehmung, Isobehandlung, Provokation bis zur Annahme der Antwort. In der Antwort spiegelt sich die Therapie, gipfelt die Therapie. Antwort ist auf verschiedenen Ebenen und zeitlich verschoben möglich. Antwort kann ein Blick, ein Lächeln, ein Hinneigen, ein Wegdrehen sein. [...] Zur Antwort sollte es kommen, zu einem Hin-und-Her in der Therapie, zu einer spielerischen Antwort, wie ein hingeworfener Ball, zu einer präzisen logischen Antwort vielleicht (S. 94).

Wesentliches Medium zum Erreichen dieses Ziels ist die Musik bzw. sind die Instrumente – in taktiler, optischer und akustischer Verwendung –, die dem Kind verschiedene Arten von Kommunikation ermöglichen. Ausgehend von der Initiative und den Interessen des Kindes werden die Aktivitäten des Kindes durch gezieltes Darbieten musikalischer Strukturen bedeutungsvoll gemacht. Dadurch, daß sie in eine musikalische Form eingebettet sind, gewinnen sie für das Kind eine erkennbare, zu erinnernde und also wiederholbare Gestalt.

Dabei ist zu beachten, daß das Entscheidende stets der Impuls des Kindes ist: „Kommunikation kann man nicht fordern, sie muß sich einstellen" (Orff, 1974, S. 14). Im Umgang mit dem Kind fordert Gertrud Orff (1998) daher eine positiv erwartungsvolle Haltung, die eher die Potentiale des Kindes berücksichtigt, als seine Defizite konstatiert. Es soll versucht werden, die *Profizite*, die individuellen Besonderheiten und Fähigkeiten des Kindes, zu erkennen und zu fördern: „Dabei können gerade die Profizite ergänzend zur Diagnose wirken, und oft ergibt sich gerade über sie ein Weg zum Kind" (S. 131).

Orff-Musiktherapie ist indiziert bei Entwicklungsstörungen oder Entwicklungsverzögerungen im Sozialverhalten (Selbstvertrauen, Selbstwertgefühl, Integration in die Gruppe), im Kommunikationsverhalten (verbale und nonverbale Ausdrucksfähigkeit, Dialogfähigkeit) sowie im Spielverhalten (Initiative, Flexi-bilität, Kooperation, Differenzierung). Entsprechend werden Kinder und Jugendliche behandelt mit Sinnesbehinderungen, mit mentalen, körperlichen oder mehrfachen Behinderungen, mit autistischen und genetischen Störungen, sowie Kinder mit Sprachentwicklungsstörungen und Verhaltensauffälligkeiten (Voigt, 1998).

2.3.3 Wirkprinzipien der Orff-Musiktherapie

Gertrud Orff formulierte aus den Erfahrungen der praktischen musiktherapeutischen Arbeit die therapeutischen Prinzipien der Orff-Musiktherapie, wie sie oben beschrieben wurden. In der Orff-Musiktherapie werden Bedingungen hergestellt, die dem Kind eine Weiterentwicklung bzw. eine Veränderung seines interaktiven und kommunikativen Verhaltens ermöglichen. Diese Bedingungen bewirken, daß das Kind im spielerischen Umgang mit musikalischen Elementen angenehme affektive Erfahrungen macht und durch die musikalische Interaktion eine besondere Form der Unterstützung kommunikativer Aktivitäten erfährt (Orff, 1976). Als therapeutisch wirksames Agens wird die Beziehung zwischen Kind und Instrument, bzw. zwischen Kind und Klang sowie die Beziehung zwischen Kind und Therapeutin betrachtet:

> Die Therapie vollzieht sich in einem Zustand der Begegnung, die Situation ist die des Gegenüber, aber auch des Gegensätzlichen: Kind – Erwachsener, Bedürftiger – Helfender, Ergreifender – Gebender. [...] Die Situation des Gegenüber verwandelt

sich in eine des Nebeneinander, des Miteinander. Sie wandelt sich von einer subjektiven Beziehung in eine objektive. Die objektive gelingt nur nach der Erfahrung einer subjektiven (Orff, 1974, S. 161).

Die Wirkung der Musiktherapie liegt nach Gertrud Orff (1974) daneben auch in einem spezifischen musikalischen Klima, dessen Geheimnis ist,

> ... daß es belebt, daß es steigert, mildert, beruhigt. Das Klima bekommt seine bestimmte Färbung, seinen Reiz und seine Bekömmlichkeit durch die Bewegung, den dauernd unaufdringlich-rhythmischen Fluß und den Klang, der auf verschiedene Weise erzeugt wird (S. 162).

Gertrud Orff (1979) betont, daß die Bauelemente des musikalischen Gebäudes – Rhythmus, Melodie und Harmonie – in ihrer ursprünglichen Bedeutung nicht ausschließlich zur Beschreibung musikalischen Ausdrucks verwendet wurden. Vielmehr lassen sich etymologisch Beziehungen zum menschlichen Körper finden. So stehen die Verben *rhythmizo* – mit den Bedeutungen *ins Ebenmaß bringen, ordnen* – und *rheo* – mit der Bedeutung *fließen* – in Zusammenhang mit dem Rhythmus, dem „Bewegungsfaktor in der Musik und die Komponente eins im musikalischen Geschehen" (S. 90). Mit dem zweiten Element der Melodie verbindet sie das Wort *mélomai* mit der Bedeutung *ich sorge mich für etwas, etwas liegt mir am Herzen,* noch deutlicher in der Form *mélon* mit der Bedeutung *eine Herzenssache* und schließlich als *mélos* der Ausdruck von innerer, herzlicher Stimmung in Form *des lyrischen Gedichts, des Liedes.* Das dritte Element, die Harmonie, bedeutet als *harmonia* ursprünglich *das Zusammenfügen, das Bindemittel.*

Damit erscheint Gertrud Orff (1979) die Aussage von Novalis (1772–1800) „Jede Krankheit ist ein musikalisches Problem, die Heilung eine musikalische Auflösung" (zitiert nach Suppan, 1984, S. 112) allein aus der ursprünglichen Bedeutung der drei Bestandteile von Musik begreifbar. Ähnlich versteht sie die therapeutische Wirkung von Musik, durch die : „... blockierte Wege im Körper durch Bewegung, durch herzensgesteuerte Bewegung wieder in Fluß, in Ordnung kommen. [...] Da wo ein Riß ist, verbindet die Harmonie, damit es wieder zusammenstimmt, in wohlgeordnetem Zusammenklang" (Orff, 1979, S. 91).

In den von ihr angenommenen theoretischen Wirkprinzipien verbindet Gertrud Orff strukturelle und emotional-motionale Aspekte musikalischer Elemente mit kommunikativen Elementen der therapeutischen Interaktion.

3 Präverbale Kommunikation

Präverbale Kommunikation wurde in den zurückliegenden 25 Jahren zunehmend mehr in ihrer Bedeutung für die Entwicklung verbal-kommunikativer, emotionaler, sozialer und kognitiver Fähigkeiten erkannt. Zusammen mit Untersuchungen zur Entwicklung früher kommunikativer Fähigkeiten von Säuglingen läßt sich eine Vielzahl von Veröffentlichungen zu diesem Thema finden. Die ersten Impulse kamen aus der Psychobiologie (H. Papoušek & M. Papoušek, 1977a; M. Papoušek & H. Papoušek 1981a, 1981b, 1987) und der Entwicklungspsychologie (Bruner, 1975, 1981, 1982, 1987). Sie wurden schließlich von der psychoanalytischen Säuglingsforschung (Stern, 1989, 1993, 1995; Dornes, 1993, 1997) aufgegriffen. Neben einer differenzierteren Kenntnis des Entwicklungsverlaufs der frühen kommunikativen Fähigkeiten des Kindes konnten wichtige Erkenntnisse gewonnen werden zur Rolle der Bezugspersonen im Rahmen interaktiver Ko-Konstruktion von Kommunikation. Daraus abgeleitet konnten Handlungsstrategien zur Entwicklungsförderung von Kindern mit sprachlichen, mentalen oder mehrfachen Behinderungen generiert werden.

3.1 Bedeutung präverbaler Kommunikation

Durch die Berücksichtigung präverbaler kommunikativer Fähigkeiten wurden die Forschungen zum Spracherwerb insofern erweitert, als nicht mehr nur Worte und Inhalte, sondern auch die Intentionen des Kindes und die kommunikativen Wirkungen seiner Mitteilungen untersucht wurden. So wurden neben vokalen Äußerungen auch nonverbale kommunikative Mittel früher interaktionaler Prozesse wie Blickverhalten und Gesten einbezogen. In der Definition von Ellgring (1994) wird die Breite der zugrundeliegenden Vorstellung von *Kommunikation* erkennbar:

> Kommunikation ist ein universelles Konzept. Es bezieht sich auf ein breites Spektrum von Phänomenen, für die gemeinsam ist, daß Informationen innerhalb und zwischen biologischen Systemen ausgetauscht wird (S. 196).

Eine differenziertere Definition *sozialer Kommunikation* geben Hanuš und Mechthild Papoušek (1995): Soziale Kommunikation wird in dem Moment möglich, wo zwei oder mehr Individuen Signale produzieren und wahrnehmen, sie in ihrem Nervensystem verarbeiten und ihnen schließlich Bedeutung zuschreiben. Diese Signale können verschiedene Wahrnehmungsmodalitäten betreffen wie die taktile, die vibratorische, die olfaktorische, die auditive oder die visuelle Modalität.

Die Vorgänge der Produktion, Wahrnehmung, Verarbeitung und Bedeutungszuschreibung von Signalen bezeichnen kommunikative Fähigkeiten, die im interaktiven Kontext von Kind und Bezugsperson ko-konstruiert werden. Entsprechend definiert Dunst (1987) *Kommunikation* im frühen Kindesalter wie folgt:

> Any overt conventional or nonconventional behavior, whether used intentionally or not, that has the effect of arousing in an onlooker the belief that the child is attempting to convey a message, make a demand or request, or is otherwise attempting to affect the behavior of the onlooker (S. 111 zitiert in Holdgrafer & Dunst, 1991, S. 256).

In der vorliegenden Arbeit werden die Begriffe *Interaktion* und *Kommunikation* orientiert an den obigen Definitionen verwendet. Während der Begriff der *Interaktion* den Vorgang der gemeinsamen Handlung meint, wird der Begriff *Kommunikation* immer dann verwendet, wenn der Mitteilungscharakter einer Äußerung, die nonverbale, präverbale oder verbale Botschaft, gemeint ist. Darüber hinaus wird der Begriff *präverbal* für alle nicht-sprachlichen und vor-sprachlichen Äußerungen verwendet und umfaßt somit nonverbale und prälinguistische Äußerungen.

3.1.1 Präverbale Kommunikation als Grundlage der Sprachentwicklung

Im präverbalen kommunikativen Verhalten wird das Fundament des frühen Spracherwerbs gelegt. Das Kind ist erst dann in der Lage, Sprache kommunikativ zu verwenden, wenn es die grundlegenden Fähigkeiten des Gebens und Nehmens entwickelt hat, um eine Interaktion aufrechtzuerhalten. Sprache als ein Medium der Kommunikation kann daher als spezialisierte und konventionalisierte Erweiterung kooperativen Handelns betrachtet werden (Bruner, 1981, 1982, 1987). Dieser Auffassung von Sprache als Handlung im sozialen Kontext liegt ein Verständnis von Sprache und Entwicklung zugrunde, wie es zuerst von Vygotsky (1978) in seiner sozial-interaktiven Entwicklungstheorie und später von Sameroff (1979) in seinem transaktionalen Entwicklungsmodell konzipiert wurde.

MacDonald und Gilette (1988) skizzieren ein entsprechendes Sprachentwicklungsmodell: „A useful model for language development may be one that views a child's word as emerging from a larger repertoire of nonverbal communications and from a still larger base of interactive behavior" (S. 229). In den Mittelpunkt des Interesses der Spracherwerbsforschung sind damit pragmatische Aspekte der Sprache wie etwa konversationelle Regeln, Diskursstrukturen, Sprechakttypen, Verwendungsbedingungen und Verwendungsmodalitäten gerückt. Damit einher geht auch ein zunehmendes Interesse am prozeduralen, interaktiv ausgehandelten Charakter kommunikativer Handlungen.

3.1.2 Funktionen präverbaler Kommunikation in der Interaktion

In der Phase der präverbalen Kommunikation, die sich später in die Sprache mit der verbalen Kommunikation und verwandten kognitiven Fähigkeiten sowie in das Singen und andere kreative musikalische Aktivitäten weiterentwickelt, lassen sich nach Papoušek (1996a) drei Facetten unterscheiden:

- Das emotionale Signalisieren.
- Die präverbale Kommunikation als Vorläufer der Sprache.
- Die spielerisch kreative Aktivität im spontanen Singen.

Präverbale Kommunikation hat dabei sowohl die Funktion, die Befindlichkeit des Kindes auszudrücken, als auch die Funktion, soziale Bindungen zu etablieren und aufrechtzuerhalten. Das Kind versucht mit Hilfe seines kommunikativen Verhaltens, die Bezugsperson in eine soziale Interaktion zu engagieren, die soziale Interaktion aufrechtzuerhalten oder die Interaktion zu beenden. Entsprechend besteht eine wichtige Funktion präverbaler Kommunikation in dieser Entwicklungsphase in der Regulation der Aufmerksamkeit, in der Regulation der Beziehung sowie in der affektiven Verhaltensregulation (Papoušek, 1994b). Die Verhaltensweisen des Kindes zur Regulation seines emotionalen Zustands sind für die frühe Verhaltensorganisation und für die Motivation des Kindes von besonderer Bedeutung. Mit Hilfe solcher regulatorischer Verhaltensweisen kann bereits der Säugling seinen affektiven Zustand verändern. Indem er seine Aufmerksamkeit weg vom störenden Ereignis verlagert oder indem er negative Stimulation durch positive ersetzt, gelingt es ihm, seinen negativen Affekt zu kontrollieren. Tronick (1989) geht aufgrund dieser Beobachtungen davon aus, daß bereits drei Monate alte Säuglinge über interne Repräsentationen von Situationen verfügen. Er betrachtet Emotion als eine Konfiguration von Ausdruck, Erleben und Körperzustand, deren Erscheinungsform kontextabhängig ist. Das Kind drückt seinen affektiven Verhaltenszustand nicht nur durch Variationen in den vokalen Äußerungen aus, sondern auch durch verschiedene Positionen der Hände oder durch Veränderungen im Muskeltonus.

Solche nonverbalen kommunikativen Signale werden oft ausschließlich als Ausdrucksweisen affektiver Zustände betrachtet. Bereits Bühler (1934) verweist jedoch auf die dreifache Information, die derartige Signale tragen. Sie sind zum einen Ausdruck eines affektiven Zustands, zum anderen repräsentieren sie einen kommunikativen Kontext und schließlich transportieren sie eine an die soziale Umgebung adressierte Aufforderung. Trevarthen (1988) betont darüber hinaus, daß die Entwicklung kommunikativer Fähigkeiten unlösbar daran gebunden ist, Beziehungen aufzubauen, die getragen sind von gegenseitiger Sympathie und Vertrauen. Die Funktion von Emotionen in der bedürfnisbezogenen Regulation von Handlungen bezieht sich also gleichermaßen auf die intrapsychische Emotionsregulation, bei der die Person sich selbst reguliert, wie auch auf die interpsychische Emotionsregulation, bei der eine Person die andere Person reguliert. Da der emotionale Zustand der Bezugsperson von grundlegender Bedeutung für den emotionalen Zustand des Kindes ist, entwickelt sich die intrapsychische Emotionsregulation allmählich aus der interpsychischen Emotionsregulation, (Tronick, 1989). Emotionale und kognitive interaktive Kompetenzen sind Vorläufer nonverbaler und verbaler Kommunikation und werden, nachdem sie sich in sozialen Austauschprozessen ausdifferenziert haben, im Rahmen der kommunikativen Kompetenz integriert (Prizant & Wetherby, 1990).

Die spielerischen Dialoge zwischen Mutter und Kind bilden gewissermaßen einen Rahmen, innerhalb dessen die Strukturelemente früher Interaktion in der Synchronisation der Mutter-Kind-Interaktion zusammenwirken, so daß durch Blickausrichtung sowie durch mimische und vokale Äußerungen kommuniziert werden kann. Dies gelingt nur, wenn die Aktionen beider Personen zeitlich aufeinander abgestimmt sind (Sarimski, 1986). Dann können beide Freude erleben am spielerischen Dialog, der zwischen einleitender gemeinsamer Aufmerksamkeitsausrichtung und abschließender Abwendung stattfindet. Die von den Müttern verwendeten Variationen in Modalität, Geschwindigkeit und Intensität der Verhaltensweisen, um die Aufmerksamkeit des Babies aufrechtzuerhalten, können so als musikalisches *Thema mit Variationen* aufgefaßt werden (Stern, 1977).

Damit die Interaktion gelingen kann, müssen einerseits beide Beteiligten das Prinzip der Reziprozität, des Abwechselns im Dialog, kennen und akzeptieren. Andererseits müssen beide sich intentional, mit einer kommunikativen Absicht äußern, also Erwartungen über die Reaktion des jeweiligen Gegenübers hegen (Sarimski, 1986). Da sich Reziprozität und Intentionalität des Säuglings erst allmählich entwickeln, sind die frühen Interaktionen eher *Pseudo-Dialoge*, die von der Mutter rhythmisch-periodisch zeitlich organisiert werden und so gestaltet werden, als ob das Verhalten des Kindes eine kommunikative Absicht beinhalte. Eltern initiieren die soziale Interaktion und synchronisieren sie mit dem Verhaltenszustand des Kindes (M. Papoušek, 1994b, 1996d).

3.2 Entwicklungsverlauf präverbaler Kommunikation

Die Phase der präverbalen Kommunikation umfaßt die Kommunikationsentwicklung des Kindes von frühen präintentionalen und nonverbalen Kommunikationsformen bis hin zu Worten und Zeichen. Im Entwicklungsverlauf präverbaler Kommunikation läßt sich ein enges Zusammenwirken von Lautentwicklung, integrativen Verarbeitungsprozessen und frühen kommunikativen Fähigkeiten des Kindes sowie intuitivem elterlichen Verhalten in der dyadischen Interaktion beobachten. In den Erfahrungen, die das Kind während dieser Zeit macht, wurzelt nicht nur die Motivation zur weiteren Sprachentwicklung, sondern auch die

Motivation für kognitive und kommunikative Fähigkeiten (H. Papoušek & M. Papoušek, 1977a; M. Papoušek, 1995). In den frühen Sprechakten (Bruner, 1975) sind neben den Gesten die musikalischen Elemente der Stimme die Hauptträger der Information (M. Papoušek, H. Papoušek & Symmes, 1991).

Die Kommunikation mit dem Kind ist zuerst eine musikalische, da die Eltern melodische Konturen in ihrer Sprache intuitiv als eine Art basalen kommunikativen Code präverbaler Kommunikation verwenden. Die hierbei beobachtbaren universellen melodischen Prototypen im stimmlichen Verhalten der Bezugspersonen beziehen sich auf die grundlegenden regulatorischen Prozesse von affektiver Erregung und Aufmerksamkeit (M. Papoušek ,1996a). Mit Hilfe solcher musikalischen Elemente werden jedoch nicht nur Motivation und Aufmerksamkeit des Kindes reguliert. Das Kind lernt auf diese Weise auch, einzelne einfache Aussagen durch Melodien auszudrücken. Melodien stellen gewissermaßen erste kommunikative Kategorien für das Kind dar, die spätere sprachliche Abstraktionen unterstützen und vorbereiten.

Die von unterschiedlicher Intonation geprägten Lautäußerungen des Kindes werden allmählich von Gesten unterstützt. Das Kind verwendet sie in zunehmend deutlicherer Absicht differenziert und regelmäßig, um einen Gegenstand zu verlangen, etwas zu zeigen, die Eltern zu einer Handlung aufzufordern, fragend um Information zu bitten oder um etwas abzulehnen. Die Entwicklung präverbaler kommunikativer Fähigkeiten ist so verbunden mit dem Auftauchen sozial kognitiver Fertigkeiten, wie der Fähigkeit, zwischen sich selbst und anderen zu unterscheiden sowie der Fähigkeit, andere als handelnde Personen wahrzunehmen.

Im Verlauf der Entwicklung frühkindlicher Kommunikation können vier Stufen zunehmend komplexer, flexibler und effizienter Auseinandersetzung mit der Umwelt unterschieden werden. Sarimski (1993) hat diese mit Bezug auf Modelle der frühen kognitiven Entwicklung (Piaget, 1975) und in Anlehnung an Seibert und Hogan (1982a, 1982b), Uzgiris (1987) sowie Dunst und McWilliams (1988) wie folgt beschrieben. Die Altersangaben sind orientierend zu verstehen.

1. Stufe: Undifferenzierte Interaktionsmuster (2–7 Monate)

> Die Verhaltensweisen des Kindes (Anschauen der Erwachsenen, Ausstrecken der Arme, Lautieren, Strampeln) werden kontingent und vorhersagbar beantwortet. Aus anfänglich unspezifischen Aktionen entwickeln sich instrumentelle Verhaltensweisen.
> *Beispiele:*
> Das Kind schaut auf ein Objekt, auf das gezeigt wird. Es nimmt während einer Beschäftigung Blickkontakt auf. Das Kind wendet sich bei Ansprache zu. Es hält Objekte fest oder schiebt Objekte weg. Das Kind zeigt unspezifische Reaktionen wie etwa Lautieren oder Klopfen als Wiederholungsaufforderung, wenn eine attraktive Handlung aufhört.

2. Stufe: Differenzierte Interaktionen (8–12 Monate)

Verschiedene auf ein Objekt und auf die Bezugsperson bezogene instrumentelle Verhaltensweisen können zu einer erfolgreichen kommunikativen Handlung koordiniert werden. Das Kind macht seinen Wunsch eindeutig erkennbar, auch wenn die Lautäußerung noch nicht konventionalisiert ist. Es folgt der Blickrichtung oder zeigenden Geste der Erwachsenen und kann einfache Aufträge, die von Gesten begleitet werden, ausführen.
Beispiele:
Das Kind gibt eine gestische Antwort in Form von Nicken oder Kopf schütteln. Es streckt seinen Arm aus oder schiebt einen Gegenstand weg in Verbindung mit Lautieren. Es zeigt referentielles Blickverhalten und kann mit Hilfe von Lauten auffordern und zeigen.

3. Stufe: Antizipatorisch-repräsentationale Interaktionen (13–21 Monate)

Kontextgebunden kann das Kind mit einzelnen Worten Wünsche äußern, Absichten der Erwachsenen ablehnen und die Aufmerksamkeit der Erwachsenen lenken. Es kann die Interaktion durch differenzierte Rückmeldung regulieren.
Beispiele:
Das Kind verwendet Ein-Wort-Äußerungen als Antwort, als Nachfrage, zum Benennen, als Wiederholungsaufforderung oder zum Beschreiben. Es versteht mehrere Bezeichnungen von Körperteilen und Objekten und kann rein sprachliche Aufträge verstehen und ausführen.

4. Stufe: Symbolisch-repräsentationale Interaktionen (22 Monate und älter)

Die Äußerungen des Kindes beziehen sich auch auf frühere oder künftige Ereignisse. Das Kind drückt mit Zwei-Wort-Verbindungen verschiedenartige semantische Relationen aus und kann Fragen der Erwachsenen beantworten.
Beispiele:
Das Kind verwendet Zwei-Wort-Äußerungen. Es kann eine Serie von wechselnden Aufforderungen verstehen und ausführen.

Der Entwicklungsverlauf präverbaler Kommunikation ist als ein gradueller Prozeß zu verstehen, in dessen Verlauf die Vokalisationen, das Blickverhalten und das gestische Verhalten des Kindes zunehmend besser koordiniert werden. Die Intentionalität kommunikativer Äußerungen entwickelt sich allmählich aus der kommunikativen Teilhabe und dem Mitteilen (*sharing affective state*) eines emotionalen Zustands (Stern, 1985) sowie aus den dabei erfahrenen Kontingenzen (H. Papoušek & M. Papoušek, 1977a; M. Papoušek, 1994a).

Das Kind verwendet in der intentionalen Kommunikation bewußt ein bestimmtes Signal, um auf eine andere Person eine beabsichtigte Wirkung auszuüben. Es zeigt sich, daß Kinder anfangs vorwiegend durch präverbale Gesten und/oder Vokalisationen intentional kommunizieren, um dann zu verbalen Kommunikationsformen überzugehen (Übersicht dazu bei Wetherby, Cain, Yonclas & Walker, 1988). Die kommunikativen Äußerungen werden gleichzeitig zunehmend komplexer und differenzierter, und zu bereits existierenden Verhaltensmustern intentionaler Aufmerksamkeitsausrichtung kommen allmählich intentionale Vokalisationen und Gesten des Kindes dazu (Harding & Golinkoff, 1979).

3.2.1 Modalitäten präverbaler Kommunikation

Präverbale Kommunikation umfaßt das Blickverhalten, die Verwendung von Vokalisationen und von Gesten. Im folgenden werden die Entwicklungsveränderungen im funktionalen Gebrauch der verschiedenen Modalitäten im einzelnen aufgezeigt.

Dem Blickverhalten kommt eine grundlegende Bedeutung in der präverbalen Kommunikation – nicht nur – des Kindes zu. Blickmuster dienen einer Vielzahl von Funktionen, die die Entwicklung komplementärer Rollen erleichtern und helfen, den Fluß der Interaktion zu regulieren (McCollum & Stayton, 1988). Das Blickverhalten läßt sich sowohl als Wahrnehmungsvorgang wie auch als expressives Signal auffassen und erfüllt folgende Funktionen (Kendon, 1967):

- Information sammeln über den Fortgang der Interaktion und zur Überprüfung der Wirkung des eigenen Verhaltens (Wahrnehmung).
- Regulieren des Interaktionsablaufs, indem Blicksignale gegeben und wahrgenommen werden (Wahrnehmung und Expression).
- Herstellen des emotionalen Gleichgewichts, indem Gefühle signalisiert werden und durch Blickzuwendung bzw. Blickentzug das emotionale Niveau der Interaktion auf der gewünschten Höhe gehalten wird (Expression).

Somit werden im Blickverhalten gleichzeitig Informationen aus der sozialen Umwelt aufgenommen und kommunikative Signale an die soziale Umwelt gegeben mit der Funktion der Aufmerksamkeitsausrichtung, der Verhaltenslenkung und des Ausdrucks emotionaler Zustände. Dies wird im Kontext vokaler oder verbaler Äußerungen so umgesetzt, daß eine Blickabwendung zu Beginn der Äußerung die visuelle Information reduziert und damit kognitive Kapazität freisetzt, die zur Vorbereitung der sprachlichen Äußerung benötigt wird. Am Ende der Äußerung wird durch eine Blickzuwendung die visuelle Informationsaufnahme erhöht, um zu erfahren, wie die Äußerung angekommen ist, sowie als Signal an die andere Person, daß sie die Rolle der Sprecherin übernehmen kann (Kendon, 1967).

Die Interaktionsmuster der vorsprachlichen Kommunikation in Form motorischer und taktiler Austauschprozesse sind zuerst rein dyadisch mit Blickkontakt zwischen Kind und Bezugsperson. In der zweiten Hälfte des ersten Lebensjahres werden die Interaktionen mit direktem Blickkontakt (*face-to-face*) allmählich ersetzt durch soziale Interaktionen, die vermittelt sind durch Gegenstände oder andere Bestandteile der Umgebung. Eine Untersuchung von Allen, Wasserman und Seidman (1984) zeigte, daß im Alter von 5–10 Monaten die gemeinsame Ausrichtung auf den Spielgegenstand (*co-orientation to the toy*) vorherrschend ist, während im Alter von 11–16 Monaten das Kind vorherrschend von seiner Mutter betrachtet wird, während es zum Spielgegenstand schaut (*infant looking at the toy – mother at infant's face*). Im Alter zwischen 6 und 24 Monaten nimmt die gemeinsame Aufmerksamkeitsausrichtung auf ein Objekt (*joint co-orientation*) kontinuierlich zu: Von zunächst 49% der Zeit, die in co-orientation verbracht werden, auf später 65% der Zeit (Allen, Wasserman & Seidman, 1984; zitiert in McCollum & Stayton, 1988).

Die interaktive Initiative geht schließlich zunehmend mehr vom Kind aus, das immer weniger unmittelbare Hilfe und Unterstützung durch Erwachsene benötigt. Mit etwa 18 Monaten können die meisten Kinder ohne Schwierigkeiten zwischen ihrer Sozialpartnerin und dem Objekt hin- und herschauen (*joint co-orientation und referential looking*). Sie nutzen diese Fähigkeit jedoch nicht immer: Während ihres Spiels mit einem Spielzeug schauen Kinder nur selten zu ihren Bezugspersonen (Rauh & Ziegenhain, 1994; McCollum & Stayton, 1988).

Kinder sind bereits mit wenigen Monaten in der Lage, reziproke Konversationen durch Handlungen und Vokalisationen aufrechtzuerhalten (MacDonald & Gilette, 1988). Im ersten Lebensjahr werden kommunikative Inhalte überwiegend durch prosodische Variationen in den Lautäußerungen, in der Dauer der Lautproduktion und in der Länge der Pausen vermittelt. Wetherby, Cain, Yonclas und Walker (1988) zeigten in ihrer Untersuchung zur Entwicklung intentionaler Kommunikation vom präverbalen Stadium zum Einwort- und Mehrwortstadium, daß der Übergang von präintentionaler zu intentionaler Kommunikation und von präverbalen Vokalisationen zu referentieller Sprache ein gradueller Übergang ist. Die Autorinnen haben in ihrer Studie, die eine der umfangreichsten Datensammlungen zur normalen präverbalen Kommunikationsentwicklung darstellt, präverbales kommunikatives Verhalten anhand einer Reihe verschiedener Dimensionen quantifiziert und konnten in den Ergebnissen einige konsistente Muster in der frühen Kommunikationsentwicklung feststellen. Die gefundene Rate intentionaler kommunikativer Akte zeigte etwa, daß Kinder im präverbalen Stadium durchschnittlich einen Akt pro Minute liefern, im Einwortstadium durchschnittlich zwei und im Mehrwortstadium durchschnittlich fünf kommunikative Akte. Den zeitlichen Beginn des intentionalen Gebrauchs von Vokalisationen geben Harding und Golinkoff (1979) mit etwa 10 Monaten an.

Das Kind verwendet in diesem Alter Vokalisationen intentional, unterstützt durch Gesten und Blickkontakt, um die Aufmerksamkeit der Erwachsenen zu lenken und Wünsche auzudrücken.

Die präverbale kommunikative Funktion von Gesten bezieht sich zunächst auf das Lenken der Aufmerksamkeitsausrichtung Erwachsener. Das Kind erwirbt im Verlauf der präverbalen Kommunikationsentwicklung ein zunehmendes Verständnis konventioneller Gesten und kann sie entsprechend differenzierter verwenden. So zeigt es etwa auf Objekte oder gibt Objekte anderen Personen, um deren Aufmerksamkeit darauf zu richten (Mundy, Sigman & Kasari, 1990). Dieser Typus gestischen Kommunikationsverhaltens stellt eine nonverbale Fertigkeit zur Lenkung der Aufmerksamkeitsausrichtung dar (*joint attention skill*), bei der Gesten und Blickkontakt verwendet werden, um die Aufmerksamkeit zwischen zwei Interaktionspartnerinnen zu koordinieren, damit die Wahrnehmung interessanter Objekte oder Ereignisse geteilt werden kann (Mundy, Sigman & Kasari, 1994). Bei Kindern mit normaler Entwicklung taucht die Fähigkeit zur gestischen Lenkung der gemeinsamen Aufmerksamkeitsausrichtung zwischen 9 und 18 Monaten auf (Übersicht dazu bei Mundy et al., 1994).

3.2.2 Bedeutung präverbaler Kommunikation für die Interaktion

In der Phase der präverbalen Kommunikation beginnt das Kind, soziale Interaktionen mit seinen Bezugspersonen zu initiieren. Durch Blickausrichtung, Gesten und Vokalisationen steuert es die Aufmerksamkeit und das Verhalten seines Gegenübers, und seine gegenstandsbezogenen Handlungen werden allmählich immer besser mit sozialen Handlungen koordiniert (Schaffer, 1984). Vorsprachliche Kommunikationsmuster lassen sich allgemein beschreiben als ein allmähliches gemeinsames Abstimmen auf ein Thema durch gemeinsame Aufmerksamkeitsausrichtung (*joint attention*) und reziprokes Abwechseln (*turn taking*) (Rauh & Ziegenhain, 1994). Eine Analyse kommunikativer Funktionen ergab, daß nahezu alle Kinder in allen Sprachentwicklungsstadien einige Handlungen zur Verhaltenslenkung und zur gemeinsamen Aufmerksamkeitsausrichtung zeigen. Während des präverbalen und Einwortstadiums sind gestische und vokale Modalitäten vorherrschend, im Mehrwortstadium dominieren dagegen verbale Äußerungen (Wetherby et al., 1988).

Die Anforderungen an die Aufmerksamkeitsausrichtung im Rahmen früher sozialer Interaktionen sind zunächst dyadisch. Das Kind entwickelt etwa im Alter von 9–10 Monaten die Fähigkeit, seine Aufmerksamkeit zwischen sich selbst und der Erwachsenen auszurichten (McArthur & Adamson, 1996). Später wird die dyadische Beziehung durch dazukommende Objekte bzw. durch Handlungen mit Objekten zur triangulären Beziehung erweitert (M. Papoušek, 1994a). Dies erfordert komplexere Fähigkeiten der Aufmerksamkeitsausrichtung wie auch der Verhaltenslenkung (Mundy et al. 1986). Die gemeinsame Interaktion wird für das Kind zu Beginn des zweiten Lebensjahres interessant. Zu diesem Zeitpunkt verlagert sich der Schwerpunkt der Interaktion weg von dem Bemühen, gemeinsame Aufmerksamkeitsausrichtung länger aufrechtzuerhalten – was im Alter von etwa 4 Monaten überwiegend zu beobachten ist – hin zu dem Versuch, eine gemeinsame Aktivität mit einem Spielzeug zu gestalten – was im Alter von 5 bis 12 Monaten zu beobachten ist – bis schließlich hin zu dem Bestreben, im Rahmen einer gemeinsamen Aktivität eine soziale Beziehung zu gestalten mittels durchgängiger symbolischer Kommunikation – was ab dem Alter von 12 bis 17 Monaten beobachtet werden kann (Rogoff, Malkin & Gilbride 1984).

Die Fähigkeit zur gemeinsamen Aufmerksamkeitsausrichtung festigt sich bei Kindern mit normaler Entwicklung im Alter zwischen 9 und 18 Monaten (Übersicht bei Mundy et al., 1994). Während jüngere Kinder eher Blickkontakt verwenden, um eine gemeinsame Aufmerksamkeitsausrichtung herzustellen, benutzen ältere Kinder konventionelle Gesten, um auf etwas hinzuweisen oder etwas zu zeigen (Seibert, Hogan & Mundy 1984a, 1984b). Rutter und Durkin (1987) berichten, daß Kinder im Alter von 24 Monaten ein Blickverhalten in kommunikativen Kontexten entwickelt haben, das dem Blickmuster von Erwachsenen entspricht: Sie schauen am Ende ihres eigenen Beitrags zur Bezugsperson um zu signalisieren, daß ihr Beitrag abgeschlossen ist und sie orientieren sich durch einen Blick zur Bezugsperson am Ende von deren Beitrag darüber, ob sie ihren eigenen Beitrag als Antwort bringen können. Auf diese Weise setzen die Kinder systematisch ihr Blickverhalten ein, um die Interaktion zu koordinieren. Die Verbindung von gemeinsamer Aufmerksamkeitsausrichtung und reziprok abwechselnder kommunikativer Aktivität bildet als bezugnehmende Kommunikation (*referential communication*) die Basis für die Entwicklung der Sprache (McArthur & Adamson, 1996).

Das reziproke Abwechseln findet einen besonders geformten Ausdruck im Dialog. Dialogische Kommunikation zeichnet sich durch zeit- und musterspezifische Interaktion beider Beteiligter aus. Es werden in feiner zeitlicher Abstimmung wechselseitig aufeinander bezogene Botschaften ausgetauscht. Todt und Hultsch (1994) bezeichnen daher Dialoge als *Kommunikationsprozesse par excellence*. Vom Kind erfordert die dialogische Abstimmung sowohl die fokussierte Aufmerksamkeitsausrichtung auf die Aktivität wie auch kontingente kommunikative Reaktionen sowie ein zeitlich gut koordiniertes reziprokes Abwechseln.

3.3 Präverbale Kommunikation bei mehrfach behinderten Kindern

Mehrfach behinderte Kinder sind in vielen Bereichen ihrer Entwicklung – psychomotorisch, emotional, kommunikativ, sozial und kognitiv – deutlich beeinträchtigt. Sie sind häufig nicht in der Lage, verbal zu kommunizieren, benötigen Unterstützung in lebenspraktischen Fertigkeiten, können oft nur sehr eingeschränkt initiativ Kontakt herstellen und benötigen stets individuelle Zuwendung. Mehrfach behinderte Kinder haben häufig besondere Schwierigkeiten, kommunikative Kompetenzen zu entwickeln, weil eine unzureichend entwickelte willentliche motorische Kontrolle dazu führt, daß kommunikative Versuche nicht regelmäßig gelingen und entsprechend weniger Gelegenheiten zum Erlernen kommunikativer Fertigkeiten bestehen. Bei Kindern mit körperlicher Behinderung erschwert es die motorische Desorganisation oft, zwei Dinge gleichzeitig zu tun, beispielsweise die Mutter anzuschauen, zu lächeln und gleichzeitig zu vokalisieren. In Verbindung mit einer mentalen Entwicklungsstörung reagieren mehrfach behinderte Kinder oft langsamer auf angebotene Reize, so daß die kommunikative Interaktion in meist langsamerer Geschwindigkeit und in unterschiedlicher Form erfolgt als bei nicht behinderten Kindern (Towle, Farran & Comfort 1988).

Die frühen kommunikativen Erfahrungen im Kontext der Mutter-Kind-Beziehung haben eine wichtige Bedeutung für die soziale, emotionale und kognitive Entwicklung des Kindes. Für frühe Abweichungen und Störungen bedingt durch verschiedene Behinderungen existieren bisher nur weitgehend spekulative Erklärungsmodelle, und es finden sich nur selten Studien, die gezielt die Entwicklung präverbaler kommunikativer Fähigkeiten behinderter Kinder untersuchen. Ein Grund dafür liegt wahrscheinlich in den besonderen Schwierigkeiten der psychologischen Untersuchung dieser Gruppe von Kindern. Holdgrafer und Dunst (1991) bezeichnen die verwendeten Untersuchungsprozeduren bei behinderten Kindern als möglicherweise nicht ausreichend, da diese Kinder eine reduzierte Produktion kommunikativer Äußerungen haben sowie oft einzigartige und unkonventionelle Arten von kommunikativem Verhalten zeigen. Im Vergleich zu Kindern mit mentalen, motorischen oder sensorischen Behinderungen sind Entwicklungsmuster mehrfach behinderter Kinder noch deutlich seltener Gegenstand von Untersuchungen (Wachs & Sheehan, 1988).

Um Daten von mehrfach behinderten Kindern zu erhalten, müssen meist sowohl die Darbietung der Testitems als auch die zu erbringenden Testleistungen so modifiziert werden, daß bestehende Normreferenzen hinfällig werden. Dunst & McWilliam (1988) vertreten die Auffassung, traditionelle Methoden der Bestimmung kognitiver Fähigkeiten hätten es eher verhindert, die Fähigkeiten mehrfach behinderter Kindern angemessen zu erfassen und entsprechende Interventionen daraus abzuleiten. Dies liegt zu einem großen Teil an der Konfundierung motorischer und mentaler Fähigkeiten der Kinder. Werden beispielsweise psychophysiologische Maße, visuelle Aufmerksamkeit oder sozial responsive Verhaltensweisen zur Bestimmung mentaler Prozesse herangezogen und die Anforderungen an grob- und feinmotorische Fähigkeiten möglichst gering gehalten, so zeigen mehrfach behinderte Kinder oft Informationsverarbeitungskapazitäten, die deutlich über denen liegen, die mit traditionellen psychometrischen Tests erhoben werden (Überblick dazu bei Dunst & McWilliam, 1988). Dunst & McWilliam (1988) haben daher ein alternatives Entwicklungsmodell zur Bestimmung und Förderung interaktiver Kompetenzen entwickelt, das die sensomotorische Stadienabfolge (Piaget, 1975) mit dem ökologischen Ansatz Bronfenbrenners (1979) verbindet und sich insbesondere für die Anwendung bei mehrfach behinderten Kindern eignet.

Übereinstimmung besteht darüber, daß der Entwicklungsverlauf behinderter Kinder analog dem nicht behinderter Kinder ist. Die Stufen der sensomotorischen Entwicklung werden beispielsweise von Kindern mit mentalen Entwicklungsstörungen in der gleichen Sequenz durchlaufen wie von nicht behinderten Kindern, allerdings sehr viel langsamer (Sarimski, 1986, 1987, 1993). Auch bei schwer und mehrfach behinderten Kindern zeigen sich in der Entwicklungsorganisation die stadienbezogenen Muster, die sich bei normal entwickelten Kindern finden lassen (Seibert, Hogan & Mundy, 1984b).

Insbesondere zwei wesentliche Ausgangsmerkmale bewirken bei mehrfach behinderten Kindern allerdings ein verlangsamtes Entwicklungstempo. Durch einen häufig stark verminderten Muskeltonus und einen langsameren, weniger steilen und weniger hohen Erregungsaufbau resultieren schon im frühen Säuglingsalter verzögerte Orientierungsreaktionen und eine stark verzögerte motorische Handlungsreaktion. Diese beiden Komponenten haben langfristig eine deutlich entwicklungsbeeinträchtigende Wirkung, da spontane motorische Eigenaktivitäten seltener und mit verminderter Kraft erfolgen. Dies wiederum hat zur Folge, daß das Kind weniger Erfahrungen mit primären Kreisreaktionen machen kann (Piaget, 1975) und daß Handlungsergebnisse aufgrund der verlangsamten Ausführung von Greifhandlungen nicht mehr unmittelbar auf die ursprünglichen Handlungsintentionen bezogen werden können. So resultiert ein großes Hindernis für Lernerfahrungen durch Kontingenzen, das im ersten Lebensjahr die wichtigste Form des Lernens darstellt. Durch schwächere kommunikative Signale des Kindes an die Bezugsperson und durch verlangsamte Reaktionen auf kommunikative Angebote der Bezugsperson erleben mehrfach behinderte Kinder bereits in den ersten Lebensjahren deutlich weniger gelungene Interaktionen und vollständige Handlungssequenzen. Dies wiederum hat Auswirkungen auf ihre Motivation, den Aufbau kognitiver Strukturen und auf die Entwicklung von Selbstwirksamkeit und Selbstvertrauen (Rauh, 1995b).

3.3.1 Besonderheiten in den Modalitäten präverbaler Kommunikation

Die von mehrfach behinderten Kindern in ihren Interaktionen verwendeten kommunikativen Modalitäten sind abhängig von der Art, dem Ausmaß und der Schwere ihrer Beeinträchtigungen (Dunst & McWilliam, 1988). Mehrfach behinderte Kinder sind nicht nur einfach in bestimmten Bereichen entwicklungsgestört, sondern durch die Breite und Schwere ihrer Behinderung so beeinträchtigt, daß viele Entwicklungsbereiche gleichzeitig betroffen sind. Besonderheiten lassen sich in den grundlegenden Funktionen des Blickverhaltens wie auch im Vokalisieren und in der Verwendung von Gesten beobachten.

Das Blickverhalten und die mimischen Verhaltensweisen sind Regulierungsphänomene, die nicht nur einen intrapsychischen Zustand ausdrücken, sondern gleichzeitig eine entsprechende interaktive Bedeutung haben. Die Blickmuster von Kindern mit mentaler Entwicklungsstörung zeichnen sich dadurch aus, daß sie weniger Blickkontakt initiieren und weniger bezugnehmendes Blickverhalten (*referential looking*) verwenden als nicht behinderte Kinder (McCollum & Stayton, 1988). Die referentielle Blickausrichtung, die der Abstimmung eines gemeinamen Themas mit der Mutter dient, tritt beispielsweise bei Kindern mit Down-Syndrom im zweiten Lebensjahr sehr viel seltener auf als bei normal entwickelten Kindern mit dem gleichen mentalen Entwicklungsstand (Jones, 1980).

Rutter und Durkin (1987) berichten, daß Kinder bereits im Alter von 12 Monaten über ein erwachsenenspezifisches Muster der Aufmerksamkeitsausrichtung verfügen, indem sie ihren Blick insbesondere dann auf die Bezugsperson richten, wenn diese spricht. Bei Kindern mit mentaler Entwicklungsstörung ist eine Ko-Orientierung durch gemeinsame Aufmerksamkeitsausrichtung oft nicht einfach zu erreichen. Die Bezugsperson hat entsprechend weniger Gelegenheit, den Aufmerksamkeitsfokus des Kindes zu erweitern, sei es durch bezugnehmende Sprache oder durch gemeinsame Interaktion mit dem Spielzeug (McCollum & Stayton, 1988). Gelingt es dem behinderten Kind allerdings, seine Aufmerksamkeit gemeinsam mit der Bezugsperson auszurichten, so hat dies positive Auswirkungen auf seine weitere kommunikative und kognitive Entwicklung: Bei Kindern mit mentaler Entwicklungsstörung und bei Kindern mit autistischen Störungen existieren prädiktive Zusammenhänge zwischen der vorsprachlichen Fähigkeit zur gemeinsamen Aufmerksamkeitsausrichtung und dem weiteren Verlauf der Sprachentwicklung (Mundy et al., 1987; Mundy, Sigman, Kasari, 1990). Ebenso besteht ein prädiktiver Zusammenhang zwischen der Fähigkeit zur gemeinsamen Aufmerksamkeitsausrichtung und dem frühen Wortschatz des Kindes (Bakeman & Adamson, 1986; Tomasello & Farrar, 1986).

Die Entwicklung der frühen Lautäußerungen zeigt ebenfalls einen abweichenden Entwicklungsverlauf. Während nicht behinderte Kinder bis zum Alter von vier Monaten eine gesteigerte Lautproduktion in der Interaktion mit ihren Müttern zeigen, die dann abnimmt, weil sich die Kinder vermehrt Objekten ihrer Umwelt zuwenden, scheinen behinderte Kinder erst später die Lautproduktion als Mittel zu entdecken, eine soziale Interaktion aufrechtzuerhalten und kommunikative Absichten zu vermitteln (Sarimski, 1986). Sie durchlaufen die Stufen kognitiver und kommunikativer Kompetenzentwicklung je nach dem Ausmaß ihrer mentalen Retardierung mit entsprechender zeitlicher Verzögerung (Bricker & Carlson, 1982). Marfo und Kysela (1988) stellten fest, daß die Vokalisationen älterer Kinder typischerweise als Antwort auf die verbalen Stimulationen ihrer Mütter erscheinen, während die Vokalisationen jüngerer behinderter und nicht behinderter Kinder nicht durch ein charakteristisches Muster mit den Verbalisationen ihrer Mütter verbunden sind.

Zum Gebrauch von Gesten bei behinderten Kinden berichten Marfo und Kysela (1988), daß geistig behinderte Kinder im Alter von 4–24 Monaten signifikant weniger positiv expressive Gesten zeigten als nicht behinderte Kinder mit gleichem Entwicklungs- oder chronologischem Alter. Dies bedeutet, daß behinderte Kinder Gesten weniger dazu verwenden, um ihre Bedürfnisse oder ihre Interessen auszudrücken, um auf die Mutter zu antworten, um die Aufmerksamkeit der Mutter zu gewinnen oder um die Aufmerksamkeit der Mutter zu lenken (Marfo & Kysela, 1988).

3.3.2 Besonderheiten in der Interaktion mit mehrfach behinderten Kindern

Die Regulation früher Interaktionen durch Blickausrichtungen, vokale und gestische Äußerungen ist abhängig davon, wie gut die kommunikativen Signale des Kindes zu verstehen sind und wie ausgeprägt seine Reaktionsbereitschaft ist, aber auch davon, wie konsistent und sensibel die Eltern reagieren (Sarimski, 1986). Für die Eltern mehrfach behinderter Kinder stellt die Ausgestaltung gemeinsamer Handlungsepisoden in Spiel und Dialog allerdings oft ein großes Problem dar.

So zeigen behinderte Kinder häufig einen langsameren Erregungsaufbau, verfügen meist über eine geringere Aufmerksamkeitsspanne und sind in der gemeinsamen Interaktion oft weniger kommunikativ-initiierend. Die zwei grundlegenden Funktionen des präverbalen Verhaltens in dyadischen Interaktionen – die Selbstregulierung und die Beziehungsregulierung – sind dadurch beeinträchtigt. Mechthild Papoušek (1996a, 1999) beschreibt die frühkindliche Regulationsstörung als eine Störung des typischerweise engen Zusammenspiels von selbstregulatorischen Kompetenzen des Säuglings und intuitiven ko-regulatorischen Kompetenzen der Eltern. Die Bezugspersonen haben zum einen Schwierigkeiten, die Bedürfnisse und Gefühle des Kindes richtig zu erkennen und zu lesen. Zum anderen bringt ein inaktives und nicht responsives Kind die Erwachsenen dazu, ein Repertoire von zunehmend direktiveren Verhaltensweisen zu verwenden, im Versuch, das kindliche Niveau sozialer Teilnahme zu verbessern. Charakteristisch für die Interaktion zwischen Eltern und ihren mehrfach behinderten Kindern sind daher häufig eine größere elterliche Kontrolle der Themen (Tannock, 1988) und weniger initiierendes Verhalten der Kinder. So beobachtete beispielweise Krause Eheart (1982), daß behinderte Kinder weniger häufig auf die Initiativen ihrer Mütter antworteten und weniger als halb so viele Interaktionen wie nicht behinderte Kinder initiierten.

Bei mehrfach behinderten Kindern äußern sich Kommunikationsstörungen oft in einer eingeschränkten Kommunikationsbereitschaft und Kommunikationsfähigkeit, in ungewöhnlicher nonverbaler Kommunikation, in einer eingeschränkten Fähigkeit der Perspektivenübernahme sowie in eingeschränkter Dialogfähigkeit auch bei gut ausgebildetem Sprechvermögen. Neben den biologisch bedingten Einschränkungen des Lernvermögens mehrfach behinderter Kinder stellen frühe Interaktionsprobleme daher offensichtlich ein sekundäres Risiko für ihre weitere Entwicklung dar.

Es wird häufig berichtet, daß Kinder mit mentalen und anderen Entwicklungsstörungen in Interaktionen mit anderen weniger responsiv sind. Untersuchungen zeigen jedoch, daß Kinder mit mentalen Entwicklungsstörungen genauso oder sogar noch stärker responsiv sind als nicht behinderte Kinder (Übersicht dazu bei Tannock, 1988). Als Gründe für diese widersprüchlichen Ergebnisse nennt Tannock (1988) unterschiedliche Definitionen zur Messung von Direktivität und Responsivität, die Verwendung verschiedener Vorgehensweisen bei der Stichprobenbildung sowie die Verwendung von Beobachtungsmethoden, die Mutter und Kind nicht als eine interaktive dyadische Einheit betrachten.

In der Häufigkeitsrate des reziproken Abwechselns (*turn taking*) konnte Tannock (1988) keine Unterschiede zwischen behinderten und nichtbehinderten Kindern finden. McArthur und Adamson (1996) berichten allerdings für autistische Kinder im Alter von 3–5 Jahren häufige Störungen reziproker Prozesse, verbunden mit deutlich weniger Episoden gemeinsamer Aufmerksamkeitsausrichtung als in einer Vergleichsgruppe von Kindern mit Sprachentwicklungsstörungen. Die bei autistischen Kindern festzustellenden Beeinträchtigungen in grundlegenden kommunikativen Fertigkeiten könnten wichtige Hinweise für Diagnostik und Therapie geben (Überblick dazu bei McArthur & Adamson, 1996).

Da Interaktionssequenzen ein Produkt der Beziehungsregulierung beider an der Interaktion beteiligter Personen sind, wird deutlich, daß die Interaktion mit behinderten Kindern aufgrund der oben erwähnten Einschränkungen für die Bezugspersonen meist anspruchsvoller ist und darüber hinaus oft mit Unsicherheiten verbunden ist. Gelingt es nicht, Störungen gemeinsam zu regulieren, kann es zu emotionalem Rückzug auf beiden Seiten und zu Dialogstörungen zwischen Kind und Bezugsperson kommen (Bänninger-Huber, Moser & Steiner, 1990). Ursprünglich normale selbstregulierende Verhaltensweisen des Kindes können pathologisch oder defensiv werden, wenn Situationen mit interaktivem Versagen andauern und chronisch werden. Aus einer Perspektive gegenseitiger Regulation zeigt das Kind solche Verhaltensweisen, um einen vorweggenommenen negativen Affekt zu umgehen. Der Zusammenhang von eingeschränkten kommunikativen Möglichkeiten und stark passiven, selbststimulierenden, selbstverletzenden oder auch aggressiven Verhaltensweisen, der sich häufig bei Menschen mit mentaler Entwicklungsstörung findet (Breucker, 1994; Hettinger, 1990), unterstreicht die Bedeutung früher kommunikativer Förderung.

Eine verminderte soziale Reaktionsbereitschaft in Verbindung mit verschiedenartigen weiteren Beeinträchtigungen macht es den Bezugspersonen mehrfach behinderter Kinder schwer, die Signale des Kindes zu erkennen, so daß der Aufbau reziproker und intentionaler Kommunikation gehemmt wird (Sarimski, 1986). Insbesondere Kinder mit Cerebralparese sind oft neben ihrer körperlichen Behinderung auch in den motorischen und expressiven Aspekten der Lautbildung so beeinträchtigt, daß ihre sprachlichen Ausdrucksformen schwer zu verstehen sind. Wenn die Parese sich auf die Kontrolle der Kopf- und Armbewegungen auswirkt, kann sich das Kind auch nicht durch Blickausrichtung oder durch eine zeigende Geste über den Gegenstand seines Interesses mit anderen Personen verständigen. Es ist auf alternative Mittel der Verständigung angewiesen, die allerdings oft schlechter lesbar, weil weniger eindeutig sind. Dadurch kann es auch leichter passieren, daß die gegenseitige Verständigung nicht gelingt. Sarimski (1986) bemerkt dazu treffend: „Diese Kinder sind doppelt behindert. Weder das Repertoire an Gesten noch die sprachlichen Äußerungen stellen eine zuverlässige Verständigung sicher" (S. 51). Um so wichtiger ist es für mehrfach behinderte Kinder, ihr kommunikatives Repertoire zu erweitern, um ihre Intentionen erfolgreich mitteilen zu können.

3.4 Förderung präverbaler Kommunikation

Auch bei einem mehrfach behinderten Kind entstehen kommunikative Fähigkeiten im interaktiven Austausch durch gemeinsame Ko-Konstruktion mit der Bezugsperson. Soll diese Entwicklung gelingen, muß das behinderte Kind über grundlegende präverbale kommunikative Fähigkeiten verfügen, für deren Erwerb es häufig eine besondere Unterstützung benötigt. Hier liefert die Klinische Entwicklungspsychologie zum einen Wissen über abweichende Entwicklungsverläufe durch die Erforschung der Entwicklung von Kindern mit Behinderungen. Zum anderen konzipiert sie unter Berücksichtigung theoretischer und empirischer Entwicklungsprozesse spezifische Ansätze zur Entwicklungsförderung behinderter Kinder.

Entwicklungsförderung wird allgemein als das Herstellen transformativer Prozesse verstanden. Hierzu wird zunächst untersucht, was dem jeweiligen Kind die Entwicklung erschwert, um dann nach Möglichkeiten zu suchen, wie für dieses Kind verändernde Prozesse hergestellt werden können, durch die es in seiner Entwicklung gefördert werden kann. Es gibt allerdings nicht einen einzigen richtigen Weg, vielmehr sind in bestimmten Stadien der Entwicklung spezifische Arten und Ausmaße von Intervention unterschiedlich wirksam, um den Fortschritt des Kindes zu fördern. Wie in der Entstehung von Entwicklungsstörungen kann das systemische Zusammenspiel verschiedener Entwicklungsbedingungen *äquifinal* zum gleichen Erscheinungsbild führen und vergleichbare Bedingungen durch unterschiedliche systemische Verarbeitungsformen *multifinal* in verschiedenen Erscheinungsbildern resultieren (Cicchetti, 1999). Daher machen stringent kausale Veränderungsmodelle zur Erklärung therapeutischer Erfolge in der klinischen Intervention wenig Sinn.

3.4.1 Prinzipien der Entwicklungsförderung

Die interaktionistische Sichtweise kommunikativer Entwicklung wie sie erstmals von Vygotsky (1978) formuliert wurde hat sich inzwischen in der Entwicklungsdiagnostik wie auch in der therapeutischen Intervention bewährt. Demgemäß ist die Entwicklung der Kommunikation in hohem Maße von spezifischen Erfahrungen im soziokulturellen Kontext abhängig. Im sozial-interaktionalen Entwicklungsmodell wird Entwicklung als ein *Prozeß sequentieller Reorganisation* (Sarimski, 1993) verstanden, bei dem neurologische Reifungsprozesse und eine unterstützende Umgebung zusammenwirken. Alle Fähigkeiten des Kindes werden im Kontext sozialer Interaktion erworben und für erfolgreiche Lernprozesse ist eine optimale Passung zwischen den internen Lernvoraussetzungen des Kindes und der externen Lernumwelt notwendig.

Entscheidend für die kommunikative Entwicklung des Kindes sind also nicht nur die biologischen Rahmenbedingungen, sondern vor allem die Art der Erfahrung, die es macht und der soziale Kontext, in dem diese Erfahrungen stattfinden. Das von Vygotsky (1978) entwickelte Konzept der *Zone der nächsten Entwicklung – ZNE* beschreibt einen Entwicklungsbereich, in dem ein Kind eine bestimmte Aufgabe nur teilweise beherrscht, sie jedoch durch gezielte Unterstützung lösen kann. Vygotsky (1978) definiert die ZNE wie folgt:

> ... the distance between the actual developmental level as determined by independent problem solving and the level of potential development as determined through problem solving under adult giudance or in collaboration with more capable peers (S. 86).

Das Niveau potentieller Entwicklung, und damit das Ausmaß der Zone nächster Entwicklung, kann dabei nicht präzise definiert werden (Wertsch, 1984). Eine besondere Bedeutung kommt jedoch der Anleitung durch Erwachsene oder Gleichaltrige im Kontext sozialer Interaktion zu. Vygotsky bezeichnet diese Form der Unterstützung als *Instruktion (Obuchenie)* und geht davon aus, daß sie eine extrem wichtige Rolle für die Entwicklung wie auch für alle Lehr- und Lernprozesse spielt (Wertsch & Rogoff, 1984).

> [Instruction] rouses to life, awakens, and sets in motion a variety of internal processes of development in the child. At this point, these processes are still possible for the child only in the sphere of interaction with surrounding people and in the sphere of collaboration with peers. But these processes, which constitute the course of internal development, then become the internal property of the child himself or herself (Vygotsky, 1956, S. 459 zitiert in Wertsch & Rogoff, 1984, S. 4).

Es ist die Instruktion, die die Zone der nächsten Entwicklung schafft: „instruction creates a zone of proximal development" (Vygotsky 1956, p 450 zitiert in Wertsch, 1984, S. 12). Bezogen auf die therapeutische Situation bedeutet dies, daß eine unterstützende Situation (*scaffolded situation*) hergestellt wird, die es dem Kind ermöglicht, seine bestehenden Fertigkeiten und sein Wissen auf ein höheres Kompetenzniveau auszudehnen (Rogoff, Malkin & Gilbride, 1984, S. 33).

Beim Erwerb von kommunikativen Fähigkeiten im interaktiven Kontext ist es wichtig, daß die erwachsene Bezugsperson die gemeinsame Interaktion möglichst spielerisch gestaltet, da Spiel in der kommunikativen wie auch in der kognitiven Entwicklung des Kindes von großer Bedeutung ist (H. Papoušek & M. Papoušek, 1977b). Die besondere Funktion des Spiels besteht einmal darin, Unbekanntes durch Einüben und Lernen vertraut zu machen und zum anderen darin, Bekanntes durch spielerische Aktivitäten erneut zu verfremden. Rolf Oerter (1993) sieht im Spiel eine wichtige Determinante kognitiver Entwicklung: „... das Spiel schafft die Rahmenbedingungen für die Entwicklung von Vorstellung und Phantasietätigkeit" (S. 14). Die spielerische Gestaltung sozialer Interaktion ermöglicht die Entwicklung kommunikativer Fertigkeiten, die wiederum Voraussetzung sind für die Entwicklung differenzierter Spielhandlungen des Kindes sowie für einen verbesserten gemeinsamen Gegenstandsbezug (Oerter, 1993, 1995). Solche Verbesserungen in den interaktionalen Austauschprozessen mit den entsprechend verbesserten kommunikativ-regulatorischen Kompetenzen des Kindes sind aufzufassen als das Ergebnis früher Ko-Regulation und Ko-Konstruktion (M. Papoušek, 1995) in der *Zone der nächsten Entwicklung.*

3.4.2 Therapeutische Handlungsmodelle

Wie sind nun die therapeutischen Interaktionen beschaffen, die das Kind in der Entwicklung seiner präverbalen kommunikativen Fertigkeiten unterstützen können? H. Papoušek & M. Papoušek (1995) nennen drei grundlegende didaktische Prinzipien zur Gestaltung von Situationen, die es dem Kind ermöglichen, aktiv an gemeinsamen Interaktionen teilzunehmen:

- Einfache Formen von Stimulation und Kontingenz verwenden.
- Den optimalen Zustand an Wachheit des Kindes wählen.
- Das Kind mit effektiver Verstärkung motivieren (S. 31).

Diese eher allgemeinen Prinzipien können weiter konkretisiert werden, wenn die Zielvorstellung gelungenen kommunikativen Austausches betrachtet wird. Tronick (1989) charakterisiert gute Interaktion als eine koordinierte Interaktion, die sich durch kohärente, synchrone und reziproke Austauschprozesse auszeichnet. Um eine solche koordinierte Interaktion in der *Zone der nächsten Entwicklung* zu erreichen, ist es notwendig, durch spezifische Interaktionsformen einen spielerischen interaktionalen Rahmen zu bilden.

Mechthild Papoušek (1996c) hat ein Modell für die frühe Therapie kommunikativer Fertigkeiten des Kindes entwickelt, das auf den Grundlagen intuitiven elterlichen Verhaltens basiert. Kennzeichen dieses therapeutischen Vorgehens sind:

a) Es werden einfache Bezugsrahmen gebildet.
b) Die inneren Motivationsmechanismen des Kindes werden genutzt.
c) Erwachsene lassen sich von den Interessen und Aktivitäten des Kindes leiten.
d) Es wird ergänzend kompensiert.
e) Die Erwachsenen nehmen selbst aktiv und spielerisch teil.

Dieses Vorgehen stellt zum einen Anforderungen an die Sensitivität der Therapeutin, die nur dann die Äußerungen des Kindes als kommunikative Signale aufgreifen kann, wenn sie das Kind sehr genau beobachtet, seinen momentanen Verhaltenszustand, seine Aufmerksamkeitsrichtung und seine Bereitschaft zu spielerischer Kommunikation und Interaktion. Zum anderen erfordert es von der Therapeutin, sich mit ihren kommunikativen Anregungen an die individuellen Fähigkeiten, die Vorlieben und Interessen sowie an den Entwicklungsstand des Kindes anzupassen, da sie nur so einen optimalen Zustand der Aufmerksamkeit und Aufnahmebereitschaft beim Kind aufrechterhalten kann. Durch einen derartigen Anpassungsprozeß erfolgt eine Abstimmung im Umgang mit dem Kind, die sich in einer harmonischen und ausgeglichenen Interaktion widerspiegelt und so jeglicher Art von Lernen förderlich ist (Sarimski, 1993). Die konkrete Ausgestaltung der einzelnen therapeutischen Handlungsstrategien wird im folgenden in Anlehung an das Modell von M. Papoušek (1996c) beschrieben.

a) Es werden einfache Bezugsrahmen gebildet.
Die von Mechthild und Hanuš Papoušek (1981a) beschriebenen intuitiven elterlichen Verhaltensbereitschaften können helfen, erschwerte Entwicklungsbedingungen von mehrfach behinderten Kindern zu kompensieren. Die Eltern, meist die
Mütter, liefern repetitive interaktionale Rahmen, mittels derer durch ein
Repertoire von komplementären und gleichen Verhaltensanpassungen wechselseitige kommunikative Bezugnahme und reziproke kommunikative Abstimmung
hergestellt werden. Dies gelingt durch klare, einfache, übersichtliche und gut
strukturierte Aufforderungen, die in langsamem Tempo und mit häufigen Wiederholungen dargeboten werden. Ein fester Bezugsrahmen liefert einfache, wiederholte Muster, die das Kind vorhersehen und wiedererkennen kann. Dies wiederum
ermöglicht es dem Kind, Erwartungen auszubilden und Vergnügen an deren
Erfüllung zu empfinden.

b) Die inneren Motivationsmechanismen des Kindes werden genutzt.
Wichtig ist es zum einen, die kindliche Interaktionsbereitschaft zu berücksichtigen
und auf denjenigen Handlungen des Kindes aufzubauen, die von seiner inneren
Motivation kommen. Zum anderen ist es wichtig, den eigenen kommunikativen
Beitrag auf die kindlichen Rückkoppelungssignale abzustimmen, um das Kind in
seiner Erregungssteuerung zu unterstützen und um seine Aufmerksamkeit
anzuregen und aufrechtzuerhalten. Kinder lernen durch erfahrene Kontingenzen,
und der Effekt kommunikativer Stimulation ist am größten, wenn er kontingent
zum Verhalten des Kindes ist (M. Papoušek & H. Papoušek, 1981a). Frühkindliche Lernprozesse gelingen insbesondere dann, wenn die Umgebung durch die
eigene Aktivität beeinflußt werden kann. Dies erlebt das Kind durch eigene kontingente Erfahrungen oder durch die Rückkoppelungssignale im responsiven Verhalten der Therapeutin. Die entwicklungsfördernde Wirkung responsiver Verhaltensweisen, die die Äußerungen des Kindes in angemessener Form aufgreifen,
beantworten, ergänzen, ausgestalten oder erweitern, wird von empirischen Studien
belegt (Seifer, Clark & Sameroff, 1991; Holdgrafer & Dunst, 1991; Tannock,
Girolametto & Siegel, 1992; Überblick dazu bei Sarimski, 1993).

c) Erwachsenen lassen sich von den Interessen/Aktivitäten des Kindes leiten.
Dies umfaßt eine kindzentrierte Aufmerksamkeitsausrichtung sowie Angebote
und Aufforderungen, die auf die kindliche Tätigkeit, das kindliche Interesse und
die kindliche Aufmerksamkeitsausrichtung abgestimmt sind. Es sollte stets in
solchen Formen interagiert und kommuniziert werden, die nahe genug am Niveau
des Kindes sind, daß das Kind sie sowohl verarbeiten als auch ausführen kann
(MacDonald & Gilette, 1988). Je stärker die Sprache der Erwachsenen auf die
Handlungen und Intentionen des Kindes bezogen ist, desto leichter wird das Kind
lernen (Hodapp, 1988). Gelungene Kommunikation bedeutet, Passung herzustellen mit dem Gegenüber. Dies erfordert auf der einen Seite, die Angebote auf das
Kind abzustimmen und auf der anderen Seite, die Qualität und Form der
kindlichen Interaktion wertzuschätzen. Besonders wichtig ist es, die Handlungen

des Kindes als intentional aufzufassen. Aus möglicherweise zufälligen Handlungen des Kindes lassen sich intentionale kommunikative Muster entwickeln, da jede neue Handlung das Potential hat, eine kommunikative Handlung zu werden (MacDonald & Gilette, 1988). Ein kommunikatives Signal stellt ursprünglich lediglich einen physikalischen Reiz in Form von Lichtwellen, Schallwellen oder Druck dar, der erst in dem Moment kommunikativen Charakter erhält, in dem er als potentielles kommunikatives Signal wahrgenommen wird. Dies bedeutet, daß ein Reiz durch die Absicht der Empfängerin, seine Bedeutung verstehen lernen zu wollen, zum kommunikativen Signal wird (Wagner, 1981).

d) Es wird ergänzend kompensiert.
Wichtig ist auch eine optimale inhaltliche und zeitliche Einpassung eigener kommunikativer Beiträge. Dazu gehört es, die wahrgenommenen Signale des Kindes adäquat empathisch zu interpretieren und dem Kind ausreichend Zeit für eine Reaktion zu lassen. Die Aufforderungen an das Kind sollten möglichst in das interaktive Geschehen eingebettet sein und die gewünschte Handlung sollte mit einer hinweisenden Geste begleitet werden (Sarimski, 1993). Die Erwartungsausbildung des Kindes sollte durch eine Steigerung der Erwartungsspannung und durch ein Hinauszögern der Erfüllung unterstützt werden (M. Papoušek, 1981). Bevor ein Kind lernt zu kommunizieren, muß es regelmäßige, reziprok abwechselnde Interaktionen entwickeln. Die sozialen Rollen von Geben und Nehmen sind gundlegend dafür, sozial initiativ und responsiv zu handeln und funktional mit anderen spielen zu können. Das Geben und Nehmen sollte daher so ausbalanciert werden, daß eine Person grundsätzlich soviel modelliert und antwortet wie die andere (MacDonald & Gilette, 1988). Das Kind lernt auf diese Weise, Kontakt mit anderen aufzunehmen und in zunehmend längeren und komplexeren Interaktionen zu bleiben. Es entwickelt die Fähigkeit zu dialogischer Kommunikation, kann Dialoge aufrechterhalten und neue Themen einführen.

e) Die Erwachsenen nehmen selbst aktiv und spielerisch teil.
In der gemeinsamen Aktivität lernt das Kind, sein Verhalten auf das Verhalten einer anderen Person abzustimmen. Es werden gegenseitige Erwartungen ausgebildet, ein gemeinsames Handlungsrepertoire kann entwickelt und variiert werden, und es entstehen kommunikative Handlungen. Die Anregungen an das Kind sollten möglichst in spielerischen Variationen erfolgen, so daß die Interaktion gegenseitig belohnend ist: Ein spielerisch-kreativer Umgang mit immer neuen Kontextbildungen bereitet nicht nur dem Kind Freude und Vergnügen (M. Papoušek & H. Papoušek, 1981a). Dyadische Interaktion läßt sich am besten beschreiben als kontinuierlicher Strom charakterisiert durch kontinuierliches feedback (Marfo & Kysela, 1988). Ziel für die erwachsene Bezugsperson ist es daher, den kommunikativen Fluß fortzusetzen und dem Kind neue Formen der Kommunikation zu zeigen.

Bei einem positiv verlaufenden Regulationsprozeß zeigt das Kind auch in Zukunft Zutrauen in seine Fähigkeiten, hat Ausdauer und strengt sich an. Das Kind entwickelt auf diese Weise eine verallgemeinerte Selbstwirksamkeit, die Bandura (1978, 1980) mit einem ausgeprägten Selbstvertrauen gleichsetzt. Aufgrund der Erfahrung, selbst etwas bewirken zu können, traut sich ein Kind immer mehr zu, baut dadurch neben einem stabilen Selbstvertrauen auch Selbstbewußtsein auf und verbessert seine Motivation für weitere Aktivitäten.

4 Evaluation musiktherapeutischer Entwicklungsförderung

Ein wichtiges Ziel früher Interventionsanstrengungen in der Behandlung von Entwicklungsstörungen mehrfach behinderter Kinder ist es, die Entwicklung kommunikativer Fertigkeiten zu fördern. Entscheidend sind hierbei die Art der Erfahrungen, die das Kind macht, wie auch der soziale Kontext, in dem diese Erfahrungen stattfinden. Wie können in der Orff-Musiktherapie durch musikalisch-spielerische Interaktionen kommunikative, emotionale, soziale und kognitive Fähigkeiten bei mehrfach behinderten Kindern gefördert werden? Und wie kann diese Entwicklungsförderung durch musiktherapeutische Intervention evaluiert werden?

4.1 Evaluation musiktherapeutischer Intervention

Musiktherapie ist entstanden aus der praktischen Anwendung von Musik in verschiedenen therapeutischen Kontexten. Die therapeutische Vorgehensweise wurde weitgehend intuitiv entwickelt und es wurde sehr wenig wissenschaftlich untersucht, wie musiktherapeutisches Handeln theoretisch konzipiert werden kann. Ebenso wurde kaum untersucht, ob und wie die Wirkung musiktherapeutischer Behandlung empirisch erfaßt werden kann. Erst in den letzten Jahren wird verstärkt eine Erforschung musiktherapeutischer Wirkzusammenhänge gefordert. Dies entspringt zum einen dem Bedürfnis nach kritischer und systematischer Reflexion des eigenen Tuns. Zum anderen verlangen Qualitätssicherung und Qualitätsüberprüfung in der psychosozialen Versorgung von der Musiktherapie, einen Nachweis ihrer therapeutischen Wirksamkeit zu erbringen (Von Moreau & Scheytt-Hölzer, 1996).

4.1.1 Grundlegende Kontroverse zur Evaluation von Musiktherapie

Das von Carl Rogers (1991/1959) beschriebene Spannungsfeld zwischen logisch-empirischer Forschung und empathisch-phänomenologischer therapeutischer Arbeit läßt sich in der Musiktherapie besonders deutlich erkennen. Die Zielsetzungen von Forschung und therapeutischer Praxis werden von einem Teil der Musiktherapie-Praktizierenden als grundsätzlich entgegengerichtet wahrgenommen: Während die empirische Forschung versucht, mögliche Wirkfaktoren zu kontrollieren und angenommene Wirkfaktoren zu reduzieren, ist die therapeutische Arbeit bestrebt, durch eine umfassende Nutzung aller vorhandenen Ressourcen die therapeutische Situation optimal zu gestalten, beispielsweise auch die Eltern und Geschwister in die dadurch komplexer werdende therapeutische Situation einzubeziehen.

Kritisiert wird daher bei der Evaluation musiktherapeutischen Vorgehens insbesondere der häufig nicht ganz zu vermeidende Eingriff in den therapeutischen Prozeß, die vorgeblich unzulängliche Erfassung des musiktherapeutischen Prozeßgeschehens und die Tatsache, daß häufig die persönlichen Erfahrungen von Klientin oder Therapeutin nicht miteinbezogen werden (P. Rogers, 1996). Es entstand eine grundlegende Kontroverse darüber, ob es überhaupt notwendig und zufriedenstellend möglich ist, musiktherapeutische Prozesse empirisch zu erforschen. Diese Kontroverse kann unter anderem auch historisch erklärt werden, da sich die Musiktherapie – ähnlich wie die Psychotherapie – in den zurückliegenden 50 Jahren ausgehend von oft charismatischen Gründungspersönlichkeiten entwickelt hat und sich erst allmählich von der *Konfession zur Profession* (Grawe, Donati, Bernauer, 1994) wandelt. Jensen hat dies bereits 1981 beobachtet:

> Die Musiktherapie geht von einer Phase, wo sie im großen und ganzen um eine Reihe hervorragender Persönlichkeiten herum mit je ihrer Methode, ihren Anschauungen und ihren Begründungen und Rechtfertigungen – diese mögen wissenschaftlicher, pseudo-wissenschaftlicher oder religiös-lebensanschaulicher Art sein – aufgebaut war, in eine Phase, in der man als zusammenarbeitendes Kollektiv versucht, die Musiktherapie als eine akademische wissenschaftliche Disziplin zu etablieren (Jensen, 1981, S. 33).

Möglicherweise liegt dieser Kontroverse auch eine falsche Auffassung der Beziehungen von Theorie, Forschung und Praxis zugrunde. Eine zu Forschungszwecken durchgeführte Reduktion komplexer musiktherapeutischer Phänomene ist nicht gleichbedeutend mit einer Beschneidung der komplexen und facettenreichen musiktherapeutischen Praxis (Tischler, 1983). Und eine Formulierung theoretischer Zusammenhänge bildet nicht unmittelbar die Charakteristika praktischen musiktherapeutischen Handelns ab. Auch hier lassen sich Parallelen zu ähnlichen Problemlagen in der Psychotherapie erkennen:

> Psychotherapie als Theorie, als Inbegriff des psychotherapeutischen Wissens und dessen Systematisierung ist wissenschaftlich. Als Praxis ist sie eine darüber hinausgehende, kreative Interaktion mit den Gegebenheiten eines komplexen Aufgabenfeldes, deren Gestaltung keine unmittelbare Anwendung von Wissenschaft ist, sondern eben *mehr* (E. Schneider, 1998, S. 721; die Hervorhebung ist original).

Dieses *mehr*, das in der kreativen Interaktion mit den Gegebenheiten eines komplexen Aufgabenfeldes in Erscheinung tritt, ist keine Anwendung theoretischen Wissens, sondern die Anwendung praktisch-impliziten Handlungswissens, das in der Musiktherapie vorwiegend durch Modell-Lernen und durch eigene Praxiserfahrungen erworben wird. Es ist jedoch gerade dieses komplexe, spezifische, in der Regel nicht explizierte Handlungswissen, das die Musiktherapie einerseits zu einer wirkungsvollen Behandlungsform und andererseits zu einem reizvollen und herausfordernden Forschungsgegenstand macht.

Nicht zuletzt kann argumentiert werden, daß sich das empirisch-therapeutische Handeln in der Musiktherapie einer evaluierenden Überprüfung durch empirisch-forschendes Handeln stellen muß, wenn es seinen Platz in der psychosozialen Versorgung des gesellschaftlichen Gesundheitssystems sichern will.

4.1.2 Theoretische Kontroverse zur Evaluation von Musiktherapie

Forschungsgegenstand der Musiktherapie ist die spezifische Verwendung von Musik innerhalb eines interaktiven Kontextes. Da damit besondere Forschungs-anforderungen verbunden sind, wird von einigen musiktherapeutisch Forschenden die Auffassung vertreten, daß einzig – noch zu entwickelnde – spezifisch musik-therapeutische Forschungsmethoden diesen Anforderungen gerecht werden können (Langenberg, Aigen, Frommer, 1996). Allerdings finden sich musikthera-peutische Forschungsthemen wie etwa *Interaktion* oder *therapeutisches Prozeß-geschehen* auch in anderen Disziplinen, wie etwa in der Klinischen Entwick-lungspsychologie oder in der psychotherapeutischen Prozeßforschung.

Während in Anbetracht der besonderen Forschungsbedingungen einerseits gefor-dert wird, ein eigenes musiktherapeutisches Forschungs- und Behandlungs-paradigma zu schaffen, um klinische musiktherapeutische Prozesse unabhängig von existierenden psychologischen Konzepten und somit adäquat beschreiben zu können (Aigen, 1990), wird andererseits dafür plädiert, auf bereits entwickelte Methoden anderer Disziplinen zurückzugreifen (P. Rogers, 1996; Plahl, 1998), bzw. diese auf neue Art zu kombinieren (Remmert, 1992; Aldridge, 1996b).

Barbara Wheeler (1995) argumentiert, daß sich die Musiktherapieforschung der methodischen Instrumente und Vorgehensweisen aus den angrenzenden Diszipli-nen der Psychologie, der Musikwissenschaft oder der Musikpsychologie bedienen sollte. Eine solche Verwendung traditioneller Forschungsmethoden bietet den nicht unerheblichen Vorteil, Forschungsarbeiten in einer auch für andere Berufs-gruppen verständlichen Sprache präsentieren zu können (P. Rogers, 1996).

Der Gegenstand der Musiktherapie bedingt durch das Ineinandergreifen verschie-dener kommunikativer Modalitäten auf unterschiedlichen Interaktionsebenen einen mühsamen und aufwendigen Forschungsprozeß. Um eine wissenschaftliche Evaluation musiktherapeutischer Vorgehensweise zu ermöglichen, muß nonver-bales Geschehen in eine verständliche Sprache transformiert werden. Die Schwie-rigkeit, angemessene Operationalisierungen der musiktherapeutischen Interaktion zu entwickeln, führt häufig dazu, daß eine eingeschränkte Abbildbarkeit und Meßbarkeit musiktherapeutischer Vorgänge angenommen wird.

Ein weiterer kritischer Punkt in der evaluativen musiktherapeutischen Forschung ist eine oft fehlende oder mangelhafte Zieldefinition therapeutischen Vorgehens und damit der Zielkriterien evaluativer Untersuchungen. Aldridge (1991) fordert angesichts dieser Problematik, zukünftig nicht einfach mehr zu forschen, sondern genauer nach der Beschaffenheit dessen zu fragen, was erforscht werden soll bzw. die Prämissen zu explizieren, auf denen eine Beobachtung basiert. Dies ist nur möglich, wenn entsprechende theoretische Konzepte dazu existieren. Allerdings hat sich die Musiktherapieforschung schneller entwickelt hat als die Musiktherapietheorie. Nach Auffassung von Maranto (1988) benötigt die Musiktherapie ein theoretisches Paradigma, das einerseits umfassend genug ist, der inzwischen entstandenen Vielfalt musiktherapeutischer Ansätze gerecht zu werden, andererseits sollte es aber auch spezifisch genug sein, um klare Defini-tionen zu ermöglichen. Schließlich sollte es für zukünftige Entwicklungen ausrei-chend flexibel sein. Bislang existiert eine derartige theoretische Grundlage der Musiktherapie allerdings nicht: Gfeller (1995, 1987) hat beispielsweise nach Durchsicht mehrerer Jahrgänge des *Journal of Music Therapy* festgestellt, daß die theoretischen Grundlagen der Musiktherapie unzureichend definiert worden sind.

Die bisher zur Verfügung stehenden Methoden können tatsächlich nicht alle Ebenen musiktherapeutischen Geschehens gleichermaßen erfassen. Eine vollstän-dige Abbildung musikalisch-interaktiver Vorgänge in sprachlicher Form ist natur-gegebenermaßen nicht möglich. Jensen (1982) hat dies zugespitzt formuliert: „... Musik als ein Phänomen, das empirisch zu beobachten ist, ist ganz einfach nicht Musik" (S. 167). Einer empirischen Vorgehensweise, die auf beobachtbarem Verhalten basiert, entziehen sich allerdings Phänomene wie etwa das *akustische Klima* (Orff, 1974), das in einer musiktherapeutischen Sitzung entsteht. Dieses Phänomen wie auch die subjektive Wahrnehmung gespielter Musik und das gemeinsame Konstruieren einer *anderen Realität* in der Musiktherapie sind mit den bisher existierenden Forschungsinstrumenten nicht zu fassen und bleiben damit möglicherweise ein *geheimnisvoller* Teil (Orff, 1974) musiktherapeutischer Wirkung. Aldridge (1993) bezeichnet die Musiktherapie daher gleichzeitig als eine Kunst und eine Wissenschaft des Heilens und fordert Forschungsansätze, die beiden Prozessen gerecht werden können.

4.1.3 Methodische Kontroverse zur Evaluation von Musiktherapie

In der Musiktherapieforschung läßt sich eine historische Entwicklung beobachten von anekdotischen Berichten und Falldarstellungen hin zu einer Phase, in der die Effekte musikalischer Reize und die therapeutischen Behandlungsergebnisse betont worden sind, bis hin zu neueren Forschungsansätzen, die versuchen, einen genaueren Blick auf den musiktherapeutischen bzw. musikalischen Prozeß zu werfen (Bunt, Cross, Clarke & Hoskyns, 1988). Aktuell bestimmen zwei Themen die Musiktherapieforschung: Die Entwicklung geeigneter Forschungsmethoden und – damit verbunden – die Suche nach einer geeigneten Sprache der Musiktherapieforschung. Eine solche Sprache sollte insbesondere in der Lage sein, musikalisches Erleben und musikalische Interaktion adäquat und nachvollziehbar zu beschreiben.

In der bisherigen musiktherapeutischen Forschung lassen sich ähnlich wie in der Evaluation von Psychotherapie prozeßorientierte und ergebnisorientierte Forschungsansätze unterscheiden. Während es bislang wenig musiktherapeutische Behandlungs- oder Prozeßstudien gibt, existieren bereits einige Ergebnisstudien musiktherapeutischer Evaluationsforschung (Aldridge, 1996b), die sich jedoch häufig im Dilemma befinden zwischen dem Genügen empirischer Forschungsstandards und dem Anspruch externer Validität. Auswege aus diesem Dilemma waren bisher entweder eher musikpsychologisch ausgerichtete Grundlagenforschung, die für die musiktherapeutische Praxis nicht immer von unmittelbarer Relevanz ist, oder der Nachweis von Effektivität durch kaum verallgemeinerbare Fallberichte (Remmert, 1992).

Es werden in der Musiktherapieforschung immer wieder Zweifel daran geäußert, ob eine externe Validierung musiktherapeutischer Behandlung in Form von quantifizierbaren, statistisch relevanten Ergebnissen sinnvoll ist, ob diese Daten wirklich aussagekräftig sind und ob beispielsweise Häufigkeitsanalysen angemessen sind, um psychische Entwicklungsprozesse abzubilden. Der daraus resultierende Trend zur Verwendung qualitativer Ansätze in der Musiktherapieforschung manifestiert sich mittlerweile in einem breiten Spektrum verwendeter qualitativer Methoden, die in der Mehrzahl geprägt sind durch konnotative Vorgehensweisen (Überblick dazu bei Smeijsters, 1996). Schließlich kommen auch Methoden der *Grounded Theory* (Strauss & Corbin, 1996) zur Anwendung, bei denen durch Triangulation verschiedener Datenquellen, verschiedener Methoden der Datensammlung und verschiedener theoretischer Quellen nach geeigneten begrifflichen Konzepten gesucht wird.

Die methodische Kontroverse zwischen qualitativen und quantitativen Forschungsansätzen zieht sich durch die musiktherapeutische Forschungsszene. Quantitative Forschung wird dabei häufig mit reduktionistischer Verhaltensforschung gleichgesetzt, und es wird argumentiert, daß ein solcher Ansatz die *Essenz* der Musiktherapie nicht erfassen könne. Ein vielfach formulierter Kompromißvorschlag geht dahin, in Einzelfallstudien bzw. einem Vergleich von Einzelfallanalysen Ergebnis- und Prozeßforschung und damit auch quantitative und qualitative Verfahren zu verbinden (P. Rogers, 1996). In Zusammenhang mit der Erforschung komplexer interaktiver Austauschprozesse in der Psychotherapie hat Böttcher (1991) eine meines Erachtens wichtige Forderung formuliert, die sich auch auf die Kontroverse zur Angemessenheit quantitativer und qualitativer Forschungsansätze in der Musiktherapie übertragen läßt:

Daher sollten wir, die wir uns anstrengen im Sinne systemischen Denkens, diejenigen Kollegen nicht der systemischen Ignoranz verdächtigen, die das Experiment zur Reduzierung sonst nicht analysierbarer Komplexität einsetzen. Auch Klassifikation, von Lewin oft zurecht als unzureichend bezeichnet, hat ihren Nützlichkeitsbereich. Gewiß können die Experimentalisten leicht im Laborartefakt steckenbleiben; die Klassifikationalisten kommen bei Dynamikregeln und somit bei der Handlungsrelevanz nicht an. Aber das diffuse, vage, subjektiv-beliebige, phantasisch-konstruktivistische, gegen jede Operationalisierung voreingenommene Schwelgen in Systemik bleibt unverbindlich und ist keineswegs fruchtbarer (S. 74).

Die Vereinbarkeit quantitativer und qualitativer Forschungsperspektiven in der Musiktherapie ist Thema einer nach wie vor andauernden Diskussion. Grundsätzlich ist in der Beurteilung quantitativer und qualitativer Verfahren die Frage zu stellen, welcher Aussagewert Konnotationen im Vergleich zur Deskription musiktherapeutischer Vorgänge zukommt. Qualitative Forschungsansätze in der Musiktherapie sind zumindest zu ergänzen durch quantitative Beschreibung und Analyse musiktherapeutischer Interaktion. Idealerweise sollte dies durch eine Berücksichtigung von kommunikativen und musikalischen Parametern erfolgen. Es sollte nicht außer Acht gelassen werden, daß es bislang einzig quantitativen Ergebnisstudien zugebilligt wird, die Wirtschaftlichkeit der Musiktherapie im Sinne therapeutischer Wirksamkeit und Effektivität nachweisen zu können und damit die gesellschaftliche, akademische und berufliche Anerkennung von Musiktherapeutinnen voranzubringen. Ein pragmatischer, konzeptionell einleuchtender Vorschlag kommt von Barbara Wheeler (1995), die feststellt, daß die Art der klinischen Tätigkeit einen Einfluß darauf hat, in welchem Ausmaß und in welcher Form Forschung als sinnvoll erachtet wird. Daher sind möglicherweise unterschiedliche Forschungsansätze für unterschiedliche klinische Ansätze passend und die verwendeten Forschungsstrategien sollten auf die jeweiligen Erfordernisse des untersuchten musiktherapeutischen Ansatzes zugeschnitten werden bzw. müßten im Kontext spezieller Behandlungsmethoden kreiert werden.

Aldridge (1996a) stellt an zukünftige Musiktherapieforschung die Forderung, Subjektivität, Anteilnahme und persönliche Erfahrung der Therapeutin miteinzubeziehen. Insbesondere für die musiktherapeutische Evaluationsforschung fordert Aldridge (1996c) einen Ansatz, „... der das Individuum, so wie es sich darstellt und ausdrückt, akzeptiert; der sich bemüht, Korrelationen zu finden zwischen dem, was der Patient von den therapeutischen Bemühungen erwartet, den Erwartungen, die Therapeuten in ihre therapeutischen Bemühungen setzen, und der Frage, wie erfüllte Erwartungen evident gemacht werden können" (S. 95). Angesichts der konträren Positionen unterschiedlicher musiktherapeutischer Schulen plädiert er für mehr Toleranz, um gemeinsames musiktherapeutisches Wissen entwickeln zu können. Aldridge, Gustorff & Neugebauer (1994) sprechen sich dafür aus, daß neben allgemeinen Aussagen zu musiktherapeutischen Zusammenhängen auch die individuelle Geschichte des einzelnen behandelten Kindes berücksichtigt werden sollte:

> Für die Zukunft ist wünschenswert, daß die kreative Spannung zwischen Allgemeingültigem und Individuellem erhalten bleibt; die Spannung also zwischen dem, was wir über die Musiktherapie mit Kindern allgemein sagen können und dem, was mit jedem einzelnen Kind während des Therapieprozesses erlebbar wird (S. 333).

Einem solchen Anspruch wird wohl am ehesten die erkenntnistheoretische Position des Konstruktivismus gerecht, bei der nicht die Frage nach objektiven Tatsachen im Mittelpunkt des Erkenntnisinteresses steht, sondern vielmehr nach Erklärungen gesucht wird, warum und wie in der Dyade von Kind und Therapeutin Wirklichkeit konstruiert wird (Oerter, 1999b). Insbesondere bei Therapieansätzen, die mit gestalterischen Medien arbeiten und die durch das aktive musikalische Gestalten Konstruktionen anregen (Oerter, 1993), scheint dieser erkenntnistheoretische Rahmen in Verbindung mit einem interaktionsorientierten Entwicklungsmodell und einer entsprechenden methodischen Strategie angebracht. Eine so konstruierte Wirklichkeit sollte allerdings intersubjektiv mitteilbar und verstehbar sein. Frohne-Hagemann (1995) fordert sogar: „Die improvisierte Musik in der Musiktherapie muß den Anspruch haben, teilbar und damit objektivierbar zu werden und letztlich zu unser aller kulturellen Entwicklung beizutragen" (S. 26).

4.2 Evaluation von Entwicklungsförderung

Zeitgleich mit der zunehmenden Ablösung psychotherapeutischer Wirkungsforschung in den 80er Jahren durch psychotherapeutische Prozeßforschung begann die systematische Integration von klinisch-psychologischen und entwicklungspsychologischen Ansätzen und Befunden (Cicchetti, 1984; Noam, 1985). In diesen beiden neu entstandenen Ansätzen ist es nicht mehr Ziel, einzelne Wirkfaktoren zu isolieren, sondern vielmehr, die Bestandteile eines Prozesses komplexen zwischenmenschlichen Geschehens zu beschreiben und in Begriffen zu definieren. Die Aufgabe der neu entstandenen Disziplin der Klinischen Entwicklungspsychologie, die entwicklungspsychologische Theorie, klinische Therapieansätze und Forschungsmethoden verbindet, besteht unter anderem darin, Konzepte für die Evaluation von Interventions- und Präventionsprogrammen zu entwickeln.

4.2.1 Theoretische Konzeption von Entwicklungsförderung

Entwicklungsförderung kann neben entwicklungsbezogener Prävention und Therapie als ein dritter Interventionszweig der Klinischen Entwicklungspsychologie betrachtet werden (Kusch 1993). Sie bezieht sich auf Behandlungsformen im Säuglings- und Kleinkindalter und dabei insbesondere auf die Prävention von Entwicklungabweichungen durch eine gezielte Förderung der Selbstregulation des Kindes. Das Konzept der Selbstregulation (Sameroff & Emde, 1989; M.

Papoušek, 1999) beschreibt das organisierte Zusammenwirken von Kompetenzen des Kindes in der Bewältigung innerer (biologischer) und äußerer (sozialer) Einflüsse (Cicchetti, 1996). Im Kontext der Entwicklungsförderung bedeutet dies, daß das Kind die Fähigkeit erwirbt, seine verfügbaren Ressourcen so einzusetzen, daß es ihm möglich wird, eine für seine Verhältnisse *normale* Entwicklung zu durchlaufen. Ziel der Entwicklungsförderung ist es, unabhängig oder ergänzend zu anderen Formen gezielter Frühförderung eine sich normalisierende Entwicklung in Gang zu setzen. Kritisch ist hier allerdings anzumerken, daß eine Normierung von Entwicklungsverläufen stets kulturabhängig ist und dies bei der Verwendung von Entwicklungsrahmen als therapeutische Orientierung reflektiert werden sollte (Oerter, 1995; Noam & Röper, 1999).

Die Zielsetzungen klinisch-entwicklungspsychologischer Programme sind einmal präventiver Art in der primären Prävention und in der Behandlung von Kindern aus sogenannten Risikogruppen. Zum anderen wird in der sekundären Prävention das Ziel verfolgt, Entwicklungsabweichungen zu reduzieren bzw. negative Konsequenzen abweichender Entwicklungsverläufe in der Entwicklungsrehabilitation zu verringern. Kusch und Labouvie (1999) stellen allerdings fest, daß der wissenschaftliche Bezug im Bereich der Förderung und Intervention von Säuglingen und Kleinkindern insgesamt immer geringer zu werden droht und in Fragen der Diagnostik, Indikation, Intervention und Evaluation teilweise sogar Beliebigkeit herrsche. Sie fordern daher für Prävention, Intervention und Rehabilitation generell eine viel stärkere Verknüpfung von theoretischen Überlegungen und Konzepten mit empirischen Erkenntnissen und Praktikabilitätsaspekten.

Durch Effektivitätsstudien, die auch die Erfahrungen und den erlebten Nutzen der Programmteilnehmerinnen berücksichtigen, könnte die externe Validität der verwendeten Programme eingeschätzt werden und die Wirkung eines Programms nach gruppenspezifischen oder individuellen Besonderheiten optimiert werden. Wolke & Schulz (1999) weisen darauf hin, daß Entscheidungen zum Angebot verschiedener Behandlungsformen in der Praxis selten nach wissenschaftlichen Gesichtspunkten erfolgen. Vielmehr existieren Schätzungen für die Medizin, die vermutlich auch auf die Psychologie zutreffen, daß ein Großteil der angewandten Behandlungen weder hinsichtlich der Wirksamkeit, noch hinsichtlich der Effektivität oder der Effizienz analysiert wurde.

4.2.2 Methodisches Vorgehen in der Evaluation von Entwicklungsförderung

Eine Evaluation soll grundsätzlich feststellen, ob und in welchem Ausmaß durch eine therapeutische Behandlung eine Veränderung im Sinne eines Therapieeffektes erreicht wurde (Brisch & Kächele, 1999). Dabei lassen sich drei Fragestellungen unterscheiden. Zum einen wird in sogenannten Wirksamkeitsstudien (*efficacy studies*) das Funktionieren eines spezifischen Interventionsprogrammes unter idealen randomisierten Bedingungen geprüft. Zum anderen wird das Funktionieren eines Programmes in einem naturalistischen Setting unter alltäglichen klinischen Praxisbedingungen als Effektivitätsprüfung (*effectiveness study*) untersucht. Und schließlich wird die Implementierung eines Programmes in die Praxis bewertet unter den Gesichtspunkten der Interventionskosten (*cost analysis*), des Vergleichs mit anderen Maßnahmen (*cost-minimization analysis*), der Kosteneffektivität im Hinblick auf eine vermiedene Sonderbeschulung (*cost-effectiveness analysis*) und im Hinblick auf gewonnene Lebensqualität (*cost-utility analysis*). In diesem Zusammenhang wird von Effizienzstudien (*efficiency studies*) gesprochen (Roth & Fonagy, 1996; Wolke & Schulz, 1999).

Weiter können verschiedene Zeitpunkte der Evaluation unterschieden werden. Im Rahmen einer kurzfristigen Evaluation (*mini-outcome*) wird der Therapieeffekt unmittelbar nach jeder Sitzung erhoben. Auf diese Weise kann die Veränderung im Therapieverlauf Stunde für Stunde etwa mit Hilfe eines Ratings durch die Therapeutin abgebildet werden. Bei einer mittelfristigen Evaluation (*meso-outcome*) werden die Effekte unmittelbar nach dem Abschluß einer Behandlung erfaßt, so daß der Erfolg der therapeutischen Behandlung beispielsweise durch ein externes psychodiagnostisches Kriterium erfaßt werden kann. Schließlich ermöglichen katamnestische follow-up Untersuchungen eine langfristige Evaluation (*macro-outcome*), da auch nach dem Abschluß einer Therapie noch langfristige Veränderungen erfolgen können (Brisch & Kächele, 1999). Grundsätzlich unterscheidet sich die Art und Weise der eingesetzten Evaluationsinstrumente je nach Alter der untersuchten Klientel, der verwendeten Therapieform und dem Fokus der Evaluation (Brisch & Kächele, 1999). Dabei ist die am weitesten verbreitete Form der Effektivitätsmessung die Erfassung von Verhaltensänderungen im *Vorher-Nachher-Vergleich*.

In der Erwachsenenpsychotherapie wie auch in der verhaltenstherapeutischen Kinder- und Jugendlichentherapie wird evaluierende Prozeßforschung häufig anhand videografierter Aufnahmen von therapeutischen bzw. freien Interaktionen durchgeführt. Videogestützte Verhaltensanalysen zur Therapie-Evaluation haben sich insbesondere deswegen bewährt, weil das erzeugte Videomaterial eine relativ objektive Datenquelle darstellt, bei der die Datenerhebung von der Datenanalyse getrennt ist, und beliebig viele Re-Analysen mit unterschiedlichen Fragestellungen möglich sind. Darüber hinaus liefern die Aufzeichnungen von Therapiesitzungen wichtige Informationen über die interaktionellen Veränderungen im Therapieverlauf und erleichtern dadurch die therapieorientierte Diagnostik und die Entwicklung einer adaptiven Indikation (Kusch, 1993). Die Evaluation der intrapsychischen Ebene kann so über einen *prä-post-Vergleich* hinaus um die interaktionelle Ebene ergänzt und erweitert werden (Brisch & Kächele, 1999). Dieses Vorgehen verbessert zudem die externe und ökologische Validität der gefundenen Ergebnisse, da repräsentative, nicht ausgewählte Therapiesituationen untersucht werden und das therapeutische Setting nicht zu Forschungszwecken verfremdet wird. Die Psychotherapieforschung hat bestätigt, daß die direkte Interaktion zwischen Klientin und Therapeutin eine wesentliche Rolle für angestrebte intrapsychische Veränderungen der Klientin spielt (Rice & Greenberg, 1984; Grawe, 1992). Deshalb ist es wichtig, Methoden zu entwickeln, die es ermöglichen, die therapeutische Interaktion und die daran beteiligten kommunikativen Prozesse genau zu identifizieren und zu beschreiben. Erst über die genaue Kenntnis derjenigen Interventionen, die einen Veränderungsprozeß bewirken, ist ein Wirkungs- und Wirksamkeitsnachweis von Psychotherapie möglich (Bänninger-Huber, Moser & Steiner, 1990). Mikro-Prozeßanalysen der Beziehung zwischen Therapeutin und Kind stellen nach Greenberg (1991) sowohl auf empirischer wie auch auf theoretischer Modellebene eine Alternative zu eher experimentellen Psychotherapiestudien dar:

> An alternative to experimental studies in psychotherapy is a research approach which recognises the complexity of the psycho-therapeutic process and attempts to analyze the complex unfolding of moment by moment performance of people in specific states and contexts (Greenberg, 1991, S. 8).

In der entwicklungspsychologischen Interaktionsforschung werden Grundmuster der frühen Interaktion und Kommunikation zwischen Eltern, meist Müttern (M. Papoušek, 1987), und ihren Kindern untersucht (M. Papoušek, 1994a, 1994b, 1995, 1996a, 1996b, 1996c, 1999). Hieraus werden Kriterien gelungener interaktiver Förderung behinderter Kinder abgeleitet (Sarimski, 1986a, 1993, 1997). Es läßt sich auch in der Interaktionsforschung ein Wechsel beobachten weg von unilateralen Modellen hin zu bidirektionalen Modellen. Interaktion wird als eine bidirektionale Beziehung konzipiert und mit dem Begriff *reziproke Interaktion* genauer bezeichnet. Entsprechend werden nicht mehr nur die Häufigkeiten verschiedener Verhaltenskategorien für Mutter und Kind erfaßt, sondern darüber hinaus die Kontingenzen zwischen mütterlichem und kindlichem Verhalten untersucht (Tannock, 1988). Gleichzeitig läßt sich eine Verlagerung feststellen von makroanalytischen Mutter-Kind-Interaktionsbeobachtungen zu mikroanalytischen Beobachtungen mit einem Schwerpunkt auf zeitlichen Abläufen in der Interaktion sowie auf dem Inhalt des interaktiven Austausches. Da Interaktion gewissermaßen den Rahmen bildet, in dem gegenseitige Beeinflussung möglich ist, müssen sowohl Merkmale beider Beteiligten getrennt erfasst werden, als auch Merkmale der Interaktion betrachtet werden (Jörg et al., 1994). Zur Evaluation von Intervention werden meist Beobachtungskodiersysteme verwendet, wobei eine systematische Verhaltensbeobachtung mikroanalytisch mit Hilfe eines differenzierten Kategoriensystems bzw. anhand eines Ratings der kommunikativen Austauschprozesse ausgewertet wird. Solche Beobachtungsdaten bieten den wesentlichen Vorteil, daß konkrete Handlungen des Kindes und nicht hypothetische Eigenschaften seiner psychischen Struktur zum Gegenstand der Untersuchung gemacht werden (Brack, 1986).

4.2.3 Entwicklung des eigenen Untersuchungsdesigns

In der Musiktherapie besteht sowohl ein Bedarf für die eingehendere Untersuchung des musiktherapeutischen Prozesses – für die Evaluation therapeutischer Strategien und musiktherapeutischer Wirksamkeit – wie auch für die Formulierung theoretischer Prozeßmodelle. Da in der musiktherapeutischen Arbeit mit behinderten Kindern kaum die Möglichkeit besteht, verbal über musikalische Improvisationen oder musikalische Interaktionen zu reflektieren, ist die zentrale Frage, wie Erkenntnisse über das präverbal-musikalische Geschehen gewonnen werden können.

Die erfolgreiche Anwendung der Orff-Musiktherapie wurde bislang vorwiegend in Fallberichten (Orff, 1982; Plahl, 1997) sowie in unveröffentlichten Abschlußarbeiten aus den Ausbildungskursen in Orff-Musiktherapie an der Deutschen Akademie für Entwicklungsrehabilitation dokumentiert. Eine erste empirische Untersuchung zur Effektivität der Orff-Musiktherapie wurde von Johanna Vocke (1986) im Rahmen einer Dissertation durchgeführt. Sie stellte in einem kontrollierten Prä-Post-Vergleich bei einer Gruppe von 28 Kindern im Alter von 3–12 Jahren mit heterogenen Verhaltens- und Entwicklungstörungen, die teilweise mit körperlichen Einschränkungen verbunden waren, nach unterschiedlich langen ambulanten Behandlungen mit Orff-Musiktherapie signifikante Verbesserungen fest in den sprachlichen Fertigkeiten, in der Konzentrationsfähigkeit und im Spielverhalten.

Der von der Autorin durchgeführten klinischen Studie liegt die Annahme zugrunde, daß der Schlüssel zum Verständnis des musiktherapeutischen Prozesses im Verstehen der Interaktion von Kind und Therapeutin liegt. Es werden in der vorliegenden Evaluation musiktherapeutischer Behandlung mehrfach behinderter Kinder in der Art einer *experimentellen Simulation von Entwicklungsbedingungen* (Montada, 1995) Perspektiven von Prozeß- und Ergebnisevaluation verbunden. Damit leistet die längsschnittliche Untersuchung sowohl einen Beitrag zur Erforschung der Beschaffenheit musiktherapeutischer Prozesse wie auch zum Verständnis musiktherapeutischer Wirkungsweise. Es wird ein Ansatz gewählt, der die Merkmale musiktherapeutischer Interaktion bezogen auf ein theoretisches Prozeßmodell der Orff-Musiktherapie beschreibt und ihre Entwicklung im zeitlichen Verlauf darstellt.

Studienziele
Die allgemeine Zielsetzung der Untersuchung wurde präzisiert, indem anhand des theoretischen Prozeßmodells der Orff-Musiktherapie spezifische Variablen identifiziert wurden, deren Veränderung durch die musiktherapeutische Behandlung untersucht werden soll. Die so entwickelten sieben Interventionshypothesen

wurden als a priori gerichtete Unterschiedshypothesen formuliert, deren Erwartungen jeweils auf eine verbesserte Bewältigung kommunikativer Entwicklungsaufgaben bezogen sind. Die erste Hypothese bezieht sich auf die präverbalen kommunikativen Fähigkeiten des Kindes; die Hypothesen zwei bis sechs sind bezogen auf funktionale Aspekte präverbal kommunikativen Verhaltens wie Aufmerksamkeitsausrichtung, Produktion kommunikativer Beiträge sowie drei Differenzierungen zur kommunikativen Bezugnahme des Kindes. Die siebte Hypothese bezieht sich auf das Ausdrucksverhalten des Kindes.

Validierung

In der Bestimmung des Behandlungserfolgs gilt es zu berücksichtigen, daß die aus den Meßzeitpunkten rekonstruierten Verläufe nicht präzise abgesichert werden können, da keine kontinuierlichen Beobachtungen durchgeführt werden konnten. So wird versucht, wie von Rauh (1992) vorgeschlagen, das aus entwicklungspsychologischer Sicht kompliziertere Validitätsproblem durch Ausweichen auf eine Konstruktvalidierung zu lösen. Hier erfolgt eine Validierung in drei Stufen: nach dem Formulieren von Hypothesen über zu erwartende Merkmalsausprägungen aufgrund von Theorien und vorangegangenen Beobachtungen werden dazu empirische Daten erhoben, anhand derer schließlich entschieden wird, ob die vorliegenden Daten die zugrundegelegte Theorie erklären können. Bei einer derartigen theoriebezogenen Validierung müßte ein Modifikationserfolg genau auf der Ebene des Kategoriensystems sichtbar werden, wenn die Theorie in diesem speziellen Fall als bewährt gelten soll (Manns, Schultze, Herrmann & Westmeyer, 1987).

Im Hinblick auf die interne Validität der zu erwartenden Ergebnisse wäre es notwendig, eine Kontrollgruppe in Form einer Wartegruppe zu bilden, um auf diese Weise die gefundenen Ergebnisse leichter von etwaigen Entwicklungseinflüssen trennen zu können. In praktischer Hinsicht ist dies allerdings aus verschiedenen Gründen nicht realisierbar. Eine echte interindividuelle Vergleichbarkeit ist bei mehrfach behinderten Kindern durch die individuellen Kombinationen von unterschiedlichen Behinderungen so gut wie nicht herstellbar. Aufgrund der individuell ausgeprägten Kompetenzen und Einschränkungen mit den damit verbundenen individuellen Entwicklungsverläufen (Rauh, 1995b) kann keine Parallelisierung hinsichtlich vorhandener Kompetenzen und zu erwartender Entwicklungsverläufe durchgeführt werden. Nicht zuletzt ist aus ethischen Gründen eine Warte-Kontrollgruppe nicht vertretbar, da therapeutisch notwendige Behandlungen nicht verweigert werden können. Gegen das Heranziehen einer Kontrollgruppe nicht behinderter Kinder im gleichen Entwicklungsalter spricht wiederum die Tatsache, daß der stark individualisierte Entwicklungsverlauf mehrfach behinderter Kinder mit der Entwicklung nichtbehinderter Kinder so gut wie nicht vergleichbar ist. Es soll daher eine Untersuchung über einen längeren Zeitraum mit mehrfacher Messung unter kontrollierten Bedingungen erfolgen. Durch wiederholte Beobachtungen während des gesamten Behandlungszeitraumes kann darüber hinaus ein umfassenderer Eindruck vom therapeutischen Prozeß gewonnen werden (Kazdin, 1982; Yin, 1993; Revenstorf, 1976).

Die Praxisbedingungen in der sozialpädiatrischen Klinik verlangen es, hinsichtlich der internen Validität Kompromisse einzugehen. Es wird zwar angestrebt, daß die untersuchten Kinder während ihres stationären Aufenthaltes neben der Musiktherapie mit Ausnahme der Physiotherapie, die bei körperlichen Behinderungen essentiell ist, keine weiteren therapeutischen Behandlungen erhalten. Ausnahmen wurden allerdings zugelassen, wenn es sich um Therapieverfahren wie Ergotherapie oder Montessorietherapie handelte, die vor allem auf eine basale Förderung sensomotorischer Fähigkeiten abzielen. Allerdings konnte nicht verhindert werden, daß die Kinder im behandlungsfreien Intervall zuhause weiterhin Förderung im Rahmen von Frühfördermaßnahmen erhielten.

Untersuchungsdesign

Die musiktherapeutischen Behandlungsbedingungen wurden so gewählt, daß die klinische Studie in das stationäre Setting der Eltern-Kind-Station im Kinderzentrum eingebettet ist. Dies bietet insofern Vorteile gegenüber einem ambulanten Setting, als zum einen für alle beteiligten Familien ein relativ konstanter Kontext ohne externe Einflußfaktoren während der Behandlungsphase gegeben ist. Zum anderen sind dadurch die Abstände zwischen den einzelnen Sitzungen gleich und werden nicht durch eventuelle Ausfallzeiten, etwa bedingt durch Krankheit, verändert. Schließlich läßt eine intensive tägliche Behandlung im Rahmen eines stationären Aufenthalts einen deutlicheren therapeutischen Entwicklungseffekt erwarten als etwa ambulante wöchentliche Sitzungen. So kann durch die bessere Verläßlichkeit und Vergleichbarkeit eine höhere externe und ökologische Validität angenommen werden. Bei der Wahl der Beobachtungszeiträume wurden mit der durchschnittlichen Dauer eines stationären Aufenthaltes von sieben bis zehn Tagen ebenfalls die klinischen Gegebenheiten im Kinderzentrum München berücksichtigt. Auch die erneute stationäre Aufnahme nach etwa drei bis vier Monaten entspricht dem dort etablierten klinischen Setting. Es wurde ein Umkehrdesign gewählt mit einer circa dreimonatigen Behandlungspause zwischen zwei Interventionsphasen wie es in ähnlicher Form (*reversal design*) auch von Edgerton (1994) verwendet wurde.

Da der Evaluationsprozeß auch eine psychoökologische Analyse der Behandlungskonsequenzen einschließen sollte, werden durch eine Befragung der Eltern hinsichtlich Nutzen und Wirkung der musiktherapeutischen Behandlung auch die Auswirkungen in der unmittelbaren Umwelt des behandelten Kindes erfaßt. Die musiktherapeutischen Sitzungen werden in ganzer Länge auf Videoband aufgenommen, da eine Vollzeiterfassung des musiktherapeutischen Prozesses die Voraussetzung für intensive weitere Analysen ist.

Stichprobenplan

Als Zielgruppe wurden mehrfach behinderte Kinder ausgewählt, da die Förderung präverbaler kommunikativer Fähigkeiten bei diesen Kindern von entscheidender Bedeutung für ihre weitere Entwicklung ist, und darüber hinaus gute Erfolge mit musiktherapeutischer Behandlung beobachtet werden. Die Eingrenzung des Personenkreises orientiert sich dabei an der Einteilung von Theunissen (1989), der Menschen mit mehrfacher Behinderung im engeren Sinne dadurch charakterisiert, daß sie neben einer (schweren) geistigen Behinderung massiv körperlich behindert sind, während Menschen mit mehrfacher Behinderung im weiteren Sinne dadurch charakterisiert sind, daß neben einer schweren geistigen Behinderung spezielle Krankheiten und Störungen im Vordergrund stehen. Das Entwicklungsalter der mehrfach behinderten Kinder wurde auf den Bereich von 8–32 Monaten festgelegt, da das Kind zwischen dem 8. und 10. Lebensmonat beginnt, intentional zu kommunizieren (Grimm, 1995). In dieser Entwicklungsphase hat das Kind spezifische Entwicklungsaufgaben zur Aufmerksamkeitslenkung, zum intentionalen Verhalten, zur sozialen Bezugnahme, zur verbalen Kommunikation sowie zur gemeinsamen Aufmerksamkeitsausrichtung und zum symbolischen Spiel zu bewältigen (Überblick dazu bei Rauh, 1995a sowie bei Kusch & Labouvie, 1999).

Das Konzept des Entwicklungsalters wurde gewählt, weil vor allem im Bereich weit unterdurchschnittlicher Entwicklung andere Normen hier nicht mehr ausreichend differenzieren können (Rennen-Allhoff & Rennen, 1987). So liegt beispielsweise die niedrigste Norm für die Baleys Developmental Scales (Bayley, 1969) bei einem Wert, der dem Entwicklungsquotienten von .50 entspricht (Dunst & McWilliam, 1988) und damit nicht geeignet ist für die diagnostische Untersuchung der Zielgruppe. Die Größe der untersuchten Gruppe wurde auf 15 Kinder festgelegt, und die Aufnahme in die Studie erfolgte in der Reihenfolge der stationären Aufnahme.

Ergänzend zur deduktiven hypothesengeleiteten Untersuchung der präverbalen Kommunikationsprozesse (Mikroanalyse) mit ihren Auswirkungen auf die kommunikativen Fähigkeiten des Kindes (ESCS) und ihrer Manifestation in erweiterten kommunikativen Ausdrucksmöglichkeiten des Kindes (Musiktherapie-Profil) werden im Sinne einer weiteren Exploration des untersuchten Phänomens eine qualitative Beschreibung der musiktherapeutischen Sitzung durch die Musiktherapeutinnen und ein Elterninterview durchgeführt. In der qualitativen Beschreibung der musiktherapeutischen Sitzung durch die Musiktherapeutinnen interessiert, mit welchem Vokabular die Interaktionsprozesse der musiktherapeutischen Sitzung beschrieben werden. Dies kann Hinweise auf Beobachtungsschwerpunkte der Musiktherapeutinnen geben und darüber hinaus aufzeigen, inwieweit die gewählten Dimensionen des Musiktherapie-Profils damit übereinstimmen. Eine ähnliche Vorgehensweise wurde von Gathmann, Brunekreeft, Wiedemann und Schmölz (1988) zur Untersuchung musiktherapeutischer Kommunikation angewandt. Mit Vorgehensweisen der *Grounded Theory* (Strauss & Corbin, 1996) können relevante Konzepte dieses Bereichs identifiziert werden, die induktiv abgeleitet werden und somit stärker gegenstandsverankert sind.

Abschließend werden die Interventionseffekte im Hinblick auf die eingangs aufgestellten Erfolgskriterien bewertet. Da im gewählten prospektiven Evaluationsansatz der Studie a priori Interventionhypothesen aufgestellt wurden, bestehen gute Aussichten, zu gültigen Schlußfolgerungen hinsichtlich der Wirksamkeit musiktherapeutischer Intervention zu gelangen (Wolke & Schulz, 1999).

4.3 Entwicklungsförderung durch Orff-Musiktherapie

Eine wesentliche Voraussetzung für die Evaluation musiktherapeutischer Wirkzusammenhänge ist ein genaues Wissen darüber, mit welchen Mitteln in der musiktherapeutischen Praxis gearbeitet wird, wie diese eingesetzt werden und was sie bewirken (Von Moreau & Scheytt-Hölzer, 1996). Es werden daher im folgenden die entwicklungsfördernden Aspekte der Orff-Musiktherapie, die entsprechenden musiktherapeutischen Handlungsstrategien und die angenommenen Wirkzusammenhänge dargestellt.

4.3.1 Entwicklungsfördernde Elemente der Orff-Musiktherapie

In einer Übersicht verschiedener musiktherapeutischer Ansätze bezeichnet Bruscia (1989) die Orff-Musiktherapie – wie auch den Ansatz von Alvin (1984, 1988) und Nordoff & Robbins (1975, 1986) – als „developmental music therapy" (Bruscia, 1989, S. 73f). Diese Form der Musiktherapie zeichnet sich dadurch aus, daß das musiktherapeutische Vorgehen zum Ziel hat, das Kind in der Bewältigung verschiedener Entwicklungsaufgaben zu unterstützen. Sie unterscheidet sich insofern von heilpädagogischer Musiktherapie (Goll, 1993), als keine spezifischen Lernziele angestrebt werden. Vielmehr ist das Vorgehen geleitet von einem breiteren Spektrum klinischer Zielsetzungen. Bruscia (1989) zählt die Orff-Musiktherapie daher auch zur Kategorie der *intensiven* musiktherapeutischen Verfahren aufgrund der breiten Berücksichtigung verschiedener Bedürfnisse des Kindes, gemäß derer Musik Verwendung findet als therapeutisches Agens oder im Rahmen musiktherapeutischer Interaktion: „... use music *as* or *in* therapy" (S. 74; Hervorhebungen im Original).

Es liegt auf der Hand, daß musikalische Elemente in der interaktiven therapeutischen Beziehung stets auch durch ihre phänomenale Eigenart therapeutisch wirken. Dennoch sollen im folgenden die beiden wesentlichen entwicklungsfördernden Elemente der Orff-Musiktherapie getrennt dargestellt werden. Zunächst werden die phänomenalen Wirkungen der Musik beschrieben und danach die therapeutischen Besonderheiten musikalischer Interaktionen erläutert.

Musik kann per se als therapeutisches Agens für die Entwicklungsförderung mehrfach behinderter Kinder wirkungsvoll sein, da Bewegung und Klang für die frühe kommunikative Entwicklung von herausragender Bedeutung sind (M. Papoušek, 1996a, 1996d). Musikalische Elemente haben Einfluß auf das emotionale Erleben des Kindes und ermöglichen eine Regulation des Erregungs- und Aufmerksamkeitszustands. Gertrud Orff hat dies im Bild des *akustischen Klimas* beschrieben, das eine ausgleichende Wirkung auf das Kind hat (Orff, 1974, S. 162). Ein wesentliches Merkmal der Orff-Musiktherapie ist das umfassende Musikverständnis im Sinne von *musiké* und eine damit verbundene multisensorische Vorgehensweise, die in der Arbeit mit entwicklungsverzögerten und behinderten Kindern oft von kompensatorischer Bedeutung ist. Auch Schumacher (1994) integriert diesen multisensorischen Ansatz in ihre musik- therapeutische Arbeit mit autistischen Kindern. Chava Sekeles (1990) spricht sogar von Musik als einem *multisystemischen* Medium, das verschiedene Systeme des menschlichen Organismus aktiviert. Musik berührt das sensorische, das motorische, das vokale, das emotionale und das kognitive System auf positive oder negative Weise – sei es als komplexe Kunst, sei es als separater Klang. Sekeles (1990) beginnt daher jede Sitzung mit exzitativer musikalischer Stimula- tion, um spontane Bewegungen des Kindes zu ermutigen, seinen Muskeltonus zu erhöhen und so die körperliche Wachheit und Aufmerksamkeit zu verbessern. Dieses Vorgehen wird in ähnlicher Form auch von den Orff-Musiktherapeutinnen im Kinderzentrum München praktiziert, da das gemeinsame Bewegen im Raum ein fester, in einer Sitzung häufig mehrfach wiederkehrender Bestandteil ist.

Aus neuropsychologischer Sicht ist die Reizwahrnehmung und -verarbeitung in einer emotional anregenden musiktherapeutischen Umgebung von entscheidender Bedeutung. Musiktherapie kann emotionale Prozesse auslösen und fördert so über eine Steigerung der allgemeinen Aktivierung und Wachheit die Motivation, die wiederum eine wichtige Rolle in der Kommunikationsentwicklung des Kindes spielt. Die Strukturelemente der Musik in Form von Wiederholungen, Ostinato- figuren und Variationen stellen ‚Bauprinzipien' dar, die es dem Kind in der Improvisation ermöglichen, sich einerseits musikalisch auszudrücken und ande- rerseits auf die musikalischenVeränderungen in der Musik der Therapeutin zu reagieren. Musikalische Elemente besitzen – wie Spielelemente – sowohl die Attribute der Vertrautheit und Vorhersagbarkeit wie auch einen angemessenen Anteil an Neuheit und erreichen so ein Maximum an Aufmerksamkeit. Es lassen sich Ähnlichkeiten von Grundmustern der vorsprachlichen Kommunikation mit Grundmustern der Musik bzw. musiktherapeutischen Techniken feststellen. Durch die grundlegenden Konstruktionsprinzipien in der Interaktion und in der Musik – *Wiederholung und Variation* – wird ein kommunikativer oder musikalischer Prozeß in Gang gebracht, der zur reziproken musikalischen Grundform *Spannung – Entspannung* bzw. zur dialogischen kommunikativen Grundform *Frage – Antwort* führt.

Damit ist die Verbindung geknüpft zum anderen entwicklungsfördernden Element der Orff-Musiktherapie, zur spielerisch-musikalischen Interaktion. Das Herstellen und Gestalten einer zwischenmenschlichen Beziehung ist die Grundlage jeglichen therapeutischen Vorgehens und für den Erfolg einer Therapie von zentraler Bedeutung. Dies ist die empirisch bestgestützte Aussage der Psychotherapieforschung (Grawe, 1994). Ergebnisse der psychotherapeutischen Prozeßforschung zeigen weiter, daß die Dimensionen *Unterstützung, Direktivität* und *Einfühlung* drei der wichtigsten Aspekte des Therapeutinnenverhaltens sind. Wichtig für eine erfolgreiche Therapie ist eine flexible Kombination der drei Dimensionen im Sinne eines *Folgens und Führens* (Schindler, 1991). Flexibilität im Beziehungsverhalten und im technischen Vorgehen wird als die wichtigste Qualität einer erfolgreichen Psychotherapeutin betrachtet (Grawe, 1992). Das therapeutische Vorgehen in der Orff-Musiktherapie ist, wie bereits im Kapitel *Kommunikation durch Musik* erläutert wurde, von responsiven und strukturierenden Verhaltensweisen der Musiktherapeutin geprägt. Diese förderlichen Interaktionsformen versuchen die regulatorischen Fähigkeiten des Kindes in seiner Aufmerksamkeitsausrichtung und seine Bezugnahme in kommunikativen Beiträgen zu unterstützen. Voigt (1998) nimmt daher an, „... daß eine interaktive Vorgehensweise in einem musiktherapeutischen Setting nicht nur die Entwicklung des Kindes, sondern auch die Patient-Therapeut-Beziehung positiv beeinflussen kann" (S. 292). Smeijsters (1994) zählt die Orff-Musiktherapie zu den Verfahren *klientenzentrierter Musiktherapie* und stellt fest, daß „... klientenzentrierte Therapie auch in die Musiktherapie, die einen völlig anderen Ursprung hat, Eingang gefunden hat" (S. 72).

Welches sind nun im einzelnen die entwicklungsfördernden und therapeutischen Elemente im Vorgehen der Orff-Musiktherapie? Oder anders formuliert: Wodurch zeichnet sich eine gute musikalische Beziehung, eine förderliche musiktherapeutische Interaktion aus? In der Auffassung von Tronick (1989) kann eine Interaktion dann als gut bezeichnet werden, wenn sie *kohärent, synchron* und *reziprok koordiniert* ist. Die folgenden Ausführungen zeigen, inwieweit dies auf das interaktive Vorgehen in der Orff-Musiktherapie zutrifft.

4.3.2 Prozeßmodell der Orff-Musiktherapie

Wie alle musiktherapeutischen Verfahren wurde auch die Orff-Musiktherapie ausgehend von praktischen Erfahrungen entwickelt. Die Orff-Musiktherapie orientiert sich am Menschenbild der humanistischen Psychologie (C. Rogers, 1959/1991; Maslow, 1973), verfügt allerdings nicht über ein explizites theoretisches Modell. Es wird im folgenden der Versuch unternommen, die von Gertrud Orff formulierten Wirkprinzipien auf vier verschiedenen Ebenen anhand theoretischer Konzepte der Entwicklungspsychologie darzustellen. Dies geschieht zunächst auf der übergeordneten Ebene des entwicklungsfördernden therapeutischen Rahmens mit dem theoretischen Konzept der *Zone nächster Entwicklung* –

ZNE (Vygotsky, 1978), sodann auf der Ebene der musikalischen Spielhandlung mit dem Handlungskonzept des *Spiels* (Oerter, 1993) und schließlich auf der Ebene der Interaktionen zwischen Kind und Therapeutin mit dem therapeutischen Konzept, das auf die *intuitiven elterlichen Verhaltensanpassungen* zurückgeht (M. Papoušek & H. Papoušek, 1987; Tronick, 1989) und dem handlungstheoretischen Konzept des *gemeinsamen Gegenstandsbezugs* (Oerter, 1993, 1995), das es ermöglicht, die Qualität der resultierenden interaktiven Austauschbeziehungen zu beschreiben. Abbildung 1 veranschaulicht die verschiedenen Ebenen im musiktherapeutischen Prozeß.

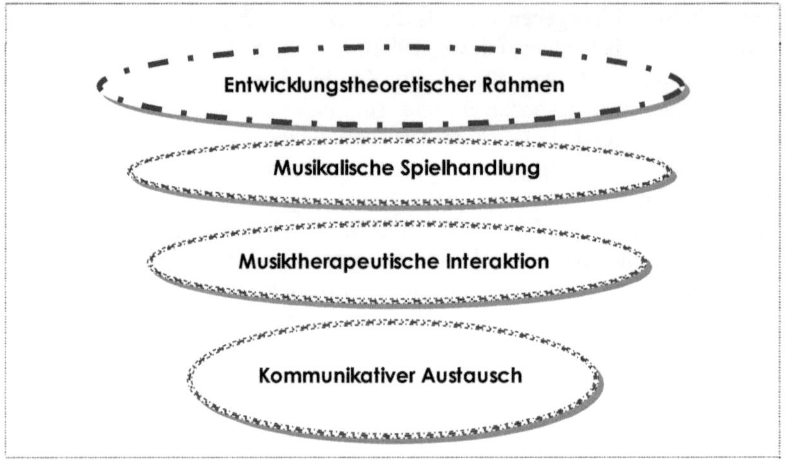

Abbildung 1: Darstellung verschiedener Ebenen im musiktherapeutischen Prozeß

Der musiktherapeutische Prozeß kann sowohl in seiner Dimension entwicklungsfördernder Stimulation als auch unmittelbar in seiner spielerischen Form als Typus einer *Zone nächster Entwicklung* betrachtet werden. Vygotsky (1978) nimmt an, daß das Kind um so eher neue Kompetenzen erwirbt, je mehr gemeinsame Erfahrungen es in der *Zone der nächsten Entwicklung* macht. Im musiktherapeutischen Prozeß werden durch eine entwicklungsfördernde Stimulation unterstützende Rahmenbedingungen hergestellt, die eine *Zone der nächsten Entwicklung* für das Kind schaffen und ihm so eine Weiterentwicklung seiner Fähigkeiten ermöglichen.

Wird die *Zone der nächsten Entwicklung*, die in der musiktherapeutischen Behandlung hergestellt wird, weiter konkretisiert, so findet sich auf der darunter liegenden Ebene das Spiel von Kind und Musiktherapeutin. Spiel hat in der Frühentwicklung des Kindes eine wichtige Bedeutung (H. Papoušek & M. Papoušek, 1977b) und der spielerischen Form des musiktherapeutischen Prozesses kommt unter dem Aspekt der Entwicklungsförderung besondere Bedeutung zu.

Die von Oerter (1993) formulierten drei Merkmale zur Kennzeichnung des Spiels eignen sich auch zur Beschreibung musiktherapeutischer Interaktion:

a) Die Spielhandlung erfolgt als Selbstzweck.
In der musiktherapeutischen Interaktion entwickelt sich beim Kind durch den Aufforderungscharakter der Musik und durch die entstehende emotionale Bindung allmählich eine subjektive Valenz dieser Situation (Lewin, 1936; Oerter, 1993). Der musikalische Reiz wird für das Kind zum Anreiz, es entsteht Aufmerksamkeit und Interesse, die das Kind motivieren zum aktiven Handeln

b) Die Spielhandlung zeichnet sich aus durch Ritual und Wiederholung.
In der musiktherapeutischen Interaktion erfährt das Kind Struktur durch rhythmisch-akzentuierte Sprache, durch feste und variierende Bewegungsabläufe, durch Situationslieder und andere wiederkehrende musikalische Formen in der Art eines Duetts, eines Dialogs oder eines Rondos. Die ritualhaft wiederkehrenden Strukturen werden für das Kind allmählich zu bedeutungsvollen Mustern und erleichtern ihm so, diese zu erkennen, zu wiederholen und zu erinnern.

c) In der Spielhandlung findet eine Realitätskonstruktion statt.
In der musiktherapeutischen Interaktion erlebt das Kind unmittelbare klangliche Rückmeldung auf seine Aktivitäten. Es entwickelt durch die erfahrene Kontingenz zum einen Selbstwirksamkeit und Bewußtsein für seine Handlungen, zum anderen erfährt es auf diese Weise Resonanz, fühlt sich als Person verstanden und angenommen und wird sich der zwischenmenschlichen Beziehung bewußt. Das Kind erlebt in der gemeinsamen Konstruktion einer musikalisch-spielerischen Realität Freude am kreativen musikalisch-kommunikativen Ausdruck.

Die strukturierten Interaktionskontexte im musikalischen Spiel der Orff-Musiktherapie liefern wiederkehrende Handlungsabläufe in Form musiktherapeutischer Aktivitäten, durch wiederkehrend verwendete Instrumente sowie durch wiederkehrende selbsterfundene oder traditionelle Interaktions- und Bewegungsspiele. Ähnlich wie bei den elterlichen intuitiven Verhaltensanpassungen (M. Papoušek & H. Papoušek, 1987) werden durch das Herbeiführen regelhafter Wiederholungen diese Handlungen für das Kind vertraut, vorhersehbar und verstehbar. Sie werden so genutzt, um interaktive und kommunikative Fähigkeiten beim Kind zu fördern. Der musiktherapeutische Kontext wird auf diese Weise „ ... zu einem Einübungsrahmen gestaltet, in dem das Kind sein Verhalten entfalten, erproben und integrieren kann" (M. Papoušek, 1994a, S. 53).

Auf der Ebene des unmittelbaren kommunikativen Austauschs läßt sich die musiktherapeutische Interaktion als eine Form des *gemeinsamen Gegenstandsbezugs* auffassen (Oerter, 1993). Beim *gemeinsamen Gegenstandsbezug* wirken die beteiligten Interaktionspartnerinnen immer über *Gegenstände* – dies können sowohl konkrete materielle Gegenstände als auch psychische Phänomene und kulturelles Wissen sein – aufeinander ein. Die dabei entstehenden Wechselwirkungen können qualitativ unterschiedlich sein. Durch die Art der Beziehung von Therapeutin und Kind zum gemeinsamen Gegenstand sind sie jedoch konkret zu beschreiben:

- Anhand der Dimension von Gerichtetheit

Die Gerichtetheit ist eher *komplementär*, wenn die Beziehung im gemeinsamen Gegenstandsbezug den Charakter einer Art von Arbeitsteilung hat. Im musiktherapeutischen Rahmen spielt das Kind beispielsweise auf der Leier und die Musiktherapeutin singt ein Lied dazu.
Die Gerichtetheit ist eher *gleich*, wenn die Beziehung im gemeinsamen Gegenstandsbezug den Charakter gemeinsamer Tätigkeit hat. Im musiktherapeutischen Rahmen spielen Kind und Musiktherapeutin beispielsweise dialogisch abwechselnd am Klavier.

- Anhand der Dimension der Fokussierung

Die Fokussierung ist eher *personenzentriert*, wenn das Interesse des Kindes vorrangig auf die Interaktionspartnerin bezogen ist. Im musiktherapeutischen Rahmen richtet das Kind beispielsweise seine Aufmerksamkeit über den Blick auf die Therapeutin aus.
Die Fokussierung ist eher *objektzentriert*, wenn das Interesse des Kindes vorrangig auf den Gegenstand der Interaktion bezogen ist. Im musiktherapeutischen Rahmen richtet das Kind beispielsweise seine Aufmerksamkeit über den Blick auf das Instrument aus.

- Anhand der Regeln zur Erstellung und Aufrechterhaltung des Gegenstandsbezugs

Die Regeln sind eher *konservativ*, wenn das Kind vorhandene Regeln beachtet. Im musiktherapeutischen Rahmen beachtet das Kind beispielsweise die musikalische Form des reziproken Abwechselns im dialogischen Spiel.
Die Regeln sind eher *innovativ*, wenn das Kind neue Regeln erschafft. Im musiktherapeutischen Rahmen bezieht das Kind beispielsweise während einer dialogischen Improvisation am Klavier auf systematische Art das Klopfen auf den Klavierkorpus mit ein.

In der musiktherapeutischen Spielsituation – wie wohl in den meisten Situationen und besonders in der Musik – lassen sich keine eindeutigen Zuordnungen zum einen oder zum anderen Dimensionsaspekt vornehmen. Vielmehr lassen sich Verschränkungen innerhalb der jeweiligen Dimensionen auf verschiedenen hierarchischen Ebenen bzw. unter verschiedenen Perspektiven beobachten. Daher sind die jeweiligen Ausprägungen der drei Dimensionen für die Beschreibung musiktherapeutischer Interaktion auch mit einem relativierenden *eher* versehen. Die einzelnen Verschränkungen werden am Beispiel einer musikalisch transkribierten Interaktion im Kapitel *Diskussion* erläutert.

Wird die Spielsituation in der Musiktherapie aufgefaßt als eine musikalische Interaktion mit gemeinsamem Gegenstandsbezug, so manifestiert sich gelungene soziale Interaktion als Bezug zu einem gemeinsamen Objekt oder einem gemeinsamen Ziel. Je nach Entwicklungsstand des Kindes vollzieht sich in der Ko-Konstruktion von Kind und Therapeutin eine Entwicklung von der Orientierung am Effekt zum gegenstandsbezogenen Handeln. Der Gegenstandsbezug wird reifer, wenn neben der objektzentrierten Beziehung zum Gegenstand auch der personenzentrierte soziale Bezug entsteht und die gemeinsamen Handlungen aufeinander abgestimmt werden (Oerter, 1993).

Aus den bisher beschriebenen Elementen läßt sich nun folgendes Prozeßmodell formulieren: Im Rahmen der Orff-Musiktherapie wird durch eine förderliche soziale Interaktion eine *Zone nächster Entwicklung* für das Kind hergestellt. Dies geschieht durch die Verwendung multisensorisch-musikalischer Elemente innerhalb der *musikalischen Spielhandlungen*. Durch den strukturierten zeitlichen Ablauf, durch die ritualisierten *Interaktionsformen* zwischen Kind und Therapeutin, wie auch durch repetitive Spielformen und durch die wiederkehrend verwendeten Instrumente wird ein *kohärenter* therapeutischer Bezugsrahmen geschaffen. Die Aufforderungen an das Kind sind klar, einfach und übersichtlich und ermöglichen so eine koordinierte Aufmerksamkeitsausrichtung. Es wird eine *synchrone* Beziehung hergestellt durch Anpassungen an die Wahrnehmungs- und Verarbeitungsmöglichkeiten des Kindes. Das Kind erlebt eine akustische Rückmeldung des eigenen Verhaltens durch die kontingente Klangerzeugung am Instrument oder durch das responsive Verhalten der Musiktherapeutin und wird so zur Produktion eigener kommunikativer Beiträge angeregt. Die Beziehung in der musiktherapeutischen Behandlung ist kindzentriert, und durch ein *reziprok* ausbalanciertes Geben und Nehmen hat das Kind Gelegenheit, seine kommunikativen Beiträge bezogen zu äußern. Indem die Handlungen des Kindes als intentional aufgefaßt werden, wird eine dialogische Situation hergestellt, die es dem Kind erleichtert, seine kommunikativen Beiträge auf die Beiträge der Therapeutin abzustimmen.

So erfolgt allmählich eine Zunahme der Ko-Orientierung von Kind und Therapeutin mit entsprechenden Auswirkungen auf die Entwicklung des *gemeinsamen Gegenstandsbezugs*. Eine derartig koordinierte musikalisch-interaktive Unterstützung im musiktherapeutischen Rahmen führt zu verbesserter *Aufmerksamkeitsausrichtung*, verstärkter *kommunikativer Aktivität* und zu intensiviertem und differenziertem *Ausdrucksverhalten* des Kindes. Abbildung 2 veranschaulicht das Prozeßmodell der Orff-Musiktherapie.

Die Prozesse, die durch musiktherapeutische Interaktionen innerhalb einer musikalischen Spielhandlung im musiktherapeutischen Rahmen gefördert werden (unterbrochene Pfeile), sind eher als *räumlicher* Prozeß zu betrachten. Dies bedeutet, daß die vier analytisch unterschiedenen Ebenen des Modells als ineinander liegend zu verstehen sind. Die Prozesse, die durch den kommunikativen Austausch die musiktherapeutischen Interaktionen konstituieren, welche wiederum innerhalb einer musikalischen Spielhandlung den musiktherapeutischen Rahmen schaffen (durchgezogene Pfeile), sind dagegen eher als *zeitlicher* Prozeß zu betrachten. Während im eher räumlich zu verstehenden *Prozeß der kommunikativen Förderung* am Beispiel einer konkreten kommunikativen Austauschbeziehung Wirkzusammenhänge auf den vier verschiedenen Ebenen untersucht werden können, ermöglicht es der eher zeitlich orientierte *Prozeß des musikalischen Schaffens* zu untersuchen, wie durch kommunikative Austauschprozesse spezifische Interaktionen entstehen, diese allmählich eine besondere musikalische Spielhandlung hervorbringen, die schließlich den musiktherapeutischen Rahmen als eine *Zone nächster Entwicklung* schaffen.

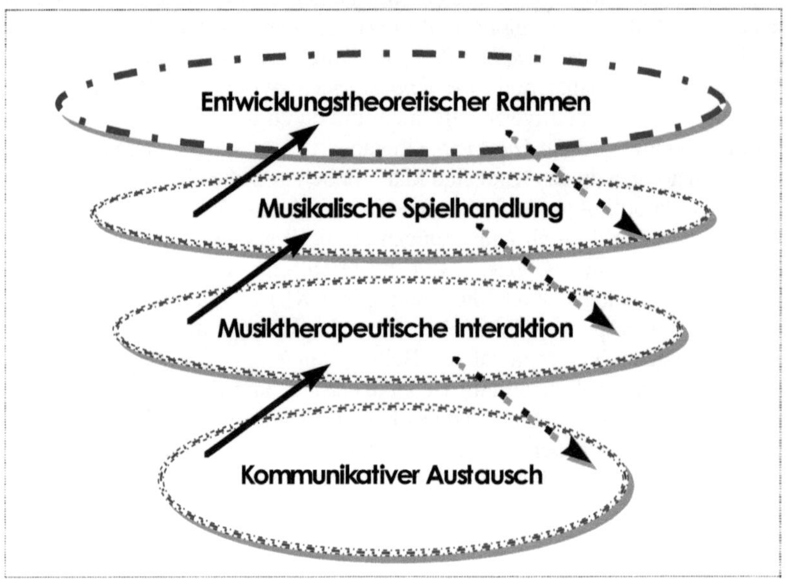

Abbildung 2: Prozeßmodell der Orff-Musiktherapie

Die interaktive Beziehung zwischen Kind und Musiktherapeutin spiegelt sich in der Struktur der geschaffenen Musik und illustriert so anschaulich, daß das beobachtbare Verhalten in der musiktherapeutischen Situation immer gleichzeitig Prozeß und Ergebnis ist. Es kann allerdings jeweils unter dem Aspekt der Herstellung – der Interaktion, der Bewegung – oder unter dem Aspekt des geschaffenen Produktes – der Musik, dem Klang – betrachtet werden. Die Interaktion von Kind und Therapeutin prägt die musikalische Struktur, diese verändert und erneuert gleichzeitig die musikalische Interaktion und so fort. Es entsteht allmählich ein flexibles, musikalisch bewegtes Muster kommunikativen Flusses.

In ihrer Schrift *Musikalische Erziehung als Mittel zur sozialen Integration* hat Gertrud Orff (1975) dies im Bild eines zu erbauenden Gebäudes ausgedrückt:

> Durch das kreative Moment ist es [das Ganze, die musiktherapeutische Situation] in einem ständig werdenden Prozeß. Man ist gleichzeitig Erbauer und Erhalter eines fiktiven Gebäudes; es geschieht in der Zeit und im Spiel; alle sind verantwortlich (S. 135).

4.3.3 Entwicklung der Forschungshypothesen

Es konnte gezeigt werden, daß die therapeutischen Vorgehensweisen der Orff-Musiktherapie in Übereinstimmung sind mit Konzeptionen interaktionistischer Entwicklungstheorien (Oerter, 1993, 1995; M. Papoušek, 1994a; Vygotsky, 1978). Somit stellt die Orff-Musiktherapie eine Form psychologischer Entwicklungsintervention dar, die es mehrfach behinderten Kindern mit verschiedenen kommunikativen Einschränkungen ermöglicht, kommunikative Kompetenzen aufzubauen. Anhand der verschiedenen Beschreibungsebenen des musiktherapeutischen Prozeßgeschehens, wie sie im Prozeßmodell der Orff-Musiktherapie formuliert wurden, können Kriterien für eine erfolgreiche musiktherapeutische Behandlung abgeleitet werden. Aus dem Prozeßmodell der Orff-Musiktherapie wurden folgende sieben Hypothesen abgeleitet:

Ableitung von Hypothese 1 – Präverbale kommunikative Fähigkeiten
Durch musikalisch-interaktive Handlungsabläufe wird in der Orff-Musiktherapie Kontakt mit dem Kind hergestellt, die Aufmerksamkeit des Kindes wird fokussiert und länger aufrechterhalten. Ebenso wird die kommunikative Initiative des Kindes angeregt. Die kommunikativen Aktivitäten des Kindes werden verlängert und differenziert, und das Kind erweitert seine kommunikativen Ausdrucksmöglichkeiten. Es wird daher erwartet, daß sich auch außerhalb der musiktherapeutischen Situation die präverbalen kommunikativen Fähigkeiten der behandelten Kinder verbessern.

Ableitung von Hypothese 2 – Aufmerksamkeitsausrichtung
Voraussetzung für jede Art von Kommunikation ist die Fähigkeit des Kindes, seine Aufmerksamkeit bewußt ausrichten und sich dem jeweiligen Geschehen zuwenden zu können. Diese wechselseitige Orientierung wird in der Regel durch Blickkontakt hergestellt und aufrechterhalten. Insbesondere bei schwer und mehrfach behinderten, motorisch eingeschränkten Kindern sind daher vor allem Maße des Blickkontakts nützlich für die Erhebung von gemeinsamer Aufmerksamkeitsausrichtung (McCollum & Stayton, 1988).

Die *Zone nächster Entwicklung* für das jeweilige Kind wird hergestellt, indem die Aufmerksamkeit des Kindes über musikalische Angebote gelenkt wird und indem durch die Struktur der interaktiven therapeutischen Beziehung das Fokussieren der Aufmerksamkeit erleichtert wird. Es wird daher erwartet, daß das Kind seine Fähigkeit zur gemeinsamen Aufmerksamkeitsausrichtung verbessert.

Ableitung von Hypothese 3 – Produzieren kommunikativer Beiträge
Die kommunikative Entwicklung des Kindes manifestiert sich in einer Zunahme seiner produzierten Beiträge. Alle wahrnehmbaren Äußerungen des Kindes im Kontext der musiktherapeutischen Interaktion werden als intentionale Handlungen aufgefaßt, die das Potential einer kommunikativen Handlung haben. Ein geeignetes Maß, um bei mehrfach behinderten Kindern mit eingeschränkten verbalen Fähigkeiten kommunikative Entwicklungsfortschritte zu erfassen, ist die Rate produzierter kommunikativer Beiträge (Wetherby, Cain, Yonclas & Walker, 1988).

Die *Zone nächster Entwicklung* für das jeweilige Kind wird hergestellt, indem das Kind durch die erlebte Kontingenz zwischen seiner Aktivität und der Klangwahrnehmung bzw. der responsiven Reaktion der Musiktherapeutin die Wirkung seines Tuns erkennen kann und dadurch verstärkt kommunikative Aktivitäten zeigt. Es wird daher erwartet, daß das Kind allmählich mehr eigene kommunikative Beiträge in der gemeinsamen Interaktion produziert.

Ableitung von Hypothese 4 – Intentionale kommunikative Bezugnahme
Die Qualität kommunikativer Interaktion läßt sich erkennen am Ausmaß wechselseitiger Koordination der einzelnen Beiträge. Präverbale kommunikative Beiträge sind dann als gerichtete kommunikative Signale aufzufassen, wenn die Äußerungen des Kindes begleitet werden von der Aufmerksamkeitsausrichtung zur Therapeutin bzw. zum Gegenstand der Handlung (Sarimski, 1993). Es wird von einer intentionalen kommunikativen Bezugnahme gesprochen, wenn das Kind einen motorischen und/oder vokalen Akt auf die Erwachsene richtet und eine Antwort von der Erwachsenen erwartet (Wetherby, Cain, Yonclas & Walker, 1988). Die Produktion intentional gerichteter kommunikativer Beiträge des Kindes wird erfaßt durch die Häufigkeitsrate von Spielaktivitäten am Instrument, bei denen durch einen abschließenden Blick zur Therapeutin kommunikative Bezugnahme signalisiert wird (Harding & Golinkoff, 1979).

Die *Zone nächster Entwicklung* für das jeweilige Kind wird hergestellt, indem es dem Kind durch eine synchrone und reziproke Unterstützung seiner Handlungen erleichtert wird, seine eigenen kommunikativen Beiträge gezielt auf die Therapeutin zu richten. Es wird daher erwartet, daß das Kind allmählich mehr eigene kommunikative Beiträge produziert, die auf die Musiktherapeutin gerichtet sind.

Ableitung von Hypothese 5 – Kontingente kommunikative Reaktion
Die wechselseitige Koordination kommunikativer Beiträge erfordert es, daß das Kind in seinem kommunikativen Verhalten auf die Beiträge der Musiktherapeutin Bezug nimmt. Das bezogene kontingente kommunikative Verhalten des Kindes äußert sich zum einen in der Aufmerksamkeitsausrichtung auf die Musiktherapeutin als Reaktion auf deren eigenen kommunikativen Beitrag. Zum anderen äußert es sich im kontingenten Beantworten eines Beitrags der Musiktherapeutin durch einen eigenen kommunikativen Beitrag. Um den Anteil kontingenter kommunikativer Reaktionen des Kindes zu bestimmen, wird der Anteil von Beiträgen der Musiktherapeutin ermittelt, die von kindlichen Antworten gefolgt werden (Tannock, 1988). Dazu wird vom Ende des Beitrags der Therapeutin ausgegangen, da kommunikative Wirkverbindungen am deutlichsten dort identifiziert werden können, wo Änderungen einer Variablen auftreten, die kontingente Änderungen der anderen Variablen auslösen (Wagner, 1981).

Die *Zone nächster Entwicklung* für das jeweilige Kind wird hergestellt, indem es dem Kind durch eine synchrone und reziproke Unterstützung seiner Handlungen erleichtert wird, in seiner Aufmerksamkeitsausrichtung und mit seinen eigenen kommunikativen Beiträgen auf die Beiträge der Therapeutin Bezug zu nehmen. Es wird daher erwartet, daß das Kind allmählich mehr bezogene kontingente Blickzuwendungen und mehr bezogene kontingente kommunikative Reaktionen auf die Beiträge der Musiktherapeutin zeigt.

Ableitung von Hypothese 6 – Dialogische Abstimmung
Ziel der kommunikativen Förderung ist es, dialogische Muster in der gemeinsamen Interaktion zu etablieren. Ein Dialog ist definiert durch das reziproke Abwechseln zwischen Zuhören und Signalisieren (Wagner, 1981). Das dialogische Abwechseln wird zum einen ermittelt durch die dyadische Themenlänge. Dies ist die durchschnittliche Zahl von aufeinanderfolgenden Einheiten, die eine Dyade mit demselben thematischen Focus produziert (Schaffer, 1984). Zum anderen wird es ermittelt durch die Anzahl von kommunikativen Beiträgen, die sich durch einen derartigen dialogischen Charakter auszeichnen (Tannock, 1988; Rutter & Durkin, 1987). In der musiktherapeutischen Situation umfaßt dies die Länge aufeinanderfolgender Spielbeiträge am Instrument von Therapeutin und Kind sowie den Anteil der Spielaktivitäten, die in dialogische Abfolgen integriert sind.

Die *Zone nächster Entwicklung* für das jeweilige Kind wird hergestellt, indem es dem Kind durch die reziproke Unterstützung der Musiktherapeutin erleichtert wird, längere koordinierte und kooperative Kommunikationsmuster zu entwickeln. Es wird daher erwartet, daß das Kind allmählich seine eigenen kommunikativen Beiträge besser und länger dialogisch auf die Beiträge der Musiktherapeutin abstimmen kann.

Ableitung von Hypothese 7 – Kommunikativer Ausdruck
Kommunikatives Verhalten hat nicht nur die Funktion Information zu übermitteln, sondern dient darüber hinaus dem persönlichen Ausdruck (Bühler, 1934; M.Papoušek, 1996a). Das musiktherapeutische Setting stellt eine Situation dar, die sich als anregend und kreativitätsfördernd bezeichnen läßt und auf diese Weise das Ausdrucksverhalten des Kindes unterstützen kann (Mellou, 1996). Dies wird auf der beobachtbaren Verhaltensebene verankert in einer Zunahme von Vokalisationen, vermehrter Mitteilungsbedürftigkeit, verstärkter musikalischer Aktivität und intensiviertem Ausdruck des Kindes, wie sie von der Musiktherapeutin wahrgenommen werden.

Die *Zone nächster Entwicklung* für das jeweilige Kind wird hergestellt, indem es dem Kind durch den musikalisch-multisensorischen Rahmen musiktherapeutischer Behandlung erleichtert wird, seine kommunikativen Ausdrucksmöglichkeiten zu erweitern. Es wird daher erwartet, daß die Musiktherapeutin beim Kind allmählich mehr musikalisch-kommunikatives Ausdrucksverhalten wahrnimmt.

5 Forschungshypothesen

Hypothese 1 – Präverbale kommunikative Fähigkeiten

Die präverbalen kommunikativen Fertigkeiten werden durch eine Behandlung mit Orff-Musiktherapie gefördert. Im Verlauf der einzelnen musiktherapeutischen Behandlungsphasen wie auch im Verlauf der gesamten musiktherapeutischen Behandlung verbessert das Kind seine präverbalen kommunikativen Fertigkeiten. Dies wird wie folgt operationalisiert:

> *Eine Zunahme im Gesamtwert der Early Social Communication Scales (ESCS) ist sowohl im Vergleich von Beginn und Ende der jeweiligen Behandlungsphasen als auch im Vergleich der beiden Behandlungsphasen festzustellen.*

Hypothese 2 – Aufmerksamkeitsausrichtung

Die Fähigkeit zur Aufmerksamkeitsausrichtung wird durch eine Behandlung mit Orff-Musiktherapie gefördert. Im Verlauf der einzelnen musiktherapeutischen Sitzung wie auch im Verlauf der gesamten musiktherapeutischen Behandlung verbessert das Kind seine Fähigkeit zur Aufmerksamkeitsausrichtung. Es steigert sein Interesse für einzelne Aktivitäten, erhöht seine Ausdauer und behält seine Aktivitäten länger bei. Dies wird wie folgt operationalisiert:

> *Eine Zunahme von Häufigkeitsrate, prozentualem Anteil und mittlerer Dauer der Blickausrichtung des Kindes auf die jeweilige Aktivität (Blick zur Therapeutin, Blick zum Instrument, Blick zum Gegenstand der jeweiligen Aktivität) ist sowohl im Verlauf der Musiktherapiesitzung als auch im Verlauf der Behandlung festzustellen.*

Hypothese 3 – Produzieren kommunikativer Beiträge

Die Produktion von kommunikativen Beiträgen wird durch eine Behandlung mit Orff-Musiktherapie gefördert. Im Verlauf der einzelnen musiktherapeutischen Sitzung wie auch im Verlauf der gesamten musiktherapeutischen Behandlung verbessert das Kind seine kommunikativen Ausdrucksmöglichkeiten, steigert und erweitert seine kommunikative Aktivität. Dies wird wie folgt operationalisiert:

> *Eine Zunahme von Häufigkeitsrate, prozentualem Anteil und mittlerer Dauer der kommunikativen Beiträge des Kindes (Vokalisationen, Gesten, Klang erzeugen am Instrument) ist sowohl im Verlauf der Musiktherapiesitzung als auch im Verlauf der Behandlung festzustellen.*

Hypothese 4 – Intentionale kommunikative Bezugnahme

Die Produktion bezogener kommunikativer Äußerungen wird gefördert. Im Verlauf der einzelnen musiktherapeutischen Sitzung wie auch im Verlauf der gesamten musiktherapeutischen Behandlung produziert das Kind zunehmend mehr kommunikative Beiträge, die auf die Musiktherapeutin bezogen sind und eher initiierenden, die Kommunikation aufrechterhaltenden Charakter haben. Dies wird wie folgt operationalisiert:

Eine Zunahme des Anteils von Spielaktivitäten des Kindes am Instrument mit nachfolgender Blickausrichtung auf die Therapeutin innerhalb eines 2-Sekunden-Fensters (Häufigkeit von Blickausrichtungen auf die Therapeutin nach Spielaktivität am Instrument bezogen auf Gesamthäufigkeit der Spielaktivitäten am Instrument) ist sowohl im Verlauf der Musiktherapiesitzung als auch im Verlauf der Behandlung festzustellen.

Hypothese 5 – Kontingente kommunikative Reaktion

Die Entwicklung kontingenter Aufmerksamkeitsausrichtung wird gefördert. Im Verlauf der einzelnen musiktherapeutischen Sitzung wie auch im Verlauf der gesamten musiktherapeutischen Behandlung reagiert das Kind zunehmend häufiger kontingent auf die kommunikativen Beiträge der Musiktherapeutin, indem es im Anschluß an eine musikalische Aktiviät der Musiktherapeutin seine Aufmerksamkeit auf die Therapeutin ausrichtet, bzw. indem es im Anschluß an eine musikalische Aktivität der Musiktherapeutin selbst einen kommunikativen Beitrag in Form einer Spielaktivität am Instrument liefert. Dies wird wie folgt operationalisiert:

a) Eine Zunahme des Anteils von musikalischen Aktiviäten der Musiktherapeutin, die innerhalb eines 2-Sekunden-Fensters gefolgt werden von einer Blickausrichtung des Kindes auf die Therapeutin (Häufigkeit von musikalischen Aktivitäten der Musiktherapeutin – Klang, Lied, Lied mit Begleitung – gefolgt von einer Blickausrichtung des Kindes auf die Therapeutin bezogen auf die Gesamthäufigkeit der musikalischen Aktiviäten der Musiktherapeutin) ist sowohl im Verlauf der Musiktherapiesitzung als auch im Verlauf der Behandlung festzustellen.

b) Eine Zunahme des Anteils von musikalischen Aktiviäten der Musiktherapeutin, die innerhalb eines 2-Sekunden-Fensters gefolgt werden von einer Spielaktivität des Kindes am Instrument (Häufigkeit von musikalischen Aktiviäten der Musiktherapeutin – Klang, Lied, Lied mit Begleitung – gefolgt von Spielaktivität des Kindes am Instrument – Bewegen am Instrument, Klang erzeugen am Instrument, Bewegen mit dem Instrument, rhythmisches Bewegen – bezogen auf die Gesamthäufigkeit der musikalischen Aktiviäten der Musiktherapeutin) ist sowohl im Verlauf der Musiktherapiesitzung als auch im Verlauf der Behandlung festzustellen.

Hypothese 6 – Dialogische Abstimmung

Die Entwicklung dialogischer kommunikativer Abstimmung wird gefördert. Im Verlauf der einzelnen musiktherapeutischen Sitzung wie auch im Verlauf der gesamten musiktherapeutischen Behandlung ist das Kind zunehmend häufiger in der Lage, reziprok abwechselnde kommunikative Aktivitäten zunehmend länger aufrechtzuerhalten. Dies wird wie folgt operationalisiert:

a) Eine Zunahme der Länge dialogischer Abfolgen von musikalischen Aktivitäten der Musiktherapeutin – Klang erzeugen am Instrument – und Spielaktivitäten des Kindes am Instrument – Klang erzeugen am Instrument – , die innerhalb eines 2-Sekunden-Fensters aufeinanderfolgen, ist sowohl im Verlauf der Musiktherapiesitzung als auch im Verlauf der Behandlung festzustellen.

b) Eine Zunahme des Anteils dialogischer Abfolgen von musikalischen Aktivitäten der Musiktherapeutin – Klang erzeugen am Instrument – und Spielaktivitäten des Kindes am Instrument – Klang erzeugen am Instrument –, die innerhalb eines 2-Sekunden-Fensters aufeinanderfolgen, ist sowohl im Verlauf der Musiktherapiesitzung als auch im Verlauf der Behandlung festzustellen.

Hypothese 7 – Kommunikativer Ausdruck

Das Ausdrucksverhalten des Kindes wird gefördert. Im Verlauf der einzelnen musiktherapeutischen Behandlungsphase wie auch im Verlauf der gesamten musiktherapeutischen Behandlung erweitert das Kind sein Ausdrucksverhalten. Es teilt mehr von sich mit und wird musikalisch aktiver. Dies wird wie folgt operationalisiert:

Eine Zunahme im Einschätzungs-Wert der Musiktherapeutin auf dem Musiktherapie-Profil im Bereich Ausdrucksverhalten, der sich zusammensetzt aus den Itempaaren mitteilungsbedürftig–zurückhaltend, vokalisierend–still, ausdrucksvoll–ausdrucksarm und musikalisch aktiv–musikalisch passiv ist sowohl im Verlauf der einzelnen Behandlungsphase wie auch im Vergleich der beiden Behandlungsphasen festzustellen.

6 Forschungsmethoden

Im folgenden Kapitel wird zunächst die Stichprobe der untersuchten Kinder anhand der medizinischen und psychologischen Diagnosen beschrieben. Im Anschluß daran werden die verwendeten Untersuchungsinstrumente sowie die Auswertung und die statistische Analyse der Daten dargestellt. Abschließend wird das Untersuchungsdesign der Studie erläutert.

6.1 Stichprobenbeschreibung

Zwölf mehrfach behinderte Kinder im Alter von 2;4 bis 5;8 Jahren, die die Eingangskriterien erfüllten und deren Eltern sich zur Teilnahme an der Studie bereiterklärten, wurden in der Reihenfolge ihrer Aufnahme auf der Eltern-Kind-Station des Kinderzentrums München in die Stichprobe aufgenommen. Die untersuchten Kinder kamen aus dem gesamten Gebiet der Bundesrepublik und sind anhand der elterlichen Berufstätigkeit einer mittleren sozioökonomischen Bevölkerungsschicht zuzuordnen. Von den ursprünglich 15 untersuchten Kindern – 8 Mädchen und 7 Jungen – waren 13 deutschsprachig. Ein Junge hatte türkische Eltern und ein Junge kam aus Polen. Der polnische Junge mit der Diagnose Down-Syndrom kam allerdings nicht mehr zur zweiten Behandlungsphase und mußte daher von der Stichprobe ausgeschlossen werden. Ebenso ausgeschlossen wurde ist ein Mädchen mit der Diagnose Angelman-Syndrom, deren Familie nicht zur zweiten Behandlungphase kam. Ein Junge mußte schließlich aufgrund seines zu hohen Entwicklungsstandes von der weiteren Auswertung ausgeschlossen werden.

Die Behinderungen der untersuchten Kinder sind insgesamt relativ heterogen und reichen von infantilen Cerbralparesen bis zu autistischen Störungen und genetischen Syndromen. Gemeinsam ist allen Kindern jedoch, daß sie gemäß der Aufnahmekriterien für die Studie neben einer mentalen Entwicklungsstörung noch mindestens eine weitere Behinderung aufweisen. Die Kriterien für eine Aufnahme in die Studie waren folgende:

a) Das chronologische Alter des Kindes liegt zwischen 2;4 und 6 Jahren.
b) Der stationäre Aufenthalt beträgt mindestens 8 Tage.
c) Das Entwicklungsalter des Kindes liegt zwischen 8 und 32 Monaten
   (bestimmt anhand der MFED – Skala Perzeption).
d) Die Diagnose mehrfache Behinderung ohne gravierende Sinnesschädigung liegt vor.
e) Eine Indikation zur Musiktherapie liegt vor.
f) Das Kind hat bislang maximal drei musiktherapeutische Sitzungen erhalten.
g) Das Kind erhält neben Physiotherapie möglichst keine weitere Behandlung.
h) Die Eltern geben ihr Einverständnis zur Studienteilnahme.

Zur Bestimmung des Entwicklungsstandes wurde die Münchener Funktionale Entwicklungsdiagnostik MFED (Hellbrügge, 1994; Hellbrügge et al., 1994; Köhler & Engelkraut, 1984) herangezogen, da sie ein im Kinderzentrum München eingeführtes und routinemäßig durchgeführtes entwicklungsdiagnostisches Verfahren ist. Der MFED liegt das Konzept des Entwicklungsalters zugrunde, das insbesondere im Bereich weit unterdurchschnittlicher Entwicklung relevant ist, in dem andere Normen nicht mehr ausreichend differenzieren können. Die einzelnen Items der MFED sind geordnet nach Verhaltensbereichen und Alter. Die Zuordnung orientiert sich hier am Altersmedian (50 %-Norm) und an der 95%-Norm. Trotz der formulierten Kritik an der MFED, die sich insbesondere auf Mängel in Reliabilität und Validität bezieht (Rennen-Allhoff & Rennen, 1987), ist ihre hohe Praktikabilität insbesondere in der Untersuchung mehrfach behinderter Kinder von großem Vorteil. Im Anhang findet sich eine Übersicht zu den medizinischen Diagnosen, dem mentalen Entwicklungsstand sowie zu weiteren diagnostischen Angaben der untersuchten Kinder.

In der vorliegenden Studie wurde nach Möglichkeit bereits vor Beginn der ersten musiktherapeutischen Behandlungsphase von der behandelnden Psychologin die MFED durchgeführt. Dabei wurde die MFED für das 2. und 3. Lebensjahr verwendet. Bei den Kindern *04* und *12* wurde diese durch die MFED für das erste Lebensjahr ergänzt. Zur Bestimmung des Entwicklungsstandes wurden die Werte zur 95%-Norm der Funktionsbereiche Handmotorik, Perzeption, Sprechen und Sprachverständnis herangezogen. Tabelle 1 gibt einen Überblick über die statistischen Kennwerte der MFED-Werte.

Tabelle 1:   MFED-Testwerte der Studienkinder (Entwicklungsalter in Monaten)

	n	*M*	*S*	*Min.*	*Max.*
Handmotorik	12	16,1	8,5	4,0	38,0
Perzeption	12	16,4	7,1	8,0	32,0
Aktive Sprache	12	15,3	7,1	4,0	32,0
Sprachverständnis	12	17,1	4,2	12,0	25,0

Anmerkung: M = Mittelwert; SD = Standardabweichung; MIN = Minimum; MAX = Maximum

Um den mentalen Entwicklungsstand der einzelnen Kinder annähernd vergleichbar zu machen, wurde aus den Werten der MFED für alle Kinder ein Entwicklungsquotient gebildet, indem das erreichte Skalenalter (in Monaten) auf das chronologische Lebensalter des Kindes (in Monaten) bezogen wurde. Der mittlere Entwicklungsquotient Perzeption (MFED) der Stichprobe lag bei 39,9 Monaten (SD 15,9). Tabelle 2 gibt einen Überblick über die statistischen Kennwerte der Entwicklungsquotienten.

Tabelle 2:   MFED- Entwicklungsquotienten der Studienkinder

	n	*M*	*S*	*Min.*	*Max.*
Handmotorik	12	39,1	17,2	6	68
Perzeption	12	39,9	15,9	11	58
Aktive Sprache	12	38,4	24,9	14	97
Sprachverständnis	12	42,6	16,6	17	75

Anmerkung: M = Mittelwert; SD = Standardabweichung; MIN = Minimum; MAX = Maximum

Um die Ergebnisse der insgesamt sehr heterogen zusammengesetzten Stichprobe besser differenzieren zu können, wurden anhand des eingangs ermittelten Entwicklungsquotienten der Skala Perzeption in der MFED drei Subgruppen gebildet. Diese Skala wurde gewählt, da sie mit der Fähigkeit zur Wahrnehmungsverarbeitung und dem Erkennen von Zusammenhängen den sensomotorischen Entwicklungsstand des Kindes angibt, und damit die allgemeine kognitive Kapazität des Kindes widerspiegelt. Die Grenzen der einzelnen Gruppen sind orientiert an den klinisch-diagnostischen Leitlinien der ICD-10 zu Intelligenzminderungen (Dilling, Mombour & Schmidt, 1991). Da gezeigt wurde, daß das Niveau kommunikativer Kompetenzen abhängig ist vom kognitiven Entwicklungsstand (Sarimski, 1987), ist diese Einteilung als Versuch einer sinnvollen Differenzierung der Ergebnisse anhand kognitiver Kennwerte zu verstehen – wenngleich der Entwicklungsquotient natürlich nicht mit dem Intelligenzquotient gleichgesetzt werden kann. Abbildung 3 zeigt die Zusammensetzung der drei Subgruppen.

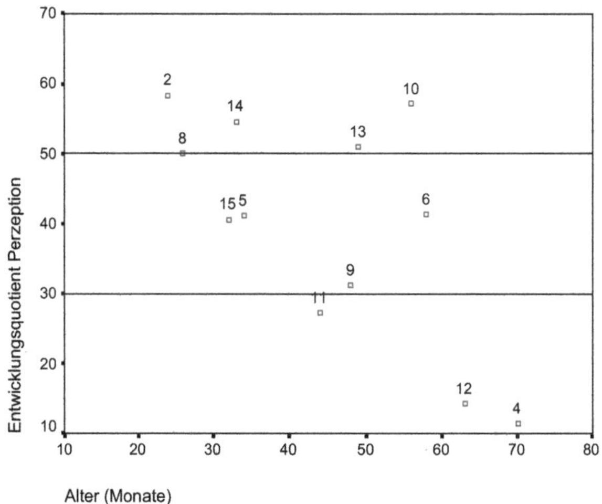

Abbildung 3 : Beziehung von Entwicklungsquotient Perzeption und Alter

Die Subgruppe a (n = 5) setzt sich zusammen aus den Kindern 02, 08, 10, 13 und 14 mit einem Perzeptions-Entwicklungsquotienten im Bereich zwischen 60 und 50. Die Subgruppe b (n = 4) setzt sich zusammen aus den Kindern 05, 06, 09 und 15 mit einem Perzeptions-Entwicklungsquotienten im Bereich zwischen 50 und 30. Die Subgruppe c (n = 3) setzt sich zusammen aus den Kindern 04, 11 und 12 mit einem Perzeptions-Entwicklungsquotienten im Bereich zwischen 30 und 10. In allen untersuchten Variablen wurde neben einer Auswertung der Gesamt-stichprobe eine weitere Analyse für die drei Subgruppen durchgeführt. Sie wird jeweils dann einzeln dargestellt, wenn die drei Subgruppen jeweils deutlich voneinander abweichende Verläufe aufweisen.

6.2 Untersuchungsinstrumente

Um die Fragestellung der Studie möglichst umfassend beantworten zu können, werden verschiedene methodische Zugangsweisen mit jeweils unterschiedlichen Perspektiven auf das musiktherapeutische Geschehen kombiniert. Es werden unterschiedliche Datenquellen – Videoaufnahmen der musiktherapeutischen Sitzungen, Angaben der Musiktherapeutin, psychologische Untersuchungen, Angaben der Eltern – sowie unterschiedliche Datenarten – Beobachtungsdaten, Ratingdaten, subjektive Einschätzungen der Musiktherapeutin, strukturierte Interviewdaten und halbstrukturierte Interviewdaten – herangezogen, die eine Verknüpfung von quantitativen und qualitativen Daten ermöglichen. Das Ausmaß des erreichten Behandlungserfolgs wird anhand dieser Verfahren im Verlauf einer musiktherapeutischen Sitzung wie auch über die beiden Behandlungsphasen hinweg erfaßt.

Das methodische Instrumentarium besteht zum einen aus etablierten psychologischen Verfahren wie der Münchener Funktionellen Entwicklungs-diagnostik MFED (Hellbrügge, 1994; Hellbrügge et al., 1994; Köhler & Engelkraut, 1984) und den Early Social Communication Scales ESCS (Seibert & Hogan, 1982a). Zum anderen wurden von der Autorin speziell für die Untersu-chung musiktherapeutischer Fragestellungen drei Forschungsinstrumente konzi-piert: Das Kategoriensystem zur Musiktherapie *KAMUTHE*, das Musiktherapie-Profil und das Elterninterview. Tabelle 3 gibt einen Überblick über das methodische Instrumentarium der Studie.

Es wird zunächst eine Statusdiagnostik mit der Münchener Funktionellen Entwicklungsdiagnostik MFED durchgeführt, um den Entwicklungsstand für die Eingangskriterien zu bestimmen. Während der musiktherapeutischen Behandlung wird zum einen eine Prozeß- bzw. Verlaufsdiagnostik anhand der ESCS durch-geführt, um Veränderungen der kommunikativen Fähigkeiten zu bestimmen, zum anderen wird anhand des Ratingverfahrens Musiktherapie-Profil die Interaktion und Kommunikation im musiktherapeutischen Geschehen eingeschätzt. Ergänzend dazu werden nach jeder Musiktherapiesitzung halbstrukturierte Einschätzungen der Musiktherapeutinnen erhoben und zu Beginn der zweiten Behandlungsphase werden in einem halbstrukturierten Elterninterview die von den Eltern erlebten Veränderungen und die häuslichen Einflußfaktoren erfaßt. Schließlich wird anhand der deskriptiven und sequentiellen Mikroanalyse des mit dem Kategoriensystem Musiktherapie *KAMUTHE* kodierten Videomaterials eine Form behandlungsorientierter Diagnostik durchgeführt.

Tabelle 3:   Methodisches Instrumentarium der klinischen Studie

Instrument	Informationsquelle	Datenart	quantitativ	qualitativ
Kategoriensystem Musiktherapie	Videoaufnahmen von Musiktherapiesitzungen	Beobachtungsdaten	X	
Musiktherapie-Profil	Angaben der Musiktherapeutin	Ratingdaten, subjektive Einschätzung	X	X
Early Social Communication Scales	Psychologische Untersuchungen, Elternangaben	Beobachtungsdaten, strukturierte Interviewdaten	X	
Elterninterview	Angaben der Eltern	halbstrukturierte Interviewdaten		X

6.2.1 Kategoriensystem *KAMUTHE*

Für eine videogestützte Verhaltensbeobachtung und -analyse ist es unabdingbar, ein geeignetes Kategoriensystem zur Verfügung zu haben. Bislang existieren allerdings keine Instrumente zur direkten Erfassung musikalischer oder musiktherapeutischer Interaktionen. Es wurden zwar Fragebogen und Ratingskalen zur Einschätzung musiktherapeutischer Interaktion oder musikalischer Ausdrucksweise entwickelt (Von Moreau, 1997; Edgerton, 1994; Vanger, Scheytt & Czogalik, 1993), nicht jedoch ein Kodiersystem für musiktherapeutische Abläufe. Kategoriensysteme zur Untersuchung psychotherapeutischen Geschehens sind weitgehend auf die Erfassung sprachlicher Inhalte beschränkt (Schindler et al., 1988) und sind daher nicht in der Lage, musiktherapeutische Interaktionen abzubilden.

Kategoriensysteme zur Untersuchung von Interaktion und Kommunikation zwischen Bezugsperson und Kind können häufig nur bedingt auf mehrfach behinderte Kinder übertragen werden (Coggins & Carpenter, 1981; Jörg et al., 1994; Wetherby & Prizant, 1992, 1995). Daher wurde von der Autorin ein Beobachtungsinstrument entwickelt, das auf die Modalitäten musiktherapeutischer Interaktion mit mehrfach behinderten Kindern zugeschnitten ist.

Die größte Schwierigkeit bei der Dokumentation der interaktiven Fähigkeiten behinderter Kinder sind ihre Ideosynkrasien (Towle, Farran, & Comfort, 1988). Entsprechend sollten die Operationalisierungen weit genug formuliert werden, um möglichst viele Verhaltensweisen der Kinder einzuschließen, so daß die Variablen des Kategoriensystems mit den Kapazitäten der untersuchten mehrfach behinderten Kinder in Übereinstimmung gebracht werden können. Die Konstruktion des Kategorienystems war daher orientiert an Kodiersystemen und Ratingskalen der frühen Sozialentwicklung behinderter und nicht behinderter Kinder sowie an Beobachtungssystemen zur Eltern-Kind-Interaktion bzw. an Systemen zur Evaluation therapeutischer Interventionen (Übersicht dazu bei Towle et al., 1988). Vor dem Hintergrund interaktionspsychologischer Konzepte wurde bei der Konstruktion des musiktherapeutischen Kategoriensystems insbesondere erwogen, auf welche Arten sich die interaktionellen Beiträge der Beteiligten erfassen lassen, welche Einheiten sie bilden können, welche Muster der gegenseitigen Bezugnahme und Regulation gebildet werden können, welche Funktionen sie im musiktherapeutischen Prozeß erfüllen und über welchen Zeitbereich sie sich erstrecken (Czogalik, 1991). Wesentliche Techniken in der Konstruktion des Kategoriensystems waren die Kodierverfahren der *Grounded Theory* (Strauss & Corbin, 1996).

Ausgangspuunkt bei der Konstruktion des Kategoriensystems war das der Orff-Musiktherapie zugrunde liegende Musikverständnis des griechischen *musiké* – Wort, Ton und Bewegung – (Orff, 1974). Alle in diesem Sinne musikalischen Äußerungen werden als kommunikative Beiträge aufgefaßt und umfassen jede Art von klanglichem Ausdruck durch Stimme oder Instrument bzw. Ausdruck durch Bewegung. Entsprechend werden verbale, klanglich-musikalische und nonverbale bewegungsbezogene Aspekte des Verhaltens von Kind und Musiktherapeutin in den einzelnen Kategorien erfaßt.

Da der Fokus der Fragestellung auf der Entwicklung präverbaler Fertigkeiten des Kindes liegt, wurden die Kategorien zur Kodierung des kindlichen Verhaltens an den Modaliäten präverbalen Verhaltens ausgerichtet. Diese umfassen das Blickverhalten, vokale und gestische Aktivitäten sowie musikalische Spiel- und Bewegungsaktivitäten. Das Verhalten der Musiktherapeutin wird entsprechend der drei Aspekte von *musiké* in die Kategorien klanglich-musikalischer, verbaler und nonverbaler Beitrag unterteilt. Auf diese Weise wird es möglich, die kommunikativen Beiträge von Kind und Musiktherapeutin im gemeinsamen Ko-Konstruktionsprozeß (Oerter & Noam, 1999) zu erfassen und die Instruktion der Musiktherapeutin in der *Zone der nächsten Entwicklung* (Vygotsky, 1978) abzubilden. Es resultierten schließlich für die Musiktherapeutin drei Kategorien mit insgesamt 12 Ausprägungen und für das Kind vier Kategorien mit insgesamt 20 Ausprägungen. Das gesamte *KA*tegoriensystem für *MU*sik*THE*rapie – *KAMUTHE* – umfaßt somit 32 Ausprägungen. Im Anhang findet sich eine Darstellung des Kategoriensystems *KAMUTHE*.

Die Entwicklung verschiedener Ausprägungen der einzelnen Kategorien war orientiert an zwei wesentlichen Vorgaben. Zum einen daran, daß alle Kodierungen sich wechselseitig ausschließen sollen. Dies bedeutet, daß jeweils nur eine Kodierung des Kategoriensystems mit einem Ereignis assoziiert wird. Zum anderen daran, daß alle Kodierungen erschöpfend sein sollen. Dies bedeutet, daß jedem Ereignis genau eine Kodierung entspricht. Entsprechend der verhaltensnahen Operationalisierung der formulierten Hypothesen kann auf geringem Abstraktionsniveau unmittelbar beobachtbares Verhalten in den musiktherapeutischen Sitzungen differenziert erfaßt werden.

Als Methode zur Kodierung der Ereignisse wurde die kontinuierliche Ereignis-Kodierung (*continuous event coding*) gewählt, da damit Ereignisse im ständigen Verhaltensstrom erfaßt werden können und die Ereignisgrenzen bewahrt bleiben. Dieses Verfahren stellt beim Kodieren erhöhte Ansprüche, weil der kontinuierliche Verhaltensstrom in einzelne Ereignisse unterteilt wird, die entdeckt werden müssen, in ihrer Dauer markiert und mit dem entsprechenden Code versehen werden müssen. Es ermöglicht allerdings die genaueste Erfassung auch von sehr kurzen Ereignissen und schafft zudem die Voraussetzung für die Analyse kontingenter Verhaltensweisen.

Um eine zufriedenstellende Zuverlässigkeit in der Anwendung des entwickelten Kategoriensystems zu erreichen, wurde ein intensives Anwendungstraining durchgeführt. Bei abweichenden Urteilen wurde jeweils so lange diskutiert, bis ein Konsens über die anzuwendende Kodierung hergestellt werden konnte. Im Anschluß an das Kodier-Training wurde von der Autorin und den beiden Diplomandinnen die Reliabilitätsbestimmung durchgeführt. Für die Bestimmung der Reliabilität wurden Cohen's Kappa, Pearson's Produkt-Moment-Korrelationskoeffizient (Pearson's R) und die prozentuale Übereinstimmung (simple matching coefficient) verwendet:

- *Cohen's Kappa* liefert eine zufallskorrigierte Schätzung der Reliabilität durch den Vergleich von beobachteter und erwarteter Übereinstimmung. Dieser Wert fällt daher bei Kategorien mit niedrigen Ereignishäufigkeiten unverhältnismäßig niedrig aus.

- *Pearson's Produkt-Moment-Korrelationskoeffizient (Pearson's R)* gibt das Ausmaß an, in dem einzelne Beobachterinnen in ihren Scores variieren. Da er sich auf die Gesamthäufigkeiten (Summenübereinstimmungen) bezieht, macht er allerdings keine Aussagen zur Punkt-zu-Punkt-Übereinstimmung.

- Die *prozentuale Übereinstimmung (simple matching coefficient)* wird auf der Grundlage von Punkt-zu-Punkt-Übereinstimmungen (einzelne Videobilder) mittels Kontingenztabellen errechnet. Dieser Wert gibt an, wie hoch der Anteil übereinstimmender Urteile ist. Unberücksichtigt bleibt jedoch die Rate zufällig zu erwartender Übereinstimmungen.

Die Punkt-zu-Punkt-Reliabilität, wie sie mit *Cohen's Kappa* und der *prozentualen Übereinstimmung* ermittelt wird, gilt als genauestes Maß der Übereinstimmung. Sie wird auf der Grundlage von einzelnen Videobildern (= Doppelbildern mit einer zeitlichen Dauer von 0.04 Sekunden) errechnet und registriert nur dann eine Übereinstimmung, wenn das gleiche Verhalten zum gleichen Zeitpunkt kodiert wird. Es wurde – wie in der Literatur empfohlen (Manns et al. (1987), Fieguth (1977), Mees, (1977) – Datenmaterial der Studie verwendet. Zufällig ausgewählte Videoausschnitte von Musiktherapiesitzungen verschiedener Kinder mit jeweils fünf Minuten Dauer aus beiden Behandlungsphasen und von verschiedenen Musiktherapeutinnen wurden jeweils unabhängig von einer der drei Kodiererinnen bearbeitet.

Um die zeitliche Stabilität der Beurteilung zu überprüfen, wurde die Intrarater-Reliabilität durch einen test – retest – Vergleich im Abstand von einer Woche ermittelt. Die Intrarater Reliabilität wurde an Videomaterial von 5 x 5 Minuten erhoben. Tabelle 4 zeigt die resultierenden Werte.

Tabelle 4:   Intrarater-Reliabilität

Kategorie	*Cohen's Kappa**	*Pearson's R**	*Prozentuale Übereinstimmung**
Gesamt	.78 (.56 – .94)	.81 (.57 – .94)	89,71% (77% – 98%)

* Es sind jeweils die Mittelwerte angegeben (in Klammern die Minima und Maxima).

Um die Konsistenz und Genauigkeit der Beobachtungen, die Übereinstimmung zwischen den kodierenden Personen zu überprüfen wurde die Interrater-Reliabilität ermittelt. Die Interrater Reliabilität wurde von drei Personen an Videomaterial von 4 x 5 Minuten erhoben. Tabelle 5 zeigt die erreichten Werte.

Tabelle 5:   Interrater-Reliabilität

Kategorie	*Cohen's Kappa**	*Pearson's R**	*Prozentuale Übereinstimmung**
MUS	.79 (.55 – .95)	.88 (.82 – .94)	87,33% (74% – 96%)
VER	.65 (.62 – .71)	.64 (.53 – .73)	86,78% (82% – 93%)
NON	.65 (.50 – .84)	.72 (.51 – .85)	95,67% (90% – 99%)
BLI	.67 (.55 – .75)	.66 (.45 – .77)	80,17% (77% – 83%)
SPI	.61 (.56 – .70)	.65 (.55 – .74)	83,00% (75% – 96%)
VOK	.68 (.59 – .77)	.69 (.58 – .78)	95,00% (93% – 99%)
GES	.59 (.56 – .61)	.68 (.49 – .98)	96,80% (93% – 98%)
Gesamt	.68 (.50 – .95)	.72 (.45 – .98)	89,12% (74% – 99%)

* Es sind jeweils die Mittelwerte angegeben (in Klammern die Minima und Maxima).

Insgesamt ist mit den erzielten Werten – auch in Anbetracht der relativ großen Variabilität des zu kodierenden Verhaltens – eine ausreichend hohe Übereinstimmung sowohl in der zeitlichen Stabilität als auch in der Konsistenz über verschiedene Kodierende erreicht. Damit ist die Genauigkeit, mit der das Meßinstrument *KAMUTHE* mißt, als genügend gut zu betrachten, da die Aspekte von interner Konsistenz des Meßinstruments und der Aspekt der Objektivität, der sich in der interpersonellen Übereinstimmung manifestiert, kaum voneinander zu trennen sind (Mees, 1977). Die erzielten Reliabilitätswerte sind hinreichend hoch. Daher sind Objektivität und Zuverlässigkeit des Kategoriensystems als zufriedenstellend einzuschätzen und die Aussagekraft der daraus resultierenden Daten ist als gut einzustufen.

6.2.2 Early Social Communication Scales – ESCS

Da zur Bestimmung der präverbalen kommunikativen Fertigkeiten kein ausreichend differenzierendes Verfahren in deutscher Sprache verfügbar ist (Rennen-Allhoff & Rennen, 1987, Eberwein, 1994, Bundschuh, 1996), wurde auf die *Early Social Communication Scales* ESCS – ein im englischsprachigen Raum häufig verwendetes amerikanisches Verfahren – (Field et al., 1997; Ulvund & Smith, 1996; Mundy et al., 1995, 1994, 1990, 1988, 1986; Holdgrafer & Dunst, 1991) zurückgegriffenen. Die ESCS (Seibert & Hogan, 1982a) erfassen verschiedene funktionale Dimensionen sozial-kommunikativer Entwicklung im Altersbereich von 0–30 Monaten und sind im Aufbau am kognitiven Entwicklungsmodell orientiert.

Die ESCS differenzieren die kommunikativen Kompetenzen sowohl nach Funktion als auch nach kognitiver Komplexität. Insbesondere in der Untersuchung von behinderten Kindern haben sich die ESCS bewährt, da sie es ermöglichen, kommunikative Verhaltensweisen auch von den Kindern zu evaluieren, die den Anforderungen standardisierter Testsituationen nicht gerecht werden können. Darüber hinaus stellt das Testergebnis die Grundlage dar für die Konzeption entwicklungsfördernder Intervention. Es läßt sich damit eine konkrete Vorstellung von der *Zone der nächsten Entwicklung* (Vygotsky, 1978) gewinnen.

Die fünf Entwicklungsniveaus der ESCS werden durch allgemeine kognitive und spezifische sozial-kognitive Charakteristika beschrieben. Im Kapitel *Präverbale Kommunikation* wurden die kommunikativen Fähigkeiten auf den einzelnen Entwicklungsstufen bereits erläutert. Eine ausführliche Beschreibung der allgemeinen kognitiven und spezifischen sozial-kognitiven Charakteristiken der Entwicklungsniveaus findet sich in Seibert, Hogan, Mundy (1984a, S.70f) in Seibert & Hogan (1982b, S. 33ff) sowie in Seibert, Hogan & Mundy (1982, S. 247).

In den ESCS-Interviewbögen wie auch in der Handanweisung für die ESCS-Test-Interaktion wird auf Niveau 2 eine weitere Differenzierung in Niveau 2a und Niveau 2b vorgenommen. Dabei stellt Niveau 2b eine Art Übergang dar zur Stufe der antizipatorisch-repräsentationalen Interaktionen (Niveau 3). Die hier beschriebenen Verhaltensweisen zeichnen sich durch eine stärkere Zielorientierung und bewußtere Bezugnahme auf die Interaktionspartnerin aus.

Die ESCS unterscheiden als grundlegende pragmatische Funktionen sozial-kommunikativen Verhaltens die *Aufmerksamkeitsausrichtung* und die *Verhaltenslenkung*. Diese werden jeweils in eine *reagierende* und *initiierende* (*responding, initiating*) Dimension unterteilt, entsprechend der alternierenden Rollen, die das Kind in der Interaktion einnehmen kann (Hogan & Seibert, 1984). Es resultieren vier verschiedene Skalen mit folgender Bezeichnung:

1. ***Gemeinsame Aufmerksamkeitsausrichtung:*** Diese Skala mißt die Fähigkeit des Kindes, seine Aufmerksamkeit gemeinsam mit einer anderen Person auszurichten.

2. ***Initiieren gemeinsamer Aufmerksamkeitsausrichtung:*** Diese Skala mißt die Fähigkeit des Kindes, die Aufmerksamkeit einer anderen Person auf Dinge oder Ereignisse zu lenken.

3. ***Reagieren auf Verhaltenslenkung:*** Diese Skala mißt die Fähigkeit des Kindes, einfache Aufforderungen zu verstehen und zu befolgen.

4. ***Initiieren von Verhaltenslenkung:*** Diese Skala mißt die Fähigkeit des Kindes, das Verhalten einer anderen Person zielgerichtet zu lenken (Mundy et al. 1986).

Eine ausführliche Darstellung der ESCS-Skalen ist auf dem ESCS-Auswertebogen im Anhang zu finden.

In der Studie am Kinderzentrum München wurde die von Sarimski (1993) übersetzte deutsche Version der ESCS (Seibert & Hogan, 1982a) zur Beurteilung kommunikativer Kompetenzen verwendet. Der Ablauf der ESCS-Untersuchung besteht aus einer halbstandardisierten Spielsituation mit Mutter/Vater und Kind, einer standardisierten Spielsituation mit Psychologin und Kind, in der halbstrukturierte Interaktionsaufgaben vorgegeben werden sowie einem Elterninterview, in dem die kommunikativen Verhaltensweisen des Kindes im Alltag erfragt werden. Die ESCS-Untersuchung dauert je nach Entwicklungsstand des Kindes insgesamt etwa 40 – 60 Minuten. Die Art der Aufgabenstellung und das verwendete Material der ESCS waren für die Kinder der untersuchten Altersgruppe attraktiv, und es wurde versucht, den Besonderheiten des jeweiligen Entwicklungsstandes Rechnung zu tragen. Dennoch ist bei der Interpretation der Testergebnisse – wie bei allen Tests im Kleinkindalter – zu berücksichtigen, daß die Testergebnisse immer auch abhängig sind von der körperlichen Befindlichkeit, der Motivation und der Kooperation des Kindes.

Im ESCS-Elterninterview repräsentiert jede Interviewfrage ein Test-Item. Somit erheben Interview und Testsituation die gleiche Information auf unterschiedliche Weise. Die Scores der einzelnen Skalen-Items werden bei beiden Verfahren zu Summen-Profilwerten zusammengefaßt. Zur Reliabilität (*inter-rater, test-retest, inter-examiner, live rate to videotape rate, tester-caregiver*) und zur Konstruktvalidität der ESCS liegen zahlreiche Studien vor. Diese Validierungen wurden anhand der Bayleys Scales of Mental Development (Bayley, 1969) und der Adapted Uzgiris Hunt Skalen – AUHS (Uzgiris & Hunt, 1975) mit zufriedenstellenden Ergebnissen durchgeführt (Überblick dazu bei Seibert, Hogan & Mundy, 1982, S. 252). Seibert & Hogan (1986) berichten eine Interrater-Reliabilität zwischen .66 und .87 mit einem Mittelwert von .77 und einem Median von .79. In einer weiteren Reliabilitäts-Studie wurde eine Interrater-Reliabilität von .93 (Spearman's Rangordnungs Korrelationskoeffizient) sowie eine Test-Retest- Reliabilität von .88 berichtet (Seibert, Hogan & Mundy, 1984a).

Aufgrund der gezeigten strukturellen Verbindung zu den Items der Adapted Uzgiris Hunt Skalen – AUHS (Uzgiris & Hunt, 1975), für die Ordinalität demonstriert wurde, wird auch für die ESCS Ordinalität angenommen. Dies ist auch wegen der offensichtlich hierarchischen Natur vieler ESCS-Items auf sukzessiven Niveaus anzunehmen (Seibert, Hogan & Mundy, 1984a). Die Korrespondenz von mentalem Alter, erhoben mit den Bayleys Scales of Mental Development (Bayley, 1969), kognitiven Stadien, erhoben mit den Stadien-Maßen der Adapted Uzgiris Hunt Skalen – AUHS (Uzgiris & Hunt, 1975) und den ESCS unterstützen die Validität der Entwicklungsniveau-Organisation der ESCS in Stadienabfolgen wie sie von Uzgiris (1976) vorgeschlagen wurden. Es zeigte sich dabei außerdem, daß auch bei schwer und mehrfach behinderten Kindern in der Entwicklungsorganisation die stadienbezogenen Muster auftauchen, die ursprünglich für normal entwickelte Kinder formuliert worden waren (Seibert, Hogan & Mundy, 1984b).

6.2.3 Musiktherapie-Profil

Das Musiktherapie-Profil wurde von der Autorin entwickelt, um eine Einschätzung der musiktherapeutischen Behandlung durch die Musiktherapeutinnen zu ermöglichen. Dazu sollte von der Musiktherapeutin unmittelbar im Anschluß an eine musiktherapeutische Sitzung ein Profil-Bogen mit 20 Items ausgefüllt werden. Ebenso gab die Musiktherapeutin eine globale Beurteilung der zurückliegenden Sitzung ab, skizzierte kurz die erlebte Atmosphäre und beschrieb das Maß der erlebten Anstrengung. Diese eher intuitive und unspezifische Beurteilung des musiktherapeutischen Prozesses ermöglicht neben dem quantifizierenden Rating eine qualitative Beschreibung der erlebten kommunikativen Beziehung und Interaktion. Eine Abbildung des Musiktherapie-Profils findet sich im Anhang. Darüber hinaus markierten die Musiktherapeutinnen für jede Sitzung Episoden, in denen die Interaktion besonders gelungen war und in denen das Kind besonders musikalisch aktiv war. Dies wurde in die Protokolle des Sitzungsverlaufes, die für jede Sitzung angefertigt wurden, eingetragen.

Das Musiktherapie-Profil stellt ein Meßinstrument dar, das die subjektive Einschätzung der Musiktherapeutin abbildet. Mit Hilfe bipolarer Skalen in Form eines semantischen Differentials lassen sich unterschiedliche Intensitäten einzelner Variablen ausdrücken. Die polare Messung von Verhaltensdimensionen, die in der psychologischen Forschung verbreitet ist, ermöglicht eine differenzierte Abbildung von Veränderungen. Die Items des Profils beziehen sich auf verschiedene Aspekte der gemeinsamen Interaktion wie etwa das Ausmaß der erlebten Beteiligung oder die Art der erlebten Beziehung. In der Konstruktion des Musiktherapie-Profils habe ich Item-Paare formuliert, die in musiktherapeutischen Sitzungen relevante Interaktionsaspekte abbilden. Anregungen dazu fand ich in den von der Studiengruppe Musiktherapie Ulm/Stuttgart (Vanger, Scheytt, Czogalik, 1993) entwickelten *MUSIKOS* (*MUS*iktherapie *K*odier *S*ystem) Rating-Skalen, in den Münchener Musikwahrnehmungs-Skalen (MMWS) von Bruhn & Pekrun (1987) sowie in den Skalen *Kind-Therapeut-Beziehung in der musikalischen Aktivität* und *Musikalische Kommunikativität* zur Auswertung musiktherapeutischer Einzelsitzungen von Nordoff & Robbins (1986).

Da das Verhalten des Kindes wie auch die erfahrene Beziehungsqualität in ihrer subjektiv erlebten Ausprägung erfaßt werden sollen, wurde kein Training mit Verhaltensankern durchgeführt. Die Musiktherapeutinnen schätzen unmittelbar im Anschluß an die musiktherapeutische Sitzung anhand eines 7-stufigen bipolaren Profils (numerische Werte von -3 bis +3) mit 20 Item-Paaren die Qualität der therapeutischen Beziehung wie auch die Qualität der kindlichen Kommunikation und Interaktion ein. Die Item-Paare beschreiben jeweils polare Eigenschaften aus den Bereichen: *Aktivität/Aufmerksamkeit*, *Kontakt/Beziehung*, *Emotionaler Zustand/ Entspannung* und *Ausdruck/Musikalische Aktivität*. Die Zuordnung der einzelnen Item-Paare zu den vier Bereichen findet sich im Anhang.

6.2.4 Elterninterview

Das halbstrukturierte Elterninterview wurde von der Autorin entwickelt, um zu Beginn der zweiten Behandlungsphase häusliche Einflüsse wie auch erste Auswirkungen der Orff-Musiktherapie und beobachtete Veränderungen beim Kind zu erfassen. Auf diese Weise soll neben der Mikroanalyse der Videoaufnahmen, dem Kommunikationstest ESCS und der Einschätzung der Musiktherapeutinnen mit der Perspektive der Eltern das Bild ergänzt werden durch außertherapeutische, alltägliche Aspekte. Die einzelnen Fragen des Elterninterviews beziehen sich auf beobachtete Veränderungen im häuslichen Kontext und lassen sich zu fünf Themenbereichen zusammenfassen. Der erste Themenbereich bezieht sich mit fünf Fragen auf Art und Ausmaß der Beschäftigung mit dem Kind zuhause. Im zweiten Themenbereich wird mit fünf Fragen der häusliche Umgang mit Musik erfragt. Im dritten Bereich wird mit drei Fragen erhoben, wie die Eltern die Reaktion des Kindes auf die musiktherapeutische Behandlung der ersten Phase einschätzen. Im vierten Themenbereich werden mit drei Fragen beobachtete Veränderungen im Verhalten und in den kommunikativen Ausdrucksmöglichkeiten des Kindes erfragt. Und schließlich wird mit drei Fragen erhoben, welche zusätzlichen therapeutischen Förderungen das Kind zuhause erhält. Ähnliche Bereiche erfaßte auch Edgerton (1994) in einer etwas weniger umfangreichen Ratingskala zur Einschätzung von Verhaltensänderungen nach der musiktherapeutischen Behandlung autistischer Kinder durch die Eltern. Eine Abbildung des Interviewleitfadens ist im Anhang zu finden. Da mit Hilfe des Elterninterviews lediglich zusätzliche Informationen zur Ergänzung der mit den anderen Instrumenten erhobenen Daten gewonnen werden sollten, wurde bei der Konstruktion auf eine vorangehende Überprüfung der einzelnen Fragen verzichtet. Das Elterninterview wurde jeweils zu Beginn der zweiten Behandlungsphase mit einem Elternteil durchgeführt.

6.3 Auswertung und Analyse der Daten

Im folgenden wird die Auswertung und die Aufbereitung der mit den verschiedenen Instrumenten erhaltenen Daten für die anschließende statistische Analyse beschrieben. Anschließend werden die verwendeten deskriptiven und inferenzstatistischen Verfahren erläutert. Die Videoanalyse wurde von der Autorin und den beiden Psychologie-Studentinnen im Rahmen ihrer Diplomarbeit durchgeführt. Die ESCS, das Musiktherapie-Profil und das Elteninterview wurden von der Autorin ausgewertet.

6.3.1 Durchführung der Videoanalyse

Das Kategoriensystem für Musiktherapie *KAMUTHE* wurde übertragen auf das von Mangold (1992) unter Mitarbeit von Thiel entwickelte computerisierte Video-Auswertungsprogramm INTERACT® in der Version 6.0, das eine automatische Bild-zu-Bild-Bearbeitung ermöglicht. Mittels eines Verschlüsselungssystems wurde der Zeitpunkt der jeweiligen Sitzung im Verlauf der beiden Behandlungsphasen unkenntlich gemacht, um mögliche Beobachtungserwartungseffekte bei der Kodierung zu verhindern. Die mit *time code* versehenen Kopien der Videobänder wurden unter Verwendung des Kategoriensystems *KAMUTHE* kodiert. Anschließend wurden die kodierten Videoausschnitte in Form von chronologischen Ereignislisten gespeichert und zur weiteren statistischen Bearbeitung in das Statistikprogramm SPSS® 8.0 exportiert.

Aus ökonomischen Gründen konnte nicht das komplette Videomaterial ausgewertet werden, da der zeitliche Aufwand hierfür extrem hoch ist. Für die Kodierung von einer Minute Videomaterial wurden insgesamt etwa 30 Minuten benötigt. Es wurden daher – orientiert an den formulierten Hypothesen – jeweils die ersten fünf und die letzten fünf Minuten einer Sitzung kodiert. Auf diese Weise wurden von jedem Kind 20 Sequenzen (jeweils die ersten und die letzten fünf Minuten von insgesamt zehn Sitzungen) bearbeitet mit insgesamt 100 Minuten kodiertem Videomaterial. Damit umfaßt das Datenmaterial für alle Kinder 240 Sequenzen mit insgesamt 1200 Minuten kodiertem Videomaterial. Von den kodierten Ereignissen aller untersuchten Variablen wurden für alle 240 Sitzungsausschnitte mit Hilfe eines von Wurmser (1999) entwickelten Computerprogramms deskriptive Parameter wie Häufigkeiten, absolute Dauer und mittlere Dauer berechnet.

6.3.2 Auswertung der ESCS

Bei der Auswertung der Videoaufzeichnungen von den Spielsituationen und von den Interaktionen des Kindes mit den Eltern wurde das Auftreten nonverbaler und verbaler Verhaltensweisen beobachtet und in den jeweiligen Skalen *Gemeinsame Aufmerksamkeitsausrichtung, Initiierung gemeinsamer Aufmerksamkeitsausrichtung, Initiative zur Verhaltenslenkung* und *Reaktion auf Verhaltenslenkung* registriert. Für jede der vier Skalen wurde, basierend auf dem jeweils höchsten erreichten Item einer Skala, ein sogenannter *criterion level score* bestimmt und daraus durch Mittelung der Gesamtwert gebildet. In der Folge wurden die durchschnittlichen Niveaus für die verschiedenen pragmatischen Funktionen *Aufmerksamkeitsausrichtung* und *Verhaltenslenkung* ebenso wie die durchschnittlichen Niveaus von *reagierenden* und *initiierenden* Fertigkeiten bestimmt. Zur besseren Unterscheidung wurden die Niveaus für die weitere Analyse mit jeweils einer Ziffer versehen. Dabei entspricht Niveau 1 der *1*, Niveau 2a der *2*, Niveau 2b der *3*, Niveau 3 der *4* und Niveau 4 der *5*. Abbildungen der ESCS-Auswertebögen finden sich im Anhang.

6.3.3 Auswertung des Musiktherapie-Profils

Die auf dem Musiktherapie-Profil markierten Ausprägungen der 20 Itempaare wurden für die weitere statistische Analyse zunächst von den ursprünglichen Skalenwerten von -3 bis +3 in Werte von 1 bis 7 transformiert. Danach wurden die so erhaltenen Werte in eine Datenmatrix eingetragen, in der die Ausprägungen aller Item-Paare der vier Bereiche *Aktivität/Aufmerksamkeit, Kontakt/Beziehung, Emotion/Entspannung* und *Ausdruck/Musikalische Aktivität* über alle 10 musiktherapeutischen Sitzungen hinweg erfaßt werden. Für eine inhaltliche Analyse der allgemeinen Bewertung der Musiktherapeutinnen und ihrer Einschätzungen zu

Atmosphäre und erlebter Anstrengung wurden jeweils individuell für jedes Kind die Kommentare der Musiktherapeutinnen für den gesamten Behandlungsverlauf zusammengestellt. Darüber hinaus wurden die von den Musiktherapeutinnen verwendeten Begriffe mit Hilfe der *Grounded Theory*-Technik des *offenen* und *diskriminierenden Samplings* (Strauss & Corbin, 1996) analysiert und die gefundenen semantischen Felder verschiedenen Themenbereichen zugeordnet.

6.3.4 Auswertung des Elterninterviews

Bei der Auswertung des Elterninterviews wurde für jedes Kind getrennt nach den fünf Themenbereichen eine Zusammenstellung der Elternangaben gemacht: Ausmaß der Beschäftigung mit dem Kind zuhause – Musikalische Aktivitäten im Alltag – Reaktion des Kindes auf die musiktherapeutische Behandlung – Beobachtete Veränderungen im Verhalten und in den kommunikativen Ausdrucksmöglichkeiten des Kindes – Zusätzliche therapeutische Förderungen des Kindes zuhause.

6.3.5 Datenanalyse

Für die ESCS, die Videoanalyse und das Rating des Musiktherapie-Profils wurde zunächst eine desriptive Datenanalyse durchgeführt und anschließend Unterschiede im Verlauf auf statistische Signifikanz überprüft. Anhand der bereits beschriebenen Validierungsstudien (Seibert, Hogan & Mundy, 1984b) ist für die ESCS Ordinalskalenniveau demonstriert worden. In der Anwendung des Musiktherapie-Profils wird das Ausmaß verschiedener Verhaltensaspekte abgeschätzt und auf einer Schätzskala abgetragen, so daß eine quantifizierte qualitative Einschätzung erhalten wird. Es ist davon auszugehen, daß über dieses Rating-Verfahren eindrucksmäßig eine Quantifizierung von Verhaltensausprägungen erreicht wird, die durch die polar inhaltlich bestimmten und gleichabständigen Skalenwerte zu intervallskalierten Daten führt. Da die kodierten Ereignisse für alle Kategorien der Videoanalyse mit Hilfe des Programms von Wurmser (1999) bereits transformiert sind in Häufigkeiten, absolute und mittlere Dauer pro 5-Minuten-Ausschnitt, liegt für diese Daten ebenfalls ein intervallskaliertes Niveau vor. Die Analyse zu den statistischen Kennwerten und die Signifikanzprüfungen wurden mit dem Statistikprogramm SPSS® 8.0 durchgeführt.

Mit dem Vorzeichenrangtest von Wilcoxon wurde ein nonparametrisches Verfahren gewählt, da aufgrund der kleinen Stichprobengröße von n = 12, und insbesondere bei der Analyse der Subgruppen mit Stichprobengrößen von n = 5, n = 4 und n = 3 Kindern, nicht für alle abhängigen Variablen normalverteilte Werte gegeben sind. Für die Überprüfung der ESCS-Werte wurde aufgrund der ordinalskalierten Datenstruktur und fraglicher Normalverteilung ebenfalls der Vorzeichenrangtest von Wilcoxon gewählt. Im Hinblick auf die gerichtet formulierten Hypothesen wurde einseitig getestet. Das Signifikanzniveau wurde auf $p < 0.05$ gesetzt. Dies ist bei der vorliegenden Fragestellung, die bei Annahme von H1 weitere Untersuchungen in dieser Frage anregen will, ein sinnvolles Niveau (Lienert, 1986). Das Risiko von 5% für einen Fehler erster Art scheint gerechtfertigt, da auf diese Weise das Risiko für einen Fehler zweiter Art verringert wird und so bestehende Veränderungen in der untersuchten Stichprobe eine gute Chance haben, entdeckt zu werden. Da an der untersuchten Stichprobe mehrere Signifikanzuntersuchungen durchgeführt wurden, hätte eigentlich eine α-Fehler-Adjustierung mittels der Bonferroni-Korrektur durchgeführt werden müssen, um die Möglichkeit zufällig signifikanter Ergebnisse zu verringern. Allerdings hätte dies wiederum eine Erhöhung des β-Fehlers zur Folge gehabt, so daß sich die Wahrscheinlichkeit verringert hätte, tatsächliche Veränderungen in der Stichprobe zu entdecken. Es würde dann fälschlicherweise die Nullhypothese angenommen, obwohl die Alternativhypothese zutrifft.

6.4 Untersuchungsdesign

Die klinische Studie wurde in der musiktherapeutischen Abteilung am Kinderzentrum München in der Zeit von Oktober 1997 bis Februar 1999 durchgeführt. Das Design der Studie war eine intensiv-therapeutische Interventionsstudie mit zwei Behandlungsphasen und einer dazwischenliegenden Behandlungspause. Dies entspricht dem bestehenden klinischen Setting des Kinderzentrums, bei dem die Familien nach dem ersten stationären Aufenthalt zu einem zweiten, gelegentlich auch zu einem dritten Aufenthalt nach jeweils drei bis vier Monaten Pause kommen. Die Kinder erhielten in den beiden Behandlungsphasen tägliche musiktherapeutische Sitzungen. Die Musiktherapiesitzungen dauerten jeweils etwa 30 Minuten und wurden alle mit Videobändern aufgezeichnet. Jeweils unmittelbar im Anschluß an eine musiktherapeutische Sitzung wurde von der Musiktherapeutin das Musiktherapie-Profil zur Einschätzung der Interaktion und Kommunikation ausgefüllt. Die Eltern wurden angewiesen, während der drei- bis viermonatigen Behandlungspause keine musiktherapeutischen Aktivitäten mit dem Kind durchzuführen.

Jeweils zu Beginn und am Ende der Behandlungsphasen wurden Elterninterviews und psychologische Tests zur Einschätzung der kommunikativen Fähigkeiten der Kinder durchgeführt. Darüber hinaus wurde zu Beginn der zweiten Behandlungsphase ein halbstrukturiertes Elterninterview zu musikalischen Aktivitäten und kommunikativen Verhaltensweisen im Alltag durchgeführt. Psychologische Testungen und Elterninterviews wurden für die spätere Auswertung ebenfalls mit Videobändern aufgezeichnet. Abbildung 4 gibt einen Überlick über den Studienablauf.

Erste musiktherapeutische Behandlungsphase

Kommunikationsdiagnostik	Musiktherapeutische Behandlung	Einschätzung der Musiktherapeutin
ESCS-Test 1 ESCS- (Video) Elterninterview1	1. Sitzung (Video)	1. Musiktherapie-Profil
	2. Sitzung (Video)	2. Musiktherapie-Profil
	3. Sitzung (Video)	3. Musiktherapie-Profil
	4. Sitzung (Video)	4. Musiktherapie-Profil
ESCS-Test 2 (Video)	5. Sitzung (Video)	5. Musiktherapie-Profil

---

Pausenintervall von 3-4 Monaten

Elterninterview

Zweite musiktherapeutische Behandlungsphase

Kommunikationsdiagnostik	Musiktherapeutische Behandlung	Einschätzung der Musiktherapeutin
ESCS-Test 3 (Video)	6. Sitzung (Video)	6. Musiktherapie-Profil
	7. Sitzung (Video)	7. Musiktherapie-Profil
	8. Sitzung (Video)	8. Musiktherapie-Profil
	9. Sitzung (Video)	9. Musiktherapie-Profil
ESCS-Test 4 ESCS- (Video) Elterninterview2	10. Sitzung (Video)	10. Musiktherapie-Profil

Abbildung 4:   Ablauf der Studie

Die musiktherapeutischen Sitzungen fanden in den zwei Behandlungsräumen der musiktherapeutischen Abteilung statt. Beide Räume sind etwa gleich groß und mit der gleichen Art und Anzahl an Musikinstrumenten ausgestattet. Diese umfassen neben dem Orff-Instrumentarium – mit Trommeln, Stabspielen und kleineren Perkussionsinstrumenten – Klavier, Orgel, Gitarre, Harfe, Holzschlitztrommel, Röhrenglockenspiel, Flöten, Gong, Monochord und Leier. Die Instrumente sind zusammen mit einigen Spielgegenständen wie Ketten, Bällen und Tüchern jeweils an den Seiten der Räume aufgebaut und können von den Kindern ausgewählt werden. Einer der beiden Räume ist mit einem großen Einwegspiegel ausgestattet, so daß die Eltern den Sitzungsverlauf beobachten können, ohne das Kind durch ihre Anwesenheit im Raum abzulenken.

Die einzelnen Sitzungen dauern etwa 30 Minuten und beginnen immer mit einem von allen drei Musiktherapeutinnen gleich gesungenen Begrüßungslied. Danach wird dem Kind entweder ein vorbereitetes Instrument angeboten oder es wird aufgefordert, sich selbst aus den umstehenden Instrumenten eines auszusuchen. Im Verlauf der Sitzung werden weitere Instrumente gespielt sowie Bewegungs-spiele und Tanzlieder zwischen den instrumentalen Spielsequenzen eingefügt. Die Dauer der einzelnen Sequenzen, die Art der verwendeten Instrumente und die Muster im Wechsel von instrumentalen Aktivitäten und Bewegungsaktivitäten werden in den Sitzungsverlaufsprotokollen festgehalten. Wie zu Beginn der Sit-zungen wird auch am Ende von allen drei Musiktherapeutinnen ein gleichartiges Abschiedslied gesungen.

Bei den meisten der untersuchten Kinder war die Mutter oder der Vater in der musiktherapeutischen Sitzung anwesend, sei es um das Kind motorisch zu unter-stützen, sei es als emotionale Rückversicherung, insbesondere bei den jüngeren Kindern. Anwesend war ferner die Autorin bzw. Praktikantinnen, die die Kame-raführung übernahmen. Keine der drei behandelnden Musiktherapeutinnen, die alle mit einer musiktherapeutischen Berufspraxis zwischen 7 und 14 Jahren sehr erfahren sind, war über die Fragestellung der durchgeführten Studie informiert.

7 Ergebnisse

Das folgende Kapitel präsentiert die Ergebnisse der klinischen Studie. Dabei wird in der Reihenfolge der formulierten Hypothesen zunächst anhand der mit den ESCS festgestellten Werten der Entwicklungsverlauf im sozial-kommunikativen Verhalten des Kindes dargestellt. Daran anschließend werden die Ergebnisse der Videoanalysen musiktherapeutischer Sitzungen beschrieben. Beginnend mit der Aufmerksamkeitsausrichtung des Kindes folgen die vom Kind produzierten kommunikativen Beiträge und die intentional kommunikativ bezugnehmenden Beiträge des Kindes.

Exemplarisch wird an zwei Einzelfallanalysen die kontingente kommunikative Reaktion des Kindes auf die Musiktherapeutin anhand der kontingenten Aufmerksamkeitsausrichtung des Kindes und anhand der kontingenten kommunikativen Beiträge des Kindes gezeigt. An einer weiteren Einzelfallanalyse wird die dialogische Abstimmung anhand des reziproken Abwechselns im gemeinsamen Spiel am Instrument dargestellt.

Im Anschluß werden die Ergebnisse zum Ausdrucksverhalten des Kindes anhand der Einschätzung der Musiktherapeutinnen im Musiktherapie-Profil und in der qualitativen Beurteilung dargestellt. Zum Schluß wird anhand der Aussagen der Eltern im Interview zu Beginn der zweiten Behandlungsphase beschrieben, wie aus elterlicher Sicht die Auswirkungen der musiktherapeutischen Behandlung eingeschätzt wurden und welche Verhaltensänderungen die Eltern im Alltag ihres Kindes beobachten konnten.

7.1 Präverbale kommunikative Fähigkeiten

Die Early Social Communication Scales – ESCS erfassen den sozial-kommunikativen Entwicklungsstand des Kindes und dienen in der vorliegenden Untersuchung dazu, Veränderungen in den kommunikativen Fertigkeiten während der einzelnen Behandlungsphasen wie auch über den gesamten Therapieverlauf hinweg zu beschreiben. Im folgenden werden die Ergebnisse der vier ESCS-Testungen jeweils zu Beginn und am Ende der einzelnen Behandlungsphasen sowie die Ergebnisse der beiden ESCS-Elterninterviews zu Beginn und am Ende der gesamten Behandlung beschrieben. Es werden die Ergebnisse der Gesamtstichprobe und die Ergebnisse der Subgruppenanalyse anhand des durchschnittlichen Gesamtscores (criterion level score) dargestellt.

Dieser Score wird durch Mittelung der jeweils höchsten Werte der Skala *Gemeinsame Aufmerksamkeitsausrichtung* und der Skala *Initiieren von gemeinsamer Aufmerksamkeitsausrichtung* sowie der Skala *Verhaltenslenkung* und der Skala *Initiieren von Verhaltenslenkung* bestimmt. Darüber hinaus werden zur weiteren Differenzierung die Werte der beiden Funktionen *Gemeinsame Aufmerksamkeitsausrichtung* und *Verhaltenslenkung* sowie die Werte der beiden Dimensionen *initiierende kommunikative Verhaltensweisen* und *reagierende kommunikative Verhaltensweisen* dargestellt. Bei allen Abbildungen sind jeweils die Median-Werte angegeben.

7.1.1 ESCS-Gesamt-Wert

Der durchschnittliche ESCS-Test-Gesamtscore erhöht sich in der Gesamtstichprobe im Verlauf der ersten Behandlungsphase signifikant von einem durchschnittlichen Anfangswert von 2,50 zu einem durchschnittlichen Wert von 2,75 am Ende der ersten Behandlungsphase ($p < 0.05$). In der zweiten Behandlungsphase erhöht sich der Wert ebenfalls signifikant von anfangs durchschnittlich 3,00 auf einen durchschnittlichen Wert von 3,13 am Ende der zweiten Behandlungsphase ($p < 0.05$). Im Verlauf der gesamten Behandlung erhöht sich der durchschnittliche ESCS-Test-Gesamtscore signifikant von 2,50 zu Beginn auf 3,13 am Ende ($p < 0.001$). Der durchschnittliche ESCS-Elterninterview-Gesamtscore erhöht sich im Verlauf der gesamten Behandlung ebenfalls signifikant von durchschnittlich 3,00 zu Beginn auf durchschnittlich 3,25 am Ende ($p < 0.01$). Abbildung 5 zeigt den Verlauf der ESCS-Gesamt-Werte, die in den Testungen erhoben worden sind.

Eine Differenzierung der drei Subgruppen zeigt deutliche Unterschiede im Niveau kommunikativer Fertigkeiten. Abbildung 6 zeigt die ESCS-Gesamt-Werte der Testungen für die drei Subgruppen im Überblick.

Die ESCS-Werte der beiden Elterninterviews liegen mit durchschnittlich 3,00 zu Beginn der Behandlung und durchschnittlich 3,25 am Ende der Behandlung zu beiden Erhebungszeitpunkten etwas höher als die ESCS-Testwerte mit den entsprechenden Werten von 2,50 am Beginn der ersten Behandlungsphase und 3,13 am Ende der zweiten Behandlungsphase. Ein Vergleich von ESCS-Scores des ersten Elterninterviews (vor der ersten Behandlungsphase) mit ESCS-Scores der ersten psychologischen Testung (vor der ersten Behandlungsphase) ergibt signifikante Unterschiede für die Werte vor der ersten Behandlungsphase im Gesamtwert ($p < 0.05$), im Wert der Funktion *Verhaltenslenkung* ($p < 0.05$) und im Wert der Dimension *initiierend* ($p < 0.05$). Abbildung 7 zeigt einen Vergleich der ESCS-Gesamt-Werte aus den Elterninterviews und aus den psychologischen Testungen für die Gesamtstichprobe.

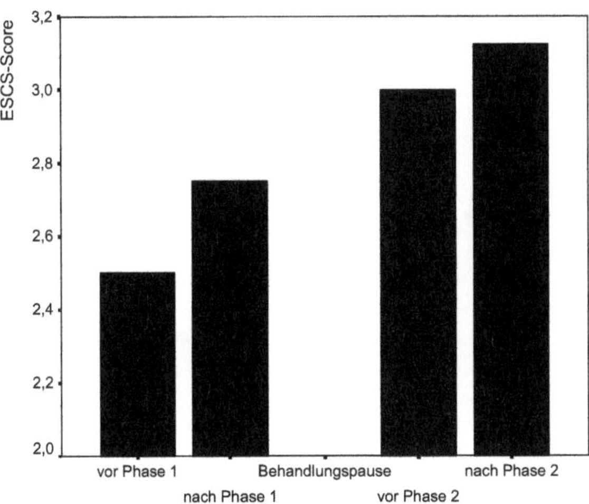

Abbildung 5: ESCS-Gesamt-Werte (Mediane der Testungen) im Verlauf der beiden Behandlungsphasen – Darstellung der Gesamtstichprobe

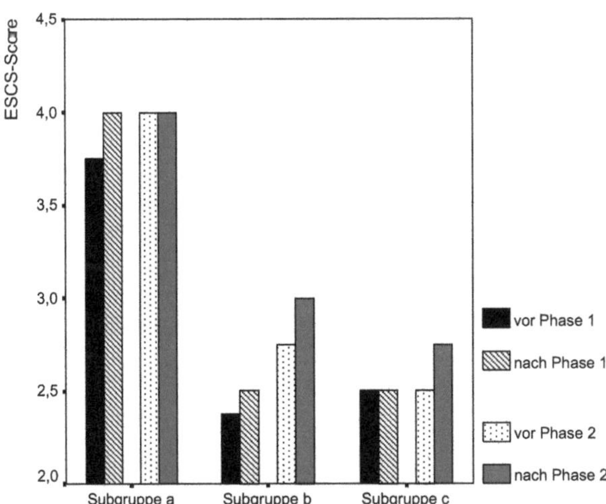

Abbildung 6: ESCS-Gesamt-Werte (Mediane der Testungen) im Verlauf der beiden Behandlungsphasen – Darstellung der drei Subgruppen im Vergleich

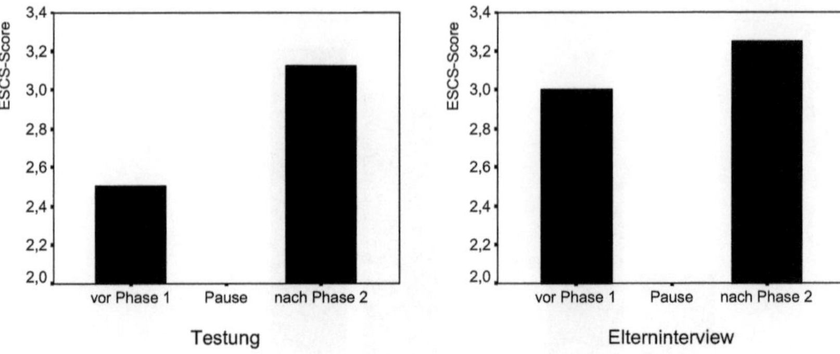

Abbildung 7:   Vergleich der ESCS-Gesamt-Werte – Mediane der Testungen und Mediane
der Elterninterviews im Verlauf der beiden Behandlungsphasen – Darstellung
der Gesamtstichprobe

Die Veränderungen in den ESCS-Gesamt-Werten für die drei Subgruppen im
Vergleich von Elterninterview und psychologischer Testung zeigt Abbildung 8.

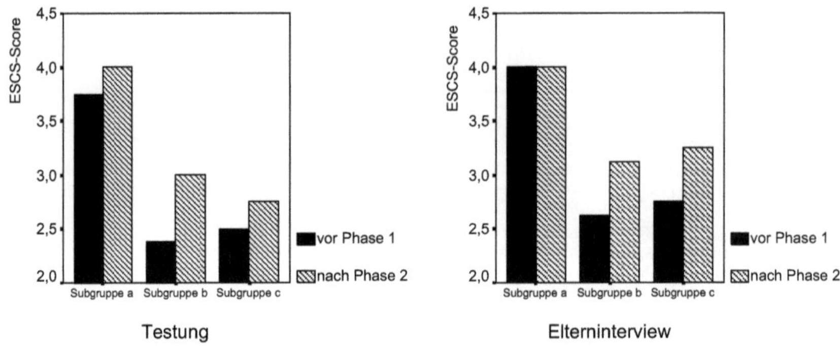

Abbildung 8:   Vergleich der ESCS-Gesamt-Werte – Mediane der Testungen und Mediane
der Elterninterviews im Verlauf der beiden Behandlungsphasen – Darstellung
der drei Subgruppen im Vergleich

Es lassen sich sowohl innerhalb der beiden Behandlungsphasen (psychologische
Testungen) als auch im Verlauf der gesamten musiktherapeutischen Behandlung
(psychologische Testungen und Elterninterview) signifikante Zunahmen in den
ESCS-Gesamtwerten beobachten. Tabelle 6 zeigt die statistisch signifikanten
Veränderungen von Einzel-Phasenverlauf und Gesamtphasenverlauf sowohl für
die ESCS-Testungen wie auch für das ESCS-Elterninterview.

Tabelle 6: Übersicht zu den statistisch signifikanten Veränderungen [a] der ESCS-Gesamtwerte im Einzelphasen- und Gesamtbehandlungsverlauf

	Einzel-Phasenverlauf		Gesamt-Behandlungsverlauf
Art der Datenerhebung	ESCS – Testungen		ESCS – Interview
Zeitpunkt d. Datenerhebung	1. Phase	2. Phase	Gesamtverlauf	Gesamtverlauf
Gesamt-Wert	*	*	***	**

Anmerkung:
[a] Vorzeichenrangtest von Wilcoxon; * = $p < 0.05$ (einseitiger Signifikanztest); ** = $p < 0.01$ (einseitiger Signifikanztest); *** = $p < 0.001$ (einseitiger Signifikanztest)

Um einen Anhaltspunkt für die individuelle Variabilität der ESCS-Gesamtwerte zu erhalten, werden in Abbildung 9 die Veränderungen der individuellen Verläufe von der ersten psychologischen Testung vor der ersten musiktherapeutischen Behandlungsphase zur letzten psychologischen Testung nach der zweiten musiktherapeutischen Behandlungsphase sowie vom Elterninterview zu Beginn und am Ende der musiktherapeutischen Behandlung dargestellt.

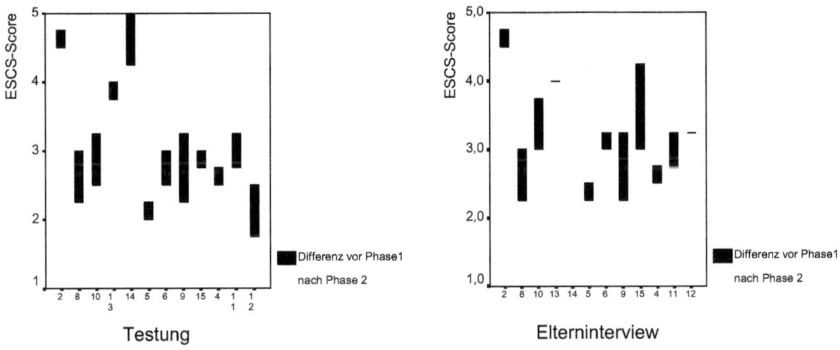

Abbildung 9: Vergleich der Differenzen in den ESCS-Gesamt-Werten der psychologischen Testungen und der Elterninterviews im Verlauf der beiden Behandlungsphasen – Darstellung der Einzelfälle (nach Subgruppen-Zugehörigkeit geordnet)

7.1.2 ESCS-Funktionen *Aufmerksamkeitsausrichtung* und *Verhaltenslenkung*

Die ESCS ermöglichen neben der Berechung eines Gesamtscores eine weitergehende Differenzierung hinsichtlich der kommunikativen Funktionen der *Aufmerksamkeitsausrichtung* und der *Verhaltenslenkung* sowie hinsichtlich der beiden Dimensionen *initiierende* kommunikative Verhaltensweisen und *reagierende* kommunikative Verhaltensweisen des Kindes. Der Score für die Funktion *Aufmerksamkeitsausrichtung* setzt sich zusammen aus den Werten der Skala *Gemeinsame Aufmerksamkeitsausrichtung* und der Skala *Initiieren von gemeinsamer Aufmerksamkeitsausrichtung*. Die daraus resultierenden Werte beschreiben die Fähigkeit des Kindes sowohl initiierend wie reagierend einen gemeinsamen Aufmerksamkeitsfokus mit einer anderen Person zu etablieren und aufrecht-zuerhalten. Innerhalb der beiden Behandlungsphasen bleiben die durchschnittlichen Werte von jeweils 2,50 bzw. 3,00 gleich. Im Gesamtverlauf der musiktherapeutischen Behandlung zeigt sich eine signifikante Zunahme von durchschnittlich 2,50 zu Beginn auf durchschnittlich 3,00 am Ende (p < 0.05). Die Werte des Elterninterviews erhöhen sich signifikant von durchschnittlich 3,00 zu Beginn auf durchschnittlich 3,25 am Ende der gesamten Behandlung (p < 0.05). Abbildung 10 zeigt die Werte für die Gesamtstichprobe.

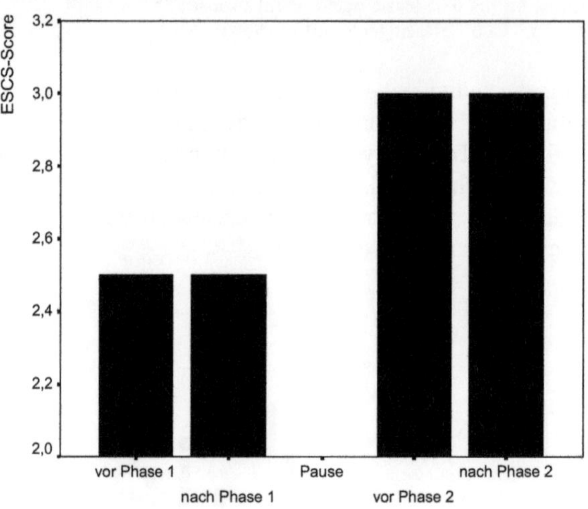

Abbildung 10: ESCS-Werte (Mediane der Testungen) zur *Aufmerksamkeitsausrichtung* – Darstellung der Gesamtstichprobe

Signifikante Zunahmen in den ESCS-Werten zur *Aufmerksamkeitsausrichtung* lassen sich somit im Verlauf der gesamten Behandlung beobachten (Testungen und Interviews). Tabelle 7 zeigt die statistischen Signifikanzen von Einzel-Phasenverlauf und Gesamtphasenverlauf sowohl für die ESCS-Testungen wie auch für das ESCS-Elterninterview.

Tabelle 7:   Übersicht zu den statistisch signifikanten Veränderungen [a] der ESCS-Werte zur *Aufmerksamkeitsausrichtung* im Einzelphasen- und Gesamtbehandlungsverlauf

	Einzel-Phasenverlauf		Gesamt- Behandlungsverlauf
Art der Datenerhebung	ESCS – Testungen		ESCS – Interview
Zeitpunkt d. Datenerhebung	1. Phase	2. Phase	Gesamtverlauf	Gesamtverlauf
Aufmerksamkeitsausrichtung	n.s.	n.s.	*	*

Anmerkung:
[a] Vorzeichenrangtest von Wilcoxon; n.s. = nicht signifikant; * = p < 0.05 (einseitiger Signifikanztest)

Um einen Anhaltspunkt für die individuelle Variabilität der ESCS-Werte zur *Aufmerksamkeitsausrichtung* zu erhalten, werden in Abbildung 11 die Veränderungen der individuellen Verläufe von der ersten psychologischen Testung vor der ersten musiktherapeutischen Behandlungsphase zur letzten psychologischen Testung nach der zweiten musiktherapeutischen Behandlungsphase sowie vom Elterninterview zu Beginn und am Ende der musiktherapeutischen Behandlung dargestellt.

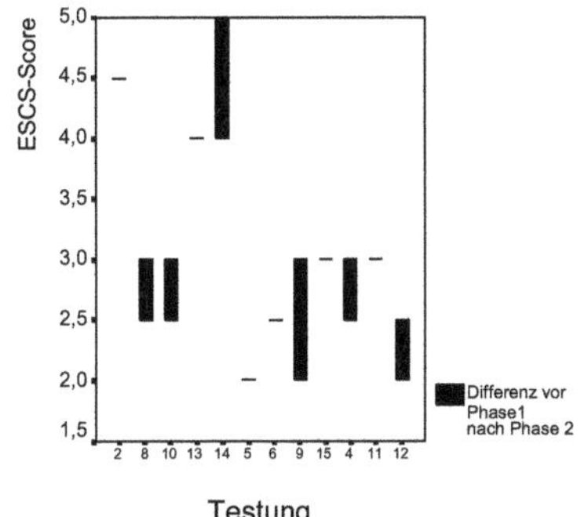

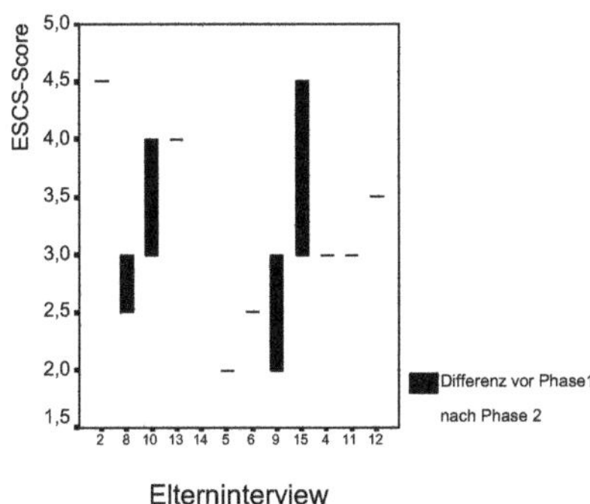

Abbildung 11: Vergleich der Differenzen in den ESCS Werten zur *Aufmerksamkeitsausrichtung* der psychologischen Testungen und der Elterninterviews im Verlauf der beiden Behandlungsphasen – Darstellung der Einzelfälle (nach Subgruppen-Zugehörigkeit geordnet)

Der Score für die Funktion *Verhaltenslenkung* setzt sich zusammen aus den Werten der Skala *Reaktion auf Verhaltenslenkung* und der Skala *Initiieren von Verhaltenslenkung*. Die daraus resultierenden Werte beschreiben die Fähigkeit des Kindes initiierend das Verhalten einer anderen Person zu lenken, sowie reagierend verhaltenslenkende Aufforderungen einer anderen Person zu verstehen und umzusetzen.

Im Vergleich zur Funktion der *Aufmerksamkeitsausrichtung* zeigen sich hier deutlichere Veränderungen im Verlauf der musiktherapeutischen Behandlung. Während der ersten Therapiephase erhöht sich der durchschnittliche Wert signifikant von 2,50 zu Beginn auf 2,75 am Ende (p < 0.05). Im Verlauf der zweiten Behandlungsphase erhöht sich der durchschnittliche Wert ebenfalls signifikant von 3,00 zu Beginn auf 3,50 am Ende (p < 0.05). Im Vergleich von Anfang und Ende der gesamten Behandlung läßt sich eine deutlich signifikante Zunahme von durchschnittlich 2,50 zu Beginn auf durchschnittlich 3,50 am Ende beobachten (p < 0.001). Im Elterninterview zeigt sich ebenfalls eine signifikante Erhöhung des durchschnittlichen ESCS-Wertes von 3,00 am Beginn der Behandlung zu 3,50 am

Ende der Behandlung (p < 0.01). Abbildung 12 zeigt die Werte der *Verhaltenslenkung* für die Gesamtstichprobe.

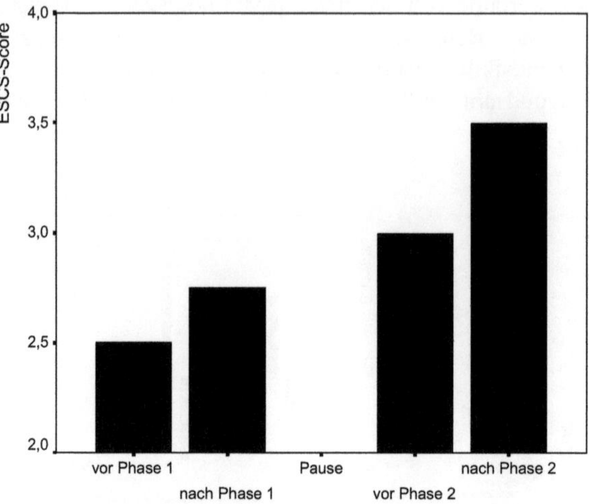

Abbildung 12: ESCS-Werte (Mediane der Testungen) zur *Verhaltenslenkung* – Darstellung der Gesamtstichprobe

Tabelle 8 zeigt die statistischen Signifikanzen der Werte zur Funktion *Verhaltenslenkung* von Einzel-Phasenverlauf und Gesamtphasenverlauf sowohl für die ESCS-Testungen wie auch für das ESCS-Elterninterview.

Tabelle 8: Übersicht zu den statistisch signifikanten Veränderungen [a] der ESCS-Werte zur *Verhaltenslenkung* im Einzelphasen- und Gesamtbehandlungsverlauf

	Einzel-Phasenverlauf		Gesamt- Behandlungsverlauf
Art der Datenerhebung	ESCS – Testungen		ESCS – Interview
Zeitpunkt d. Datenerhebung	1. Phase	2. Phase	Gesamtverlauf	Gesamtverlauf
Verhaltenslenkung	*	*	***	**

Anmerkung:
[a] Vorzeichenrangtest von Wilcoxon; * = $p < 0.05$ (einseitiger Signifikanztest); ** = $p < 0.01$ (einseitiger Signifikanztest); *** = $p < 0.001$ (einseitiger Signifikanztest)

Um einen Anhaltspunkt für die individuelle Variabilität der ESCS-Werte zur *Verhaltenslenkung* zu erhalten, werden in Abbildung 13 die Veränderungen der individuellen Verläufe von der ersten psychologischen Testung vor der ersten musiktherapeutischen Behandlungsphase zur letzten psychologischen Testung nach der zweiten musiktherapeutischen Behandlungsphase sowie vom Elterninterview zu Beginn und am Ende der musiktherapeutischen Behandlung dargestellt.

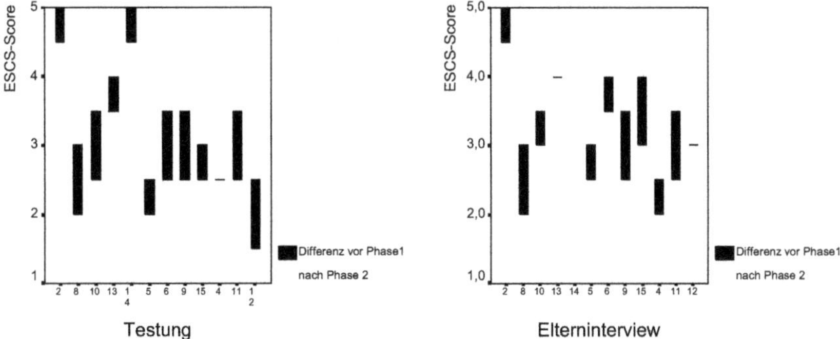

Abbildung 13: Vergleich der Differenzen in den ESCS-Werten zur *Verhaltenslenkung* der psychologischen Testungen und der Elterninterviews im Verlauf der beiden Behandlungsphasen – Darstellung der Einzelfälle (nach Subgruppen-Zugehörigkeit geordnet)

Ein Vergleich der in den psychologischen Testungen und in den Elterninterviews ermittelten Werte zu den ESCS-Funktionen *Aufmerksamkeitsausrichtung* und *Verhaltenslenkung* ist in Abbildung 14 dargestellt.

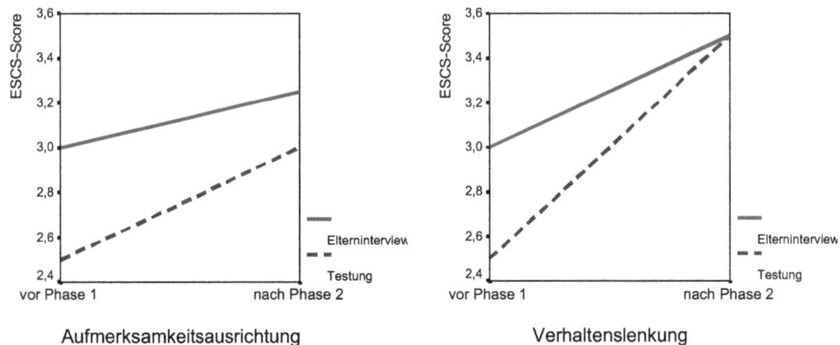

Abbildung 14: Vergleich der ESCS-Werte zu den Funktionen *Aufmerksamkeitsausrichtung* und *Verhaltenslenkung* in den Testungen und im Elterninterview – Darstellung der Gesamtstichprobe

Somit zeigen sich in der Funktion *Verhaltenslenkung* durchgängig signifikante Zunahmen der Werte sowohl während der beiden Behandlungsphasen als auch im Gesamtverlauf der musiktherapeutischen Behandlung.

7.1.3 ESCS-Dimensionen *initiierendes* und *reagierendes* Verhalten

Die Dimensionen der ESCS unterscheiden zwischen initiierendem und reagieren-
dem kommunikativen Verhalten des Kindes. Der Score für die Dimension
initiierend setzt sich zusammen aus den Werten der Skala *Initiieren von gemeinsamer Aufmerksamkeitsausrichtung* und der Skala *Initiieren von Verhaltenslenkung.* Die daraus resultierenden Werte beschreiben die Fähigkeit des Kindes,
initiierend die Aufmerksamkeitsausrichtung und das Verhalten einer anderen
Person zu lenken. Es finden sich hier signifikante Zunahmen während der ersten
Behandlungsphase von durchschnittlich 2,00 zu Beginn auf durchschnittlich 2,25
am Ende (p < 0.05). Während der zweiten Behandlungsphase bleibt der Wert mit
durchschnittlich 2,50 gleich. Für den Gesamtverlauf der musiktherapeutischen
Behandlung läßt sich damit eine signifikante Zunahme von durchschnittlich 2,00
zu Beginn auf 2,50 am Ende beobachten (p < 0.01). Im Gesamtverlauf der
Behandlung verändern sich die Werte im Elterninterview signifikant von durchschnittlich 2,25 zu Beginn der Behandlung auf durchschnittlich 2,50 am Ende der
Behandlung (p < 0.05). Abbildung 15 zeigt die Werte für die Gesamtstichprobe.

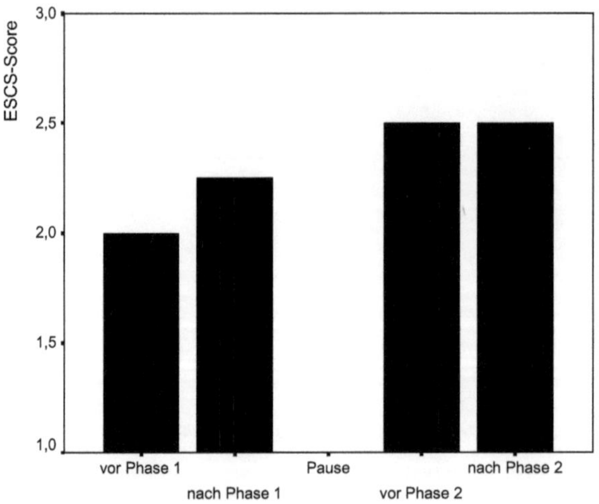

Abbildung 15: ESCS-Werte (Mediane der Testungen) zum *initiierenden*
kommunikativen Verhalten – Darstellung der Gesamtstichprobe

Damit zeigen sich in der Dimension *initiierendes* kommunikatives Verhalten
signifikante Zunahmen während der ersten Behandlungsphase. Im Gesamtverlauf
der musiktherapeutischen Behandlung lassen sich sowohl in den Testungen wie
im Elterninterview signifikante Zunahmen feststellen. Tabelle 9 zeigt die statisti-

schen Signifikanzen von Einzel-Phasenverlauf und Gesamtphasenverlauf, sowohl
für die ESCS-Testungen wie auch für das ESCS-Elterninterview.

Tabelle 9: Übersicht zu den statistisch signifikanten Veränderungen[a] der ESCS-Werte zum
            initiierenden kommunikativen Verhalten im Einzelphasen- und
            Gesamtbehandlungsverlauf

	Einzel-Phasenverlauf		**Gesamt- Behandlungsverlauf**
Art der Datenerhebung	ESCS – Testungen		ESCS – Interview
Zeitpunkt d. Datenerhebung	1. Phase	2. Phase	Gesamtverlauf	Gesamtverlauf
Initiierendes Verhalten	*	n.s.	**	*

Anmerkung:
[a] Vorzeichenrangtest von Wilcoxon; * = $p < 0.05$ (einseitiger Signifikanztest); ** = $p < 0.01$
(einseitiger Signifikanztest)

Um einen Anhaltspunkt für die individuelle Variabilität der ESCS-Werte zum
initiierenden kommunikativen Verhalten zu erhalten, werden in Abbildung 16
die Veränderungen der individuellen Verläufe von der ersten psychologischen
Testung vor der ersten musiktherapeutischen Behandlungsphase zur letzten
psychologischen Testung nach der zweiten musiktherapeutischen Behandlungsphase sowie vom Elterninterview zu Beginn und am Ende der musiktherapeutischen Behandlung dargestellt.

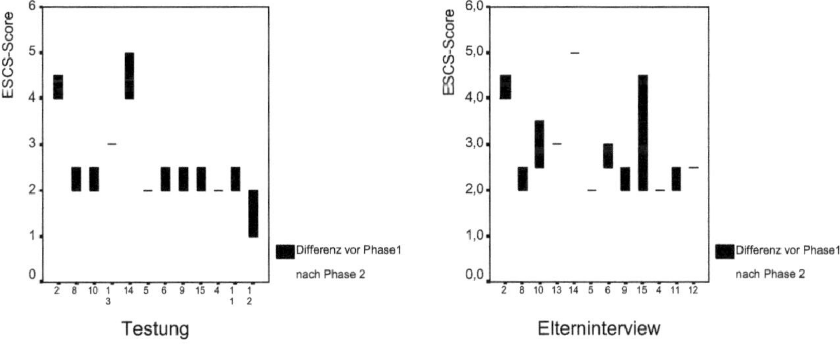

Anmerkung: Der Wert 6 existiert nicht; die Skala wurde zur Demonstration des Deckeneffektes
künstlich verlängert

Abbildung 16: Vergleich der Differenzen in den ESCS-Werten zum *initiierenden* kommunika-
            tiven Verhalten der psychologischen Testungen und der Elterninterviews im
            Verlauf der beiden Behandlungsphasen – Darstellung der Einzelfälle (nach
            Subgruppen-Zugehörigkeit geordnet)

Der Score für die Dimension *reagierend* setzt sich zusammen aus den Werten
der Skala *Gemeinsame Aufmerksamkeitsausrichtung* und der Skala *Reaktion auf
Verhaltenslenkung*. Die daraus resultierenden Werte beschreiben die Fähigkeit
des Kindes, mit seiner Aufmerksamkeitsausrichtung und seinem Verhalten auf

Aufforderungen einer anderen Person zu reagieren. Die hier beobachteten Werte zeigen eine signifikante Zunahme während der ersten Behandlungsphase von anfangs durchschnittlich 3,00 auf durchschnittlich 3,25 am Ende der ersten Phase ($p < 0.05$). In der zweiten Behandlungsphase läßt sich ebenfalls eine signifikante Zunahme beobachten von anfangs durchschnittlich 3,50 auf durchschnittlich 3,75 am Ende der zweiten Behandlungsphase ($p < 0.05$). Im Verlauf der gesamten musiktherapeutischen Behandlung erhöht sich damit der durchschnittliche Wert signifikant von 3,00 zu Beginn auf 3,75 am Ende ($p < 0.01$). Schließlich ist auch die Zunahme der durchschnittlichen Werte im Elterninterview von 3,50 am Beginn der Behandlung zu 4,00 am Ende der Behandlung signifikant ($p < 0.05$). Abbildung 17 zeigt die Werte für die Gesamtstichprobe.

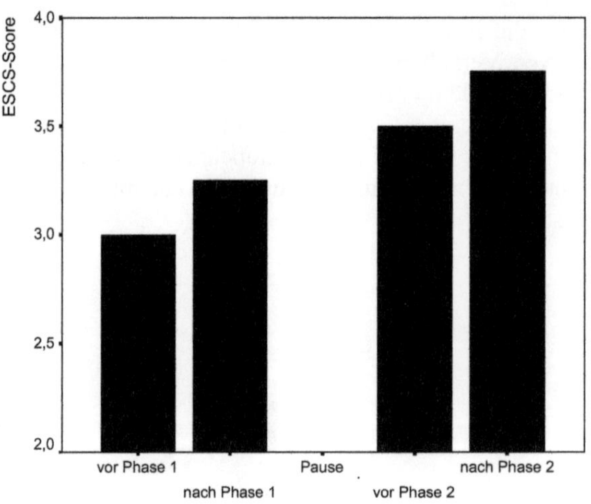

Abbildung 17: ESCS-Werte (Mediane der Testungen) zum *reagierenden* kommunikativen Verhalten – Darstellung der Gesamtstichprobe

Damit lassen sich in der Dimension *reagierende* kommunikative Beiträge des Kindes sowohl innerhalb der einzelnen Behandlungsphasen, als auch im Gesamtverlauf der musiktherapeutischen Behandlung (Testungen und Elterninterview) signifikante Zunahmen der durchschnittlichen ESCS-Werte feststellen. Tabelle 10 zeigt die statistischen Signifikanzen von Einzel-Phasenverlauf und Gesamtphasenverlauf sowohl für die ESCS-Testungen wie auch für das ESCS-Elterninterview.

Um einen Anhaltspunkt für die individuelle Variabilität der ESCS-Werte zum *initiierenden* kommunikativen Verhalten zu erhalten, werden in Abbildung 18 die Veränderungen der individuellen Verläufe von der ersten psychologischen Testung vor der ersten musiktherapeutischen Behandlungsphase zur letzten

psychologischen Testung nach der zweiten musiktherapeutischen Behandlungsphase sowie vom Elterninterview zu Beginn und am Ende der musiktherapeutischen Behandlung dargestellt.

Tabelle 10: Übersicht zu den statistisch signifikanten Veränderungen [a] der ESCS-Werte zum
reagierenden kommunikativen Verhalten im Einzelphasen- und
Gesamtbehandlungsverlauf

	Einzel-Phasenverlauf		**Gesamt- Behandlungsverlauf**
Art der Datenerhebung	ESCS – Testungen		ESCS – Interview
Zeitpunkt d. Datenerhebung	1. Phase	2. Phase	Gesamtverlauf	Gesamtverlauf
reagierendes Verhalten	*	*	**	*

Anmerkung:
[a] Vorzeichenrangtest von Wilcoxon; * = $p < 0.05$ (einseitiger Signifikanztest); ** = $p < 0.01$
(einseitiger Signifikanztest)

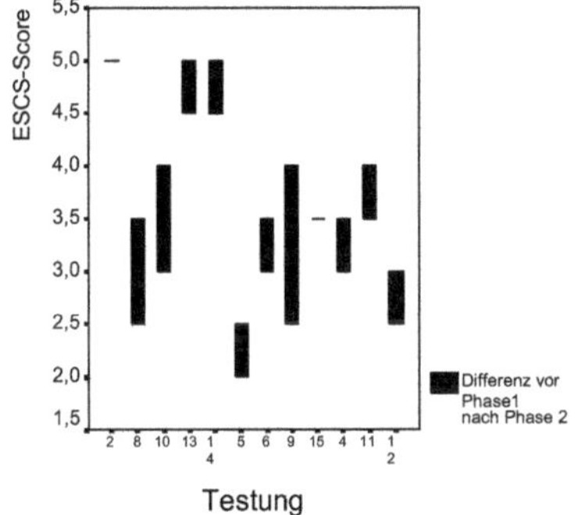

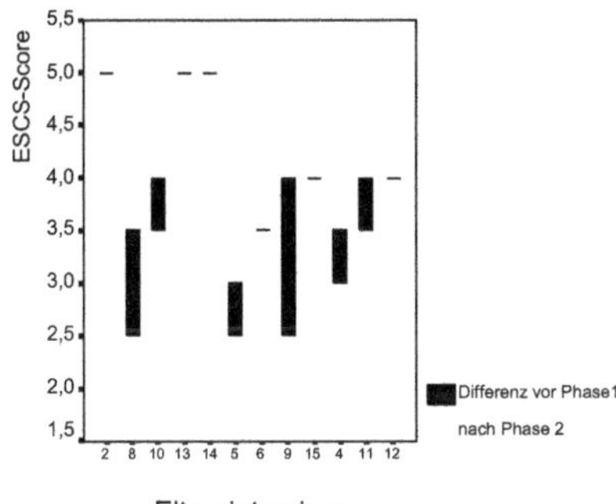

Anmerkung: Der Wert 5,5 existiert nicht; die Skala wurde zur Demonstration des Deckeneffektes
künstlich verlängert

Abbildung 18: Vergleich der Differenzen in den ESCS-Werten zum *reagierenden* kommunika-
tiven Verhalten der psychologischen Testungen und der Elterninterviews im
Verlauf der beiden Behandlungsphasen – Darstellung der Einzelfälle (nach
Subgruppen-Zugehörigkeit geordnet)

Ein Vergleich der in den psychologischen Testungen und in den
Elterninterviews ermittelten Werte zu den ESCS-Dimensionen *initiierendes und
reagierendes* kommunikatives Verhalten ist in Abbildung 19 dargestellt.

In der Dimension *reagierendes* kommunikatives Verhalten zeigen sich durchgängig signifikante Zunahmen der Werte sowohl während der beiden Behandlungsphasen wie auch im Gesamtverlauf der musiktherapeutischen Behandlung.

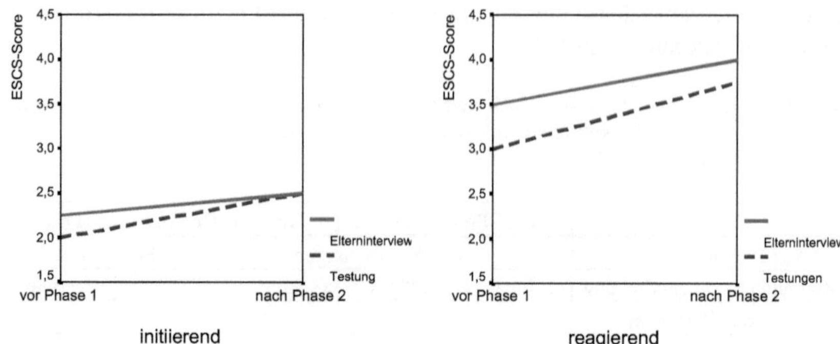

Abbildung 19:   Vergleich der ESCS-Werte zu den Dimensionen *initiierendes* und *reagierendes* kommunikatives Verhalten in den Testungen und im Elterninterview – Darstellung der Gesamtstichprobe

7.1.4 Zusammenfassung Präverbale kommunikative Fähigkeiten

Die Werte zur statistischen Signifikanzprüfung für den ESCS-Gesamtwert, für die beiden Funktionen *Aufmerksamkeitsausrichtung* und *Verhaltenslenkung* sowie für die beiden Dimensionen *initiierend* und *reagierend* werden in Tabelle 11 im Überblick gezeigt.

Tabelle 11: Übersicht zu den statistisch signifikanten Veränderungen [a] der ESCS-Gesamtwerte sowie der Funktionen und Dimensionen im Einzelphasen- und Gesamtbehandlungsverlauf

	Einzel-Phasenverlauf		**Gesamt- Behandlungsverlauf**	
Art der Datenerhebung	ESCS – Testungen			ESCS – Interview
Zeitpunkt d. Datenerhebung	1. Phase	2. Phase	Gesamtverlauf	Gesamtverlauf
Gesamt-Wert	*	*	***	**
Aufmerksamkeitsausrichtung	n.s.	n.s.	*	*
Verhaltenslenkung	*	*	***	**
initiierendes Verhalten	*	n.s.	**	*
reagierendes Verhalten	*	*	**	*

Anmerkung:
[a] Vorzeichenrangtest von Wilcoxon; n.s. = nicht signifikant; * = p < 0.05 (einseitiger Signifikanztest); ** = p < 0.01 (einseitiger Signifikanztest); *** = p < 0.001 (einseitiger Signifikanztest)

Anhand der gefundenen Ergebnisse kann die Hypothese zu Verbesserung präverbaler kommunikativer Fähigkeiten im Verlauf der musiktherapeutischen Behandlung gestützt werden. Es lassen sich sowohl im Verlauf der beiden einzelnen Behandlungsphasen als auch im Gesamtverlauf der musiktherapeutischen Behandlung signifikante Zunahmen im ESCS-Wert feststellen. Die signifikante Verbesserung präverbaler kommunikativer Fertigkeiten im Verlauf der musiktherapeutischen Behandlung manifestiert sich gleichermaßen in den Testungen wie im Elterninterview. Eine weitere Differenzierung zeigt das Ausmaß der Veränderung in den beiden Funktionen *Aufmerksamkeitsausrichtung* und *Verhaltenslenkung* sowie in den beiden Dimensionen *initiierendes* und *reagierendes* kommunikatives Verhalten. Dabei finden sich die deutlichsten Verbesserungen in der Funktion *Verhaltenslenkung* und in der Dimension *reagierendes* kommunikatives Verhalten.

7.2 Aufmerksamkeitsausrichtung

Die Aufmerksamkeitsausrichtung des Kindes wurde operationalisiert durch die Blickausrichtung des Kindes auf das jeweils aktuelle Geschehen. Dies umfaßt die Blickrichtung auf die Therapeutin (mit den Kodierungen *Blick2* zum Gesicht der Therapeutin und *Blick4* zum Rest der Therapeutin) und auf das Instrument (mit den Kodierungen *Blick1* zum Instrument und *Blick3* zum Gegenstand der Spielaktivität). Es werden jeweils die summierten durchschnittlichen Häufigkeiten, der summierte durchschnittliche prozentuale Anteil und die durchschnittliche mittlere Dauer der Aufmerksamkeitsausrichtung im Verlauf der musiktherapeutischen Behandlung beschrieben. Diese Parameter werden darüber hinaus weiter ausdifferenziert für die Blickausrichtung auf das Instrument (dies umfaßt die Kodierungen *Blick1* zum Instrument und *Blick3* zum Gegenstand der Aktivität) und auf die Therapeutin (dies umfaßt die Kodierungen *Blick2* zum Gesicht der Therapeutin und *Blick4* zum Rest der Therapeutin). Ergänzend wird die Blickausrichtung des Kindes weg von der Aktivität (dies umfaßt die Kodierungen *Blick5* zu Mutter/Vater und *Blick6* auf anderes) dargestellt. Alle angegebenen Daten beziehen sich jeweils auf 5-Minuten-Ausschnitte vom Beginn und vom Ende der musiktherapeutischen Sitzungen. Bei allen Abbildungen sind jeweils die arithmetischen Mittelwerte angegeben.

7.2.1 Häufigkeitsrate der Aufmerksamkeitsausrichtung

Während der ersten Behandlungsphase läßt sich in der Gesamtstichprobe bezogen auf jeweils einen Ausschnitt von fünf Minuten eine leichte Zunahme der summierten Häufigkeiten von durchschnittlich 52,31 (Standardabweichung – SD 17,11) Blickausrichtungen auf die Aktivität zu Beginn zu durchschnittlich 54,06 (SD 17,41) Blickausrichtungen auf die Aktivität am Ende beobachten. Während der zweiten Behandlungsphase verändert sich die Häufigkeit von anfangs durchschnittlich 52,68 (SD 9,40) Blickausrichtungen auf die Aktivität zu durchschnittlich 55,96 (SD 14,21) Blickausrichtungen auf die Aktivität am Ende.

Ein Vergleich aller Anfangs- und Endausschnitte zeigt für den Sitzungsverlauf eine Zunahme der Häufigkeitsrate von anfangs durchschnittlich 53,67 (SD 11,89) Blickausrichtungen auf die Aktivität zu durchschnittlich 55,80 (SD 15,91) Blickausrichtungen auf die Aktivität am Ende der Sitzungen. Der Vergleich von erster und zweiter Behandlungsphase zeigt für den Phasenverlauf eine Zunahme von durchschnittlich 53,60 (SD 16,16) Blickausrichtungen auf die Aktivität in der ersten Phase auf durchschnittlich 55,02 (SD 11,54) Blickausrichtungen auf die Aktivität in der zweiten Phase. Abbildung 20 zeigt den Verlauf der Blickausrichtung auf die Aktivität für die Gesamtstichprobe.

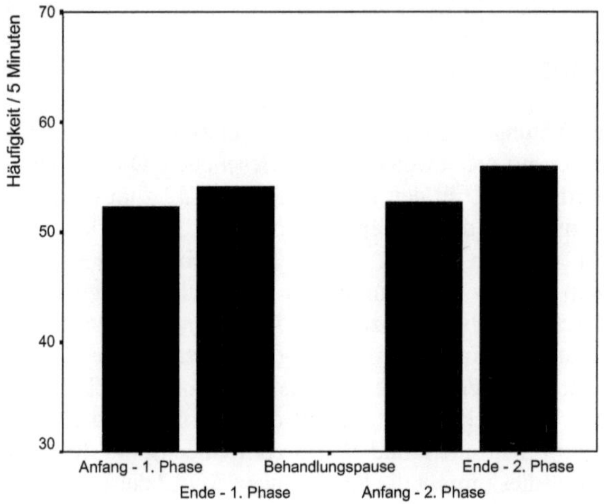

Abbildung 20: Häufigkeit der Blickausrichtung auf die Aktivität im Verlauf der beiden Behandlungsphasen – Darstellung der Gesamtstichprobe

Eine differenzierende Analyse für die drei Subgruppen offenbart zum einen deutliche Unterschiede im Häufigkeitsniveau der einzelnen Gruppen, zum anderen ist für Subgruppe c ein von der Gesamtstichprobe deutlich abweichender Verlauf zu beobachten. Während Subgruppe a und b sowohl im Verlauf der Sitzungen als auch im Verlauf der gesamten Behandlung eine zunehmende Ausrichtung ihrer Aufmerksamkeit auf die Aktivität aufweisen, zeigt Subgruppe c im Verlauf der Sitzungen eine deutliche Abnahme der Aufmerksamkeitsausrichtung auf die Aktivität sowie im gesamten Behandlungsverlauf eine leichte Abnahme der Aufmerksamkeitsausrichtung auf die Aktivität. Abbildung 21 zeigt die Häufigkeiten der drei Subgruppen im Vergleich. Eine Analyse der beiden Subgruppen a und b zeigt signifikante Veränderungen für den Sitzungsverlauf (p < 0.05) und den Verlauf in der zweiten Behandlungsphase (p < 0.01). Der Vergleich der beiden Phasen wird allerdings ebenfalls nicht statistisch signifikant.

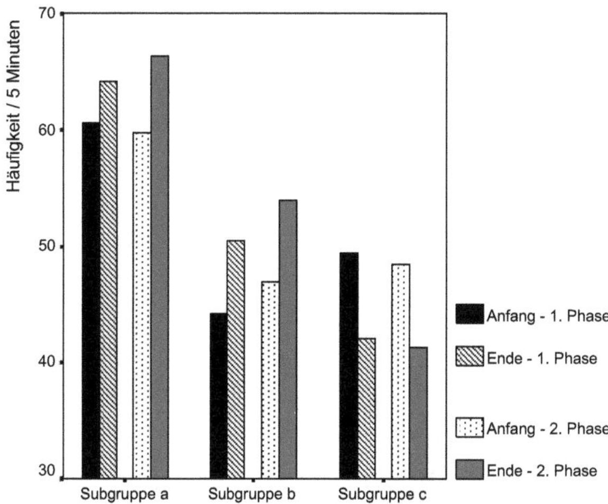

Abbildung 21: Häufigkeit der Blickausrichtung auf die Aktivität im Verlauf der beiden Behandlungsphasen – Darstellung der drei Subgruppen im Vergleich

Neben diesen deutlichen Gruppenunterschieden zeigt eine weitere Ausdifferenzierung der Blickausrichtung, daß auch in der Zusammensetzung der Blickausrichtung auf das Geschehen im Verlauf der Sitzungen wie im Verlauf der gesamten Behandlung deutliche Veränderungen zu beobachten sind. So nimmt die Blickausrichtung auf das Instrument im Sitzungsverlauf zu. Im Verlauf der zweiten Behandlungsphase ist die Zunahme der Blickausrichtung auf das Instrument von den Anfangsausschnitten zu den Endausschnitten signifikant ($p < 0.05$). Im Verlauf der beiden Phasen läßt sich dagegen eine Abnahme der Blickausrichtungen auf das Instrument beobachten. Die Häufigkeit der Blickausrichtung auf die Therapeutin nimmt im Verlauf der Sitzungen der ersten Phase leicht ab und bleibt dann im Verlauf der Sitzungen der zweiten Phase nahezu gleich. Daraus resultiert insgesamt eine sehr leichte Abnahme im Sitzungsverlauf. Der Vergleich der beiden Phasen zeigt hier eine Zunahme. Abbildung 22 zeigt die Häufigkeiten der beiden Blickausrichtungen im Vergleich.

Der Vergleich aller Anfangs- und Endausschnitte läßt im Sitzungsverlauf eine Zunahme in den Häufigkeiten von Blickausrichtungen zum Instrument erkennen. Die Häufigkeitsrate der Blickausrichtung auf die Therapeutin, die insgesamt höher ist als die Häufigkeitsrate der Blickausrichtung auf das Instrument, nimmt im Verlauf der Sitzungen nur leicht ab. Werden die Blickverhaltensweisen der beiden Behandlungsphasen verglichen, so zeigt sich, daß die Kinder ihren Blick in der zweiten Phase weniger häufig auf das Instrument richten, während sie die Therapeutin deutlich häufiger anschauen.

Abbildung 23 zeigt für die beiden Blickausrichtungen den Vergleich von Anfangs- und Endausschnitten zum Sitzungsverlauf sowie den Vergleich von erster und zweiter Phase zum gesamten Behandlungsverlauf.

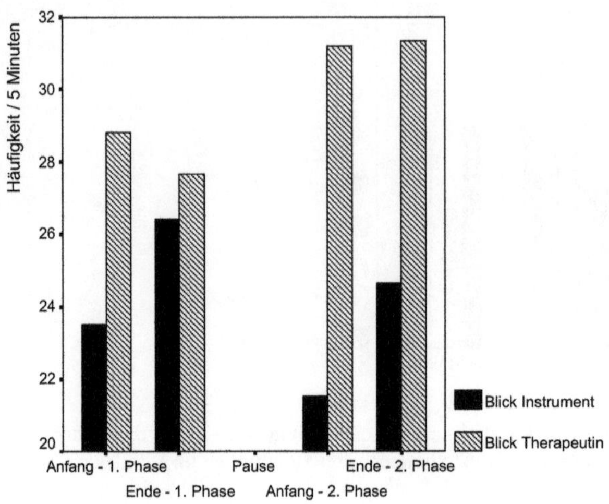

Abbildung 22: Häufigkeit der Blickausrichtung auf Instrument und Therapeutin im Verlauf der beiden Behandlungsphasen – Darstellung der Gesamtstichprobe

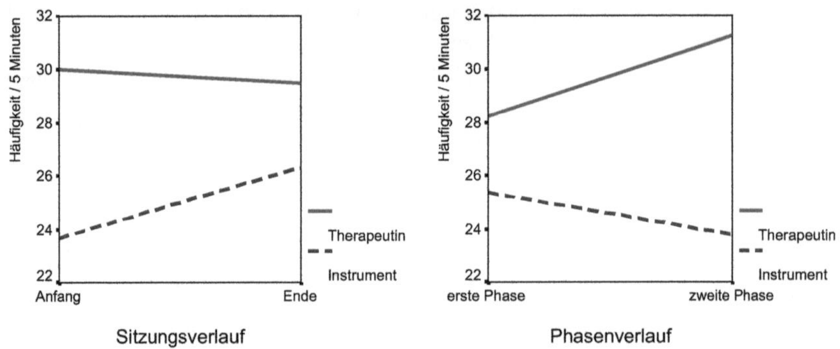

Abbildung 23: Vergleich von Häufigkeit der Blickausrichtung auf Instrument und Therapeutin im Verlauf der Sitzungen und der Behandlungsphasen – Darstellung der Gesamtstichprobe

Ergänzend weist die Häufigkeitsrate der Blickausrichtung weg von der Aktivität für die Gesamtstichprobe im Verlauf der Sitzungen eine signifikante Verringerung auf ($p < .05$). Im Phasenverlauf ist nur in den Subgruppen a und c eine Abnahme der Häufigkeit von Blickausrichtungen weg von der Aktivität zu beobachten.

Abbildung 24 zeigt den Verlauf der Sitzungen und der beiden Behandlungsphasen für die drei Subgruppen.

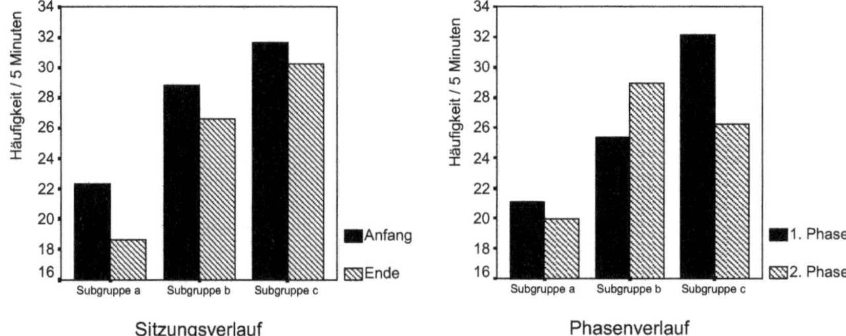

Abbildung 24: Häufigkeit der Blickausrichtung weg von der Aktivität im Verlauf der Sitzungen
und der Behandlungsphasen – Darstellung der drei Subgruppen im Vergleich

Die signifikante Verringerung der Häufigkeitsrate von Blickausrichtungen weg von der Aktivität im Sitzungsverlauf weist auf eine Zunahme der Häufigkeitsrate fokussierter Aufmerksamkeitsausrichtung vom Anfang zum Ende einer Sitzung hin. Im Verlauf der beiden Behandlungsphasen ist für die Gesamtstichprobe insgesamt auch eine Verringerung der Häufigkeitsrate von Blickausrichtungen weg von der Aktivität festzustellen, die allerdings nicht statistisch signifikant ist.

Die Hypothese zur Aufmerksamkeitsausrichtung kann – bezogen auf die Häufigkeit der Blickausrichtung – mit Einschränkungen als gestützt gelten. Die Vorhersage einer zunehmend häufigeren Blickausrichtung auf die Aktivität für den Sitzungsverlauf kann für die Kinder der Stichprobe mit einem Entwicklungsquotienten – EQ größer als 30 statistisch signifikant bestätigt werden. In der Gruppe der Kinder mit einem EQ kleiner als 30 (Subgruppe c) ist eine gegenläufige Veränderung zu beobachten. Die Vorhersage einer zunehmend häufigeren Blickausrichtung auf die Aktivität im Verlauf der beiden Behandlungsphasen kann ebenso für die Kinder der Stichprobe mit einem EQ größer als 30 (Subgruppen a und b) in der erwarteten Richtung bekräftigt werden, die Unterschiede erreichen allerdings nicht statistische Signifikanz. Auch hier zeigt sich in der Gruppe der Kinder mit einem EQ kleiner als 30 eine gegenläufige Veränderung. Tabelle 12 gibt eine Übersicht zu den statistisch signifikanten Veränderungen.

Eine weitere Differenzierung des Blickverhaltens zeigt, daß im Verlauf der musiktherapeutischen Sitzung eine Verlagerung der Aufmerksamkeitsausrichtung stattfindet, bei der die Häufigkeit der Blickausrichtung auf das Instrument deutlich zunimmt, während die Blickausrichtung des Kindes auf die Therapeutin leicht abnimmt. Ein Vergleich der beiden Behandlungsphasen zeigt dagegen, daß die Kinder in der zweiten Behandlungsphase eine deutlich höhere Rate von Blickausrichtungen auf die Therapeutin aufweisen, während die Blickausrichtung auf das Instrument abnimmt. Die Verringerung der Häufigkeitsrate von Blickausrichtungen weg von der Aktivität im Phasenverlauf und im Sitzungsverlauf, wo sie signifikant ist, weist ergänzend auf eine Zunahme fokussierter Aufmerksamkeitsausrichtung hin.

Tabelle 12: Übersicht zu den statistisch signifikanten Veränderungen [a] der Häufigkeit von Aufmerksamkeitsausrichtung im Sitzungs- und Phasenverlauf

	Sitzungsverlauf		**Phasenverlauf**	
untersuchte Gruppe	Gesamtstichprobe (n = 12)	Subgruppen a und b (n = 9)	Gesamtstichprobe (n = 12)	Subgruppen a und b (n = 9)
prozentualer Anteil	n.s.	*	n.s.	n.s.

Anmerkung:
[a] Vorzeichenrangtest von Wilcoxon; n.s. = nicht signifikant; * = $p < 0.05$ (einseitiger Signifikanztest)

7.2.2 Prozentualer Anteil der Aufmerksamkeitsausrichtung

Die Untersuchung des Anteils von Aufmerksamkeitsausrichtungen auf die Aktivität zeigt für die Gesamtstichprobe in der ersten musiktherapeutischen Behandlungsphase eine leichte Zunahme von durchschnittlich 68,25% Anteil (SD 20,41) in den Anfangsausschnitten der ersten Phase zu durchschnittlich 69,26% (SD 17,57) in den Endausschnitten. Im Verlauf der zweiten Behandlungsphase läßt sich eine stärkere Zunahme des Anteils prozentualer Blickausrichtung auf die Aktivität beobachten von anfangs durchschnittlich 66,25% (SD 17,81) zu durchschnittlich 69,10% (SD 17,83) in den Endausschnitten. Der Vergleich aller Anfangs- und Endausschnitte zeigt eine Zunahme im Sitzungsverlauf von anfangs durchschnittlich 67,25% (SD 17,40) auf durchschnittlich 69,18% (SD 16,60) am Ende. Der Vergleich von erster und zweiter Behandlungsphase zeigt eine leichte Abnahme im Anteil der Blickausrichtung auf die Aktivität von durchschnittlich 68,76% (SD 17,98) in der ersten Phase auf durchschnittlich 67,68% (SD 16,44) in der zweiten Phase. Abbildung 25 zeigt den Verlauf für die Gesamtstichprobe.

Die weitere Differenzierung in die drei Subgruppen zeigt neben Unterschieden im Ausmaß des Anteils der Aufmerksamkeitsausrichtung auf die Aktivität wiederum in den Subgruppen a und b hypothesenkonforme Verläufe, wobei allerdings in Gruppe b in der zweiten Phase der Anteil fokussierter Aufmerksamkeitsausrichtung deutlich unter dem der ersten Phase liegt. Subgruppe c dagegen weist eine gegenläufige Veränderung auf, da der Anteil der Blickausrichtung auf die Aktivität im Stundenverlauf deutlich abnimmt und im Phasenverlauf leicht abnimmt.

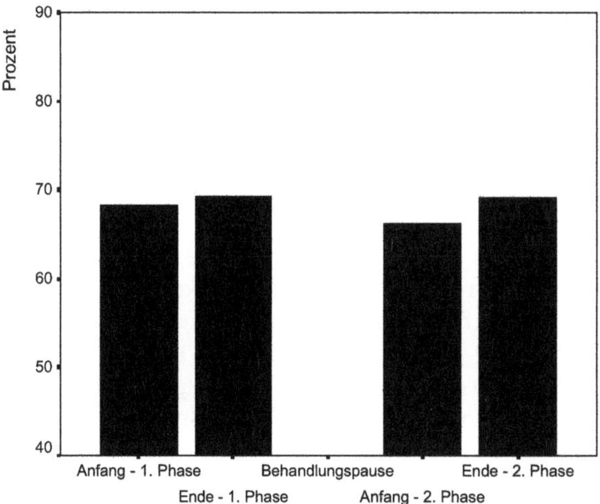

Abbildung 25: Anteil der Blickausrichtung auf die Aktivität im Verlauf der beiden
Behandlungsphasen – Darstellung der Gesamtstichprobe

Abbildung 26 zeigt die Anteile der fokussierten Aufmerksamkeitsausrichtung für die drei Subgruppen im Vergleich.

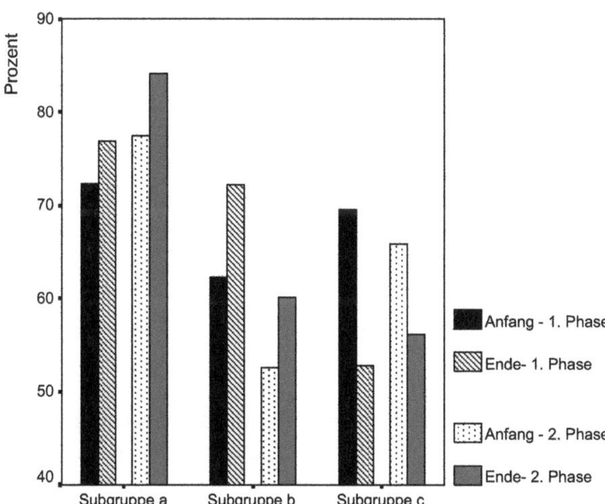

Abbildung 26: Anteil der Blickausrichtung auf die Aktivität im Verlauf der beiden
Behandlungsphasen – Darstellung der drei Subgruppen im Vergleich

Für die Subgruppen a und b sind sowohl die Zunahmen des Anteils der Blickausrichtung auf die Aktivität im Verlauf der ersten Behandlungsphase (p < 0.05) wie
auch die Zunahmen im Verlauf der zweiten Behandlungsphase signifikant
(p < 0.05). Der Vergleich aller Anfangs- und Endauschnitte zeigt hier eine signifikante Zunahme im Sitzungsverlauf (p < 0.05). Es ist allerdings auch hier, wie in
der Gesamtstichprobe, eine – hauptsächlich auf Gruppe b zurückgehende –
Abnahme des Anteils der Aufmerksamkeitsausrichtung auf die Aktivität von der
ersten zur zweiten Phase zu beobachten.

Eine weitergehende Ausdifferenzierung des Anteils der Blickausrichtung auf die
Aktivität in die Blickausrichtung auf die Therapeutin und auf das Instrument zeigt,
daß der Anteil der Ausrichtung auf das Instrument in beiden Behandlungsphasen
von den Anfangs- zu den Endausschnitten zunimmt. Entsprechend zeigt der
Vergleich aller Anfangs- und Endausschnitte für den Sitzungsverlauf eine
Zunahme des prozentualen Anteils der Blickausrichtung auf das Instrument. Im
Phasenvergleich läßt sich dagegen eine Abnahme des prozentualen Anteils der
Blickausrichtung auf das Instrument von der ersten zur zweiten Phase feststellen.

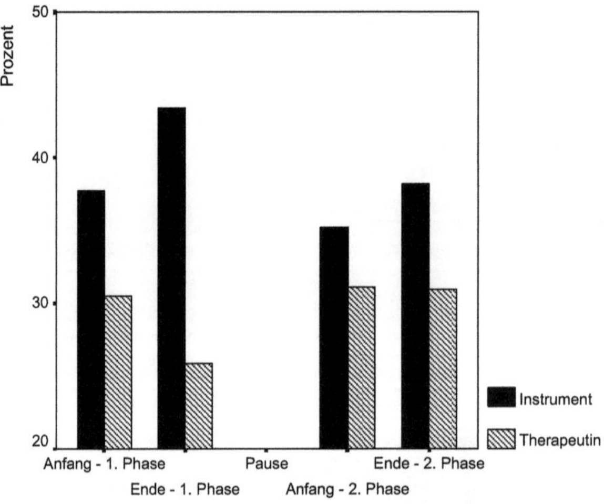

Abbildung 27: Anteil der Blickausrichtung auf Instrument und Therapeutin im Verlauf der
beiden Behandlungsphasen – Darstellung der Gesamtstichprobe

Der Anteil der Blickausrichtung auf die Therapeutin verringert sich im Verlauf
der ersten Behandlungsphase, während er im Verlauf der zweiten Behandlungsphase nahezu gleich bleibt. Insgesamt läßt sich damit für den Sitzungsverlauf
eine Abnahme des prozentualen Anteils der Blickausrichtungen auf die
Therapeutin beobachten. Im Phasenverlauf zeigt sich dagegen eine signifikante
Zunahme des Anteils der Blickausrichtung auf die Therapeutin (p < 0.05).
Abbildung 27 zeigt die prozentualen Anteile der Blickausrichtungen auf

Instrument und Therapeutin im Vergleich. Ein Vergleich der Verläufe von
Sitzungen und Phasen, wie er in Abbildung 28 dargestellt ist, zeigt, daß der
Anteil der Blickausrichtung auf die Therapeutin unter dem Anteil der
Ausrichtung auf das Instrument liegt. Es läßt sich im Verlauf der Sitzungen eine
deutliche Zunahme des Anteils der Blickausrichtung auf das Instrument
beobachten. Der Anteil der Ausrichtung auf die Therapeutin nimmt im Verlauf
der Sitzungen ab. Im Phasenvergleich ist eine signifikante Zunahme des Anteils
der Blickausrichtung auf die Therapeutin zu beobachten, während der Anteil der
Ausrichtung auf das Instrument deutlich abnimmt.

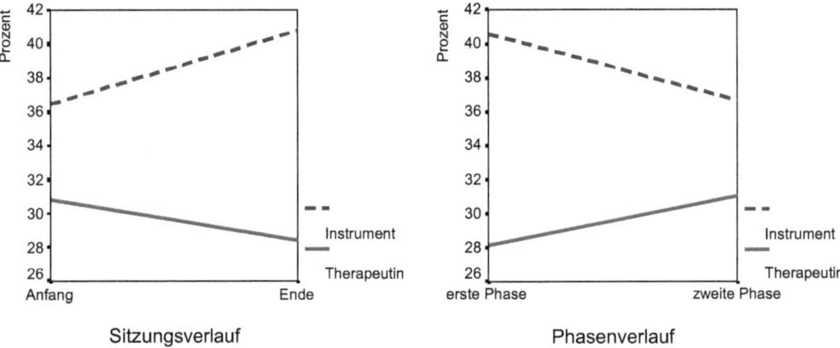

Abbildung 28: Vergleich von Anteil der Blickausrichtung auf Instrument und Therapeutin im
Verlauf der Sitzungen und der Behandlungsphasen – Darstellung der
Gesamtstichprobe

Ergänzend zeigt der prozentuale Anteil der Blickausrichtung weg von der
Aktivität in der Gesamtstichprobe für den Verlauf der Sitzungen eine
signifikante Abnahme vom Anfang zum Ende der Sitzungen (p < 0.05). Im
Verlauf der beiden Behandlungsphasen läßt sich nur in den Subgruppen a und c
eine Abnahme beobachten. Abbildung 29 zeigt den Verlauf von Sitzungen und
Behandlungsphasen für die drei Subgruppen.

Die signifikante Abnahme im prozentualen Anteil der Blickausrichtung weg von
der Aktivität im Verlauf der Sitzungen gibt einen Hinweis auf die damit verbundene Zunahme im Anteil fokussierter Aufmerksamkeitsausrichtung. Für die
Subgruppe c ist dies allerdings nur sehr schwach ausgprägt. Für den Verlauf der
beiden Behandlungsphasen resultiert in der Gesamtstichprobe ebenfalls eine Abnahme des prozentualen Anteils der Blickausrichtung weg von der Aktivität, die
allerdings nicht statistisch signifikant ist.

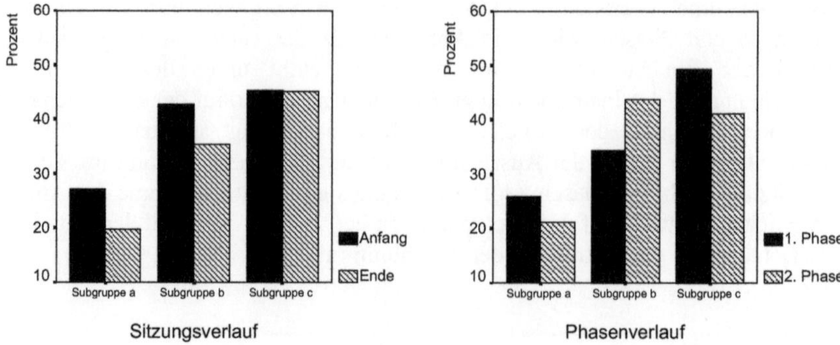

Abbildung 29: Prozentualer Anteil der Blickausrichtung weg von der Aktivität
im Verlauf der Sitzungen und der Behandlungsphasen – Darstellung
der drei Subgruppen im Vergleich

Die Hypothese zur Aufmerksamkeitsausrichtung kann – bezogen auf den
prozentualen Anteil der Blickausrichtung – mit Einschränkungen gestützt
werden. Die Vorhersage einer Zunahme des prozentualen Anteils der Blickausrichtung auf die Aktivität im Sitzungsverlauf kann für die Kinder der
Stichprobe mit einem Entwicklungsquotienten EQ größer als 30 (Subgruppen a
und b) statistisch signifikant bestätigt werden. In der Gruppe der Kinder mit EQ
kleiner als 30 (Subgruppe c) ist allerdings eine gegenläufige Veränderung zu
beobachten. Die Vorhersage der Zunahme des prozentualen Anteils der
Blickausrichtung auf die Aktivität im Verlauf der beiden Behandlungsphasen
kann nur für die Kinder der Stichprobe mit einem EQ größer als 50 signifikant
bestätigt werden. Die Kinder mit einem EQ kleiner als 50 zeigen hier eine
gegenläufige Veränderung. Tabelle 13 zeigt die statistisch signifikanten
Veränderungen im Überblick.

Tabelle 13: Übersicht zu den statistisch signifikanten Veränderungen [a] des prozentualen
Anteils der Aufmerksamkeitsausrichtung im Sitzungs- und Phasenverlauf

	Sitzungsverlauf		Phasenverlauf	
untersuchte Gruppe	Gesamtstichprobe (n = 12)	Subgruppen a und b (n = 9)	Gesamtstichprobe (n = 12)	Subgruppen a und b (n = 9)
prozentualer Anteil	n.s.	*	n.s.	n.s.

Anmerkung:
[a] Vorzeichenrangtest von Wilcoxon; n.s. = nicht signifikant; * = $p < 0.05$ (einseitiger Signifikanztest)

Eine weitere Differenzierung des Blickverhaltens zeigt, daß im Verlauf der musiktherapeutischen Sitzungen eine Verlagerung der Aufmerksamkeitsausrichtung stattfindet, bei der der Anteil der Blickausrichtung auf das Instrument deutlich zunimmt, während die Blickausrichtung des Kindes auf die Therapeutin leicht abnimmt. Ein Vergleich der beiden Behandlungsphasen zeigt, daß die Kinder in der zweiten Behandlungsphase einen signifikant höheren Anteil der Blickausrichtung auf die Therapeutin haben, während die Blickausrichtung auf das Instrument abnimmt. Eine ergänzende Darstellung des prozentualen Anteils der Blickausrichtung weg von der Aktivität zeigt für den Sitzungsverlauf eine signifikante Abnahme und für den Phasenverlauf eine Abnahme und stellt so einen Hinweis auf die Zunahme des Anteils fokussierter Aufmerksamkeitsausrichtung dar.

7.2.3 Mittlere Dauer der Aufmerksamkeitsausrichtung

Die mittlere Dauer der Blickausrichtung auf die Aktivität verringert sich für die Gesamtstichprobe nur sehr leicht von durchschnittlich 3,60 Sekunden (SD 1,12) in den Anfangsausschnitten der ersten Phase auf durchschnittlich 3,52 Sekunden (SD 0,99) in den Endausschnitten der ersten Phase. In der zweiten Phase verringert sich die mittlere Dauer der Blickausrichtung auf die Aktivität dann nochmals sehr leicht von durchschnittlich 3,48 Sekunden (SD 1,26) zu Beginn der Sitzungen auf 3,42 Sekunden (SD 0,74) am Ende der Sitzungen. Der Vergleich aller Anfangs- und Endausschnitte zeigt für den Sitzungsverlauf eine weitgehend gleichbleibende mittlere Dauer der Blickausrichtung auf die Aktivität mit anfangs durchschnittlich 3,56 Sekunden (SD 1,10) und durchschnittlich 3,55 Sekunden (SD 0,81) am Ende der Sitzungen. Im Phasenverlauf läßt sich eine wiederum sehr leichte Abnahme der durchschnittlichen Blickdauer der Ausrichtungen auf die Aktivität von 3,50 (SD 1,03) in der ersten Phase auf 3,46 (SD 0,95) in der zweiten Phase feststellen. Abbildung 30 zeigt den Verlauf für die Gesamtstichprobe.

Eine Differenzierung in die drei Subgruppen zeigt für die Gruppen b und c eine im Sitzungsverlauf abnehmende mittlere Dauer der Blickausrichtung auf die Aktivität, während die Gruppe a nur im Verlauf der ersten Phase eine leichte Verkürzung der mittleren Dauer aufweist und im Verlauf der zweiten Phase eine Verlängerung der mittleren Blickdauer zeigt. Der Vergleich der beiden Phasen ergibt für die Gruppen a und c eine leichte Verlängerung der Blickdauer, während die Gruppe b eine Verkürzung der mittleren Dauer der Aufmerksamkeitsausrichtung auf die Aktivität aufweist. Abbildung 31 zeigt den Verlauf der drei Subgruppen im Vergleich.

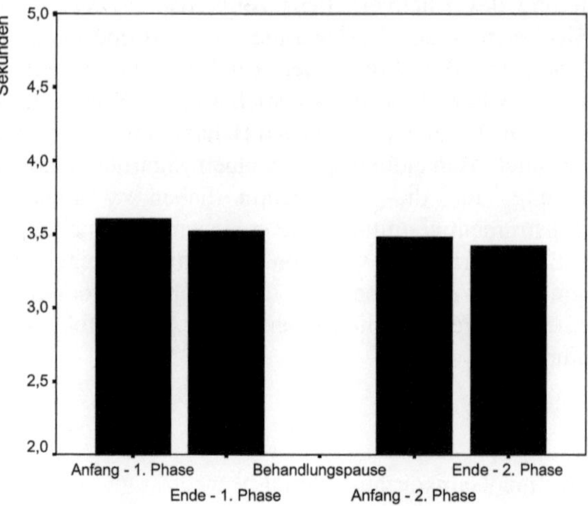

Abbildung 30: Mittlere Dauer der Blickausrichtung auf die Aktivität im Verlauf der beiden
Behandlungsphasen – Darstellung der Gesamtstichprobe

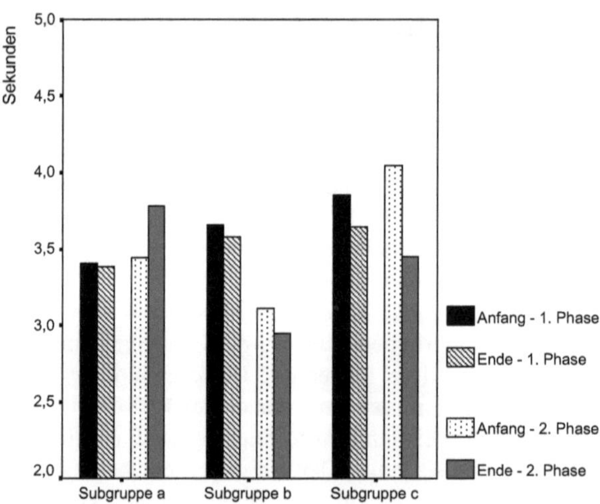

Abbildung 31: Mittlere Dauer der Blickausrichtung auf die Aktivität im Verlauf der beiden
Behandlungsphasen – Darstellung der drei Subgruppen im Vergleich

Eine weitere Ausdifferenzierung in die mittlere Dauer der Blickausrichtung auf das Instrument und auf die Therapeutin zeigt zunächst die jeweils verschieden lange durchschnittliche Dauer der einzelnen Blickausrichtungen, die im Verlauf der Behandlungsphasen im relativen Verhältnis weitgehend unverändert bleibt. Die durchschnittliche mittlere Dauer der Ausrichtung auf das Instrument nimmt im Sitzungsverlauf in der ersten Phase zu, während sie in der zweiten Phase leicht abnimmt. Die durchschnittliche mittlere Dauer der Blickausrichtung auf die Therapeutin nimmt im Verlauf der ersten Behandlungsphase signifikant zu ($p < 0.05$). Im Verlauf der zweiten Behandlungsphase nimmt die durchschnittliche Dauer der Blickausrichtung auf die Therapeutin dagegen ab. Für den Sitzungsverlauf wie auch für den Phasenverlauf lassen sich Abnahmen in der durchschnittlichen Dauer der Blickausrichtung auf die Therapeutin feststellen. Abbildung 32 zeigt den Verlauf für die Gesamtstichprobe.

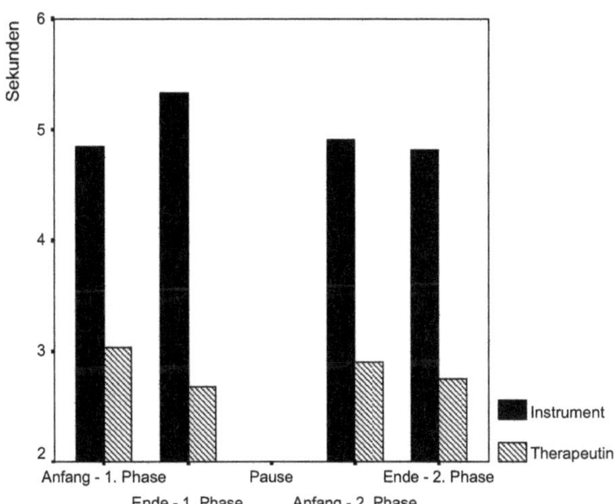

Abbildung 32: Mittlere Dauer der Blickausrichtung auf Instrument und Therapeutin im Verlauf der beiden Behandlungsphasen – Darstellung der Gesamtstichprobe

Der Sitzungsverlauf für die mittlere Dauer zeigt mit abnehmender Tendenz für die Ausrichtung auf die Therapeutin und zunehmender Tendenz für die Ausrichtung auf das Instrument ein ähnliches Verlaufsmuster wie die Parameter Häufigkeitsrate und prozentualer Anteil. Der Phasenvergleich allerdings ergibt für die Ausrichtung auf das Instrument nur eine ganz schwache Abnahme, die – anders als in den Parametern Häufigkeitsrate und prozentualer Anteil – auch in der Ausrichtung auf die Therapeutin zu beobachten ist. Abbildung 33 zeigt den Vergleich von Sitzungs- und Phasenverlauf für die Gesamtstichprobe.

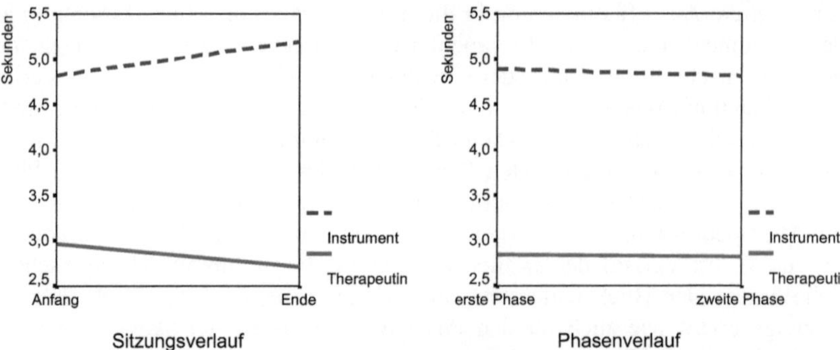

Abbildung 33: Vergleich von mittlerer Dauer der Blickausrichtung auf Instrument und
Therapeutin im Verlauf der Sitzungen und der Behandlungsphasen –
Darstellung der Gesamtstichprobe

Ergänzend läßt die mittlere Dauer der Blickausrichtung weg von der Aktivität
im Sitzungsverlauf für die Gesamtstichprobe eine signifikante Abnahme
erkennen ($p < 0.05$), während dies im Phasenverlauf nur in den Subgruppen a
und c zu beobachten ist. Abbildung 34 zeigt den Verlauf von Sitzungen und
Behandlungsphasen für die drei Subgruppen.

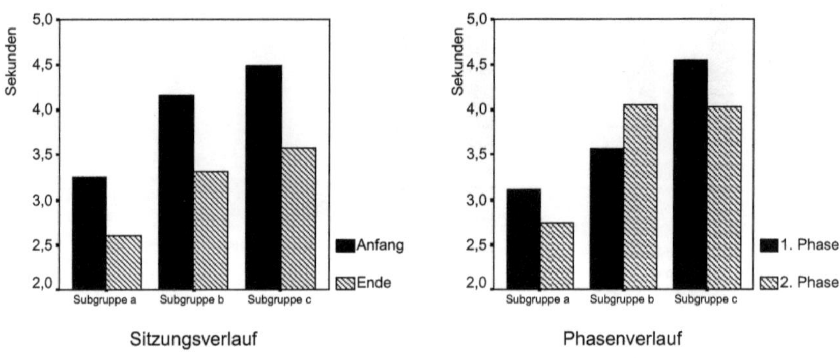

Abbildung 34: Mittlere Dauer der Blickausrichtung weg von der Aktivität im Verlauf der
Sitzungen und der Behandlungsphasen – Darstellung der drei Subgruppen im
Vergleich

Die signifikante Abnahme der mittleren Dauer der Blickausrichtung weg von
der Aktivität im Sitzungsverlauf und die entsprechende Abnahme im Verlauf der
beiden Behandlungsphasen, die allerdings nicht statistisch signifikant ist, geben
einen Hinweis darauf, daß die mittlere Dauer fokussierter Aufmerksamkeitsausrichtung zunehmen könnte.

Die Hypothese zur Aufmerksamkeitsausrichtung kann – bezogen auf die mittlere Dauer der Blickausrichtung – nicht gestützt werden. Die Vorhersage einer Zunahme der mittleren Dauer der Blickausrichtung auf die Aktivität im Sitzungsverlauf konnte nicht bestätigt werden. Die Vorhersage der Zunahme der mittleren Dauer der Blickausrichtung auf die Aktivität im Verlauf der beiden Behandlungsphasen konnte nur für die Kinder der Subgruppen a und c und hier auch nur sehr schwach bestätigt werden. Tabelle 14 gibt einen Überblick zu den statistisch signifikanten Veränderungen.

Tabelle 14: Übersicht zu den statistisch signifikanten Veränderungen[a] der mittleren Dauer der Aufmerksamkeitsausrichtung im Sitzungs- und Phasenverlauf

	Sitzungsverlauf		**Phasenverlauf**	
untersuchte Gruppe	Gesamtstichprobe (n = 12)	Subgruppen a und b (n = 9)	Gesamtstichprobe (n = 12)	Subgruppen a und b (n = 9)
mittlere Dauer	n.s.	n.s.	n.s.	n.s.

Anmerkung:
[a] Vorzeichenrangtest von Wilcoxon; n.s. = nicht signifikant; * $p< 0.05$ (einseitiger Signifikanztest)

Eine weitere Differenzierung des Blickverhaltens zeigt, daß im Verlauf der einzelnen musiktherapeutischen Sitzungen die durchschnittliche mittlere Dauer der Blickausrichtung auf das Instrument zunimmt, während die Blickausrichtung des Kindes auf die Therapeutin abnimmt. Ein Vergleich der beiden Behandlungsphasen zeigt für die Ausrichtung auf das Instrument und auf die Therapeutin jeweils eine leichte Abnahme der durchschnittlichen mittleren Dauer. Die Abnahme der mittleren Dauer von Blickausrichtungen weg von der Aktivität im Sitzungsverlauf – wo sie signifikant ist – und im Phasenverlauf könnte allerdings einen Hinweis auf eine damit verbundene Zunahme in der mittleren Dauer fokussierter Aufmerksamkeitsausrichtung geben.

7.2.4 Zusammenfassung Aufmerksamkeitsausrichtung

Die Hypothese zur Aufmerksamkeitsausrichtung für die Parameter Häufigkeitsrate und prozentualer Anteil kann nur mit Einschränkungen als gestützt gelten, während sie für den Parameter mittlere Dauer abgelehnt werden muß. In der Häufigkeit der Aufmerksamkeitsausrichtung auf die Aktivität läßt sich für die Kinder der Subgruppen a und b sowohl im Verlauf der einzelnen musiktherapeutischen Sitzungen eine signifikante Zunahme wie auch im Verlauf der gesamten musiktherapeutischen Behandlung eine Zunahme beobachten. Im prozentualen Anteil der Aufmerksamkeitsausrichtung auf die Aktivität läßt sich für die Kinder der Subgruppen a und b eine signifikante Zunahme im Verlauf der einzelnen musiktherapeutischen Sitzungen beobachten, während im Verlauf der gesamten musiktherapeutischen Behandlung nur für die Kinder der Subgruppe a eine signifikante Zunahme zu beobachten ist. Die mittlere Dauer der Aufmerksamkeitsausrichtung auf die Aktivität nimmt entgegen der Hypothese sowohl im Sitzungsverlauf wie auch im Phasenverlauf ab. Tabelle 15 zeigt die statistisch signifikanten Veränderungen aller Parameter im Überblick.

Tabelle 15: Übersicht zu den statistisch signifikanten Veränderungen [a] aller Parameter der Aufmerksamkeitsausrichtung im Sitzungs- und Phasenverlauf

	Sitzungsverlauf		Phasenverlauf	
untersuchte Gruppe	Gesamtstichprobe (n = 12)	Subgruppen a und b (n = 9)	Gesamtstichprobe (n = 12)	Subgruppen a und b (n = 9)
Häufigkeit	n.s.	*	n.s.	n.s.
prozentualer Anteil	n.s.	*	n.s.	n.s.
mittlere Dauer	n.s.	n.s.	n.s.	n.s.

Anmerkung:
[a] Vorzeichenrangtest von Wilcoxon; n.s. = nicht signifikant; * p < 0.05 (einseitiger Signifikanztest)

In allen drei untersuchten Parametern zur Aufmerksamkeitsausrichtung – summierte Häufigkeit, summierter prozentualer Anteil und mittlere Dauer der Blickausrichtung auf die Aktivität – zeigt die weitere Differenzierung ein konsistentes Verlaufsmuster, das allerdings nicht – wie in den Hypothesen vorhergesagt – für den Sitzungsverlauf und den Phasenverlauf analog ist. Für den Verlauf der Sitzungen geht eine deutliche Zunahme in der Ausrichtung auf das Instrument einher mit einer leichten Abnahme der Ausrichtung auf die Therapeutin. Der Vergleich von erster und zweiter Behandlungsphase zeigt dagegen eine deutliche Abnahme der Ausrichtung auf das Instrument mit einer gleichzeitigen Zunahme der Ausrichtung auf die Therapeutin. Eine Ergänzung durch die Blickausrichtung weg von der Aktivität zeigt in allen Parametern Verringerungen im Verlauf der Sitzungen und der beiden Behandlungsphasen und gibt so einen Hinweis auf eine damit verbundene Zunahme fokussierter Aufmerksamkeitsausrichtung.

7.3 Produzieren kommunikativer Beiträge

Kommunikative Beiträge des Kindes wurden operationalisiert durch die Summe von Spielaktivitäten des Kindes am Instrument (mit den Kodierungen *Spielen1* Bewegen am Instrument und *Spielen2* Klang erzeugen), positiven Vokalisationen (mit den Kodierungen *Vokalisationen1* Lautieren, *Vokalisationen2* Singen, *Vokalisationen3* Sprechen und *Vokalisationen4* Lachen) und Gesten (mit den Kodierungen *Gesten1* konventionelle Gesten und *Gesten2* andere Gesten) des Kindes. Es werden jeweils die summierten durchschnittlichen Häufigkeiten, der summierte durchschnittliche prozentuale Anteil und die durchschnittliche mittlere Dauer der kommunikativen Beiträge im Verlauf der musiktherapeutischen Behandlung beschrieben. Diese Parameter werden darüber hinaus weiter ausdifferenziert in die Werte für die Spielaktivitäten des Kindes am Instrument, die Vokalisationen und die Gesten des Kindes. Alle angegebenen Daten beziehen sich jeweils auf 5-Minuten-Ausschnitte vom Beginn und vom Ende der musiktherapeutischen Sitzungen. Bei allen Abbildungen sind jeweils die arithmetischen Mittelwerte angegeben.

7.3.1 Häufigkeitsrate kommunikativer Beiträge

Die Häufigkeitsrate der kommunikativen Beiträge nimmt in der Gesamtstichprobe im Verlauf beider Behandlungsphasen zu von durchschnittlich 52,22 (SD 12,70) kommunikativen Beiträgen in den Anfangsausschnitten der ersten Phase auf durchschnittlich 64,47 (SD 24,69) kommunikativen Beiträgen in den Endausschnitten sowie von durchschnittlich 50,26 (SD 17,51) kommunikativen Beiträgen in den Anfangsausschnitten der zweiten Phase auf durchschnittlich 74,45 (SD 42,05) kommunikativen Beiträgen in den Endausschnitten. Die durchschnittliche Häufigkeitsrate kommunikativer Beiträge nimmt im Sitzungsverlauf signifikant zu von anfangs 53,58 (SD 13,19) auf 71,35 (SD 30,16) am Ende der Sitzungen ($p < 0.01$). Im Vergleich der beiden Behandlungsphasen zeigt sich eine Zunahme von durchschnittlich 59,69 (SD 17,00) in der ersten Phase auf durchschnittlich 64,15 (SD 23,64) in der zweiten Phase.

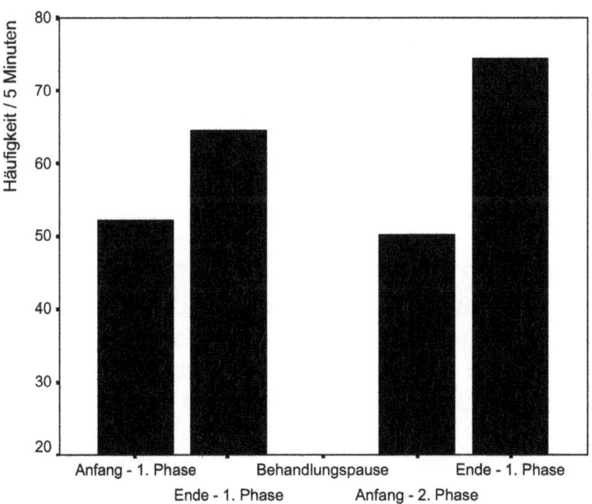

Abbildung 35: Häufigkeit kommunikativer Beiträge im Verlauf der beiden Behandlungsphasen – Darstellung der Gesamtstichprobe

Eine Differenzierung in die drei Subgruppen zeigt ähnlich wie in der Variable Aufmerksamkeitsausrichtung für die Gruppen a und b einen weitgehend hypothesenkonformen Verlauf. Die Gruppe c dagegen weist im Phasenverlauf einen entgegengerichteten Verlauf auf mit abnehmender Häufigkeit kommunikativer Beiträge von der ersten zur zweiten Behandlungsphase sowie abnehmender Häufigkeit kommunikativer Beiträge im Sitzungsverlauf der ersten Phase. Abbildung 35 zeigt den Verlauf der Häufigkeitsrate produzierter kommunikativer Beiträge des Kindes für die Gesamtstichprobe. Abbildung 36 zeigt die Häufigkeiten der drei Subgruppen im Vergleich.

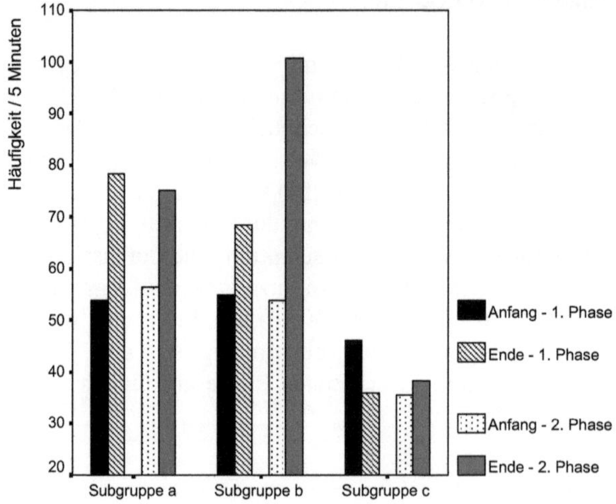

Abbildung 36: Häufigkeit der kommunikativen Beiträge im Verlauf der beiden Behandlungsphasen – Darstellung der drei Subgruppen im Vergleich

Wird der Verlauf nur für die Subgruppen a und b untersucht, so ergibt sich hier sowohl im Sitzungsverlauf ($p < 0.01$) wie auch im Behandlungsverlauf ($p < 0.05$) eine signifikante Zunahme. Eine Ausdifferenzierung der Häufigkeitsrate kommunikativer Beiträge des Kindes in die Spielaktivitäten am Instrument, Vokalisationen und Gesten zeigt Abbildung 37. Die Häufigkeitsrate produzierter Gesten zeigt im Sitzungsverlauf eine sehr leichte Zunahme, die nicht signifikant ist. Im Verlauf der beiden Behandlungsphasen läßt sich allerdings eine signifikante Zunahme feststellen ($p < 0.05$). In der Vokalisationsrate findet sich eine signifikante Zunahme im Sitzungsverlauf ($p < 0.05$) sowie eine Zunahme im Phasenverlauf. Die durchschnittliche Häufigkeit der Spielaktivitäten am Instrument nimmt im Sitzungsverlauf signifikant zu ($p < 0.01$), während im Behandlungsverlauf eine signifikante Abnahme der Spielaktivitäten am Instrument von der ersten zur zweiten Phase zu beobachten ist ($p < 0.05$).

Abbildung 38 zeigt die Häufigkeiten von Spielaktivitäten am Instrument, Vokalisationen und Gesten für den Sitzungsverlauf und den Behandlungsphasenverlauf im Vergleich.

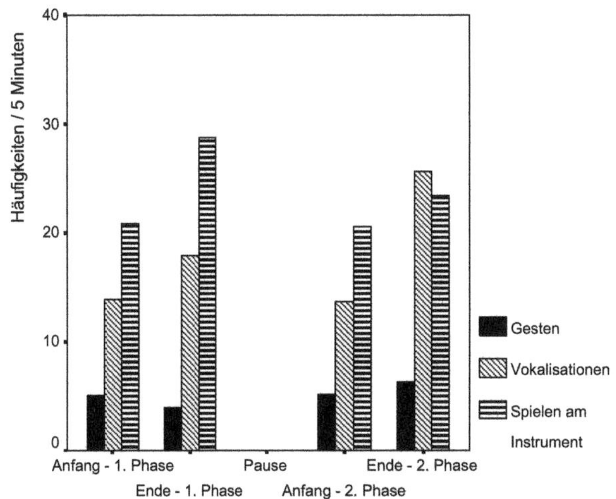

Abbildung 37: Häufigkeiten von Spielen am Instrument, Vokalisationen und Gesten im Verlauf der beiden Behandlungsphasen – Darstellung der Gesamtstichprobe

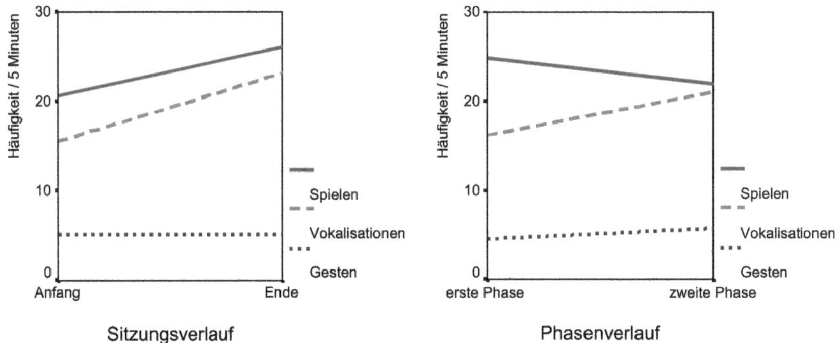

Abbildung 38: Vergleich der Häufigkeiten von Spielen am Instrument, Vokalisationen und Gesten im Verlauf der Sitzungen und der Behandlungsphasen – Darstellung der Gesamtstichprobe

Die Hypothese zur Produktion kommunikativer Beiträge kann – bezogen auf die Häufigkeit produzierter Beiträge – als erhärtet gelten. Es läßt sich sowohl eine signifikante Zunahme der Häufigkeitsrate produzierter kommunikativer Signale im Verlauf der Sitzungen wie eine (ohne Subgruppe c ebenfalls signifikante) Zunahme im Verlauf der beiden Behandlungsphasen beobachten. Tabelle 16 gibt eine Übersicht zu den statistisch signifikanten Veränderungen

Eine weitergehende Differenzierung ergibt für die Vokalisationsrate eine signifikante Zunahme im Verlauf der Sitzungen und eine Zunahme im Verlauf der beiden Behandlungsphasen. Die Häufigkeitsrate produzierter Gesten nimmt im Sitzungsverlauf sehr leicht zu und im Verlauf der Behandlungsphasen signifikant zu. Die Häufigkeit von Spielaktivitäten am Instrument nimmt im Sitzungsverlauf signifikant zu, zeigt jedoch im Verlauf der beiden Behandlungsphasen eine signifikante Abnahme.

Tabelle 16: Übersicht zu den statistisch signifikanten Veränderungen [a] der Häufigkeit kommunikativer Beiträge im Sitzungs- und Phasenverlauf

	Sitzungsverlauf		Phasenverlauf	
untersuchte Gruppe	Gesamtstichprobe (n = 12)	Subgruppen a und b (n = 9)	Gesamtstichprobe (n = 12)	Subgruppen a und b (n = 9)
Häufigkeit	**	**	n.s.	*

Anmerkung:
[a] Vorzeichenrangtest von Wilcoxon; n.s. = nicht signifikant; * = $p < 0.05$ (einseitiger Signifikanztest); ** = $p < 0.01$ (einseitiger Signifikanztest)

7.3.2 Prozentualer Anteil kommunikativer Beiträge

Der prozentuale Anteil kommunikativer Signale nimmt im Verlauf der ersten musiktherapeutischen Behandlungsphase in der Gesamtstichprobe zu von durchschnittlich 18,84 % (SD 7,11) am Beginn der Sitzungen auf durchschnittlich 22,50 % (SD 9,37) am Ende der Sitzungen. Während der zweiten Behandlungsphase steigt der Anteil kommunikativer Signale des Kindes signifikant von durchschnittlich 18,70% (SD 8,22) am Beginn der Sitzungen auf durchschnittlich 24,47 % (SD 10,19) am Ende der Sitzungen ($p < 0.05$). Ein Vergleich aller Anfangs- und Endausschnitte ergibt für den Sitzungsverlauf eine signifikante Zunahme von durchschnittlich 19,37% (SD 7,44) zu Beginn der Sitzungen zu durchschnittlich 23,95% (SD 9,18) am Ende der Sitzungen ($p < 0.05$). Ein Vergleich der beiden Behandlungsphasen zeigt im Phasenverlauf eine Zunahme von durchschnittlich 20,85% (SD 7,41) in der ersten zu durchschnittlich 22,03% (SD 7,77) in der zweiten Phase. Abbildung 39 zeigt den Verlauf des Anteils kommunikativer Beiträge des Kindes für die Gesamtstichprobe.

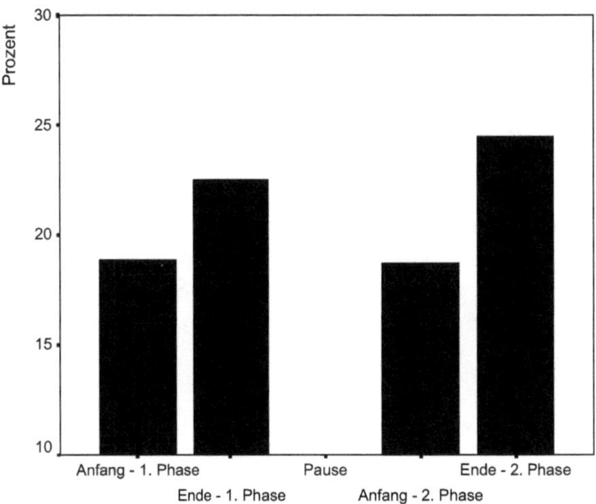

Abbildung 39: Prozentualer Anteil kommunikativer Beiträge im Verlauf der beiden
Behandlungsphasen – Darstellung der Gesamtstichprobe

Abbildung 40 zeigt die prozentualen Anteile kommunikativer Beiträge der drei
Subgruppen im Vergleich.

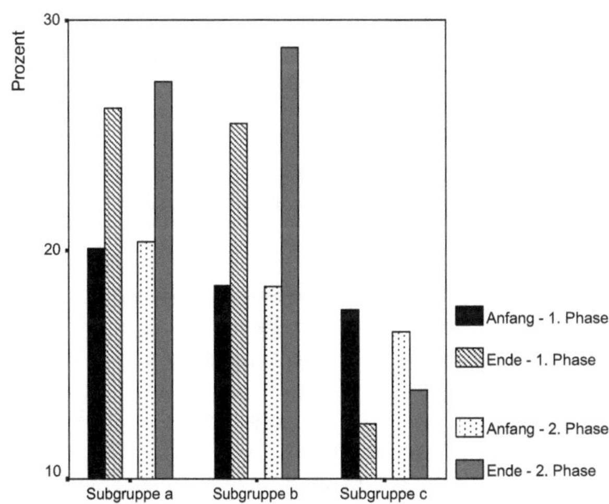

Abbildung 40: Prozentualer Anteil kommunikativer Beiträge im Verlauf der beiden
Behandlungsphasen – Darstellung der drei Subgruppen im Vergleich

Eine Differenzierung in die drei Subgruppen ergibt für die beiden Gruppen a und b hypothesenkonforme Zunahmen des Anteils kommunikativer Beiträge sowohl im Sitzungsverlauf (p < 0.01) wie auch – weniger stark ausgeprägt – im Phasenverlauf. Gruppe c dagegen zeigt im Sitzungsverlauf eine Abnahme des Anteils kommunikativer Beiträge und im Phasenverlauf eine sehr leichte Zunahme.

Eine weitergehende Differenzierung des prozentualen Anteils kommunikativer Beiträge ergibt ein ähnliches Bild wie die Häufigkeitsrate kommunikativer Beiträge. Abbildung 41 zeigt den prozentualen Anteil von Spielaktivitäten am Instrument, Vokalisationen und Gesten für die Gesamtstichprobe.

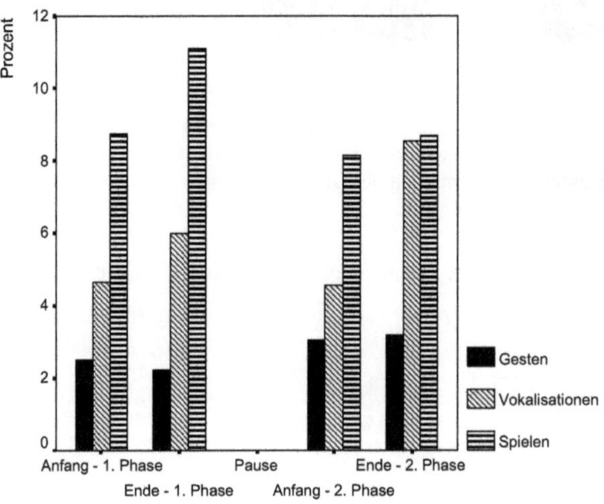

Abbildung 41: Prozentualer Anteil von Spielen am Instrument, Vokalisationen und Gesten im Verlauf der beiden Behandlungsphasen – Darstellung der Gesamtstichprobe

Der prozentuale Anteil der Gesten nimmt im Sitzungsverlauf leicht ab, im Behandlungsphasenverlauf nimmt er dagegen signifikant zu (p < 0.05). Der prozentuale Anteil der Spielaktivitäten am Instrument nimmt im Sitzungsverlauf zu, während er im Behandlungsphasenverlauf signifikant abnimmt (p < 0.05). Der Anteil der Vokalisationen nimmt im Sitzungsverlauf signifikant zu (p < 0.05) und im Behandlungsphasenverlauf zu. Abbildung 42 zeigt die prozentualen Anteile von Spielaktivitäten am Instrument, Vokalisationen und Gesten für den Sitzungsverlauf und den Phasenverlauf im Vergleich. Sowohl Sitzungsverlauf wie auch Phasenverlauf zeigen damit ähnliche Veränderungsmuster wie die Häufigkeitsrate kommunikativer Beiträge.

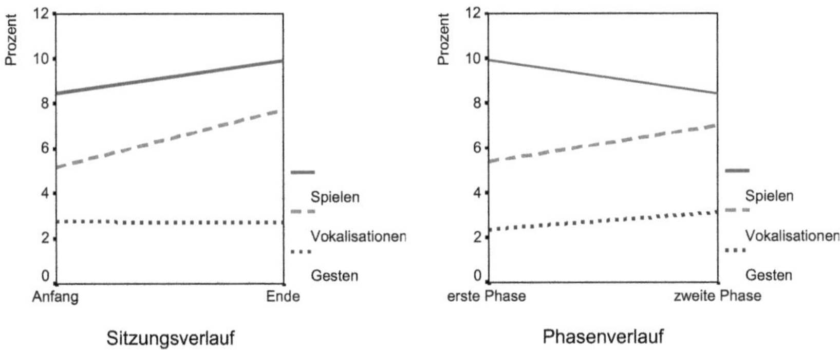

Abbildung 42: Vergleich des prozentuale Anteils von Spielen am Instrument, Vokalisationen und Gesten im Verlauf der Sitzungen und der Behandlungsphasen – Darstellung der Gesamtstichprobe

Tabelle 17: Übersicht zu den statistisch signifikanten Veränderungen [a] des prozentualen Anteils kommunikativer Beiträge im Sitzungs- und Phasenverlauf

	Sitzungsverlauf		Phasenverlauf	
untersuchte Gruppe	Gesamtstichprobe (n = 12)	Subgruppen a und b (n = 9)	Gesamtstichprobe (n = 12)	Subgruppen a und b (n = 9)
prozentualer Anteil	*	**	n.s.	n s

Anmerkung:
[a] Vorzeichenrangtest von Wilcoxon; n.s. = nicht signifikant; * = $p < 0.05$ (einseitiger Signifikanztest); ** = $p < 0.01$ (einseitiger Signifikanztest)

Die Hypothese zur Produktion kommunikativer Beiträge wird – bezogen auf den prozentualen Anteil produzierter Beiträge – für den Verlauf der Sitzungen durch die Ergebnisse gestützt. Es läßt sich im Sitzungsverlauf eine signifikante Zunahme des Anteils produzierter kommunikativer Beiträge beobachten, im Verlauf der beiden Behandlungsphasen wird die Zunahme allerdings nicht statistisch signifikant. Tabelle 17 gibt eine Übersicht zu den statistisch signifikanten Veränderungen. Während im Sitzungsverlauf die Kinder am Ende der Sitzungen anteilig mehr Spielaktivitäten am Instrument und signifikant mehr Vokalisationen produzieren, nimmt der Anteil der Gesten sehr leicht ab. Im Phasenverlauf dagegen nehmen Vokalisationen und Gesten signifikant zu und die Spielaktivitäten am Instrument signifikant ab.

7.3.3 Mittlere Dauer kommunikativer Beiträge

Um die Hypothese zur mittleren Dauer kommunikativer Beiträge zu überprüfen, wurde die durchschnittliche mittlere Dauer der einzelnen Modalitäten *Spielaktivität am Instrument*, *Vokalisationen* und *Gesten* des Kindes einzeln verglichen, da aus den jeweils unterschiedlichen kommunikativen Modalitäten keine sinnvollen Summenwerte gebildet werden können. Abbildung 43 gibt einen Überblick über die mittlere Dauer der verschiedenen kommunikativen Beiträge der Gesamtstichprobe.

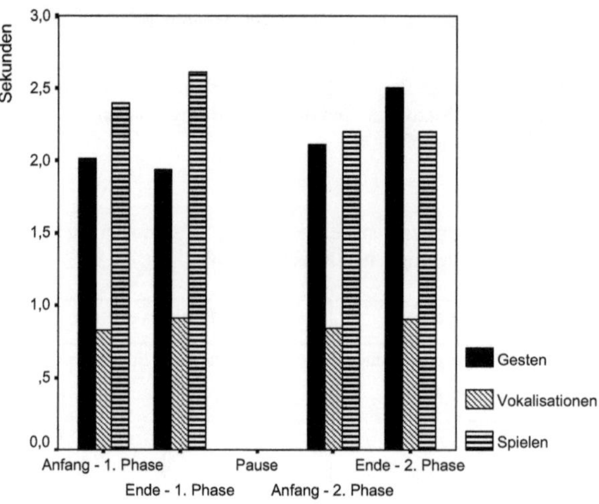

Abbildung 43: Mittlere Dauer von Spielen am Instrument, Vokalisationen und Gesten im Verlauf der beiden Behandlungsphasen – Darstellung der Gesamtstichprobe

Ein Vergleich der durchschnittlichen Dauer der *Spielaktivitäten am Instrument* für die Gesamtstichprobe zeigt im Verlauf der ersten Behandlungphase eine leichte Verlängerung der durchschnittlichen Spielaktivität am Instrument von anfangs 2,40 Sekunden (SD 0,99) auf 2,61 Sekunden (SD 0,96) am Ende der Sitzungen. Im Verlauf der zweiten Behandlungsphase bleibt die durchschnittliche mittlere Dauer der Spielaktivitäten am Instrument mit 2,20 Sekunden (SD 0,96 und 0,68) konstant. Im Sitzungsverlauf läßt sich eine Zunahme der Dauer von durchschnittlich 2,30 Sekunden (SD 0,90) am Anfang der Sitzungen zu durchschnittlich 2,41 Sekunden (SD 0,61) am Ende der Sitzungen feststellen. Im Vergleich der beiden Behandlungsphasen läßt sich dagegen eine Abnahme der mittleren Dauer von durchschnittlich 2,51 Sekunden (SD 0,85) in der ersten Phase zu durchschnittlich 2,20 Sekunden (SD 0,65) in der zweiten Phase beobachten.

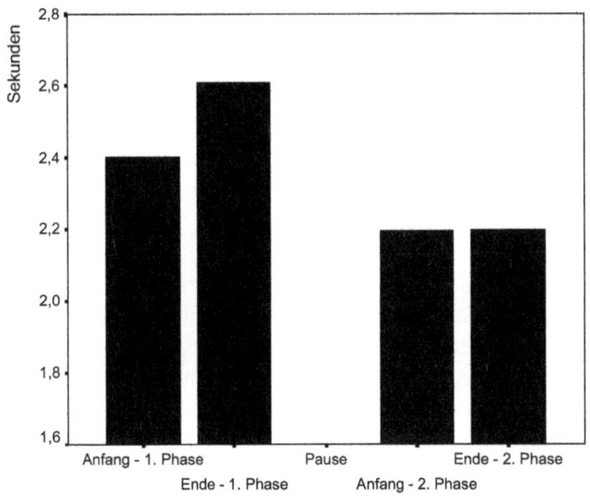

Abbildung 44: Mittlere Dauer der Spielaktivitäten am Instrument im Verlauf der beiden
Behandlungsphasen – Darstellung der Gesamtstichprobe

Abbildung 44 zeigt den Verlauf der mittleren Dauer der Spielaktivitäten am
Instrument für die Gesamtstichprobe. Eine weitergehende Differenzierung in die
drei Subgruppen zeigt ein relativ heterogenes Bild.

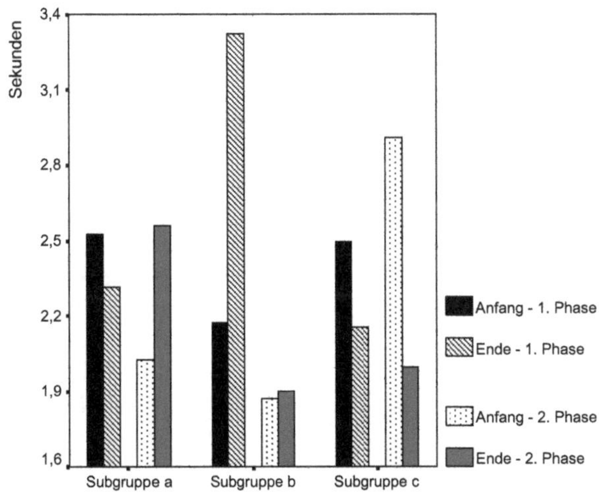

Abbildung 45: Mittlere Dauer der Spielaktivitäten am Instrument im Verlauf der beiden
Behandlungsphasen – Darstellung der drei Subgruppen im Vergleich

Gemeinsam ist allerdings in allen Gruppen eine Abnahme der durchschnittlichen mittleren Dauer der Spielaktivität am Instrument von der ersten zur zweiten Behandlungsphase, die für die Gruppen a und b statistisch signifikant ist ($p < 0.05$). Im Sitzungsverlauf findet sich für die beiden Gruppen a und b eine signifikante Zunahme der durchschnittlichen mittleren Dauer vom Anfang zum Ende der Sitzungen ($p < 0.05$). In Gruppe c läßt sich dagegen eine Abnahme der durchschnittlichen mittleren Dauer vom Anfang zum Ende der Sitzungen beobachten. Abbildung 45 zeigt die drei Subgruppen im Vergleich.

Somit kann die Hypothese zur Produktion kommunikativer Beiträge – bezogen auf die mittlere Dauer der Spielaktivitäten am Instrument lediglich bei den beiden Gruppen a und b für den Sitzungsverlauf erhärtet werden. Im Verlauf der beiden Behandlungsphasen ist dagegen in allen Gruppen eine – für die beiden Gruppen a und b signifikante – Abnahme der durchschnittlichen mittleren Dauer der Spielaktivitäten am Instrument festzustellen. Tabelle 18 gibt eine Übersicht zu den statistisch signifikanten Veränderungen.

Tabelle 18: Übersicht zu den statistisch signifikanten Veränderungen [a] der mittleren Dauer
von Spielaktivitäten am Instrument im Sitzungs- und Phasenverlauf

	Sitzungsverlauf		Phasenverlauf	
untersuchte Gruppe	Gesamtstichprobe (n = 12)	Subgruppen a und b (n = 9)	Gesamtstichprobe (n = 12)	Subgruppen a und b (n = 9)
Spielen am Instrument	n.s.	*	n.s.[b]	*[b]

Anmerkung:
[a] Vorzeichenrangtest von Wilcoxon; [b] Veränderungsrichtung entgegen der Erwartung der Hypothese; n.s. = nicht signifikant; * = $p < 0.05$ (einseitiger Signifikanztest)

Die mittlere Dauer der *Vokalisationen* in der Gesamtstichprobe, wie sie Abbildung 46 zeigt, nimmt im Verlauf der ersten Behandlungsphase leicht zu von anfangs durchschnittlich 0,83 Sekunden (SD 0,22) auf durchschnittlich 0,91 Sekunden (SD 0,29) am Ende der Sitzungen. Im Verlauf der zweiten Behandlungsphase läßt sich eine Zunahme der durchschnittlichen mittleren Dauer von Vokalisationen von anfangs 0,84 Sekunden (SD 0,31) auf 0,90 Sekunden (SD 0,21) am Ende der Sitzungen beobachten. Im Sitzungsverlauf nimmt die mittlere Dauer der Vokalisationen leicht zu von anfangs durchschnittlich 0,88 Sekunden (SD 0,28) auf durchschnittlich 0,92 Sekunden (SD 0,19) am Ende der Sitzungen. Im Phasenverlauf läßt sich eine sehr leichte Abnahme der mittleren Dauer von durchschnittlich 0,90 Sekunden (SD 0,25) in der ersten Phase zu durchschnittlich 0, 89 Sekunden (SD 0,28) in der zweiten Phase beobachten.

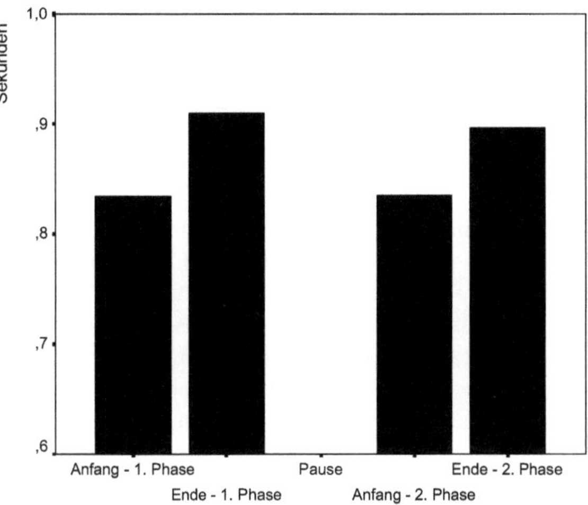

Abbildung 46: Mittlere Dauer der Vokalisationen im Verlauf der beiden Behandlungsphasen
Darstellung der Gesamtstichprobe

Die weitere Differenzierung in die drei Subgruppen zeigt hier für den Sitzungsverlauf in allen drei Gruppen eine weitgehend konforme Zunahme der durchschnittlichen mittleren Dauer der Vokalisationen vom Anfang zum Ende der Sitzungen.

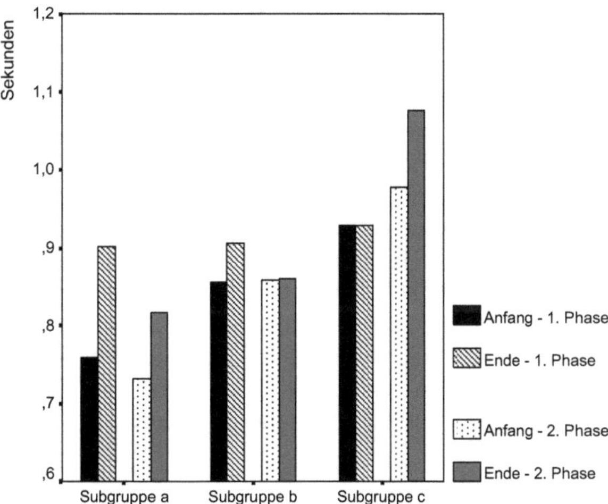

Abbildung 47: Mittlere Dauer der Vokalisationen im Verlauf der beiden Behandlungsphasen –
Darstellung der drei Subgruppen im Vergleich

Einzig die Gruppe c weist im Verlauf der ersten Phase eine durchschnittlich gleichbleibende mittlere Dauer der Vokalisationen auf. Ein Vergleich der beiden Phasen läßt für die Gruppen a und b eine Abnahme der durchschnittlichen Dauer der Vokalisationen von der ersten zur zweiten Phase erkennen, während in der Gruppe c eine Zunahme zu beobachten ist. Abbildung 47 zeigt die drei Subgruppen im Vergleich.

Die Hypothese zur Produktion kommunikativer Beiträge kann – bezogen auf die mittlere Dauer der Vokalisationen – durch die vorliegenden Ergebnisse für den Sitzungsverlauf gestützt werden, da hier eine leichte Zunahme vom Anfang zum Ende der Sitzungen festzustellen ist. Bezogen auf den Phasenverlauf läßt sich einzig in der Gruppe c die erwartete Zunahme der mittleren Dauer der Vokalisationen finden, während in den Gruppen a und b eine Abnahme festzustellen ist. Tabelle 19 gibt eine Übersicht zu den statistisch signifikanten Veränderungen.

Tabelle 19: Übersicht zu den statistisch signifikanten Veränderungen[a] der mittleren Dauer von Vokalisationen im Sitzungs- und Phasenverlauf

	Sitzungsverlauf		Phasenverlauf	
untersuchte Gruppe	Gesamtstichprobe (n = 12)	Subgruppen a und b (n = 9)	Gesamtstichprobe (n = 12)	Subgruppen a und b (n = 9)
Vokalisationen	n.s.	n.s.	n.s.	n.s.

Anmerkung:
[a] Vorzeichenrangtest von Wilcoxon; n.s. = nicht signifikant (einseitiger Signifikanztest)

Die mittlere Dauer der *Gesten* nimmt in der Gesamtstichprobe im Verlauf der ersten Behandlungsphase leicht ab von anfangs durchschnittlich 2,01 Sekunden (SD 1,44) auf durchschnittlich 1,94 Sekunden (SD 1,19) am Ende der Sitzungen. Im Verlauf der zweiten Behandlungsphase läßt sich eine leichte Zunahme der durchschnittlichen mittleren Dauer der Gesten von anfangs 2,11 Sekunden (SD 1,11) auf durchschnittlich 2,51 Sekunden am Ende der Sitzungen feststellen. Im Sitzungsverlauf zeigt sich eine sehr leichte Zunahme von anfangs durchschnittlich 2,44 Sekunden (SD 1,47) zu durchschnittlich 2,48 Sekunden (SD 1,26) am Ende der Sitzungen. Im Phasenverlauf läßt sich für die Gesamtstichprobe eine Zunahme von durchschnittlich 2,24 Sekunden (SD 1,35) in der ersten zu durchschnittlich 2,69 Sekunden (SD 1,31) in der zweiten Phase beobachten. Abbildung 48 zeigt den Verlauf der mittleren Dauer der Gesten für die Gesamtstichprobe.

Eine weitere Differenzierung in die drei Subgruppen, wie sie in Abbildung 49 dargestellt ist, zeigt für die Gruppen a und b im Sitzungsverlauf eine signifikante Zunahme vom Anfang zum Ende der Sitzungen ($p < 0.05$), während in der Gruppe c insgesamt eine Abnahme der mittleren Dauer der Gesten im Sitzungsverlauf festzustellen ist. Im Phasenverlauf ist in den Gruppen b und c eine Zunahme der mittleren Dauer der Gesten von der ersten zur zweiten Phase zu beobachten, während in der Gruppe a eine Abnahme der mittleren Dauer der Gesten im Phasenverlauf festzustellen ist.

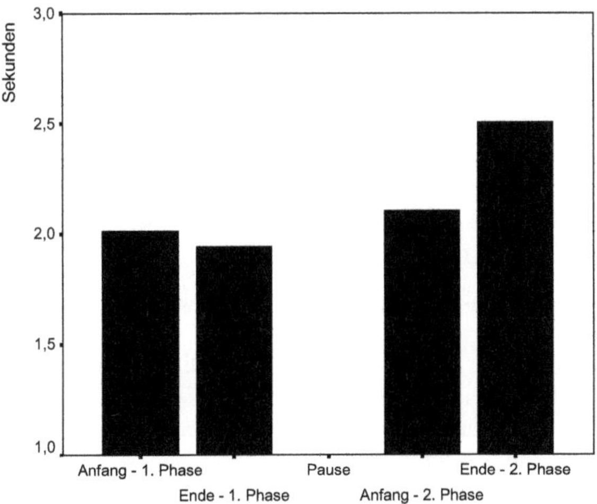

Abbildung 48: Mittlere Dauer der Gesten im Verlauf der beiden Behandlungsphasen – Darstellung der Gesamtstichprobe

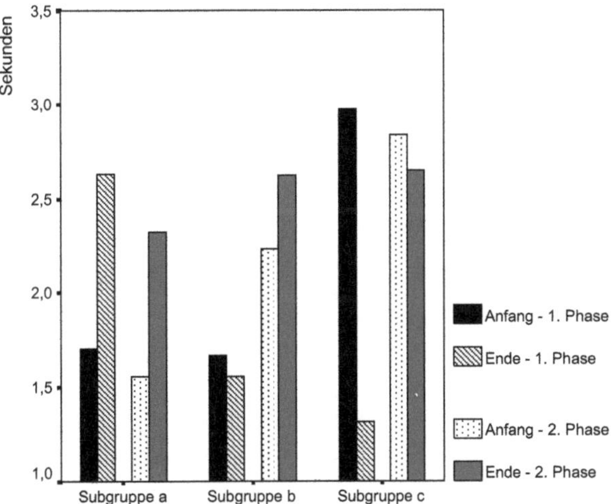

Abbildung 49: Mittlere Dauer der Gesten im Verlauf der beiden Behandlungsphasen Darstellung der drei Subgruppen im Vergleich

Die Hypothese zur Produktion kommunikativer Beiträge kann damit – bezogen auf die mittlere Dauer der Gesten – als gestützt gelten, da im Phasenverlauf und im Sitzungsverlauf eine Zunahme der mittleren Dauer der Gesten festzustellen ist. Tabelle 20 gibt einen Überblick zu den statistisch signifikanten Veränderungen.

Tabelle 20: Übersicht zu den statistisch signifikanten Veränderungen [a] der mittleren Dauer von Gesten im Sitzungs- und Phasenverlauf

	Sitzungsverlauf		Phasenverlauf	
untersuchte Gruppe	Gesamtstichprobe (n = 12)	Subgruppen a und b (n = 9)	Gesamtstichprobe (n = 12)	Subgruppen a und b (n = 9)
Gesten	n.s.	*	n.s.	n.s.

Anmerkung:
[a] Vorzeichenrangtest von Wilcoxon; n.s. = nicht signifikant; * = p < 0.05 (einseitiger Signifikanztest)

Ein Überblick zum Verlauf der durchschnittlichen mittleren Dauer der verschiedenen kommunikativen Beiträge, wie ihn Abbildung 50 für die Gesamtstichprobe zeigt, läßt erkennen, daß im Sitzungsverlauf in allen Modalitäten – Spiel am Instrument, Vokalisationen und Gesten – die durchschnittliche mittlere Dauer leicht zunimmt. Dies ist für die jeweiligen einzelnen Modalitäten der Gesamtstichprobe allerdings nicht statistisch signifikant. Ein zur Überprüfung gerechneter Vorzeichentest von Wilcoxon mit den durchschnittlichen Werten aller drei Modalitäten ergibt jedoch eine signifikante Zunahme vom Anfang zum Ende der Sitzungen (p < 0.05). Im Phasenverlauf zeigt sich in der mittleren Dauer der Spielaktivitäten am Instrument eine Abnahme von der ersten zur zweiten Phase, während die Vokalisationen minimal in der mittleren Dauer abnehmen und die mittlere Dauer der Gesten von der ersten zur zweiten Phase zunimmt.

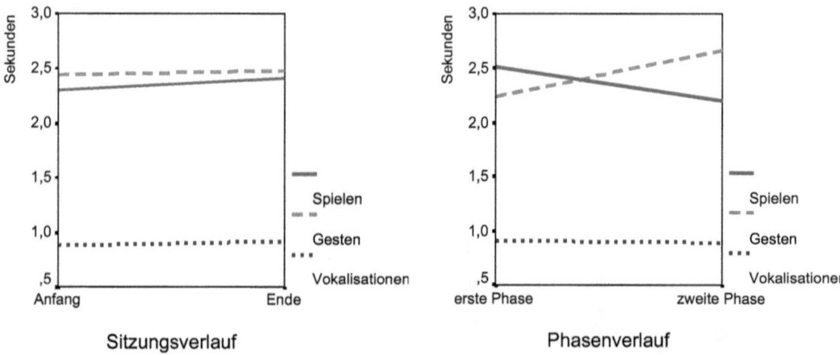

Abbildung 50: Vergleich der mittleren Dauer von Spielen am Instrument, Vokalisationen und Gesten im Verlauf der Sitzungen und der Behandlungsphasen – Darstellung der Gesamtstichprobe

Damit wird die Hypothese zur mittleren Dauer kommunikativer Beiträge für den Sitzungsverlauf durch die vorliegenden Ergebnisse gestützt, da sich in allen drei Modalitäten Zunahmen in der mittleren Dauer zeigen, die allerdings nur in einem künstlichen Gesamtwert statistisch signifikant werden.

Tabelle 21: Übersicht zu den statistisch signifikanten Veränderungen [a] der mittleren Dauer kommunikativer Beiträge im Sitzungs- und Phasenverlauf

	Sitzungsverlauf		**Phasenverlauf**	
untersuchte Gruppe	Gesamtstichprobe (n = 12)	Subgruppen a und b (n = 9)	Gesamtstichprobe (n = 12)	Subgruppen a und b (n = 9)
Gesamt [b]	*	**	**n.s.**	**n.s.**
Spielen am Instrument	n.s.	*	n.s.[c]	*[c]
Vokalisationen	n.s.	n.s.	n.s.	n.s.
Gesten	n.s.	*	n.s.	n.s.

Anmerkung:
[a] Vorzeichenrangtest von Wilcoxon; [b] lediglich zur Überprüfung der Hypothese gerechneter Vergleich; [c] Veränderungsrichtung entgegen der Erwartung der Hypothese; n.s. = nicht signifikant; * = $p < 0.05$ (einseitiger Signifikanztest); ** = $p < 0.01$ (einseitiger Signifikanztest)

Dagegen kann die Hypothese zur Zunahme der mittleren Dauer kommunikativer Beiträge für den Phasenverlauf nur in der Modalität der Gesten erhärtet werden, da sowohl die mittlere Dauer der Spielaktivität am Instrument wie auch die mittlere Dauer der Vokalisationen abnehmen. Tabelle 21 gibt eine Übersicht zu den statistisch signifikanten Veränderungen.

7.3.4 Zusammenfassung Produzieren kommunikativer Beiträge

Die Hypothese zur Produktion von kommunikativen Beiträgen wird für den Sitzungsverlauf bezogen auf die Häufigkeitsrate, den prozentualen Anteil und die mittlere Dauer kommunikativer Beiträge durch die jeweils signifikante Zunahme der gefundenen Ergebnisse gestützt. Für den Phasenverlauf wird sie bezogen auf die Häufigkeitsrate und den prozentualen Anteil ebenfalls durch die vorliegenden Ergebnisse gestützt, da beide Parameter Zunahmen aufweisen. Der Parameter mittlere Dauer weist nur bei den Gesten eine signifikante Zunahme von der ersten zur zweiten Phase auf. Tabelle 22 gibt eine entsprechende Übersicht.

Die weitergehende Differenzierung ergibt bei den Vokalisationen für Sitzungs- wie Phasenverlauf eine hypothesenanaloge Zunahme. Die Gesten weisen im Phasenverlauf stets Zunahmen auf, im Sitzungsverlauf allerdings nur im Parameter mittlere Dauer.

Tabelle 22: Übersicht zu den statistischen Veränderungen[a] aller Parameter
kommunikativer Beiträge im Sitzungs- und Phasenverlauf

untersuchte Gruppe	Sitzungsverlauf		Phasenverlauf	
	Gesamtstichprobe (n = 12)	Subgruppen a und b (n = 9)	Gesamtstichprobe (n = 12)	Subgruppen a und b (n = 9)
Häufigkeit	**	**	n.s.	*
prozentualer Anteil	*	**	n.s.	n.s.
mittlere Dauer	*	**	n.s.	n.s.

Anmerkung:
[a] Vorzeichenrangtest von Wilcoxon; n.s. = nicht signifikant; * = p < 0.05 (einseitiger Signifikanztest); ** = p < 0.01 (einseitiger Signifikanztest)

Die Spielaktivitäten am Instrument schließlich zeigen im Sitzungs- und Phasenverlauf jeweils entgegengesetzte Verlaufsrichtungen: Während sie im Sitzungsverlauf in allen Parametern Zunahmen aufweisen, sind im Phasenverlauf in allen Parametern Abnahmen zu finden.

7.4 Intentionale kommunikative Bezugnahme

Die Bezogenheit kommunikativer Beiträge des Kindes wurde operationalisiert durch den Anteil der Spielaktivitäten des Kindes am Instrument (mit der Kodierung *Spielen2* Klang erzeugen), die innerhalb eines 2-Sekunden-Fensters nach dem Ende der Spielaktivität von einem Blick zur Therapeutin (mit den Kodierungen *Blick2* ins Gesicht der Therapeutin und *Blick4* auf den Rest der Therapeutin) gefolgt werden. Entsprechend wird das jeweils angegebene Maß berechnet als Quotient aus der Häufigkeit von Spielaktivitäten am Instrument mit anschließendem Blick zur Therapeutin bezogen auf die Gesamthäufigkeit der Spielaktivitäten am Instrument. Der Quotient wird transformiert in den prozentualen Anteil.

In einer weitergehenden Differenzierung wird der Anteil auf die Therapeutin bezogener kommunikativer Beiträge des Kindes kontrastiert mit dem Anteil nicht auf sie bezogener kommunikativer Beiträge. Diese sind operationalisiert durch den Anteil der Spielaktivitäten des Kindes am Instrument, die innerhalb eines 2-Sekunden-Fensters nach dem Ende der Spielaktivität von einem Blick zum Instrument (mit den Kodierungen *Blick1* auf das Instrument und *Blick3* auf den Gegenstand der Spielaktivität) gefolgt werden. Entsprechend wird das jeweils angegebene Maß berechnet als Quotient aus der Häufigkeit von Spielaktivitäten am Instrument mit anschließendem Blick zum Instrument bezogen auf die Gesamthäufigkeit der Spielaktivitäten am Instrument, der dann in den prozentualen Anteil transformiert wird.

Alle angegebenen Daten beziehen sich jeweils auf 5-Minuten-Ausschnitte vom Beginn und vom Ende der musiktherapeutischen Sitzungen. Bei allen Abbildungen sind jeweils die arithmetischen Mittelwerte angegeben.

7.4.1 Bezugnahme auf die Therapeutin

Der prozentuale Anteil der Spielaktivitäten am Instrument, die intentional auf die Therapeutin bezogen sind, nimmt in der Gesamtstichprobe im Verlauf der ersten Behandlungsphase zu von anfangs durchschnittlich 31,62% (SD 10,29) auf durchschnittlich 35,60% (SD 18,44) am Ende der Sitzungen. Im Verlauf der zweiten Behandlungsphase läßt sich eine signifikante Zunahme von anfangs durchschnittlich 33,75% (SD 10,29) auf durchschnittlich 43,85% (SD 15,44) am Ende der Sitzungen beobachten ($p < 0.05$). Ein Vergleich aller Anfangs- und Endausschnitte der musiktherapeutischen Sitzungen zeigt eine Zunahme von durchschnittlich 32,61% (SD 7,60) am Anfang zu 39,51% (SD 16,38) am Ende der Sitzungen. Der Vergleich von erster und zweiter musiktherapeutischer Behandlungsphase zeigt eine signifikante Zunahme von durchschnittlich 32,17% (SD 10,62) in der ersten Phase zu durchschnittlich 38,36% (SD 7,44) in der zweiten Phase ($p < 0.05$). Abbildung 51 zeigt den Verlauf für die Gesamtstichprobe. Eine Differenzierung in die drei Subgruppen zeigt hier ein für alle drei Gruppen ähnliches Veränderungsbild. Sowohl im Sitzungsverlauf wie auch im Phasenverlauf finden sich Zunahmen im Anteil bezogener kommunikativer Beiträge.

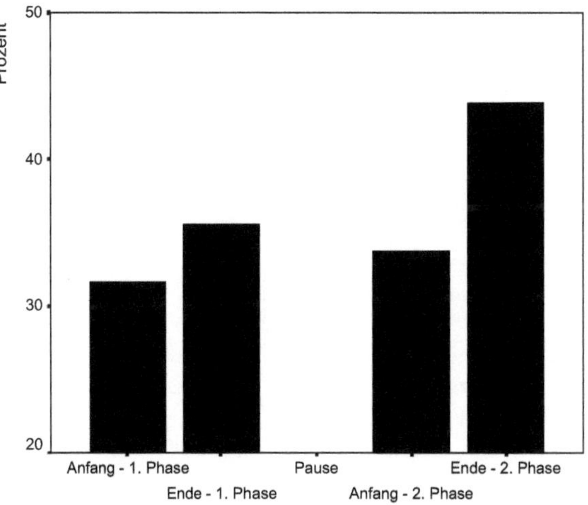

Abbildung 51: Anteil bezogener kommunikativer Beiträge im Verlauf der beiden Behandlungsphasen – Darstellung der Gesamtstichprobe

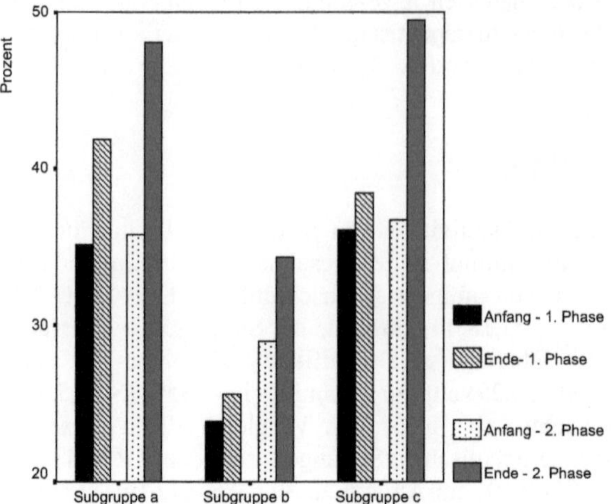

Abbildung 52: Anteil bezogener kommunikativer Beiträge im Verlauf der beiden
Behandlungsphasen – Darstellung der drei Subgruppen im Vergleich

Abbildung 52 zeigt die drei Subgruppen im Vergleich. Bemerkenswert scheint der
im Vergleich zu den Gruppen a und c relativ niedrige Anteil der Gruppe b. Dies
könnte möglicherweise aus der hohen Gesamthäufigkeit von Spielaktivitäten der
Gruppe b resultieren. Ein Vergleich mit der absoluten Häufigkeit gerichteter
Spielaktivitäten am Instrument, wie ihn Abbildung 53 zeigt, ergibt jedoch ein
ähnliches Verhältnis. Auffällig ist hier ebenso der relativ hohe Anteil von bezogenen Spielaktivitäten in der Gruppe c, der darauf hinweist, daß von den eher wenigen Spielaktivitäten am Instrument sehr viele durch einen nachfolgenden Blick
zur Therapeutin auf diese bezogen sind.

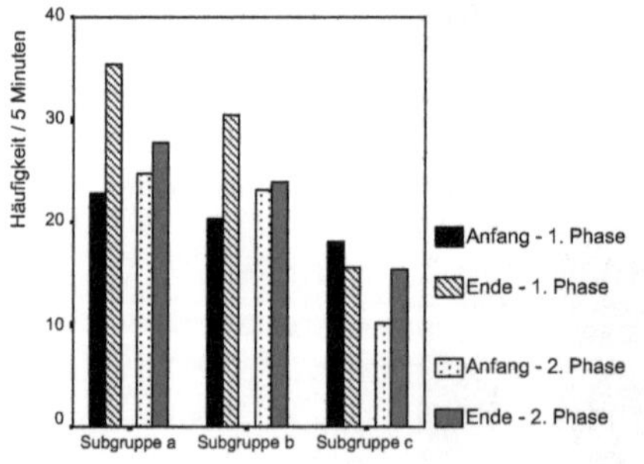

Häufigkeiten Spielen am Instrument   Häufigkeit bezogener Beiträge

Abbildung 53: Vergleich der mittleren Häufigkeit von Spielaktivitäten am Instrument und der
mittleren Häufigkeit von bezogenen Spielaktivitäten am Instrument im Verlauf
der beiden Behandlungsphasen – Darstellung der drei Subgruppen im
Vergleich

Der Phasenverlauf für die drei Subgruppen läßt erkennen, wie bei in allen drei Subgruppen abnehmenden Häufigkeiten der Spielaktivitäten am Instrument die absolute Häufigkeit intentional auf die Therapeutin gerichteter Beiträge in den Subgruppen b und c zunimmt.

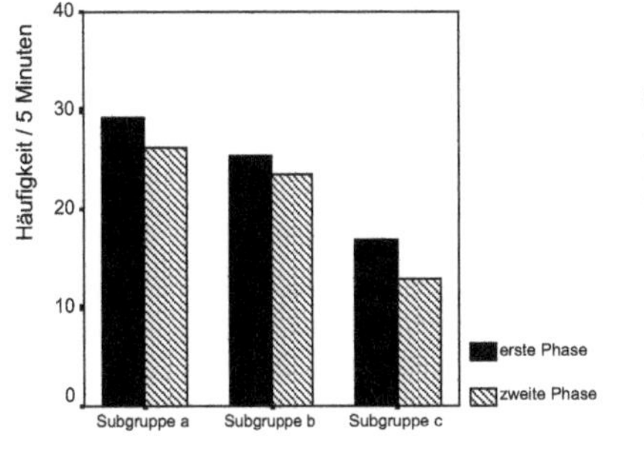

Häufigkeit Spielen am Instrument

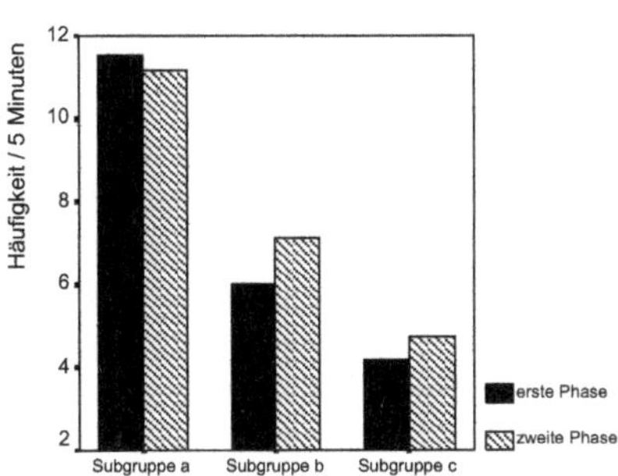

Häufigkeit gerichteter Beiträge

Abbildung 54: Vergleich der mittleren Häufigkeit von Spielaktivitäten am Instrument und der mittleren Häufigkeit von bezogenen Spielaktivitäten am Instrument im Vergleich der beiden Behandlungsphasen – Darstellung der drei Subgruppen

Abbildung 54 zeigt einen Vergleich der absoluten Häufigkeit von Spielaktivitäten am Instrument mit der Häufigkeit intentional auf die Musiktherapeutin gerichteter Spielaktivitäten am Instrument. Im Anteil der Spielaktivitäten am Instrument, die intentional auf die Therapeutin bezogen sind, lassen sich im Vergleich von Anfang und Ende der musiktherapeutischen Sitzungen Zunahmen und im Verlauf der beiden Behandlungsphasen signifikante Zunahmen beobachten.

7.4.2 Bezugnahme auf das Instrument

Eine Kontrastierung mit dem Anteil der Spielaktivitäten, die nicht auf die Therapeutin, sondern auf das Instrument bezogen sind und damit als nicht bezogene kommunikative Beiträge betrachtet werden, zeigt einen nahezu komplementären Verlauf während der beiden Behandlungsphasen. Abbildung 55 zeigt den Verlauf für die Gesamtstichprobe.

Der durchschnittliche prozentuale Anteils der nicht bezogenen kommunikativen Beiträge nimmt vom Beginn zum Ende der Sitzungen ab. Auch von der ersten zur zweiten Phase ist eine Abnahme zu beobachten. Abbildung 56 zeigt den Sitzungs- und Behandlungsphasenverlauf für den Anteil bezogener und nicht bezogener Spielaktivitäten des Kindes am Instrument.

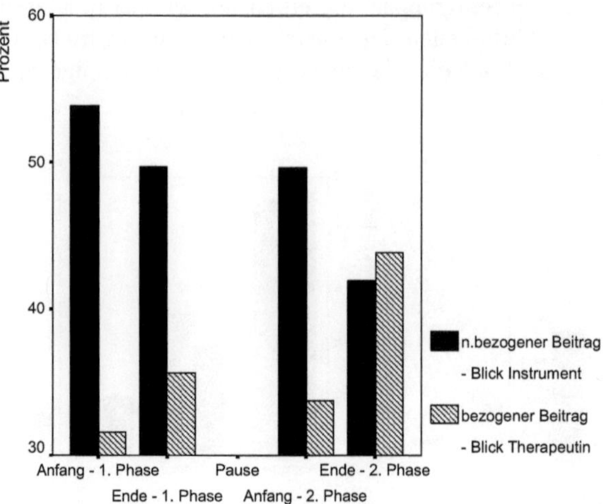

Abbildung 55: Vergleich des Anteil bezogener kommunikativer Beiträge und des Anteils nicht bezogener kommunikativer Beiträge im Verlauf der beiden Behandlungsphasen – Darstellung der Gesamtstichprobe

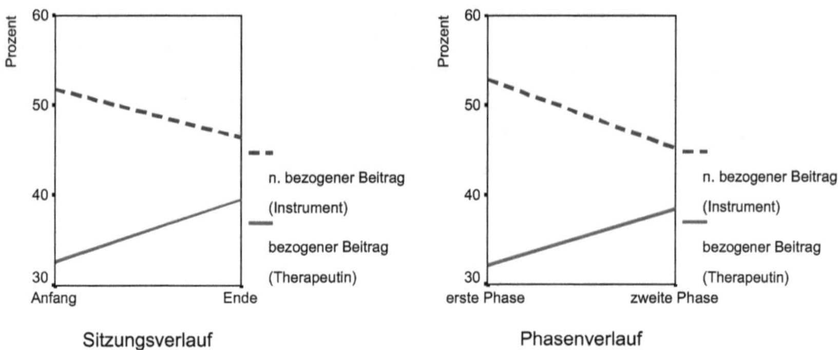

Abbildung 56: Vergleich des Anteil bezogener kommunikativer Beiträge und des Anteils nicht bezogener kommunikativer Beiträge im Verlauf der Sitzungen und der Behandlungsphasen – Darstellung der Gesamtstichprobe

Die Hypothese zur bezogenen Kommunikation wird damit in der Gesamtstichprobe sowohl für den Sitzungsverlauf wie auch für den Phasenverlauf durch die vorliegenden Ergebnisse gestützt, da im Sitzungsverlauf vom Anfang der musiktherapeutischen Sitzungen zum Ende eine Zunahme des Anteils bezogener kommunikativer Beiträge zu beobachten ist, und im Verlauf der gesamten musiktherapeutischen Behandlung von der ersten zur zweiten Behandlungsphase eine signifikante Zunahme des Anteils bezogener Kommunikation festzustellen ist. Tabelle 23 gibt eine Übersicht zu den statistischen Veränderungen. Komplementär dazu nimmt der Anteil nicht auf die Therapeutin, sondern auf das Instrument oder die Spielaktivität bezogener kommunikativer Beiträge im Sitzungsverlauf wie auch im Phasenverlauf ab.

Tabelle 23: Übersicht zu den statistischen Veränderungen[a] des Anteils bezogener kommunikativer Beiträge im Sitzungs- und Phasenverlauf

	Sitzungsverlauf		**Phasenverlauf**	
untersuchte Gruppe	Gesamtstichprobe (n = 12)	Subgruppen a und b (n = 9)	Gesamtstichprobe (n = 12)	Subgruppen a und b (n = 9)
prozentualer Anteil	n.s.	*	*	n.s.

Anmerkung:
[a] Vorzeichenrangtest von Wilcoxon; n.s. = nicht signifikant; * = p< 0.05 (einseitiger Signifikanztest)

7.5 Kontingente kommunikative Reaktion

Die Hypothese zu den kontingenten kommunikativen Reaktionen des Kindes auf die Musiktherapeutin konnte, wie bereits dargelegt, aus technischen Gründen nur an zwei Einzelfallstudien exemplarisch überprüft werden. Kontingente kommunikative Reaktionen des Kindes wurden zum einen erfaßt durch die kontingente Aufmerksamkeitsausrichtung des Kindes auf die Musiktherapeutin (mit den Kodierungen *Blick2* ins Gesicht der Therapeutin und *Blick4* auf den Rest der Therapeutin) nach deren musikalischem Beitrag (mit den Kodierungen *musikalischer Beitrag2* Klang darbieten, *musikalischer Beitrag3* Lied darbieten und *musikalischer Beitrag4* Lied mit Begleitung darbieten). Dies wurde operationalisiert durch eine Blickausrichtung des Kindes auf die Therapeutin innerhalb eines 2-Sekunden-Fensters nach dem Ende eines musikalischen Beitrags der Therapeutin.

Zum anderen wurde das kontingente kommunikative Reagieren des Kindes erfaßt durch seine eigenen musikalischen Beiträge (mit den Kodierungen *Spielen1* Bewegen am Instrument, *Spielen2* Klang erzeugen, *Spielen4* Bewegen mit dem Instrument und *Spielen5* rhythmisches Bewegen), nach einem musikalischen Beitrag der Musiktherapeutin. Dies wurde operationalisiert durch eine musikalische Aktivität – Spielen oder Bewegen am Instrument oder mit dem Instrument – des Kindes innerhalb eines 2-Sekunden-Fensters nach dem Ende des musikalischen Beitrags der Therapeutin. Die in den Darstellungen angegeben Werte sind prozentuale Transformationen der Quotienten aus der Häufigkeit der musikalischen Beiträge der Musiktherapeutin, die kontingent durch das Kind beantwortet werden, bezogen auf die Gesamthäufigkeit der musikalischen Beiträge der Musiktherapeutin. Alle angegebenen Daten beziehen sich jeweils auf 5-Minuten-

Ausschnitte vom Beginn und vom Ende der musiktherapeutischen Sitzungen. Bei allen Abbildungen sind jeweils die Mittelwerte angegeben.

7.5.1 Kontingente Aufmerksamkeitsausrichtung

Die kontingente Aufmerksamkeitsreaktion der beiden Kinder nimmt im Verlauf der ersten Behandlungsphase zu von durchschnittlich 32,00% (SD 14,14) Blickzuwendungen des Kindes nach dem musikalischen Beitrag der Therapeutin am Anfang der Sitzungen auf durchschnittlich 37,00% (SD 9,90) am Ende der Sitzungen. Im Verlauf der zweiten Behandlungsphase läßt sich ebenfalls eine Zunahme von anfangs durchschnittlich 48,50% (SD 3,54) auf durchschnittlich 51,00% (SD 0,00) am Ende der Sitzungen beobachten. Abbildung 57 zeigt für die beiden Kinder 02 und 06 den Behandlungsverlauf.

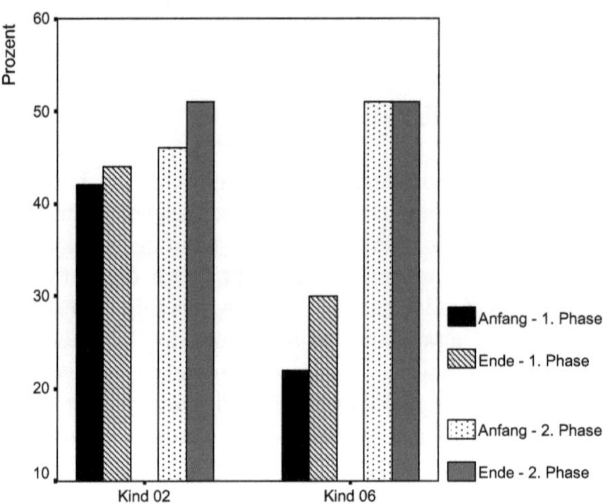

Abbildung 57: Anteil kontingenter Aufmerksamkeitsausrichtung im Verlauf der beiden Behandlungsphasen – Darstellung der Einzelfälle 02 und 06 im Vergleich

Im Sitzungsverlauf ist eine Zunahme von durchschnittlich 39,00% (SD 7,07) zu Beginn der Sitzungen zu durchschnittlich 44,00% (SD 5,66) am Ende der Sitzungen festzustellen. Im Phasenverlauf läßt sich ebenfalls eine Zunahme feststellen von durchschnittlich 34,00% (SD 12,73) in der ersten Phase zu durchschnittlich 50,00% (SD 1,42) in der zweiten Phase. Abbildung 58 zeigt den Sitzungsverlauf und den Behandlungsphasenverlauf des Anteils der kontingenten Aufmerksamkeitsreaktion für die beiden Kinder 02 und 06 im Vergleich.

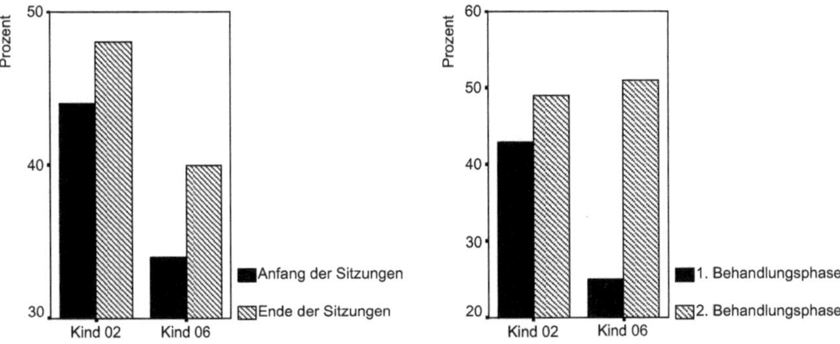

Abbildung 58: Anteil kontingenter Aufmerksamkeitsausrichtung im Sitzungsverlauf und Phasenverlauf – Darstellung der Einzelfälle 02 und 06 im Vergleich

Damit entsprechen die Verläufe der beiden Einzelfälle den Erwartungen wie sie in der Hypothese zur kontingenten kommunikativen Aufmerksamkeitsreaktion auf musikalische Beiträge der Therapeutin formuliert wurden, da sowohl im Sitzungsverlauf als auch im Phasenverlauf der Anteil derjenigen musikalischen Beiträge der Therapeutin, der kontingent von einer Aufmerksamkeitsreaktion des Kindes gefolgt wird, zunimmt.

7.5.2 Kontingenter kommunikativer Beitrag

Der Anteil kontingenter kommunikativer Reaktionen des Kindes auf den musikalischen Beitrag der Musiktherapeutin in Form eines eigenen musikalischen Beitrags nimmt im Verlauf der ersten Phase ab von durchschnittlich 58,00% (SD 24,04) kontingent beantworteter musikalischer Beiträge der Therapeutin am Anfang der Sitzungen auf durchschnittlich 52,50% (SD 16,68) am Ende der Sitzungen. Im Verlauf der zweiten Phase nehmen die kontingenten musikalischen Reaktionen des Kindes zu von anfangs durchschnittlich 49,00% (SD 32,53) auf 56,50% (SD 6,36) am Ende der Sitzungen. Abbildung 59 zeigt für die beiden Kinder 02 und 06 den Behandlungsverlauf.

Im Sitzungsverlauf läßt sich eine leichte Zunahme des Anteils kontingenter musikalisch-kommunikativer Reaktionen des Kindes beobachten von anfangs durchschnittlich 54,50% (SD 27,58) zu durchschnittlich 55,50% (SD 10,75) am Ende der Sitzungen. Im Behandlungsphasenverlauf nimmt der Anteil kontingenter musikalisch-kommunikativer Reaktionen des Kindes dagegen leicht ab von durchschnittlich 56,00% (SD 21,21) in der ersten Phase auf durchschnittlich 55,00% (SD 16,97) in der zweiten Phase. Abbildung 60 zeigt den Sitzungsverlauf und den Behandlungsphasenverlauf des Anteils der kontingenten musikalisch-kommunikativen Reaktionen für die beiden Kinder 02 und 06 im Vergleich.

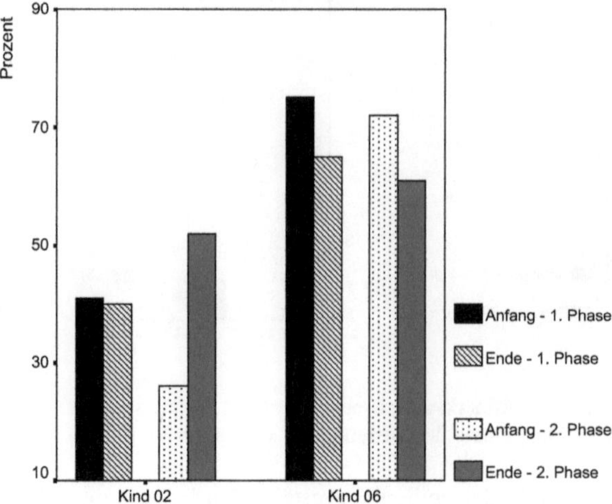

Abbildung 59: Anteil kontingenter kommunikativer Beiträge im Verlauf der beiden
Behandlungsphasen – Darstellung der Einzelfälle 02 und 06 im Vergleich

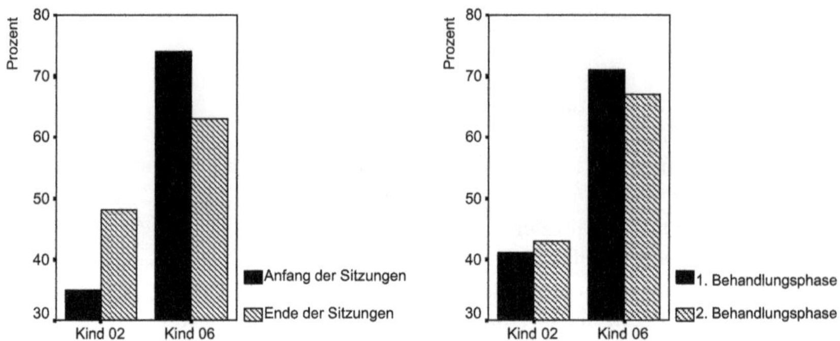

Abbildung 60: Anteil kontingenter kommunikativer Reaktionen im Sitzungsverlauf und
Phasenverlauf – Darstellung der Einzelfälle 02 und 06 im Vergleich

Wird der Anteil der kontingenten Aufmerksamkeitsausrichtung des Kindes dem
kontingenten musikalischen Beitrag des Kindes jeweils nach einem musikalischen
Beitrag der Therapeutin gegenübergestellt, so zeigt sich im Verlauf der gesamten
Behandlungsphase für die durchschnittlichen Anteile der beiden Kinder 02 und 06
zusammen eine kontinuierlich hypothesenkonforme Zunahme des Anteils kontingenter Aufmerksamkeitsausrichtung, während die kontingenten musikalischen
Reaktionen der beiden Kinder nicht erwartungsgemäß verlaufen. Abbildung 61
zeigt den Verlauf für die durchschnittlichen Werte der beiden Kinder 02 und 06.

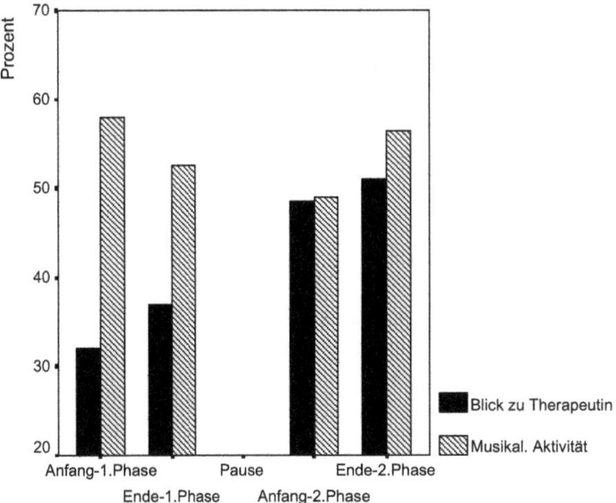

Abbildung 61: Vergleich des Anteil kontingenter Aufmerksamkeitsausrichtung und des Anteils kommunikativer Beiträge im Verlauf der beiden Behandlungsphasen – Darstellung der durchschnittlichen Werte für die Einzelfälle 02 und 06

Ein Vergleich von Sitzungs- und Phasenverlauf für die kontingente Aufmerksamkeitsausrichtung und die kontingenten musikalischen Beiträge der Kinder 02 und 06 zusammen zeigt eine hypothesenkonforme Zunahme beider Parameter für den Sitzungsverlauf. Während im Phasenverlauf die kontingente Aufmerksamkeitsausrichtung hypothesenkonform zunimmt, nimmt die kontingente musikalische Reaktion beider Kinder jedoch entgegen der Erwartung leicht ab. Abbildung 62 zeigt den Sitzungs- und Behandlungsphasenverlauf für die durchschnittlichen summierten Werte der Kinder 02 und 06.

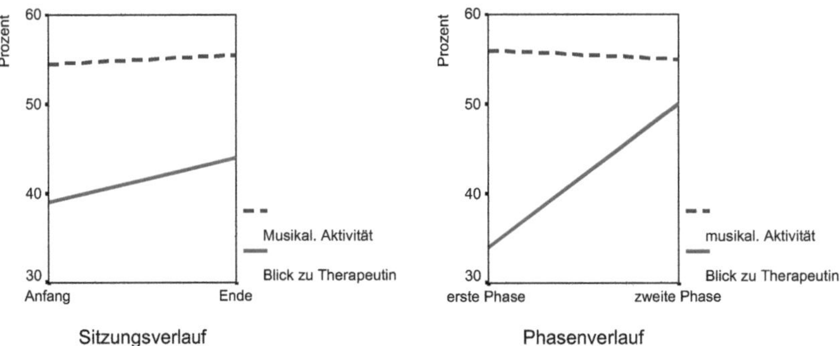

Abbildung 62: Vergleich des Anteils kontingenter Aufmerksamkeitsausrichtung und des Anteils kommunikativer Beiträge im Verlauf der Sitzungen und der Phasen – Darstellung der durchschnittlichen Werte der Einzelfälle 02 und 06

Der in der Hypothese zur kontingenten kommunikativen Reaktion des Kindes auf die musikalischen Beiträge der Therapeutin formulierten Erwartung entspricht lediglich der Verlauf von Kind 02, da es sowohl im Sitzungsverlauf wie auch im Phasenverlauf eine Zunahme des Anteils kontingenter kommunikativer Reaktion zeigt, während sich bei Kind 06 sowohl im Sitzungs- wie im Phasenverlauf eine Abnahme des Anteils kontingenter kommunikativer Reaktionen beobachten läßt. Tabelle 24 gibt eine Übersicht zu den statistischen Veränderungen des Anteils kontingenter kommunikativer Reaktionen auf musikalische Beiträge der Musiktherapeutin im Sitzungs- und Phasenverlauf.

Tabelle 24: Übersicht zu den statistischen Veränderungen [a] des Anteils kontingenter kommunikativer Reaktionen auf musikalische Beiträge der Musiktherapeutin im Sitzungs- und Phasenverlauf

	Sitzungsverlauf		Phasenverlauf	
untersuchtes Kind	Kind 02	Kind 06	Kind 02	Kind 06
Aufmersamkeitsausrichtung	X	X	X	X
Kommunikative Reaktion	X	/	X	/

Anmerkung:
[a] Vorzeichenrangtest von Wilcoxon; x = hypothesenkonformer Verlauf; / = nicht hypothesenkonformer Verlauf

Die kontingenten kommunikativen Reaktionen der beiden Einzelfall-Verläufe stimmen – bezogen auf die kontingente Aufmerksamkeitsausrichtung – mit den in den Hypothesen formulierten Erwartungen überein. Sowohl im Sitzungsverlauf wie auch im Phasenverlauf zeigen sich Zunahmen des Anteils kontingenter Aufmerksamkeitsausrichtung. Bezogen auf die kontingenten kommunikativen Beiträge des Kindes kann bei den beiden Einzelfällen lediglich eine Zunahme im Sitzungsverlauf beobachtet werden. Für eine Erhärtung der Hypothese müßten selbstverständlich mehr als zwei Einzelfälle zugrundegelegt werden.

7.6 Dialogische Abstimmung

Für die Überprüfung der Hypothese zur dialogischen Abstimmung konnte, wie bereits erwähnt, aus technischen Gründen nur eine exemplarische Einzelfall-analyse von Kind 06 durchgeführt werden. Damit der Kontext der untersuchten Ausschnitte möglichst vergleichbar ist, wurden aus jeder Sitzung 5 Minuten aus-gewählt, in denen Kind und Musiktherapeutin am Klavier spielen. Es handelt sich dabei um Ausschnitte, in denen die Musiktherapeutin das Kind als *besonders musikalisch aktiv* eingeschätzt hat. Das Ausmaß der dialogischen Abstimmung wurde erfaßt durch die Anzahl reziproker Abwechslungen (*turns*), die eine Kette von dialogischen Wechseln zwischen Kind und Musiktherapeutin aufweist. Ein dialogischer Wechsel wurde operationalisiert durch das Aufeinanderfolgen von musikalischen Spielaktivitäten am Instrument von Kind (mit der Kodierung *Spielen2* Klang erzeugen) oder Therapeutin (mit der Kodierung musikalischer *Beitrag2* Klang darbieten) innerhalb eines 2-Sekunden-Fensters nach dem Ende einer Spielaktivität am Instrument. Fängt eine der Personen – Kind oder Therapeutin – an zu spielen, noch während die andere spielt, spielt also gewissermaßen in das Spiel der anderen hinein, so gilt die Kette als unterbrochen. Neben der Anzahl von Abwechslungen (*turns*) einer dialogischen Kette wurde als zweites Maß ein Quotient berechnet, der den Anteil der Häufigkeiten von Spielaktivitäten des Kindes am Instrument angibt, der am gemeinsamen dialogischem Spiel beteiligt ist. Dieser Anteil wiederum wurde berechnet aus der halbierten Anzahl der Kettenlänge (entspricht den Häufigkeiten der Spielaktivitäten einer Person, die am dialogischen Spiel beteiligt sind) bezogen auf die Gesamthäufigkeit der Spielaktivitäten am Instrument. Der Quotient wurde transformiert in den prozentualen Anteil der Spielaktivitäten des Kindes am Instrument, die am gemeinsamen dialogischen Spiel beteiligt sind. Ergänzend wurde der Anteil an gleichzeitigen Spielaktivitäten des Kindes und der Therapeutin am Instrument (Überschneidungen im Spiel) ermittelt. Alle angegebenen Daten beziehen sich jeweils auf   5-Minuten-Ausschnitte der musiktherapeutischen Sitzungen. Bei allen Abbildungen sind jeweils die Mittelwerte angegeben.

7.6.1 Länge dialogischer Abfolgen

Die durchschnittliche Länge der dialogischen Abfolgen schwankt im Verlauf der gesamten musiktherapeutischen Behandlung von Kind 06. Wie Abbildung 63 zeigt, läßt sich allerdings erkennen, daß die Länge dialogischer Abfolgen in den Sitzungen 6–10 der zweiten Behandlungsphase zunimmt.

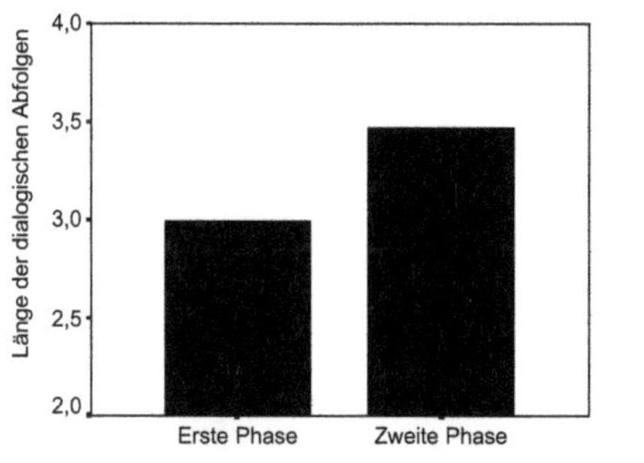

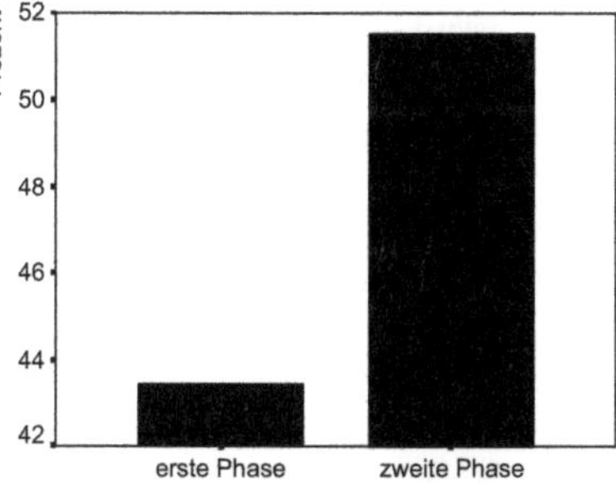

Abbildung 64: Vergleich der Länge dialogischer Abfolgen von Spielaktivitäten am Instrument mit dem Anteil von Spielaktivitäten des Kindes am Instrument, die an dialogischem Spiel beteiligt sind, im Verlauf der Behandlung – Darstellung der Werte für den Einzelfall 06

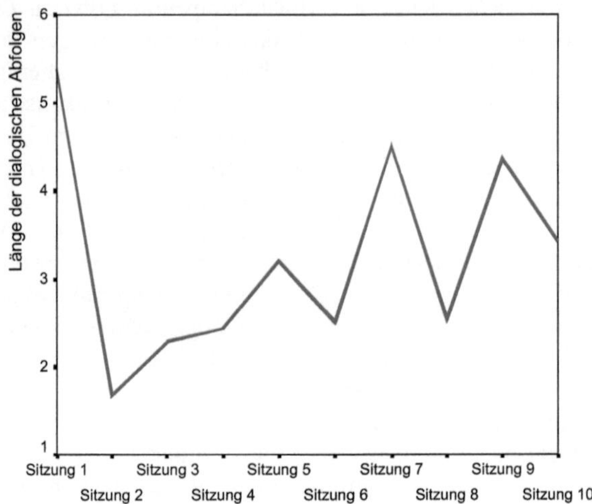

Abbildung 63: Länge dialogischer Abfolgen von Spielaktivitäten am Instrument im Verlauf
der Behandlung – Darstellung der durchschnittlichen Werte für den Einzelfall 06

Die im Behandlungsverlauf von Kind 06 gefundenen Werte entsprechen der Erwartung der Hypothese zur dialogischen Abstimmung – bezogen auf die Länge der dialogischen Ketten –, da von der ersten zur zweiten Phase eine Zunahme in der Länge der Ketten zu beobachten ist. Abbildung 64 zeigt den Behandlungsphasenverlauf für die Länge der dialogischen Abfolgen und für die Anteile der Spielaktivitäten am Instrument, die an dialogischem Spiel beteiligt sind.

7.6.2 Anteil dialogischen Spiels

Der Verlauf des Anteils dialogischer Spielaktivitäten des Kindes 06, wie ihn Abbildung 65 zeigt, weist ebenfalls Schwankungen auf. Ein Vergleich von erster und zweiter Behandlungsphase läßt jedoch auch hier eine Zunahme erkennen, wie aus Abbildung 64 zu ersehen ist. Somit stimmen die ermittelten Werte von Kind 06 mit den formulierten Erwartungen zur dialogischen Abstimmung – bezogen auf den Anteil der Spielaktivitäten des Kindes, die an dialogischem Spiel beteiligt sind – überein, da sich eine Zunahme des Anteils von der ersten zur zweiten Phase beobachten läßt.

Ein Vergleich des Anteils von Spielaktivitäten des Kindes am Instrument, die an dialogischem Spiel beteiligt sind, mit dem Anteil gleichzeitiger (überschneidender) Spielaktivitäten des Kindes am Instrument zeigt, daß der Anteil dialogischer Spielaktivitäten am Instrument im Verlauf der gesamten musiktherapeutischen Behandlung zunimmt, während der Anteil gleichzeitiger (überschneidender) Spielaktivitäten des Kindes am Instrument abnimmt. Abbildung 66 zeigt den

Vergleich von dialogischen und gleichzeitigen (überschneidenden) Spielaktivitäten des Kindes. Für die Interpretation ist es relevant, daß der Gesamtanteil von
Spielaktivitäten am Instrument für Kind 06 im Verlauf von erster zu zweiter Phase
leicht abnimmt.

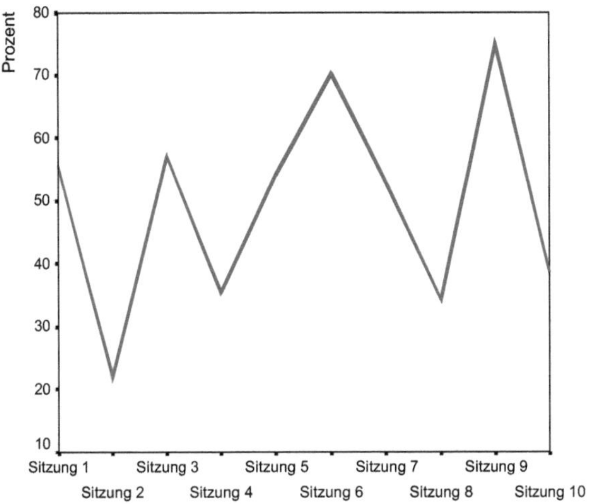

Abbildung 65: Anteil von Spielaktivitäten des Kindes am Instrument, die an dialogischem
Spiel beteiligt sind, im Verlauf der Behandlung – Darstellung der Werte für
den Einzelfall 06

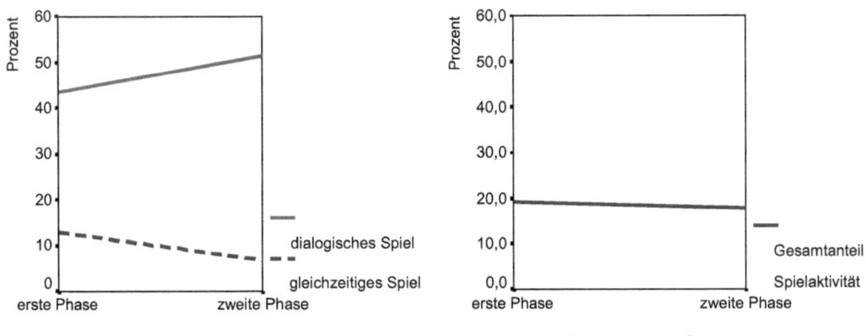

Abbildung 66: Anteil von Spielaktivitäten des Kindes am Instrument, die an dialogischem
Spiel beteiligt sind und Anteil von Spielaktivitäten des Kindes am Instrument,
die an gleichzeitigem Spiel (Überschneidungen) beteiligt sind, sowie
Gesamtanteil von Spielaktivitäten des Kindes am Instrument im Verlauf der
Behandlung – Darstellung der Werte für den Einzelfall 06

7.6.3 Anteil gleichzeitigen Spiels

Als Ergänzung wurde der Anteil der Spielaktivitäten des Kindes am Instrument bestimmt, der gleichzeitig mit der Spielaktivität der Therapeutin am Instrument auftritt und damit das Ausmaß der Überschneidung im Spiel angibt. Wie aus Abbildung 67 zu ersehen ist, nimmt dieser Anteil im Verlauf der Behandlung ab. Der abnehmende Verlauf des Anteils mit der Therapeutin gleichzeitiger Spielaktivitäten am Instrument stellt indirekt eine Verbesserung der gemeinsamen dialogischen Abstimmung von Kind und Musiktherapeutin dar.

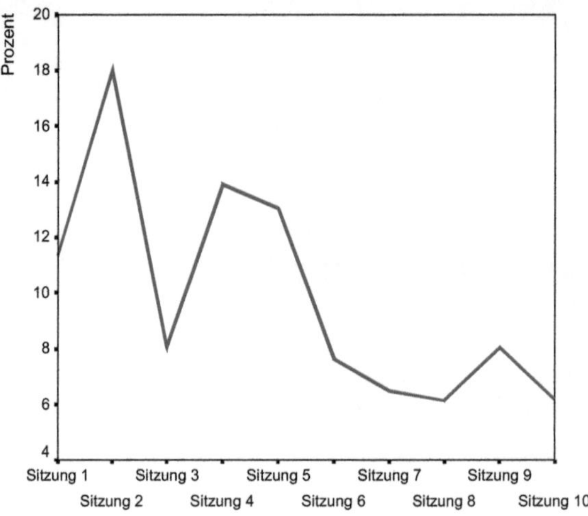

Abbildung 67: Anteil von Spielaktivitäten des Kindes am Instrument, die an gleichzeitigem Spiel (Überschneidungen) beteiligt sind, im Verlauf der Behandlung Darstellung der Werte für den Einzelfall 06

Die in der Hypothese zur dialogischen Abstimmung formulierten Erwartungen zur Verlängerung des gemeinsamen dialogischen Spiel von Kind und Musiktherapeutin werden sowohl für die Zunahme der durchschnittlichen Länge dialogischer Abfolgen wie auch für die Zunahme des Anteils dialogischer Spielaktivitäten im Vergleich von erster und zweiter Phase vom Behandlungsverlauf des Kindes 06 bestätigt. Komplementär dazu läßt sich im Phasenverlauf eine Abnahme gleichzeitiger (überschneidender) Spielaktivitäten feststellen, was ebenfalls eine Verbesserung kommunikativer Bezugnahme bedeutet. Selbstverständlich ist es für eine aussagekräftige Überprüfung der Hypothese notwendig, eine größere Anzahl von Fällen zugrunde zu legen.

7.7 Kommunikativer Ausdruck

Das Ausdrucksverhalten des Kindes wurde anhand des Musiktherapie-Profils durch Einschätzungen der Musiktherapeutin im Anschluß an jede Sitzung erfaßt. Es wurde operationalisiert durch die Item-Paare *ausdrucksvoll – ausdrucksarm, mitteilungsbedürftig – zurückhaltend, vokalisierend – still* und *musikalisch aktiv – musikalisch passiv*. Aus dem arithmetischen Mittel dieser Item-Paare wurde ein Gesamtwert zum *Ausdrucksverhalten* des Kindes errechnet. Es werden im folgenden der Verlauf der Einschätzungen zum Ausdrucksverhalten des Kindes und differenzierend der Verlauf für die einzelnen Item-Paare des Ausdrucksverhaltens des Kindes dargestellt. Ergänzend werden für die Bereiche *Aktivität/Aufmerksamkeit, Kontakt/Beziehung* und *Emotion/Entspannung* die Behandlungsphasenverläufe für die Gesamtstichprobe dargestellt.

Für die Berechnung der Unterschiede im Phasenverlauf wurden die ursprünglichen Skalenwerte von -3 bis +3 transformiert in Werte von 1 bis 7. Diese Skala liegt den Abbildungen zum Phasenverlauf zugrunde, während die Profilgrafiken zur Veranschaulichung wieder mit der Originalskala von -3 bis +3 dargestellt werden. Bei allen Abbildungen sind jeweils die arithmetischen Mittelwerte angegeben.

7.7.1 Ausdrucksverhalten des Kindes

Der Verlauf der Einschätzungen zum Ausdrucksverhalten des Kindes zeigt für die Gesamtstichprobe während der ersten Behandlungsphase eine signifikante Zunahme von durchschnittlich 4,85 (SD 0,96) in der ersten Sitzung zu durchschnittlich 5,46 (SD 0,67) in der fünften Sitzung (p < 0.05). Während der zweiten Behandlungsphase läßt sich ebenfalls eine signifikante Zunahme von durchschnittlich 4,92 (SD 1,15) in der sechsten Sitzung zu durchschnittlich 5,92 (SD 0,79) in der zehnten Sitzung feststellen (p < 0.01). Abbildung 68 zeigt den Behandlungsverlauf für die Gesamtstichprobe.

Ein Vergleich der beiden Behandlungsphasen zeigt eine signifikante Zunahme im eingeschätzten Ausdrucksverhalten des Kindes von einem durchschnittlichen Skalenwert von

5,13 (SD 0,61) in der ersten Phase auf einen durchschnittlichen Skalenwert von 5,45 (SD 0,74) in der zweiten Phase (p < 0.05). Diese Zunahme läßt sich in allen drei Subgruppen beobachten, wobei die Gruppe b am stärksten eingeschätzt wurde und auch den stärksten Zuwachs im Phasenvergleich aufweist. Abbildung 69 zeigt den Behandlungsverlauf für die Gesamtstichprobe und die drei Subgruppen.

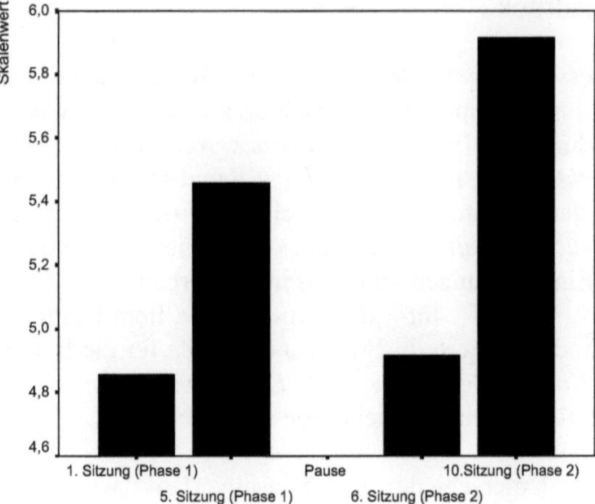

Abbildung 68: Einschätzung des *Ausdrucksverhaltens* im Verlauf der beiden Behandlungsphasen – Darstellung der mittleren Werte für die Gesamtstichprobe

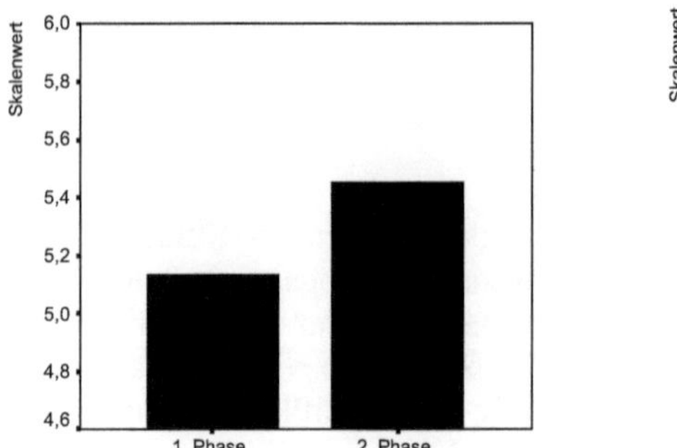

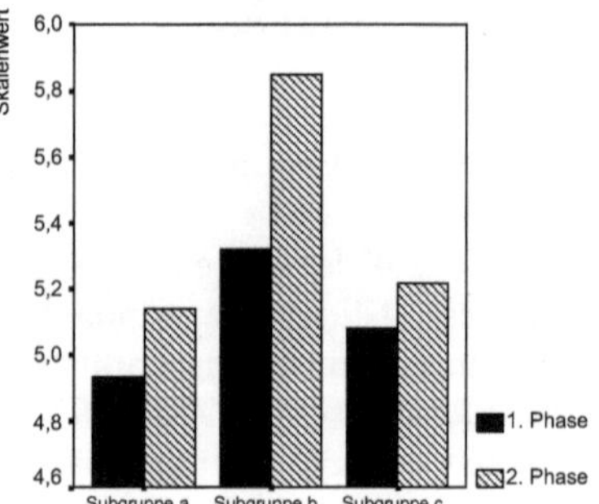

Abbildung 69: Einschätzung des *Ausdrucksverhaltens* im Verlauf der beiden Behandlungsphasen – Darstellung der mittleren Werte für die Gesamtstichprobe und die
drei Subgruppen im Vergleich

7.7.2 Einzel Item-Paar-Vergleiche

Eine Differenzierung des Gesamtwertes zum Ausdrucksverhalten des Kindes in
die einzelnen Item-Paare zeigt im Verlauf der beiden Behandlungsphasen
folgende Veränderungen: Für das Itempaar *ausdrucksvoll – ausdrucksarm* ist im
Verlauf der ersten Phase eine Zunahme und im Verlauf der zweiten Phase eine
signifikante Zunahme zu beobachten (p < 0.01).

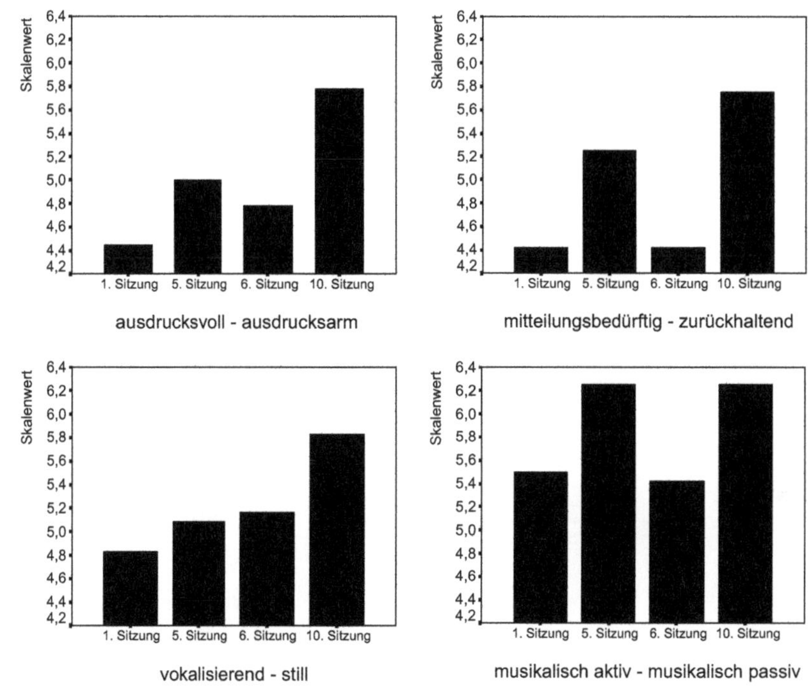

Abbildung 70: Item-Paare des *Ausdrucksverhaltens* im Verlauf der beiden Behandlungsphasen
Darstellung der mittleren Werte für die Gesamtstichprobe

Der durchschnittliche Wert für das Itempaar *mitteilungsbedürftig – zurückhaltend* erhöht sich im Verlauf der ersten Phase ebenfalls und in der zweiten Phase ist eine signifikante Zunahme festzustellen ($p < 0.05$). Der durchschnittliche Wert des Itempaares *vokalisierend – still* nimmt im Verlauf der ersten Phase zu, ebenso wie im Verlauf der zweiten Phase. Die Zunahme des durchschnittlichen Wertes für das Itempaar *musikalisch aktiv – musikalisch passiv* ist sowohl für den Verlauf der ersten Phase ($p < 0.05$) wie auch für den Verlauf der zweiten Phase signifikant ($p < 0.05$). Abbildung 70 zeigt den Phasenverlauf der einzelnen Item-Paare des Ausdrucksverhaltens für die Gesamtstichprobe.

Ein Vergleich von erster und zweiter Behandlungsphase läßt für alle Itempaare mit Ausnahme des Itempaares *musikalisch aktiv – musikalisch passiv* eine Zunahme im durchschnittlichen Skalenwert von der ersten zur zweiten Phase erkennen. So erhöht sich der durchschnittliche Wert des Itempaares *ausdrucksvoll – ausdrucksarm* von 5,05 (SD 0,76) in der ersten Phase auf 5,38 (SD 0,66) in der zweiten Phase ($p = 0.06$). Der durchschnittliche Wert des Itempaares *mitteilungsbedürftig – zurückhaltend* erhöht sich signifikant von 4,73 (SD 0,65) in der ersten Phase auf 5,40 (SD 0,80) in der zweiten Phase (p < 0.01). Der durchschnittliche Wert des Itempaares *vokalisierend – still* erhöht sich ebenfalls signifikant von 4,88 (SD 1,03) in der ersten Phase auf 5,50 (SD 1,04) in der zweiten Phase (p < 0.05). Dagegen verringert sich der durchschnittliche Wert des Itempaares *musikalisch aktiv – musikalisch passiv* von 5,87 (SD 0,76) in der ersten Phase zu 5,73 (SD 0,92) in der zweiten Phase (p = 0.170). Abbildung 71 zeigt den Verlauf der einzelnen Item-Paare für die Gesamtstichprobe in einer Profilgrafik.

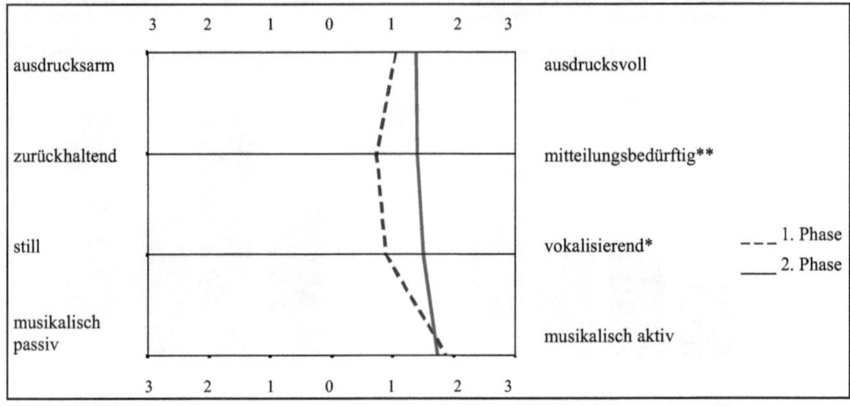

Anmerkung: [a] Vorzeichenrangtest von Wilcoxon; * = p< 0.05 (einseitiger Signifikanztest); ** = p< 0.01 (einseitiger Signifikanztest)

Abbildung 71: Einschätzung des *Ausdrucksverhaltens* im Verlauf der beiden Phasen [a]
Darstellung der mittleren Werte für die Gesamtstichprobe

Ergänzend sei dem Item-Paar *vokalisierend – still* die in der Videoanalyse ermittelte Häufigkeit von Vokalisationen gegenübergestellt. Abbildung 72 zeigt für die beiden Maße jeweils den Verlauf der Gesamtstichprobe über die einzelnen Sitzungen. Die Werte der Videoanalyse für die einzelnen Sitzungen sind Summenwerte aus den Anfangs- und Endausschnitten. Ähnliche Übereinstimmungen finden sich bei einem Vergleich der Häufigkeit von Gesten mit den Einschätzungen der Musiktherapeutinnen zum Item-Paar *mitteilungsbedürftig – zurückhaltend*. Abbildung 73 zeigt für die beiden Maße jeweils den Verlauf der Gesamtstichprobe über die einzelnen Sitzungen.

Übereinstimmungen lassen sich auch beobachten, wenn der prozentuale Anteil der Vokalisationen in der Videoanalyse mit den Einschätzungen im Musiktherapie-Profil zum Itempaar *vokalisierend – still* verglichen wird. Abbildung 74 zeigt für die beiden Maße einen Vergleich der drei Subgruppen für den Verlauf der beiden Behandlungsphasen.

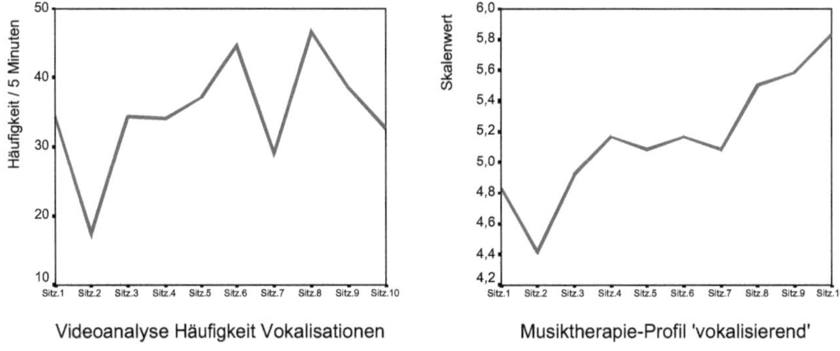

Abbildung 72: Vergleich der Häufigkeiten von Vokalisationen (Videoanalyse) und der Einschätzungen im Musiktherapie-Profil zum Item-Paar *vokalisierend – still –* Darstellung der Gesamtstichprobe

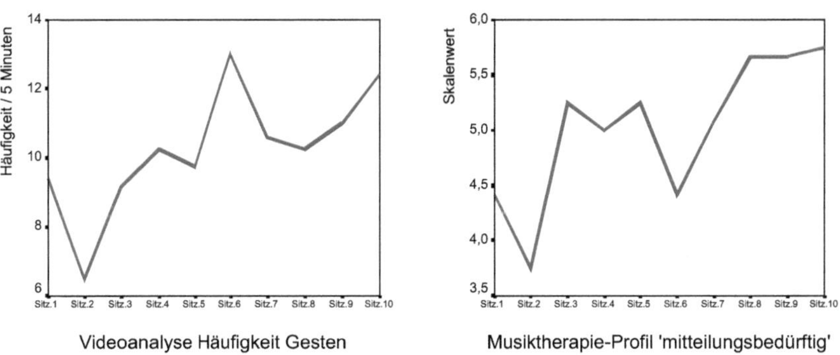

Abbildung 73: Vergleich der Häufigkeiten von Gesten (Videoanalyse) und der Einschätzungen im Musiktherapie-Profil zum Item-Paar *mitteilungsbedürftig – zurückhaltend –* Darstellung der Gesamtstichprobe

Die Hypothese zum Ausdrucksverhalten des Kindes kann damit durch die vorliegenden Ergebnisse sowohl für den Verlauf der einzelnen Phasen als auch für den gesamten Behandlungsverlauf gestützt werden, da in beiden Verläufen eine signifikante Zunahme des Wertes zum Ausdrucksverhalten des Kindes festzustellen ist.

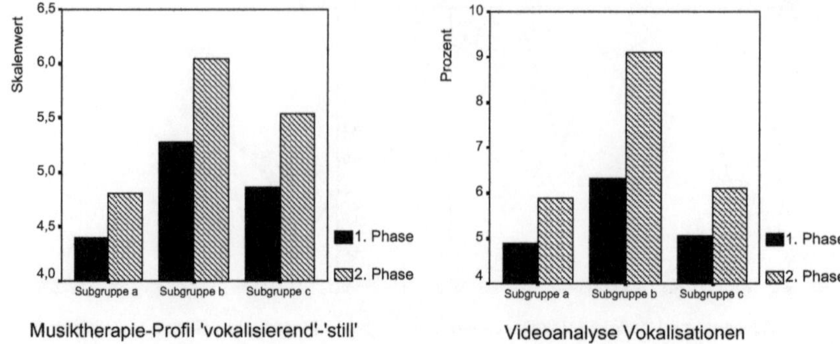

Abbildung 74: Vergleich der Einschätzung des Itempaares *vokalisierend – still* im Musiktherapie-Profil mit dem Anteil von Vokalisationen in der Videoanalyse für den Verlauf der Behandlungsphasen - Darstellung der mittleren Werte für die drei Subgruppen im Vergleich

7.7.3 Zusammenfassung Kommunikativer Ausdruck

Ein Vergleich der vier Bereiche des Musiktherapie-Profils zeigt, daß die deutlichste Veränderung im Bereich des *Ausdrucksverhaltens* des Kindes zu beobachten ist. Hier ist im Vergleich von erster und zweiter Phase eine signifikante Zunahme festzustellen.

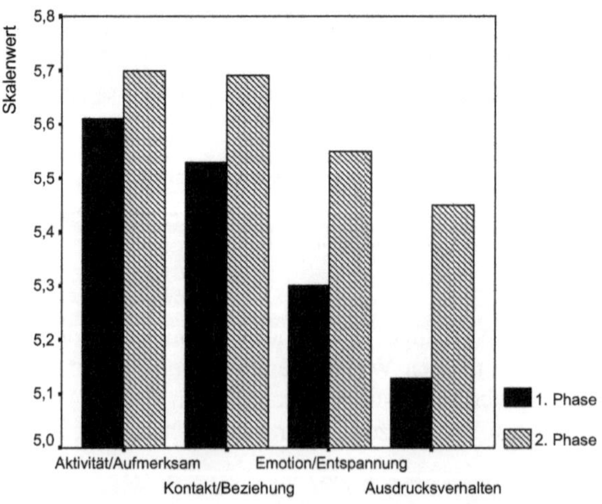

Abbildung 75: Einschätzungsbereiche des Musiktherapie-Profils im Verlauf der beiden Phasen - Darstellung der mittleren Werte für die Gesamtstichprobe

Die Zunahme im Bereich *Emotion/Entspannung* von der ersten zur zweiten Phase ist deutlich ausgeprägt, während die Zunahmen in den Bereichen *Kontakt/ Beziehung* und *Aktivität/Aufmerksamkeit* nicht statistisch signifikant sind. Abbildung 75 zeigt den Phasenvergleich der vier Bereiche des Musiktherapie-profils für die Gesamtstichprobe.

Ein Vergleich mit den anderen drei Bereichen des Musiktherapie-Profils zeigt, daß die Musiktherapeutinnen im Bereich des *Ausdrucksverhaltens* den stärksten Zuwachs einschätzten. Tabelle 25 gibt eine Übersicht zu den statistischen Veränderungen der Einschätzungen im Musiktherapie-Profil.

Tabelle 25: Übersicht zu den statistischen Veränderungen [a] der Einschätzungen
im Musiktherapie-Profil

	Einzel-Phasenverlauf		Gesamt-Behandlungsverlauf
Zeitpunkt der Datenerhebung	1. Phase	2. Phase	Gesamtphasenverlauf
Gesamt – Ausdrucksverhalten	*	**	*
Gesamt – Emotion/Entspannung	*	*	n.s.
Gesamt – Kontakt/Beziehung	*	*	n.s.
Gesamt - Aktivität/Aufmerksamkeit	*	n.s.	n.s.

Anmerkung:

[a] Vorzeichenrangtest von Wilcoxon; n.s. = nicht signifikant; * = p< 0.05 (einseitiger Signifikanztest);

** = p< 0.01 (einseitiger Signifikanztest)

Die Hypothese zum Ausdrucksverhalten des Kindes kann durch die vorliegenden Ergebnisse gestützt werden, da sowohl die Zunahme des Wertes im eingeschätzten *Ausdrucksverhalten* im Verlauf der einzelnen Behand-lungsphasen als auch die Zunahme des Wertes im eingeschätzten Ausdrucksverhalten im Vergleich der beiden Behandlungsphasen statistisch signifikant ist.

7.8 Auswirkungen der musiktherapeutischen Behandlung im Alltag

Im folgenden werden die Angaben der Eltern im Interview vor Beginn der zweiten Behandlungsphase stichwortartig dargestellt. Es werden die Fragen zu den Themenbereichen *Musikalische Aktivitäten im Alltag, Einschätzen der musiktherapeutischen Behandlung durch die Eltern* und *Veränderungen in Beziehung und Kommunikation* jeweils differenziert für die drei Subgruppen beschrieben.

7.8.1 Musikalische Aktivitäten im Alltag

Im Ausmaß des häuslichen Musikkonsums sind keine eindeutigen Unterschiede bezogen auf die drei Subgruppen zu finden. Anders in den musikalischen Vorlieben der Kinder: Von den neun Kindern der Subgruppen a und b bevorzugen sechs Kinder stark rhythmische Musik, die von dreien dieser Kinder darüber hinaus insbesondere in Verbindung mit kinästhetischer Stimulation geschätzt wird. Dagegen wird von allen drei Kindern der Subgruppe c eine Vorliebe für langsame ruhige Musik berichtet. Ein deutlicher Unterschied ist auch im aktiven Singen und Musizieren festzustellen. Während alle Kinder der Subgruppe b bei Liedern spontan mitsingen oder mitsummen, bewegen sich die Kinder der Subgruppen a und c dazu, sprechen den Text mit oder singen nur auf Aufforderung. Schließlich spielen sechs der neun Kinder aus den Subgruppen a und b Instrumente, die drei Kinder der Subgruppe c können dies wahrscheinlich aus motorischen Gründen nicht.

7.8.2 Einschätzen der musiktherapeutischen Behandlung durch die Eltern

Die Reaktionen der Kinder auf die musiktherapeutische Behandlung werden von allen Eltern als positiv bezeichnet. Von allen Kindern werden vermehrte musikalische Aktivitäten berichtet, von einigen ein bewußtes Einfordern musikalischer Angebote und mehr Freude und Interesse an Musik. Beobachtete Verbesserungen des Kindes werden aus den Bereichen Aktivität, Aufmerksamkeit, körperliche Entspannung, dem emotionalen und dem Kontaktverhalten sowie aus dem Bereich der kommunikativen, interaktiven und kognitiven Fähigkeiten berichtet. Die Eltern betrachten insbesondere die spielerisch aktiven, emotionalen, motivationalen und kommunikativen Möglichkeiten der Musiktherapie als charakteristisch. Es lassen sich keine deutlichen Unterschiede in den Subgruppen feststellen.

7.8.3 Veränderungen in Beziehung und Kommunikation

Es wurden bei acht Kindern Veränderungen in der Eltern-Kind-Beziehung berichtet, die sich insbesondere in einer verstärkten Intensität der Beziehung und in einer größeren Selbständigkeit des Kindes manifestierten. Neue Verhaltensweisen der Kinder berichteten die Eltern in der Aufmerksamkeit, in der Selbständigkeit, im Selbstbewußtsein und im Sozialverhalten der Kinder. Die kindlichen Verständigungsmöglichkeiten haben sich sowohl im Rahmen der verwendeten Modalitäten von kommunikativen Handlungen, Zeichen, Gesten, Mimik, Vokalisationen und Worten, wie auch in Bezug auf die Intentionalität der kindlichen Äußerungen verbessert.

7.8.4 Zusammenfassung Auswirkungen der musiktherapeutischen Behandlung

Die Auswirkungen der musiktherapeutischen Behandlung im Alltag des Kindes wurden insgesamt von allen Eltern als positiv bezeichnet. Sie beschrieben Verbesserungen der Kinder in der allgemeinen Aktivität, in der Aufmerksamkeit, in der körperlichen Entspannung, im emotionalen und im Kontaktverhalten sowie im Bereich der kommunikativen, interaktiven und kognitiven Fähigkeiten. Die berichteten Veränderungen in der Eltern-Kind-Beziehung zeigten sich in einer verstärkten Intensität der Beziehung und in größerer Selbständigkeit des Kindes. Die von den Eltern beobachteten neuen Verhaltensweisen fanden sich in der Aufmerksamkeit des Kindes, in seiner Selbständigkeit, seinem Selbstbewußtsein und seinem Sozialverhalten. Verbesserungen der kindlichen Verständigungsmöglichkeiten zeigten sich in einer Erweiterung verwendeter kommunikativer Modalitäten und in deutlicherer Intentionalität der kindlichen Äußerungen. Darüber hinaus wurden von allen Kindern vermehrte musikalische Aktivitäten berichtet.

Der einzige Unterschied, der zwischen den drei Subgruppen festzustellen ist, bezieht sich auf den aktiven Umgang mit Musik und auf die musikalischen Vorlieben der untersuchten Kinder. Während alle drei Kinder der Subgruppe c langsame, ruhige Musik bevorzugten, hatten sechs von neun Kindern der Subgruppen a und b eine Vorliebe für stark rhythmische Musik. Alle Kinder der Subgruppe b singen oder summen laut Angabe der Eltern bei Liedern spontan mit, dagegen zeigen die Kinder der anderen Subgruppen keine solchen unmittelbar stimmlichen Reaktionen. Als besonders für diese Form der Therapie werden von den Eltern die spielerisch-aktiven und kommunikativen Möglichkeiten sowie das emotionale und motivationale Potential der Musiktherapie erlebt.

7.9 Qualität der Kommunikation und Interaktion

Die Einschätzungen der Musiktherapeutinnen zur Qualität der Kommunikation und Interaktion anhand ihrer Beschreibung der Atmosphäre und ihrer allgemeinen Bewertung der zurückliegenden Musiktherapiesitzung spiegeln den individuellen Verlauf der musiktherapeutischen Behandlung auf einer subjektiven Ebene wider. Sie zeigen, wie verschieden die interaktive Situation, die kommunikativen Möglichkeiten und die emotionale Stimmung der jeweiligen Kinder waren, bzw. von den Musiktherapeutinnen wahrgenommen wurden. Es liegt auf der Hand, daß hier keine 'gemittelten Beschreibungen' für die Gesamtstichprobe oder einzelnen Subgruppen gebildet werden können. Allerdings lassen sich insgesamt verschiedene Themenbereiche identifizieren, aus denen die Musiktherapeutinnen Begriffe verwendeten, um die Atmosphäre der Sitzung zu beschreiben und den Verlauf der Sitzung zu bewerten.

7.9.1 Semantische Felder der Beschreibung von Interaktion und Kommunikation

Für die thematische Zuordnung der verwendeten Eigenschaften werden die Beschreibungen der Musiktherapeutinnen zur Atmosphäre der Sitzung und ihre Bewertungen der Sitzung zusammen dargestellt, da sich gezeigt hat, daß sich die beiden Punkte inhaltlich oft überlagern. Es werden im folgenden die gefundenen Themenbereiche *Aktivität/Aufmerksamkeit, Kooperation, Beziehung, Kontakt, Emotion, Entspannung, Ausdrucksverhalten* und *Musikalische Produktivität* mit den jeweils zugehörigen semantischen Feldern beschrieben.

Begriffe aus dem Themenbereich *Aktivität/Aufmerksamkeit* dominieren in der ersten Behandlungsphase. Insgesamt wurde 55 Mal ein Begriff aus diesem semantischen Feld zur Beschreibung der musiktherapeutischen Sitzung gewählt. Dies entspricht bei einer Gesamtzahl von 208 Begriffsnennungen in der ersten Behandlungsphase einem prozentualen Anteil von 26%. In der zweiten Behandlungsphase stammen 43 von insgesamt 178 verschiedenen verwendeten Begriffen und damit 24% aus diesem Bereich. Das semantische Feld selbst ist mit 16 verschiedenen Ausprägungen im Vergleich zu anderen Themenbereichen von mittlerer Größe. Tabelle 26 zeigt die begrifflichen Ausprägungen des semantischen Feldes zum Themenbereich *Aktivität/Aufmerksamkeit*.

Tabelle 26: Semantisches Feld zum Themenbereich *Aktivität/Aufmerksamkeit*

aktiv	*Tendenz zur Passivität*	*interessiert /lustlos*	*interessiert, etwas zu bewirken*
aufmerksam	*konzentiert*	*abgelenkt*	*ausdauernd*
wach	*müde*	*angeregt*	*wählt selbst Aktivität*
Eigeninitiative	*selbständiges Handeln*	*energiegeladen*	*explorieren*

Innerhalb des übergeordneten Themenbereichs <u>Interaktion</u> lassen sich die Aspekte von *Kooperation, Beziehung* und *Kontakt* unterscheiden. Im Themenbereich *Kooperation* wird ausgehend von kindlichen Verhalten beschrieben; dagegen wird im Themenbereich *Beziehung* der von der Therapeutin erlebte Kontakt zum Kind dargestellt. Im Themenbereich *Kontakt* wird schließlich der interaktive Austausch der Beziehung beschrieben.

Begriffe aus dem Bereich *Kooperation* wurden in der ersten Behandlungsphase 41 Mal – dies entspricht einem Anteil von 20% – und in der zweiten Behandlungsphase 42 Mal - dies entspricht einem Anteil von 24% - verwendet. Das semantische Feld ist mit 20 verschiedenen Ausprägungen das größte von allen Themenbereichen. Tabelle 27 zeigt die begrifflichen Ausprägungen des semantischen Feldes zum Themenbereich *Kooperation*.

Tabelle 27: Semantisches Feld zum Themenbereich *Kooperation*

Austausch	*richtiger Austausch*	*gegenseitiges Annehmen und Geben*	*schöne, fröhliche Gemeinsamkeit*
Miteinander	*Gegeneinander*	*gute, klare, direkte Interaktion*	*Interaktion vom Gefühl her*
Verweigerung	*ansprechbar*	*gute Interaktion*	*kommunikative Elemente*
bereit, auf andere einzugehen	*Einlassen auf Anforderungen*	*Annehmen von Angeboten und Vorschlägen*	*Ausgewogenheit zwischen Selbstbestimmung und Kooperation*
Akzeptieren von Grenzen	*spontanes Anpassen an Spielstruktur*	*sich vom Kind führen, dirigieren lassen*	*konstruktiv*

Die verwendeten Begriffe aus dem Themenbereich *Beziehung* machen in der ersten Behandlungsphase mit 30 Nennungen einen Anteil von 14% aus, der in zweiten Phase mit 23 Nennungen und einem Anteil von 13% etwa gleich bleibt. Das semantische Feld ist mit insgesamt 18 verschiedenen Ausprägungen relativ groß. Tabelle 28 zeigt die begrifflichen Ausprägungen des semantischen Feldes zum Themenbereich *Beziehung*.

Tabelle 28: Semantisches Feld zum Themenbereich *Beziehung*

Kontaktaufnahme zum Kind	*Blickkontakt*	*Körperkontakt*
Beziehungsaufbau	*Vertrauensverhältnis*	*Vertrautheit mit der Situation*
wackelige Situation	*zerbrechlich*	*zwiegespalten*
zerfleddert	*nervig*	*stabil*
schwebend, fein	*Art zartes Gespräch*	*zarte Situation*
spannend	*schelmenhaft*	*gute Beziehung*

Aus dem Themenbereich *Kontakt* werden in der ersten Behandlungsphase 10 Nennungen, dies entspricht 5%, und in der zweiten Phase 11 Nennungen, dies entspricht 6%, verwendet. Das semantische Feld ist mit insgesamt 16 verschiedenen Ausprägungen von mittlerer Größe. Tabelle 29 zeigt die begrifflichen Ausprägungen des semantischen Feldes zum Themenbereich *Kontakt*.

Tabelle 29: Semantisches Feld zum Themenbereich *Kontakt*

offen, offener	*zugewandt*	*zugänglich*	*aufgeschlossen*
freundlich	*ablehnend*	*quengelig*	*abweisend*
ausweichend	*fremdeln-ähnliches Verhalten*	*Rückzug, sich entziehen*	*unsicher*
Trotz	*Tendenz zur Aggression*	*Widerstand*	*Abwehr*

Begriffe aus dem Themenbereich *Emotion* werden in der ersten Behandlungsphase 27 Mal (13%) und in der zweiten Phase 26 Mal (15%) verwendet. Das semantische Feld ist mit insgesamt 12 verschiedenen Ausprägungen eher klein. Tabelle 30 zeigt die begrifflichen Ausprägungen des semantischen Feldes zum Themenbereich *Emotion*.

Tabelle 30: Semantisches Feld zum Themenbereich *Emotion*

positiv	*angenehm*	*fröhlich*	*lächeln*
Lachen	*Lust an der Musik*	*Spaß an der Musik*	*motiviert*
positives Erleben der eigenen Fähigkeiten	*Wahrnehmen eigener Aktivität*	*Strahlen bei Erfahrung von Kontingenz*	*Freude über eigenes Tun*

Aus dem Themenbereich *Entspannung* stammen in der ersten Behandlungsphase 26 Nennungen, und damit 13%, in der zweiten Phase dagegen nur noch 14 Nennungen und damit 8%. Die Größe des semantischen Feldes ist mit insgesamt 12 verschiedenen Ausprägungen eher klein. Tabelle 31 zeigt die begrifflichen Ausprägungen des semantischen Feldes zum Themenbereich *Entspannung*.

Tabelle 31: Semantisches Feld zum Themenbereich *Entspannung*

entspannt	*angespannt*	*spannungsvoll*	*spannend*
positive Spannung	*energiegeladen*	*leicht hektisch*	*lebhaft*
gelöst	*locker*	*ruhig*	*unruhig*

Ebenfalls eher klein ist das semantische Feld des Themenbereichs *Ausdrucksverhalten* mit insgesamt 12 verschiedenen Ausprägungen. Aus diesem Bereich wurden in beiden Behandlungsphasen 15 Mal Begriffe gewählt. Dies entspricht einem prozentualen Anteil von 7% in der ersten Behandlungsphase und 8% in der zweiten Phase. Tabelle 32 zeigt die begrifflichen Ausprägungen des semantischen Feldes zum Themenbereich *Ausdrucksverhalten*.

Tabelle 32: Semantisches Feld zum Themenbereich *Ausdrucksverhalten*

klare Mitteilung von Wünschen	*gibt zu verstehen, was es will*	*teilt mehr spontan mit*	*mitteilen wollen*
Kind bestimmt Aktivitäten	*klar in den Äußerungen*	*viel Kommunikation*	*provokant*
Spiel mit Signalcharakter	*Mimik*	*führt die Hand*	*zurückhaltend*

Das kleinste semantische Feld weist der Themenbereich *Musikalische Produktivität* mit insgesamt 8 verschiedenen Ausprägungen auf. Die Häufigkeit daraus verwendeter Begriffe ist in beiden Behandlungsphasen gleich mit jeweils 4 Nennungen, dies entspricht jeweils einem Anteil von 2%. Tabelle 33 zeigt die begrifflichen Ausprägungen des semantischen Feldes zum Themenbereich *Musikalische Produktivität*.

Tabelle 33: Semantisches Feld zum Themenbereich *Musikalische Produktivität*

explorierend	*produktiv*	*produktiv erweitert*	*spontane Imitation*
lautieren	*musikalisch aktiv*	*intensive musikalische Interaktion*	*nonverbale Interaktion via Instrument und Singstimme*

Wird die Größe der semantischen Felder verschiedener Themenbereiche verglichen, so zeigt sich deutlich, daß die meisten Begriffe, die von den Musiktherapeutinnen zur Charakterisierung der Atmosphäre und der Bewertung der zurückliegenden Sitzung verwendet werden, aus dem Bereich *Kooperation* stammen. Es folgt der Themenbereich *Beziehung* und danach die Bereiche *Aktivität/Aufmerksamkeit* und *Kontakt* mit eher mittelgroßen Feldern. Kleinere semantische Felder haben die Bereiche *Emotion, Entspannung* und *Ausdrucksverhalten*. Das kleinste semantische Feld findet sich im Themenbereich *musikalische Produktivität*. Ein Vergleich der Häufigkeit von Nennungen aus den verschiedenen Themenbereichen ergibt ein ähnliches Bild. Abbildung 76 zeigt die jeweiligen Anteile der verwendeten Begriffsfelder für die beiden Behandlungsphasen.

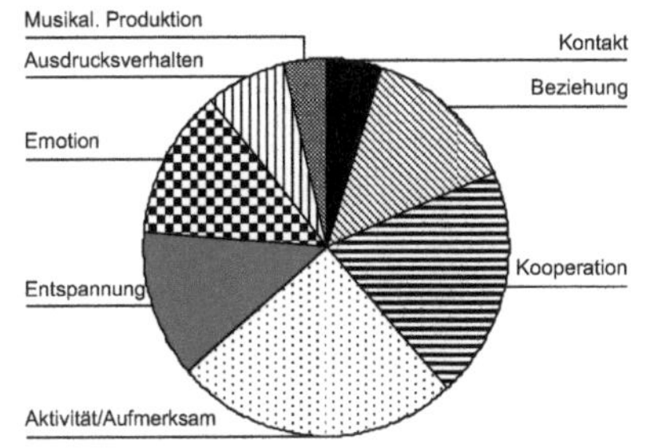

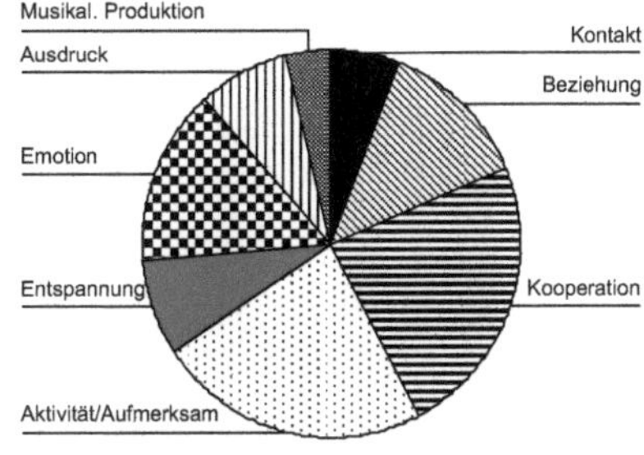

1. Behandlungsphase   2. Behandlungsphase

Abbildung 76: Anteil verwendeter Themenbereiche an der Beurteilung der
musiktherapeutischen Sitzungen durch die Musiktherapeutinnen
Vergleich von erster und zweiter Behandlungsphase

7.9.2 Zusammenfassung Qualität der Kommunikation und Interaktion

In der Zuordnung der Begriffe, die von den Musiktherapeutinnen zur Beschreibung der musiktherapeutischen Sitzung verwendet werden, dominieren Begriffe aus den semantischen Feldern der *Aktivität/Aufmerksamkeit* und der *Interaktion*. Dabei nimmt der Bereich *Aktivität/Aufmerksamkeit* in der ersten Behandlungsphase den größten Bereich ein, gefolgt vom Bereich *Kooperation*. In der zweiten Behandlungsphase stammt aus diesen beiden Bereichen jeweils ein Viertel der verwendeten Begriffe. Insgesamt stammen etwa zwei Drittel aller von den Musiktherapeutinnen verwendeter Begriffe aus den Themenfeldern *Aktivität/Aufmerksamkeit* und *Interaktion*. Der Vergleich der beiden Behandlungsphasen zeigt ein bemerkenswert stabiles Muster in der Verwendung von Begriffen der unterschiedlichen Themenbereiche. Leichte Veränderungen ergaben sich lediglich in einer Zunahme verwendeter Begriffe aus dem Bereich

Kooperation und einer Abnahme im Bereich *Entspannung* in der zweiten Behandlungsphase. Die Größe der verschiedenen semantischen Felder entspricht in etwa der Häufigkeit daraus verwendeter Begriffe. Mit insgesamt 208 Nennungen wurden die musiktherapeutischen Sitzungen der ersten Behandlungsphase etwas ausführlicher beschrieben als die Sitzungen der zweiten Phase mit insgesamt 178 Nennungen.

Um die Verwendung verschiedener kommunikativer Modalitäten in der therapeutischen Vorgehensweise der drei Musiktherapeutinnen einzuschätzen, werden die jeweiligen durchschnittlichen Gesamtwerte der prozentualen Anteile musikalischer, verbaler und nonverbaler Aktivitäten gegenübergestellt.

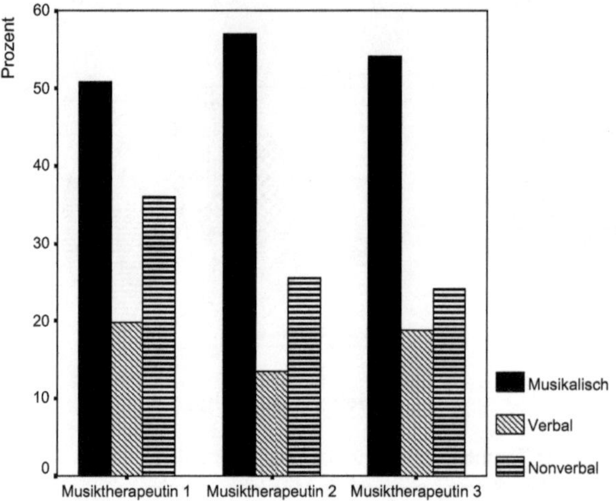

Anmerkung: Die einzelnen Modalitäten schließen sich nicht wechselseitig aus.

Abbildung 77: Anteil verschiedener kommunikativer Modalitäten der Musiktherapeutinnen

Wie aus Abbildung 77 zu ersehen ist, liegt der Anteil musikalischer Aktivitäten bei allen drei Musiktherapeutinnen zwischen 51% und 56%, der Anteil verbaler Aktivitäten liegt zwischen 13% und 19% und der Anteil nonverbaler Aktivitäten liegt zwischen 35% und 25%. Diese interindividuellen Unterschiede sind jedoch nicht statistisch signifikant. Ähnlich verhält es sich mit der durchschnittlichen Dauer des Spiels am Instrument, die für beide Behandlungsphasen bei etwa sechseinhalb Minuten liegt. Auch hier lassen sich keine signifikanten Unterschiede zwischen den drei Musiktherapeutinnen finden.

8 Diskussion

In diesem Kapitel werden zunächst die Kriterien zur Generalisierung der gefundenen Ergebnisse erörtert und die Ergebnisse der Untersuchung zu präverbalen kommunikativen Fähigkeiten, zur Aufmerksamkeitsausrichtung, zur Produktion kommunikativer Beiträge, zur kommunikativen Bezogenheit und zum kommunikativen Ausdruck des Kindes interpretiert und diskutiert. Im Anschluß daran wird an drei ausgewählten Beispielen eine exemplarische Validierung des theoretischen Prozeßmodells versucht. Abschließend werden die gefundenen Ergebnisse noch einmal zusammengefaßt und ein Ausblick auf weiterführende Forschungen gegeben.

8.1 Generalisierbarkeit der Ergebnisse

Da die Daten aus repräsentativen, unselektierten Therapiesituationen gewonnen wurden und die musiktherapeutische Vorgehensweise nicht zu Forschungszwecken verfremdet wurde, ist davon auszugehen, daß die Ergebnisse einen hohen Grad an externer und ökologischer Validität aufweisen. Durch die nicht restriktive Erhebungssituation wird die Behandlungssituation in der Orff-Musiktherapie in einer theoriegeleiteten, geschehensnahen Zugangsweise anhand verschiedener methodischer Instrumente valide abgebildet.

Wie in jeder therapeutischen Praxis stößt man auch in der musiktherapeutischen Behandlung an Grenzen, wenn man versucht, mögliche Störbedingungen aufzuspüren und auszuschließen. Da eine vollständige Kontrolle störender Einflußgrößen im klinischen Feld nicht möglich, und im Hinblick auf die ökologische und externe Validität auch nicht erwünscht ist, wurde bei der Planung der Studie versucht, systematische Einflußgrößen auf die musiktherapeutische Behandlung zumindest zu erfassen und bei der Interpretation der Ergebnisse zu berücksichtigen.

Für die Generalisierbarkeit der Ergebnisse ist es bedeutsam, parallel ablaufende Entwicklungsprozesse des Kindes von den musiktherapeutischen Behandlungseffekten trennen zu können. Üblicherweise wird versucht, die Anteile von Entwicklungseffekten und therapeutischen Behandlungseffekten anhand eines Kontrollgruppenvergleichs zu ermitteln. Aufgrund der stark individualisierten Entwicklungsverläufe mehrfach behinderter Kinder konnte jedoch keine echt parallelisierte Kontrollgruppe zusammengestellt werden und aus ethischen Gründen konnte auch keine Warte-Kontrollgruppe gebildet werden. Es wurde versucht, dieser besonderen Situation Rechnung zu tragen, indem bereits die Erwartungen der Hypothesen auf Veränderungen im Verlauf der musiktherapeutischen Behandlung und auf Veränderungen im Verlauf der einzelnen Sitzungen bezogen formuliert wurden.

Diese eher kurzfristigen Veränderungen lassen sich mit größerer Verläßlichkeit auf musiktherapeutische Behandlungseinflüsse zurückführen und bilden damit möglicherweise musiktherapeutische Effekte deutlicher ab als die eher mittel- fristigen Ergebnisse zum Verlauf der beiden musiktherapeutischen Behandlungs- phasen.

Eine weitere wichtige Voraussetzung für die Generalisierbarkeit der gefundenen Effekte musiktherapeutischer Behandlung besteht darin, die beobachteten Veränderungen ausschließlich auf die musiktherapeutische Behandlung zurückführen zu können. Dies ist schwer zu bewerkstelligen, da etwa bei der Hälfte der Kinder parallel zur Behandlung im Kinderzentrum eine oder manchmal sogar zwei andere Therapien stattfanden und darüber hinaus alle Kinder in den drei Monaten der Behandlungspause zuhause Frühförderung erhielten. Abgesehen davon, daß es aus ethischen Gründen nicht zu verantworten ist, den Kindern gerade in dieser frühen Entwicklungsphase nicht das Optimum an Fördermöglichkeiten zukommen zu lassen, stellt gerade die präverbale Kommunikation einen Bereich dar, der durch sehr viele Faktoren im Alltag des Kindes beeinflußt wird.

Eine bedeutende Einflußgröße für die sprachliche Entwicklung des Kindes ist beispielsweise die Art des elterlichen Kommunikationsverhaltens (Sarimski, 1993). Da es im Rahmen der durchgeführten Studie nicht möglich war, alle der- artigen Einflußmöglichkeiten zu erfassen und zu kontrollieren, wurden zusätzliche Fördermöglichkeiten dokumentiert und von den Eltern beobachtete Veränderungen im Alltag des Kindes anhand eines halbstrukturierten Interviews erfaßt.

Ein drittes wichtiges Kriterium für die Generalisierung gefundener Ergebnisse besteht darin, unterscheiden zu können, wie groß der Anteil der Veränderungen ist, der auf spezifisch musiktherapeutische Effekte zurückzuführen ist, und wie groß der Anteil der Veränderungen ist, der auf die Zusammensetzung der Stich- probe zurückgeht. Üblicherweise wird versucht, dies durch eine bivariate bzw. multivariate Analyse der Daten abzuschätzen. Dies ist aufgrund der Größe der vorliegenden Stichprobe und der nicht immer normalverteilten abhängigen Variablen nicht möglich. Es könnte zwar argumentiert werden, daß die insgesamt relativ heterogene Gesamtstichprobe einen strengen konservativen Test angenommener Zusammenhänge liefert (Seibert & Hogan, 1986), in der Mittelwertstatistik über die Gesamtstichprobe gehen jedoch wichtige Informationen verloren. Durch die jeweils spezifische Kombination von individuellen Einschränkungen wird es nahezu unmöglich, die einzelnen Entwicklungsverläufe zu vergleichen. Hier gilt es neben den unterschiedlich ausgeprägten motorischen und mentalen Fähigkeiten der untersuchten Kinder auch die Entwicklungsbesonderheiten bei Kindern mit zusätzlichen autistischen Störungen und bei Kindern mit genetischen Syndromen zu berücksichtigen.

Da davon auszugehen ist, daß der mentale Entwicklungsstand der Kinder insgesamt eine entscheidende moderierende Einflußgröße auf die präverbale Kommunikation darstellt, wurden anhand des Entwicklungsquotienten der perzeptiven Fähigkeiten des Kindes drei Subgruppen gebildet. Mit Hilfe einer derartig differenzierten Analyse können die Auswirkungen konfundierender bzw. effektmoderierender Variablen gezeigt werden (Wolke & Schulz, 1999), und es kann die Interaktion von Gruppeneffekten und therapeutischen Behandlungseffekten abgeschätzt werden.

Ein weiteres wichtiges Kriterium für die Generalisierung der gefundenen Ergebnisse ist die Gewährleistung, daß die beobachteten Effekte in erster Linie mit den spezifischen Elementen der Orff-Musiktherapie in Zusammenhang stehen und nicht vorrangig mit den persönlichen Eigenheiten einzelner behandelnder Musiktherapeutinnen. Aus Gründen der externen Validität wurde auf ein standardisiertes therapeutisches Vorgehen verzichtet. Der Einfluß des persönlichen musiktherapeutischen Stils wurde statt dessen auszubalancieren versucht, indem insgesamt drei verschiedene Musiktherapeutinnen die Kinder behandelten. Ein Vergleich der Anteile von musikalischen, verbalen und nonverbalen Beiträgen der Musiktherapeutinnen im Verlauf der Sitzungen, wie ihn Abbildung 77 zeigt, ergibt keine signifikanten Unterschiede zwischen den drei Behandlerinnen. Aufgrund der langjährigen therapeutischen Erfahrung aller drei Musiktherapeutinnen (7–14 Jahre) kann von stabilen Therapeutinnenmerkmalen ausgegangen werden.

Bei der Formulierung der Forschungshypothesen wurde von einem grundsätzlich analogen Entwicklungsverlauf präverbaler kommunikativer Fertigkeiten bei mehrfach behinderten Kindern ausgangen, wie dies in der Literatur berichtet wird (Sarimski, 1987, 1993). Allerdings können kaum allgemeine Angaben zum Entwicklungstempo gemacht werden, so daß aufgrund der deutlich verlangsamten Entwicklungsgeschwindigkeit und der unterschiedlich eingeschränkten Informationsverarbeitungskapazitäten je nach Schwere der Beeinträchtigung möglicherweise die *Zone der nächsten Entwicklung* früher erreicht wird als bei nicht so schwer behinderten Kindern. Dies würde einen engeren Spielraum für mögliche Förderungen und entsprechend begrenzte kurzzeitige Fördererfolge implizieren. Darüber hinaus gilt es zu berücksichtigen, daß es bei mehrfach behinderten Kindern nicht immer vorhersehbar ist, welchen Verlauf die Entwicklung nimmt (Cicchetti, 1999; Dunst & McWilliam, 1988). Gerade bei schwer behinderten Kindern kann es zu stagnierenden Entwicklungsverläufen kommen und bei degenerativen Erkrankungen wie etwa dem Rett-Syndrom ist eine rückläufige motorische Entwicklung unausweichlich.

Zur Überprüfung des Therapieerfolges wäre eine *follow-up* Untersuchung nach einem entsprechend gleich langen Zeitintervall noch interessant gewesen. Gerade für den Wirksamkeitsnachweis einer entwicklungsorientierten Intervention könnte es sinnvoll sein, mehrere Posttestmessungen durchzuführen, um auch mittelfristige Effekte nachweisen zu können. So kann beispielsweise eine Art von Schläfer-Effekt (*sleeper effect*) dazu führen, daß die positiven Auswirkungen einer Therapie verzögert in Erscheinung treten (Bell & Kolvin, 1989). Dies läßt sich durch psychische Umstrukturierungsprozesse wie etwa kognitiv-affektive Schemaveränderungen (Oerter, 1999b) erklären, die Zeit benötigen. Es ist allerdings – auch aus Kostengründen – eher selten, daß die Familien mehrmals hintereinander in diesem zeitlichen Abstand stationär aufgenommen werden, so daß damit erhebliche organisatorische Probleme verbunden gewesen wären.

In der Messung der Kriterien wurden verschiedene quantitative und qualitative Datenstrukturen ergänzend kombiniert. Mit Hilfe der ESCS wurden die präverbalen kommunikativen Fertigkeiten des Kindes im gesamten musiktherapeutischen Behandlungsverlauf erfaßt. Durch die wiederholte Anwendung der ESCS besteht somit die Gefahr einer Reaktivität der Meßprozedur. Es konnten jedoch keine offensichtlichen reaktiven Effekte beobachtet werden, was sehr wahrscheinlich auf die Einbettung der *elicit*-Testaufgaben in spielerische Interaktion zurückzuführen ist. Durch die vielen Meßwiederholungen wird einerseits eine ausreichende Meßfehlerkontrolle über längere Zeitabschnitte möglich, andererseits können durch die hohe Anzahl an durchgeführten Messungen die Auswirkungen des statistischen Regressionseffektes deutlicher hervortreten.

Darüberhinaus waren in zwei Fällen in den ESCS und in einigen Fällen im Musiktherapie-Profil Deckeneffekte zu beobachten. Bei den ESCS ist dies auf die begrenzte Reichweite des Testverfahrens zurückzuführen, während es beim Musiktherapie-Profil in der Handhabung des Instrumentes liegt. Es konnte beobachtet werden, daß in einigen Fällen extreme Werte eingeschätzt wurden, die nur noch Veränderungen in eine Richtung zuließen. Durch die häufige Anwendung des Ratingverfahrens liegt eine Veränderungsmessung vor, bei der die Wahrscheinlichkeit steigt, daß Extremwerte bei wiederholten Messungen gegen den Mittelwert der Meßwertverteilung tendieren und dadurch Unter- bzw. Überschätzungen zur Folge haben. Die Beurteilung wird retrospektiv jeweils im Anschluß an die Sitzung aus dem Gedächtnis vorgenommen. Dadurch können verzerrende Erinnerungseffekte auftreten (Schaller, 1992).

Ein weiterer kritischer Punkt besteht darin, daß ein generalisierendes Urteil über ein abstraktes Merkmal gefordert wird, das Verhalten des Kindes im Verlauf der zurückliegenden musiktherapeutischen Sitzung gelegentlich jedoch nicht zufriedenstellend mit einem einzigen Skalenwert zu beschreiben ist. Schließlich kann es durch die Beurteilung verschiedener Eigenschaften im Verbund zu den bekannten Reaktionstendenzen (Halo-Effekt) im Beurteilen kommen. Dies war bei einigen Kindern offensichtlich der Fall. Es wurde zwar in der Konstruktion des Musiktherapie-Profils versucht, inhaltlich ähnliche Items durch die Art der Anordnung möglichst räumlich zu trennen, die Bezogenheit einzelner Item-Paare untereinander ist jedoch teilweise relativ hoch. Möglicherweise ist dies auch darauf zurückzuführen, daß eine Eigenschaft eine andere impliziert. Aufschluß darüber könnte eine Analyse zur Trennschärfe der einzelnen Item-Paare bzw. eine faktorenanalytische Untersuchung geben.

Mit Hilfe des verwendeten Rating-Verfahrens des Musiktherapie-Profils wird versucht, neben den strukturellen Aspekten von Verhaltensweisen in Form von Häufigkeit, prozentualem Anteil und mittlerer Dauer auch die Intensität eines Verhaltens eindrucksmäßig zu quantifizieren. Die problematischen Aspekte von Ratingverfahren liegen jedoch in der schwer herzustellenden Objektivität und in der meist geringen Interrater-Reliabilität. Replikationen sind hier schwierig, da es schwer nachzuweisen ist, daß von Subjekt zu Subjekt eine gleichbleibende Bedeutung der Begriffe und Skalenwerte vorliegt (Faßnacht, 1979). Es ist zu erwarten, daß die Musiktherapeutinnen jeweils für sich einen Referenzrahmen zur Beurteilung interaktiver und kommunikativer Aspekte der zurückliegenden Sitzung gebildet haben. Dies würde bedeuten, daß die Einschätzung eines Kindes zwar in sich konsistent erfolgt, die Einschätzung der Kinder von verschiedenen Musiktherapeutinen jedoch nicht unbedingt vergleichbar sein müssen, da jede ihren eigenen Referenzrahmen, eventuell sogar noch kindspezifisch geschaffen hat. Ein Vergleich von Ergebnissen der Mikroanalyse mit den Ratings der Musiktherapeutinnen zeigt allerdings eine Reihe bemerkenswert guter Übereinstimmungen in der Differenzierung der einzelnen Subgruppen und im Verlauf der Sitzungen. Daher könnte eine weitergehende Validierung in Verbindung mit Bestimmungen von Objektivität und Reliabilität das Musiktherapie-Profil zu einem praktikablen und effizienten Evaluationsinstrument machen.

Das Erstellen der Videoaufnahmen in den musiktherapeutischen Sitzungen kann als eine Art nicht-teilnehmender bzw. passiver Beobachtung unter natürlichen Bedingungen betrachtet werden, da kein Blickkontakt zum Kind aufgenommen wurde und nach Möglichkeit auch nicht mit der Musiktherapeutin, den Eltern oder dem Kind gesprochen wurde. Es ist davon auszugehen, daß keine Reaktivitätseffekte während der Videoaufnahmen aufgetreten sind. Die Kinder waren durch die bewegliche Kamera auf dem Stativ in der Regel gar nicht oder kaum beeinflußt in ihrem Verhalten. Bei den wenigen Kindern, bei denen die Anwesenheit der Autorin zunächst die Aufmerksamkeit und das Interesse auf sich zog, verschwand dies bereits nach kurzer Zeit.

In der Anwendung des Kategoriensystems ist durch das im Vorfeld durchgeführte intensive Kodiertraining in Verbindung mit der anschließenden Reliabilitätsbestimmung eine objektive und reliable Bearbeitung der Videodaten gewährleistet. Kritisch ist hier lediglich anzumerken, daß weitere Reliabilitäts-Überprüfungen im Verlauf des Kodierprozesses die Zuverlässigkeit des Verfahrens noch mehr verbessern hätten können. Insbesondere hätten auf diese Weise auch eventuelle Reaktionszeitunterschiede bei den einzelnen Kodiererinnen erkannt werden können. Dadurch, daß jeweils eine Person die gleichen Kategorien für alle Fälle kodiert hat, sind mögliche unterschiedliche Latenzzeiten jedoch insgesamt gleichbleibend und systematisch und damit für alle Kategorien kontrolliert.

Eine Bewertung der Mikroanalyse unter ökonomischen Gesichtspunkten ergibt, daß dieses Verfahren zwar einerseits sehr detaillierte Daten zu kommunikativen Austauschprozessen liefert, andererseits jedoch sehr viel Zeit und Anstrengung aufgewendet werden muß für die Entwicklung eines Kategoriensystems, für die Erstellung der Videoaufnahmen, für das Kodier-Training, für das Kodieren der Videobänder und für das Reduzieren der Rohdaten in eine interpretierbare Form. Towle, Farran, & Comfort (1988) bemerken dazu: „... administering the coding system remains relatively costly in all ways, and requires the luxury of time and resources" (S. 296).

8.2 Interpretation und Diskussion der Ergebnisse

Bei der Interpretation der ESCS-Testungen zur präverbalen Kommunikation wie auch bei der Interpretation der Ergebnisse der Mikroanalyse gilt es stets zu berücksichtigen, daß die Kinder eher auf ihrem unteren Niveau eingeschätzt wurden. Abgesehen davon, daß sie mit einer für sie fremden Person interagieren sollten, waren sie manchmal müde, erschöpft und weniger gut konzentriert oder waren unausgeglichen und quengelig. Ebenso ist zu berücksichtigen, daß einige Kinder aufgrund stabiler Merkmale wie Ängstlichkeit oder besonderer Trennungsschwierigkeiten und situationsspezifischer Merkmale wie Müdigkeit, Krankheit oder Trotzverhalten nicht immer optimale Voraussetzungen dafür hatten, ihre präverbalen kommunikativen Fähigkeiten zu zeigen. Dies erhöht zwar einerseits die ökologische Validität, da es dem therapeutischen Alltag entspricht, andererseits zeigt sich darin die generelle Problematik der diagnostischen Untersuchung mehrfach behinderter Kinder. Sie können die Anforderungen halbstrukturierter Testsituation oft nur schwer erfüllen und sind insgesamt anfälliger für störende Einflüsse (Kahn, 1988).

8.2.1 Präverbale kommunikative Fähigkeiten

Die Ergebnisse der Verlaufsuntersuchung mit den Early Social Communication Scales ESCS lassen einen signifikanten Zuwachs an präverbalen kommunikativen Fähigkeiten bei den untersuchten mehrfach behinderten Kindern erkennen. Dies zeigt sich sowohl in den Werten der psychologischen Testungen als auch in den Werten des Elterninterviews. Die Verbesserungen sind sowohl für den Verlauf der gesamten musiktherapeutischen Behandlung wie auch für die Entwicklung innerhalb der einzelnen Behandlungsphasen signifikant. Dies bedeutet, daß die Gesamtstichprobe ihre präverbalen Fähigkeiten durchschnittlich um eine Stufe in dem den ESCS zugrundeliegenden Entwicklungsmodell verbessert hat: Von der Stufe zur *Koordination intentionaler Handlungen mit kommunikativen Mitteln* hin zur *Übergangsstufe der konventionalisierten Nutzung von Gesten und verbalen Mitteln zur Kontaktaufnahme* (Seibert & Hogan, 1982a, 1982b; Sarimski, 1986). Damit ist das Ziel der musiktherapeutischen Behandlung erreicht, und die Forschungshypothese einer Verbesserung präverbaler kommunikativer Fähigkeiten durch die Behandlung mit Orff-Musiktherapie wird durch die vorliegenden Ergebnisse gestützt.

Werden die einzelnen Subgruppen getrennt betrachtet, so sind die jeweiligen kommunikativen Fähigkeiten insbesondere am Ende der musiktherapeutischen Behandlung auf deutlich unterschiedlichem Niveau. Die Kinder der Subgruppe c erreichen eine leichte Weiterentwicklung auf dem Niveau der *Koordination intentionaler Handlungen mit kommunikativen Mitteln*. Die Kinder der Subgruppe b, die im gesamten Verlauf den größten Entwicklungsfortschritt zeigen, erreichen die *Übergangsstufe zum Niveau der konventionalisierten Nutzung von Gesten und verbalen Mitteln zur Kontaktaufnahme*. Die Kinder der Subgruppe a erreichen das Niveau der *konventionalisierten Nutzung von Gesten und verbalen Mitteln zur Kontaktaufnahme* und zwei Kinder der Subgruppe a erreichen schließlich das Niveau *repräsentationaler sprachlicher Kommunikation*.

Die weitergehende Differenzierung der gefundenen Ergebnisse ergibt für die Funktion der *Verhaltenslenkung* eine stärker ausgeprägte Verbesserung als für die Funktion der *Aufmerksamkeitsausrichtung*. Damit sind die Veränderungen in den verhaltenslenkenden Fähigkeiten deutlich über dem Ausmaß der Veränderung im Gesamtwert der ESCS, während die Verbesserungen in der *Aufmerksamkeitsausrichtung* etwas darunterliegen. In kommunikativ-pragmatischer Hinsicht betrachtet stellt dieses Ergebnis für die untersuchten Kinder einen wichtigen Entwicklungsschritt dar, da sie durch verbesserte verhaltenslenkende Fähigkeiten leichter ihre Wünsche und Bedürfnisse vermitteln können. Die in der Studie gefundenen Unterschiede in den kommunikativen Funktionen werden in ähnlicher Form auch von Marfo & Kysela (1988) berichtet.

Ein noch deutlicher ausgeprägter Unterschied läßt sich beim Vergleich der *initiierenden* und *reagierenden* kommunikativen Dimensionen feststellen. Während die *initiierenden* kommunikativen Fähigkeiten sich im Laufe der musiktherapeutischen Behandlung durchschnittlich nur sehr wenig verbessern und insgesamt auf dem Niveau *erster intentionaler gegenstandsbezogener Handlungen ohne vermittelnde Kommunikation mit der Erwachsenen* bleiben, liegt das durchschnittliche Niveau der *reagierenden* kommunikativen Fähigkeiten bereits zu Beginn der musiktherapeutischen Behandlung eine Stufe höher auf dem Niveau *Übergang zur konventionalisierten Nutzung von Gesten und verbalen Mitteln zur Kontaktaufnahme*. Damit bestätigen die Ergebnisse den berichteten Befund, daß behinderte Kinder durch interaktive Förderung ihre initiierenden Fertigkeiten weniger stark verbessern können als etwa die Fähigkeit zum *turn taking* (Tannock, 1988). Das Kind ist zwar zunehmend besser in der Lage, konventionelle kommunikative Verhaltensweisen der Erwachsenen zu verstehen und darauf zu reagieren, kann jedoch selbst seine Intentionen noch nicht präzise vermitteln.

Die Werte aus den ESCS-Elterninterviews liegen fast immer etwas über den in den psychologischen Testungen ermittelten Werten und entsprechen damit den Ergebnissen einer Studie von Sarimski und Möller (1991), bei der die Einschätzung des kommunikativen Entwicklungsstands auf der Basis der Elternbefragung ebenfalls signfikant höher lag als auf der Grundlage von Beobachtungssituationen.

Dunst und McWilliam (1988) berichten, daß das Ausmaß der Beteiligung mehrfach behinderter Kinder an Aktivitäten stark in Abhängigkeit vom jeweiligen Kontext variiert. Gerade kommunikatives Verhalten ist abhängig vom interpersonalen Kontext der Interaktionen, da verschiedene Kontexte unterschiedliche Rollenmuster in der Aktivität und Beziehung zwischen den teilnehmenden Personen entstehen lassen (Bronfenbrenner, 1979; Lamb, 1979). Es ist daher weniger von einer elterlichen Überschätzung der Kinder im Sinne sozialer Erwünschtheit auszugehen oder von einer Fehlinterpretation einzelner zufälliger Verhaltensweisen des Kindes als intentionale kommunikative Handlungen, sondern eher davon, daß die Eltern durch den täglichen Umgang mit den Kindern einen umfassenderen Einblick in die tatsächlichen kommunikativen Fähigkeiten haben, als dies im Rahmen einer zeitlich begrenzten Untersuchung möglich ist. Rennen-Allhoff (1991) berichtet, daß die Verläßlichkeit von Elternangaben in starkem Maße davon abhängig ist, wie strukturiert das jeweilige Befragungsverfahren ist und welcher Art die erfragten Informationen sind. Werden beispielsweise duch ein strukturiertes Interview aktuelle beobachtbare Verhaltensweisen des Kindes erfragt, so zeigen sich hohe Übereinstimmungen in wiederholten Befragungen nach einigen Tagen bis wenigen Wochen (Rennen-Allhoff, 1991). Insofern können die durch die Befragung der Eltern ermittelten Werte als korrigierende Ergänzung der Einschätzung des präverbalen Kommunikationsvermögens der untersuchten Kinder betrachtet werden.

8.2.2 Aufmerksamkeitsausrichtung

Die Ergebnisse der Mikroanalyse zeigen eine Zunahme der Aufmerksamkeitsausrichtung sowohl für den Verlauf der einzelnen musiktherapeutischen Sitzungen als auch für den Verlauf der gesamten Behandlung. Die Veränderungen erreichen allerdings nur im Parameter der Häufigkeit für die Kinder der Subgruppen a und b mit einem Entwicklungsquotienten EQ > 30 für den Sitzungs- und Phasenverlauf statistische Signifikanz. Die Kinder der Subgruppe c mit einem EQ < 30 weisen dagegen – wie auch im Parameter prozentualer Anteil – eine gegenläufige Veränderung der Aufmerksamkeitsausrichtung auf. Im Parameter des prozentualen

Anteils erreichen ebenfalls nur die Veränderungen der Kinder aus den Subgruppen a und b für den Sitzungsverlauf statistische Signifikanz, für den Phasenverlauf lediglich die Veränderungen der Kinder aus der Subgruppe a mit einem
EQ > 50. Damit ist das Ziel der musiktherapeutischen Behandlung, die Regulation
des Aufmerksamkeitszustandes zu fördern und zeitlich auszudehnen sowie eine
gemeinsame Aufmerksamkeitsausrichtung zu ermöglichen, für die Kinder der
Subgruppen a und b erreicht. Die Forschungshypothese zur Verbesserung der
Fähigkeit gemeinsamer Aufmerksamkeitsausrichtung durch eine Behandlung mit
Orff-Musiktherapie wird durch die vorliegenden Ergebnisse für Kinder mit einem
EQ > 30 gestützt.

Die bei den Kindern der Subgruppe c in nahezu allen erhobenen Parametern am
Ende der Sitzungen zu beobachtende gegenläufige Entwicklung und insbesondere
der am Ende der Sitzung festzustellende Abfall ist wahrscheinlich auf eine Über-
forderung in ihrer Ausdauer-, Aufmerksamkeits- und Konzentrationsfähigkeit
zurückzuführen.

Die Erwartung, daß sich die mittlere Dauer der Blickausrichtung auf die Aktivität
im Verlauf der Sitzung und der gesamten musiktherapeutischen Behandlung
erhöht, konnte nicht bestätigt werden. Hier fanden sich vielmehr leichte Abnahmen der mittleren Dauer, die allerdings nicht signifikant waren. Ein Vergleich der
drei Subgruppen zeigt ein heterogenes Bild für Sitzungs- und Phasenverlauf. Am
deutlichsten ist hier die Verkürzung der durchschnittlichen mittleren Dauer der
Aufmerksamkeitsausrichtung auf die Aktivität bei den Kindern der Subgruppe b.
Wenngleich es sich damit um eine Verringerung in einem relativ geringen Ausmaß handelt, könnte die – aufgrund der Zunahme von Häufigkeit und prozentualem Anteil – damit einhergehende Beschleunigung des Blickverhaltens auch ein
Indikator dafür sein, daß die Geschwindigkeit der Informationsverarbeitung
zugenommen hat. Eine weitere Erklärung wäre eine Art von Habituierungseffekt.
So wurde von Exline, Gray und Schuette (1965) sowie von Schulz und Barefoot
(1974) gezeigt, daß während eines Gesprächs mit zunehmender Vertrautheit die
Dauer des direkten Blickkontakts kürzer wird. Eine Unterscheidung der mittleren
Dauer von Blickausrichtungen auf das Instrument und die Therapeutin zeigen, daß
die mittlere Dauer der Ausrichtung auf das Instrument mit durchschnittlich 4,8
Sekunden annähernd doppelt so lang ist wie die Ausrichtung auf die Therapeutin
mit durchschnittlich 2,8 Sekunden.

Werden die in der vorliegenden Studie beobachteten Werte verglichen mit den
von Allen, Wasserman und Seidman (1984 zit. nach McCollum & Stayton, 1988)
gemachten Angaben zum zeitlichen Anteil, der in *co-orientation* verbracht wird
und der sich in der von ihnen untersuchten Gruppe im Alter zwischen 6 und 24
Monaten von 49% der Zeit zu 65% der Zeit erhöht hat, so sind die gefundenen
Werte der Gesamtstichprobe mit durchschnittlich 68% insgesamt als relativ hoch
zu betrachten. Die beobachtete Aufmerksamkeitsverlagerung im Verlauf einer

Sitzung weg von der Therapeutin hin zum Instrument könnte die im Verlauf der Sitzung etwas schwächer werdende Orientierungsreaktion auf die Person der Musiktherapeutin wiedergeben. Die im Vergleich der beiden Behandlungsphasen zunehmende Ausrichtung auf die Therapeutin gibt einen Hinweis darauf, daß das Kind besser in der Lage ist, seine Aufmerksamkeit triangulär auszurichten. Es gelingt ihm besser, in seiner kommunikativen Handlung neben dem gegenständlichen Bezug zum Instrument auch den sozialen Bezug zur Therapeutin herzustellen. Dieses Ergebnis steht in Übereinstimmung mit Befunden von Aureli (1994), die im Alter zwischen 16 und 20 Monaten eine Zunahme gemeinsamer Aktivitäten von Mutter und Kind mit sozialem Fokus beobachtete.

Es wurde mehrfach demonstriert, daß das Blickmuster eng verbunden ist mit der Abfolge und der Koordination des Sprechens (Rutter & Durkin, 1987). So konnten Hedge, Everitt und Frith (1978) in einer Studie zum Blickverhalten in Dialogen zeigen, daß das Blickverhalten eines Individuums nicht unabhängig von seinem Sprechverhalten ist, da das gesamte Sprech-und Blickverhalten nicht jeweils aus Sprechen oder Blick separat vorhergesagt werden kann. Übertragen auf die musiktherapeutische Situation könnte daraus gefolgert werden, daß die größere Aufmerksamkeitsausrichtung auf die Therapeutin einhergehen könnte mit einer stärkeren Bezogenheit auf die Therapeutin in den kommunikativen Aktivitäten. Um dies endgültig zu klären, müßten Analysen der gesamten Sitzung ebenso wie kontinuierliche Verlaufsanalysen jeder einzelnen Sitzung durchgeführt werden.

Bei der Interpretation der Werte zur Aufmerksamkeitsausrichtung ist zu berücksichtigen, daß die Blickausrichtung des Kindes zum einen abhängig ist vom verwendeten Instrument, da beispielsweise Klavier und Orgel direkten Blickkontakt zur Musiktherapeutin eher erschweren, während sie den Blick zum Instrument erleichtern. Zum anderen ist der direkte Blickkontakt generell für Kinder mit Problemen in der motorischen Kopfkontrolle erschwert. Auch konnte beobachtet werden, daß einige Kinder bewußt von der Aktivität wegschauten, um sich besser auf ihre feinmotorische Tätigkeit konzentrieren zu können. Somit ist insgesamt davon auszugehen, daß die gefundenen Werte der fokussierten Aufmerksamkeitsausrichtung auf die Aktivität eher nach oben zu korrigieren sind.

Die Ergebnisse der Mikroanalyse zur Aufmerksamkeitsausrichtung finden eine Entsprechung in den Einschätzungen der Musiktherapeutinnen im Item-Paar *aufmerksam-nicht aufmerksam* des Musiktherapie-Profils. Hier läßt sich sowohl im Vergleich von erster und fünfter Sitzung (erste Phase) und von sechster und zehnter Sitzung (zweite Phase) wie auch im gesamten Behandlungsverlauf eine Zunahme in der eingeschätzten Aufmerksamkeit beobachten.
Kontakt in Form von wechselseitiger Orientierung ist die Voraussetzung dafür, sich am Geschehen aktiv zu beteiligen. Diese Art von Kontakt wird in der Regel

hergestellt und aufrechterhalten durch den Blick. In der musiktherapeutischen Situation wird darüber hinaus durch das musikalische Angebot über das Ohr unmittelbar Kontakt hergestellt. Möglicherweise werden insbesondere mehrfach behinderte Kinder durch musikalische Elemente wie Klang oder Rhythmus motiviert, die für die visuelle Aufmerksamkeitsausrichtung erforderliche hohe Koordinationsleistung auszuführen.

8.2.3 Produzieren kommunikativer Beiträge

Wie die Ergebnisse der Mikroanalyse zeigen, produziert die Gesamtstichprobe im Verlauf der einzelnen musiktherapeutischen Sitzungen in allen strukturellen Parametern – Häufigkeit, prozentualer Anteil und mittlere Dauer – signifikant mehr kommunikative Beiträge. Im Verlauf der gesamten Behandlungsphase können für die Gesamtstichprobe in den Parametern Häufigkeit und prozentualer Anteil ebenfalls Zunahmen festgestellt werden. Die mittlere Dauer der kommunikativen Beiträge erhöht sich allerdings lediglich in der Modalität der Gesten, während sie in den Modalitäten Vokalisationen und Spielen am Instrument abnimmt. Damit ist insgesamt das Ziel der musiktherapeutischen Behandlung, die Produktion kommunikativer Beiträge des Kindes zu fördern und zeitlich auszudehnen, für die gesamte Stichprobe erreicht. Die Forschungshypothese zur vermehrten Produktion kommunikativer Beiträge durch eine Behandlung mit Orff-Musiktherapie wird durch die vorliegenden Ergebnisse gestützt.

Die Erwartungen zur mittleren Dauer kommunikativer Beiträge konnten für den Verlauf der beiden Behandlungsphasen nicht bestätigt werden. Sie waren möglicherweise jedoch auch nicht differenziert genug formuliert, da die verschiedenen Modalitäten von Vokalisationen, Gesten und Spielen am Instrument Veränderungen in der kommunikativen Entwicklung jeweils unterschiedlich sensibel wiedergeben können. So könnte die beobachtete Verkürzung der mittleren Dauer von Spielaktivitäten am Instrument sogar auf eine Verbesserung in der dialogischen Abstimmung hindeuten. Auffällig ist in diesem Zusammenhang, daß die Kinder der Subgruppe c eine im Vergleich zu den übrigen Kindern deutlich längere mittlere Dauer ihrer Vokalisationen und Gesten aufweisen. Dies könnte auf eine langsamere Verarbeitungsgeschwindigkeit in der Produktion von kommunikativen Signalen und somit wahrscheinlich auch in der Wahrnehmung hinweisen. Da die mittlere Dauer der Vokalisationen im Verlauf der beiden musiktherapeutischen Behandlungsphasen sogar noch zunimmt, während in den anderen beiden Subgruppen eine Abnahme zu beobachten ist, könnte auch vermutet werden, daß diese Kinder insgesamt ein anderes Vokalisationsmuster zeigen, eventuell auch langsamere Bewegungen in ihren Gesten machen. Dies wäre durch eine entsprechend differenzierte Analyse zu klären.
Das bei den Kindern der Subgruppe b zu beobachtende – im Vergleich zu den Kindern der Gruppen a und c – deutlich häufigere und kürzere Spiel auf dem

Instrument könnte einen Hinweis darauf geben, daß diese Kinder die musikalische Kommunikation über das Instrument stärker dialogartig einsetzen als die anderen Kinder. Dies fände eine Entsprechung in den Angaben der Eltern dieser Kinder, die für alle Kinder der Subgruppe b eine besondere Beziehung zu Musik etwa in Form von spontanem Mitsingen oder Mitsummen bei Liedern berichten. Allerdings zeigt sich bei genauerem Hinsehen, daß die Veränderungen für jedes einzelne Kind differenziert zu bewerten sind. So wirkt sich einmal deutlich die Verschlechterung der motorischen Fähigkeiten bei Kind 05 (Rett-Syndrom) aus, zum anderen zeigen die Kinder 09 und 15 in der zweiten Phase deutlich mehr Vokalisationen und rhythmisiertes Singen als in der ersten Phase. Schließlich ist ein Rückgang an Aktivitäten mit dem Instrument für das Kind mit autistischen Zügen (06) eine durchaus positive Entwicklung. Ein Vergleich der Einzelfälle zum prozentualen Anteil der Spielaktivitäten am Instrument läßt erkennen, daß der Anteil der beiden Kinder mit autistischen Störungen mit jeweils etwa 20% annähernd doppelt so hoch ist wie der durchschnittliche Wert der Gesamtstichprobe mit etwa 10%. Dies bestätigt die klinische Beobachtung, daß autistische Kinder den instrumentalen Klang deutlich stärker als Kommunikationsmittel verwenden (Alvin, 1988; Schumacher, 1994).

Ein Vergleich der einzelnen kommunikativen Modalitäten zeigt, daß die eindeutigste Entwicklung bei der Produktion von Vokalisationen zu beobachten ist. Sowohl in der Häufigkeit als auch im prozentualen Anteil läßt sich für den Verlauf der einzelnen Sitzungen wie auch für den gesamten Behandlungsverlauf eine Zunahme beobachten. Bemerkenswert ist hier, daß der Anteil der Vokalisation im Verlauf der beiden Phasen von durchschnittlich 5,4% auf 7,0% zunimmt, während der Anteil der Spielaktivitäten am Instrument etwa im gleichen Ausmaß von durchschnittlich 9,9% auf 8,4% abnimmt.

Ein ähnliches Bild findet sich bei den Gesten, deren signifkante Zunahme im Phasenverlauf auf eine verstärkte Konventionalisierung kommunikativer Verhaltensweisen des Kindes hindeutet. Möglicherweise ist mit der zunehmenden Konventionalisierung der kommunikativen Äußerungen eine Abnahme eher unkonventionalisierter Äußerungen am Instrument verbunden. So stellte Aureli (1994) in ihrer Untersuchung zur Entwicklung gemeinsamer Spielaktivitäten von Mutter und Kind im Alter von 16–20 Monaten eine Abnahme von Episoden fest, bei denen die Aktivität auf prozedurale Aspekte des Spiels fokussiert war, während Episoden mit kognitiven und sprachlichen Aspekten zunahmen. Diese konventionalisierten Ausdrucksformen zeichnen sich indirekt auch durch ein höheres Ausmaß an Intersubjektivität aus, was wiederum durch die bereits berichteten Zunahmen der Aufmerksamkeitsausrichtung auf die Therapeutin und die deutlich Zunahme konventioneller Gesten in der zweiten Phase bestätigt wird, und damit der erwarteten Entwicklungsabfolge entspricht (Seibert, Hogan & Mundy 1984). Schließlich zeigt der im Kapitel *Ergebnisse* dargestellte Vergleich von Ergebnissen der Videoanalyse mit den Einschätzungen der Musiktherapeutinnen zu den

Item-Paaren *vokalisierend-still* und *mitteilungsbedürftig-zurückhaltend* im Musiktherapie-Profil einige durch beide Methoden abgebildeten bemerkenswerten Übereinstimmungen in der Verlaufsentwicklung vokaler und gestisch-mitteilender Verhaltensweisen des Kindes.

8.2.4 Kommunikative Bezogenheit

Die Bezogenheit kommunikativer Beiträge des Kindes wurde für die Spielaktivitäten am Instrument anhand dreier verschiedener Maße bestimmt. Zunächst wurde für die gesamte Stichprobe untersucht, in welchem Ausmaß die Beiträge des Kindes intentional auf die Person der Musiktherapeutin gerichtet sind. Dann wurde exemplarisch für zwei Einzelfälle ermittelt, wie hoch der Anteil kontingenter kommunikativer Reaktionen des Kindes auf die Musiktherapeutin ist und schließlich wurde anhand einer Einzelfallanalyse das Ausmaß der wechselseitigen Abstimmung auf ein gemeinsames Thema im dialogischen Spiel erfaßt.

Der Anteil intentional auf die Therapeutin gerichteter kommunikativer Beiträge des Kindes nimmt sowohl im Verlauf der einzelnen musiktherapeutischen Sitzungen wie auch – signifikant – im gesamten Behandlungsverlauf zu. Dieses Ergebnis ist in dreierlei Hinsicht besonders eindrucksvoll. Zum einen sind die Zunahmen gleichermaßen in allen drei Subgruppen zu beobachten. Zum anderen zeigt es deutlich die Verbesserung in der Qualität der kommunikativen Beiträge des Kindes, da die absolute Häufigkeit von Spielaktivitäten des Kindes am Instrument im Verlauf der gesamten Behandlung signifikant abnimmt und so der Anteil intentional gerichteter Spielaktivitäten noch größeres Gewicht erhält. Schließlich wird auch von den Eltern im Interview vor der zweiten Behandlungsphase eine deutlichere Intentionalität der kindlichen Äußerungen berichtet. Damit ist das Ziel der musiktherapeutischen Behandlung, die Produktion bezogener kommunikativer Beiträge des Kindes zu fördern und so eine Konventionalisierung seines kommunikativen Verhaltens anzuregen, für die gesamte Stichprobe erreicht. Die Forschungshypothese zur stärkeren intentionalen Gerichtetheit kommunikativer Beiträge durch eine Behandlung mit Orff-Musiktherapie wird durch die vorliegenden Ergebnisse gestützt.

Ein Vergleich mit den nicht auf die Therapeutin, sondern auf das Instrument bezogenen Aktivitäten des Kindes, die als eher reagierend aufgefaßt werden können (McArthur & Adamson, 1996), zeigt darüber hinaus, daß sowohl im Verlauf der einzelnen Sitzungen als auch im Verlauf der gesamten Behandlung eine allmähliche Annäherung dieser beiden Dimensionen des gemeinsamen Gegenstandsbezug stattfindet und in den Endausschnitten der zweiten Behandlungsphase der Anteil der initiierenden, auf die Therapeutin gerichteten Beiträge sogar überwiegt. Dieses intentional gerichtete kommunikative Signalisieren des Kindes kann darüber hinaus auch als Maß für die Synchronizität und Reziprozität der Interaktion betrachtet werden, da die Blickzuwendung am Ende der kommunikativen Äußerung die visuelle Regulation der Interaktion ermöglicht (Kendon, 1967).

Auffällig ist der relativ niedrige Anteil intentional auf die Therapeutin gerichteter Beiträge bei den Kindern der Subgruppe b. Dieses Phänomen könnte damit zusammenhängen, daß die Kinder der Subgruppe b in der zweiten Behandlungsphase weniger die Spielaktivitäten, sondern vermehrt die Vokalisationen und Gesten intentional auf die Musiktherapeutin gerichtet hatten, wie dies einer zunehmenden Konventionalisierung entsprechen würde (Aureli, 1994). Dies wäre noch weiter zu untersuchen. Möglich wäre allerdings auch, daß die Kinder aufgrund ihrer motorischen Beeinträchtigung mehr als zwei Sekunden benötigen, um nach dem Ende ihres eigenen Beitrags durch eine Blickausrichtung auf die Therapeutin die kommunikative Bezugnahme zu signalisieren. Weitergehende Analysen mit entsprechend größeren Kontingenz-Fenstern könnten hierüber Aufschluß geben. Die Ergebnisse könnten allerdings auch eine zunehmende Aufgabenorientierung (Aureli, 1994) sowie eine Zunahme von Aktiviäten, die sich dem *Als-ob-Spiel* annähern (Belsky & Most 1981) widerspiegeln, wie dies im Entwicklungsverlauf zu erwarten ist.

Wird die auf die Person der Therapeutin gerichtete Spielaktivität am Instrument als eine kommunikative Verhaltensweise mit eher initiierendem Charakter aufgefaßt, so zeigen die hier beobachteten Veränderung im initiierenden kommunikativen Verhalten des Kindes – in Ergänzung zu den in den ESCS-Testungen ermittelten Werten – daß mehrfach behinderte Kinder bei geeigneter situationsspezifischer Unterstützung in der Lage sind, Kompetenzen zu entwickeln, die in anderen Zusammenhängen nicht gezeigt werden können (Dunst & McWilliam, 1988).

Die von Wetherby, Cain, Yonclas und Walker (1988) berichteten Angaben zur Rate intentionaler kommunikativer Akte konnten durch die gefundenen Ergebnisse bestätigt werden. So fand sich für die Kinder der Subgruppe c durchschnittlich eine intentional gerichtete Äußerung pro Minute, für die Kinder der Subgruppe b wurden durchschnittlich 1–1,5 und für die Kinder der Subgruppe a durchschnittlich 2–3 intentional gerichtete Äußerungen pro Minute gezählt. Damit sind die Kinder der Subgruppe c dem *prälinguistischen* Stadium mit durchschnittlich einem Akt pro Minute zuzuordnen, die Kinder der Subgruppe b etwa dem *Einwortstadium* mit durchschnittlich zwei Akten pro Minute und die Kinder der Subgruppe a dem Stadium zwischen dem Einwort- und dem *Mehrwortstadium* mit durchschnittlich fünf Akten pro Minute. Diese Zuordnungen entsprechen gleichzeitig in etwa der mit den ESCS festgestellten Entwicklungsniveaus, die die Kinder der Subgruppe a auf dem Niveau *konventionalisierter Gesten und verbaler Äußerungen zur Kontaktaufnahme* einstufen (4), die Kinder der Subgruppe b auf der *Übergangsstufe* darunter (3) und die Kinder der Subgruppe c auf der *Stufe der*

Koordination intentionaler Handlungen mit kommunikativen Mitteln zur Kontaktaufnahme (2,5).

Der zweite Aspekt kommunikativer Bezogenheit des Kindes wurde anhand des Anteils kontingenter kommunikativer Reaktionen des Kindes auf die Musiktherapeutin untersucht. Hier zeigten die Ergebnisse der beiden Einzelfallanalysen für die kontingente Aufmerksamkeitsausrichtung nach dem Beitrag der Musiktherapeutin sowohl für den Sitzungsverlauf wie auch für den Phasenverlauf bei beiden Kindern hypothesenkonforme Zunahmen. Besonders eindrucksvoll ist dies bei dem Jungen mit autistischer Störung (06) zu erkennen. Bei ihm hat sich zum einen der Anteil der mit kontingenten Blickzuwendungen beantworteten musikalischen Beiträge der Therapeutin von der ersten zu zweiten Behandlungsphase annähernd verdoppelt, zum anderen ist dieser Anteil im Verlauf der Sitzungen in der zweiten Behandlungsphase bei gut 50% konstant gleichbleibend. Damit zeigen die beiden Kinder 02 und 06 eine kontinuierlich ansteigende bezugnehmende Aufmerksamkeitsausrichtung auf die kommunikativen Beiträge der Musiktherapeutin.

Die kommunikative Bezugnahme in Form eigener kommunikativer Beiträge als Antwort auf kommunikative Beiträge der Therapeutin läßt bei den beiden untersuchten Einzelfällen ein weniger einheitliches Bild erkennen. Das Mädchen 02 beantwortet in den Anfangs- und Endausschnitten der ersten Behandlungsphase relativ konstant etwa 40% der musikalischen Beiträge der Therapeutin mit eigenen musikalischen Beiträgen. In der zweiten Phase ist dieser Anteil zwar insgesamt nur leicht höher, jedoch nicht mehr konstant für die Anfangs- und Endausschnitte der Sitzungen. Der Junge (06) beantwortet mit etwa 70% einen deutlich höheren Anteil der therapeutischen Beiträge. Dieser Anteil bleibt in den beiden Behandlungsphasen relativ gleich, läßt jedoch im Vergleich von Anfangs- und Endausschnitten jeweils eine leichte Abnahme erkennen. Damit entsprechen nur die Werte von Kind 02 im Sitzungs- und Phasenverlauf den formulierten Erwartungen. Kind 06 läßt eine jeweils gegenläufige Tendenz erkennen. Da jedoch davon auszugehen ist, daß das Blickverhalten und das Sprechverhalten, bzw. das kommunikative Signalisieren eines Individuums nicht unabhängig voneinander sind (Hedge et al., 1978), kann dieses Ergebnis für das Kind 06 insbesondere im Hinblick auf seine autistische Störung als Hinweis darauf gewertet werden, daß es seine kommunikativen Reaktion von eher nicht-visuell bezugnehmenden Antworten auf dem Instrument hin zu visuell bezugnehmendem Antworten durch Blickzuwendung verändert hat.

Bei der Interpretation der Gegenüberstellung von visuell-bezugnehmenden Antworten in Form kontingenter Aufmerksamkeitsausrichtung und nicht-visuell bezugnehmenden Antworten in Form kontingenter eigener musikalischer Beiträge ist zum einen zu berücksichtigen, daß sich die beiden Reaktionen nicht gegenseitig ausschließen: Sie spiegeln lediglich zwei unterschiedliche Modalitäten kommunikativer Bezugnahme wider, die durchaus gemeinsam auftreten können und damit sogar eine intensivere kommunikative Bezugnahme ausdrücken. Zum anderen sind die gemittelten Werte zweier Einzelfälle mit besonderer Zurückhaltung zu bewerten. Allerdings läßt sich bei dieser Gegenüberstellung sehr schön erkennen, wie sich die Anteile visueller und musikalischer kommunikativer Bezugnahme sowohl im Verlauf der Sitzungen wie auch im Verlauf der beiden Phasen annähern und in der zweiten Phase mit jeweils etwa 50% beantworteten therapeutischen Beiträgen relativ gleich hoch sind. Bei beiden Kindern geht dies insbesondere auf eine Zunahme kontingenter visueller Bezugnahme zurück und kann dadurch als eine verbesserte trianguläre Aufmerksamkeitsausrichtung auf Instrument und Therapeutin im gemeinsamen Gegenstandsbezug interpretiert werden. Der Anteil erfolgreicher *elicits* der Therapeutin hat sich somit durch die Behandlung mit Orff-Musiktherapie erwartungsgemäß im Verlauf der Sitzungen und Phasen bei beiden Kindern hinsichtlich einer visuellen Bezugnahme durch eine darauf folgende Aufmerksamkeitsausrichtung erhöht. Die hier gefundenen Veränderungen sind darüber hinaus auch in Übereinstimmung mit der in der gesamten Stichprobe festgestellten deutlichen Verbesserung in der ESCS-Dimension *reagierendes* kommunikatives Verhalten.

Rutter und Durkin (1987) betrachten eine Zunahme abschließender Blickausrichtungen auf die Partnerin nach den eigenen kommunikativen Beiträgen, durch die die eigenen Vokalisationen mit denen der Partnerin koordiniert werden, als einen wichtigen Indikator dafür, daß eine aktive Rolle in der gemeinsamen Interaktion übernommen wird. Sie konnten hierbei eine deutliche Entwicklungsveränderung im Alter von 12 bis 24 Monaten feststellen, als deren Ergebnis sich im Alter von 18 bis 24 Monaten das prototypische erwachsenenspezifische Blickmuster etabliert. Somit ist die Blickausrichtung auf die Therapeutin am Ende eines Beitrags als Indikator zunehmender aktiver Synchronisierung durch das Kind und als deutliches Signal für reziprokes Abwechseln (*turn taking*) zu betrachten. Um das Ausmaß der Synchronizität und Reziprozität in der musiktherapeutischen Interaktion im einzelnen bestimmen zu können, müßten bidirektional neben den kontingenten bezugnehmenden Reaktionen des Kindes auf die Therapeutin auch die kontingenten bezugnehmenden Reaktionen der Therapeutin auf die Beiträge des Kindes untersucht werden.

In beiden exemplarischen Einzelfallanalysen wurde die bezugnehmende kommunikative Reaktion des Kindes auf musikalische Beiträge der Therapeutin untersucht. Hier könnten weitere differenzierende Untersuchungen zu kontingenten Reaktionen auf verbale und nonverbale Beiträge der Therapeutin in Verbindung mit der Bestimmung von Übergangswahrscheinlichkeiten für einzelne Verhaltensweisen der Therapeutin und des Kindes aufschlußreiche Zusammenhänge in der kommunikativen Bezugnahme im musiktherapeutischen Rahmen liefern. Im Hinblick auf die Entwicklung präverbaler kommunikativer Fähigkeiten des Kindes wären weitere Untersuchungen zur kommunikativen Bezugnahme in den vokalen und gestischen Äußerungen des Kindes von besonderer Bedeutung.

Der dritte Aspekt kommunikativer Bezogenheit des Kindes betrifft die wechsel-seitige Abstimmung auf ein gemeinsames Thema im dialogisch abwechselnden Spiel am Instrument. Hier wurde anhand der ausgewählten fünfminütigen Sequenzen gemeinsamen Spiels am Klavier eine exemplarische Einzelfallanalyse bei Kind 06 durchgeführt. Die Ergebnisse zeigen sowohl eine Zunahme der durchschnittlichen Länge dialogischer Sequenzen als auch einen erhöhten Anteil von Spielaktivitäten des Kindes, die in dialogisches Spiel integriert sind. Die absolute Häufigkeit von Spielaktivitäten mit dialogischem Charakter nimmt im Behandlungsphasenverlauf von durchschnittlich etwa 40 Aktivitäten in der ersten Phase auf etwa 55 Aktivitäten in der zweiten Phase zu. Komplementär dazu nimmt der Anteil gleichzeitigen und damit überschneidend-dialogstörenden Spiels von Kind und Therapeutin ab. Da nicht davon auszugehen ist, daß die Therapeutin das Spiel des Kindes unterbrochen hat, stellt dieses Maß einen weiteren Hinweis auf eine verbesserte dialogische Abstimmung dar. Der Verlauf bei Kind 06 entspricht damit den formulierten Erwartungen und steht in Einklang mit der Forschungshypothese, daß durch eine Behandlung mit Orff-Musiktherapie das Kind besser in der Lage ist, sein kommunikatives Verhalten synchron und rezi-prok in der gemeinsamen Interaktion zu koordinieren und seine kommunikativen Beiträge im dialogischen Spiel mit der Therapeutin abzustimmen.

Eine genaue Betrachtung des Verlaufs einzelner Sitzungen zeigt, daß sowohl in der Länge der dialogischen Ketten als auch im Anteil dialogischer Spielaktivitäten große Schwankungen auftreten. Ebenso liegen die Maxima der dialogischen Kettenlänge in der ersten und zweiten Phase mit 16 bzw. 18 Wechseln zwischen Kind und Therapeutin deutlich über dem mittleren Wert von durchschnittlich 3 bzw. 3,5 Wechseln. Die Anzahl der dialogischen Ketten verändert sich im Ver-gleich von erster zu zweiter Phase mit durchschnittlich etwa 12 bzw. 13 Ketten allerdings nur wenig. Somit spiegelt die zu beobachtende verbesserte dialogische Abstimmung bei den annähernd gleichbleibenden oder sogar abnehmenden strukturellen Bezugsgrößen – Häufigkeit dialogischer Ketten und Häufigkeit von Spielaktivitäten am Instrument – deutlich eine qualitative Verbesserung kommu-nikativer Bezugnahme des Jungen wider. Der musikalische Dialog, wie er in der Orff-Musiktherapie stattfindet, fördert die Fähigkeit des Kindes zuzuhören und zu kommunizieren.

Neben den bereits erhobenen Parametern könnten darüber hinaus initiierende und reagierende Latenzzeiten (Hargrove & Martin, 1982) von Kind und Therapeutin erhoben werden, um die Kohärenz der dialogischen Abstimmung zu erfassen. Ebenso könnten die Dauer der einzelnen dialogischen Beiträge sowie die Häufig-keit der vom Kind initiierten dialogischen Sequenzen als weitere Indikatoren für eine aktive Gestaltung der Interaktionssituation durch das Kind erhoben werden.

Die beobachteten Ergebnisse stehen in Übereinstimmung mit Befunden von Tannock (1988), nach denen geistig behinderte Kinder durch interaktive Förderung ihre Fähigkeiten im *turn taking* verbessern können. Eine derartige Entwicklung in der Fähigkeit zum abwechselnden Spiel ist von fundamentaler Bedeutung für eine erfolgreiche Kommunikation mit synchron abgestimmten und reziproken Episoden (Rutter & Durkin, 1987). Durch die Verfeinerung der wechselseitigen Abstimmung beim dialogischen Spiel entsteht im Verlauf der musiktherapeutischen Behandlung eine zunehmend besser strukturierte und koordinierte Interaktion.

8.2.5 Kommunikativer Ausdruck

Da Interaktion sich nicht auf das beobachtbare Verhalten von Musiktherapeutin und Kind beschränkt, könnte der ausschließliche Bezug auf Beobachtungsdaten zu einer Simplifizierung der komplexen Interaktionsbeziehung führen. Interaktives Verhalten reflektiert ebenso, wie beide Beteiligten sich fühlen und sich gegenseitig wahrnehmen. Um dies zu berücksichtigen, wurde versucht, mit Hilfe der subjektiven Wahrnehumg der unmittelbar an der Interaktion beteiligten Musiktherapeutin die Intensität und Breite des kommunikativen Verhaltens anhand der Ratingskalen des Musiktherapie-Profils zu erfassen. Hier zeigt sich sowohl für den Verlauf der einzelnen Phasen als auch für den Verlauf der gesamten Behandlung eine signifikante Zunahme des Summenwertes zum kommunikativen Ausdrucksverhalten des Kindes. Von den einzelnen Item-Paaren, aus denen sich der Summenwert zusammensetzt, können für das Item-Paar *vokalisierend–still* und für das Item-Paar *mitteilungsbedürftig–zurückhaltend* ebenfalls signifikante positive Veränderungen im Verlauf der musiktherapeutischen Behandlung festgestellt werden. Die hier zu beobachtenden eindrucksvollen Übereinstimmungen mit den Ergebnissen der Videoanalysen zur zunehmend stärkeren Verwendung von Vokalisationen und Gesten im Verlauf der Behandlung unterstützen diese Einschätzungen. Damit ist das Ziel der musiktherapeutischen Behandlung erreicht und die Forschungshypothese zur Verbesserung im kommunikativen Ausdrucksverhalten des Kindes durch eine Behandlung mit Orff-Musiktherapie wird durch die vorliegenden Ergebnisse gestützt.

Die Behandlungspause von drei bis vier Monaten zwischen den beiden Behandlungsphasen hatte bei einigen Kindern zur Folge, daß sie sich erst wieder in die musiktherapeutische Situation hineinfinden mußten. Diese Umstellungsschwierigkeiten der Kinder zu Beginn der zweiten Behandlungsphase haben sich in den Verlaufsergebnissen des Musiktherapie-Profils besonders deutlich manifestiert, da in sehr vielen Item-Paaren in der sechsten Sitzung ein im Vergleich zur fünften Sitzung wesentlich niedrigerer Wert – ähnlich hoch wie der Skalenwert der ersten Sitzung – festzustellen war. Dies könnte zwar auch auf Veränderungen im Referenzrahmen der Musiktherapeutinnen zurückzuführen sein, wird allerdings durch die Ergebnisse der Videoanalyse in einigen Fällen unterstützt.

Die Angaben der Musiktherapeutinnen zur Qualität der Interaktion und Kommunikation der musiktherapeutischen Sitzungen und die Angaben der Eltern zu den Auswirkungen der musiktherapeutischen Behandlung im Alltag des Kindes stellen insofern eine wichtige Bereicherung der oben dargestellten Ergebnisse dar, als dadurch Hinweise darauf gegeben werden, in welchen Bereichen sich während des musiktherapeutischen Prozesses und im Alltag des Kindes Veränderungen vollziehen. So werden von den Eltern vermehrte musikalische Aktivitäten der Kinder und Verbesserungen der kindlichen Verständigungsmöglichkeiten berichtet, die sich insbesondere in einer Erweiterung verwendeter kommunikativer Modalitäten und in einer deutlicheren Intentionalität der kindlichen Äußerungen manifestieren. Insgesamt beschreiben die Eltern die Auswirkungen der musiktherapeutischen Behandlung durchgängig als positiv und berichteten Verbesserungen in der allgemeinen Aktivität des Kindes, in seiner Aufmerksamkeit, in der körperlichen Entspannung, im emotionalen Verhalten sowie in Kontakt und Interaktion.

Hier lassen sich Ähnlichkeiten zu den semantischen Feldern der von den Musiktherapeutinnnen verwendeten Begriffe zur Beschreibung der musiktherapeutischen Situation erkennen. Sie zeigen, welche große Bedeutung den interaktiven Elementen insbesondere in Form der Kooperation, der Beziehung und des Kontakts beigemessen wird. Die Zusammensetzung der einzelnen semantischen Felder, aus denen die Musiktherapeutinnen ihre Begriffe wählen, bleibt im Vergleich von erster und zweiter Behandlungsphase annähernd gleich. Dies gibt zum einen den konstanten Referenzrahmen der Musiktherapeutinnen wieder, zum anderen sprechen die hier gefundenen semantischen Felder dafür, daß bei der Konstruktion des Musiktherapie-Profils relevante Bereiche ausgewählt wurden. Der eher geringe Anteil von Begriffen aus dem Feld *Ausdrucksverhalten* und *Musikalische Produktion* deutet möglicherweise darauf hin, daß dieser Aspekt eher das Ergebnis der musiktherapeutischen Behandlung bezeichnet und sich nicht so sehr zur Beschreibung des musiktherapeutischen Prozesses eignet.

Im Hinblick auf eine ökologische und externe Evaluation der musiktherapeutischen Erfolge können die Bereiche *Entspannung, emotionale Offenheit* und *Beziehung* als relevante Kriterien betrachtet werden, da sie sowohl in den Berichten der Eltern wie auch in der Einschätzung der Musiktherapeutinnen häufig zur Beschreibung verwendet werden. Gerade bei mehrfach behinderten Kinder stellt körperliche Entspannung eine sehr wichtige Voraussetzung dafür dar, auch emotional entspannt zu sein und beeinflußt die Qualität, wie Information aufgenommen wird und wie eigene kommunikative Beiträge geäußert werden. Sowohl die signifikante positive Veränderung im Item-Paar *entspannt–angespannt* des Musiktherapie-Profils als auch die Berichte der Eltern zeigen hier eine Verbesserung durch die Behandlung mit Orff-Musiktherapie an.

Für die Qualität der Beziehung von Mutter und Kind, und entsprechend auch von Musiktherapeutin und Kind, stellt das innerhalb der Interaktionen erreichte Ausmaß an emotionalem und intellektuellem Verständnis füreinander eine wichtige Einflußgröße dar (Hodapp, 1988). Die Zunahme der eingeschätzten Werte des Item-Paares *aufgeschlossen–abweisend* und die signifikante positive Zunahme des Item-Paares *offen–verschlossen* weisen ebenso wie die Berichte der Eltern über eine verstärkte Intensität der Beziehung zu den Kindern darauf hin, daß durch die musiktherapeutische Behandlung eine Verbesserung der Beziehungsqualität erreicht wurde. Die Eltern berichten weiterhin von Veränderungen im Sozialverhalten des Kindes, die sich in einer größeren Selbständigkeit und in größerem Selbstvertrauen zeigen. Möglicherweise erleichtern es die im Rahmen der Orff-Musiktherapie gemachten Interaktionserfahrungen dem Kind, Beziehungen mit anderen Personen außerhalb der Therapie zu entwickeln. Wenngleich aufgrund der unterschiedlichen Datenstrukturen keine statistischen Vergleiche zwischen den Angaben der Eltern und den Ergebnissen der Mikroanalyse durchgeführt werden können, so deuten die Ergebnisse beider Verfahren doch in die gleiche Richtung. In der Studie von Edgerton (1994) fand sich ein signifikanter Zusammenhang zwischen den Ratings kommunikativer Verhaltensweisen autistischer Kinder anhand von Videoaufnahmen musiktherapeutischer Sitzungen und den Ratings der Eltern zu beobachteten häuslichen Verhaltensänderungen.

Die Eltern hatten Gelegenheit, die therapeutische Interaktion hinter der Einwegscheibe bzw. im Raum entfernt sitzend zu beobachten und konnten auf diese Weise interaktive Anregungen in das eigene kommunikative Repertoire übernehmen. Eine verbesserte Interpretation der kommunikativen Signale des Kindes durch die Eltern sowie das Schaffen von mehr und besseren Gelegenheiten, interaktive und kommunikative Kompetenzen zu erwerben und zu üben, könnten auch mit dazu beitragen, daß sich die im musiktherapeutischen Rahmen festgestellten positiven Entwicklungsveränderungen im alltäglichen Kontext des Kindes beobachten lassen. Durch eine Restrukturierung der interaktiven Rollen von Eltern und Kind kann sich das kommunikative Potential des Kindes besser entfalten (MacDonald & Gilette, 1988). Möglich ist allerdings auch, daß die Eltern, da sie über die Zielsetzung der Studie informiert waren, in ihrer Wahrnehmung von entsprechenden Erwartungen beeinflußt waren.

8.3 Zusammenfassung der Ergebnisse

Die im Rahmen der durchgeführten Studie gefundenen Ergebnisse stützen in einem großen Ausmaß die in den Forschungshypothesen formulierten Erwartungen. Entwicklungsfördernde Wirkungen der Behandlung durch Orff-Musiktherapie manifestieren sich:

1. In einer generellen Verbesserung der präverbal-kommunikativen Fähigkeiten.

2. In einer Verbesserung der grundlegenden Voraussetzungen kommunikativer Aktivität in Form fokussierter Aufmerksamkeitsausrichtung und vermehrter Produktion kommunikativer Beiträge.

3. In der verbesserten Qualität kommunikativer Beiträge des Kindes in Form einer stärkeren Bezugnahme auf die Therapeutin durch mehr intentional gerichtete kommunikative Aktivitäten, durch eine deutlicher ausgeprägte kontingente kommunikative Reaktion auf die Beiträge der Therapeutin und durch eine bessere wechselseitige Abstimmung im dialogischen Spiel auf dem Instrument.

4. In einer stärkeren Intensität und größeren Ausdrucksbreite des kommunikativen Verhaltens.

Bemerkenswert ist, daß gerade die Parameter der bezugnehmenden kommunikativen Aktivitäten des Kindes eine besonders deutliche Verbesserung erkennen lassen, die sich beispielsweise bei der intentional gerichteten Kommunikation in einer durchgängigen kontinuierlichen Zunahme in allen Subgruppen sowohl im Sitzungs- wie auch im Phasenverlauf zeigt. Dieses Ergebnis steht in Übereinstimmung mit den in der ESCS-Untersuchung gefundenen deutlich verbesserten Werten in der Funktion *Verhaltenslenkung* wie auch mit den Angaben der Eltern und könnte darauf hindeuten, daß die musiktherapeutische Intervention insbesondere in diesem Bereich ihre entwicklungsfördernde Wirkung erzielt. Die deutlichen Verbesserungen in der ESCS-Dimension *reagierendes* kommunikatives Verhalten entsprechen den gefundenen Zunahmen in der kontingenten kommunikativ-reagierenden Bezugnahme der beiden Einzelfälle 02 und 06, deren Entwicklungsverlauf im Rahmen der musiktherapeutischen Behandlung anhand von Einzelfallanalysen detailliert beschrieben ist (Åsebø, 1999; Schlimok, 1999).

Insgesamt weisen diese Veränderungen darauf hin, daß die behandelten mehrfach behinderten Kinder durch ihre verbesserte Aufmerksamkeitsausrichtung, durch ihre vermehrte Produktion und ihr breiteres Ausdrucksspektrum kommunikativer Beiträge sowie durch eine stärkere Bezugnahme in ihrem kommunikativen Verhalten in größerem Ausmaß eine aktive Rolle in der Koordination der Interaktion übernehmen.

Die Annahme von Rutter & Durkin (1987), daß die spezifischen Erfahrungen der Kinder mit der Struktur und dem Mechanismus von reziprok abwechselnden Interaktionen (*turn taking*) wesentlichen Einfluß darauf haben, wie ihre sozialen Beziehungen konstruiert werden, wird durch die Berichte der Eltern zu Verbesserungen in der Beziehungsqualität und im Sozialverhalten des Kindes bestätigt. Schließlich zeigen die berichteten Verbesserungen in den Bereichen emotionaler und körperlicher Entspannung sowie insbesondere das berichtete größere

Selbstbewußtsein, daß die Kinder gelernt haben, Zutrauen in sich und ihre Aktivitäten zu entwickeln und damit möglicherweise auch mehr Lebensqualität gewonnen haben (Bandura, 1978, 1980).

Differentielle Effekte der musiktherapeutischen Intervention werden durch die unterschiedlich stark ausgeprägten Veränderungen der Kinder aus den drei Subgruppen abgebildet. Die Kinder der Subgruppen a und b, die bezogen auf den Entwicklungsquotienten in sich annähernd homogen sind, zeigen insgesamt einen positiven Entwicklungsverlauf. Insbesondere die Kinder der Gruppe b scheinen besonders gut von der musiktherapeutischen Behandlung zu profitieren. Die drei Kinder der Subgruppe c, die in ihren Entwicklungsquotienten eher heterogen sind, weisen oft eine zur restlichen Gruppe gegenläufige Entwicklung auf. Der Abfall zum Sitzungsende hin könnte einen durch die geringeren Informationsverarbeitungs- und Gedächtniskapazitäten dieser Kinder bedingten Ermüdungseffekt widerspiegeln. Um dies abzuklären, wäre es notwendig, auch die mittleren 20 Minuten der Sitzung zu analysieren.

Bemerkenswert ist andererseits, daß die Kinder der Subgruppe c trotz ihrer insgesamt geringeren Rate kommunikativer Äußerungen doch einen hohen Grad an Bezogenheit in ihren kommunikativen Beiträgen zeigen. Da alle drei Kinder der Subgruppe c motorisch stark eingeschränkt sind, stellt es für sie eine große Koordinationsleistung dar, gleichzeitig das jeweilige Instrument, die musikalische Spielhandlung und die Musiktherapeutin zu integrieren. Die Ergebnisse der einzelnen Subgruppen bestätigen die Abhängigkeit kommunikativer Kompetenzen vom kognitiven Verarbeitungsniveau eines Kindes (Sarimski, 1987).

Die gefundenen statistischen Signifikanzen sind zwar eine notwendige, aber keine hinreichende Bedingung für die praktische Relevanz des Ergebnisses (Lienert, 1986). Statistische Signifikanzen können nicht als alleiniges Kriterium für den Erfolg eines therapeutischen Verfahrens betrachtet werden (Petermann, 1989). Daher kommt vor allem den mit verschiedenen methodischen Instrumenten übereinstimmend festgestellten Veränderungen besondere Bedeutung zu.

Die beobachteten Konvergenzen von klinischer und wissenschaftlicher Perspektive legen es nahe, daß die gewählte Forschungsmethode der Mikroanalyse in der Lage ist, wesentliche Aspekt des musiktherapeutischen Geschehens zu erfassen und im Verlauf abzubilden. Der Vergleich von Ergebnissen aus der Mikroanalyse der Videoaufnahmen mit den subjektiven Einschätzungen der Musiktherapeutinnen auf dem Musiktherapie-Profil zeichnet in vielen Bereichen ein übereinstimmendes Bild der Entwicklung kommunikativer Ausdrucksmöglichkeiten des Kindes wie auch der Veränderung interaktiver Prozesse im gemeinsamen Gegenstandsbezug. Dies ist insofern bemerkenswert, als die Mikroanalyse der Videoaufnahmen auf ausgewählten Ausschnitten der Sitzung basiert, während die Musiktherapeutin für ihre Einschätzung den subjektiven Eindruck der gesamten

Sitzung zugrunde gelegt hat. Es fließt in diese Einschätzung und mehr noch in die freie qualitative Beschreibung der Musiktherapeutin eine Fülle komplexer Informationen ein, die sie in der Sitzung verarbeitet hat, während sie gleichzeitig in den therapeutischen Prozeß involviert war. Da das Musiktherapie-Profil – im Gegensatz zur Mikroanalyse – mit einem ökonomisch vertretbaren zeitlichen Aufwand durchgeführt werden kann, könnte es – eventuell auch nur anhand einiger ausgewählter Item-Paare – als Instrument zur routinemäßigen Verlaufsdiagnostik in der musiktherapeutischen Praxis Verwendung finden.

Beim Vergleich der der Videoanalyse zugrunde liegenden ersten und letzten fünf Minuten der musiktherapeutischen Sitzungen ist zu berücksichtigen, daß die jeweiligen Aktivitäten durch die in der Regel unterschiedlichen verwendeten Instrumente nicht identisch sind. Durch diese systematisch-zufällige Auswahl der Ausschnitte vom Anfang und Ende der Sitzungen ist zwar insgesamt ein zuverlässigeres Durchschnittsergebnis zu erhalten, das nicht durch die subjektive Bewertung der Musiktherapeutin verzerrt ist; wahrscheinlich wurden jedoch nicht die gelungensten Sequenzen erwischt, wie der Vergleich von Zufallsstichproben und ausgewählten Sequenzen zeigt (Schlimok, 1999). Auch die von Russel & Bryant (1997) identifizierten *Zonen des optimalen Diskurses*, die sich durch eine besondere qualitative Intensität des Dialogs und durch ein optimales timing auszeichneten, befanden sich optimalerweise in der Mitte der Therapiesitzung. Entsprechend würde sich wahrscheinlich eine weitere Analyse der verbleibenden mittleren 20 Minuten lohnen.

Um den angenommenen Zusammenhang zwischen dem theoretischen Prozeß-modell und den daraus abgeleiteten Erwartungen musiktherapeutischer Effekte weiter zu unterstützen, sind Replikationsstudien nötig, die insbesondere auch den Geltungsbereich erfolgreicher Behandlung mit Orff-Musiktherapie genauer erfassen könnten.

8.4 Exemplarische Validierung des theoretischen Prozeßmodells

Eine Quantifikation, wie sie in der Mikroanalyse durchgeführt wurde, beinhaltet stets das Risiko, die Verbindung zwischen einzelnen Verhaltenseinheiten zu verlieren. Da die anhand des Kategoriensystems durchgeführten Beobachtungen innerhalb eines theoretischen Rahmens erfolgt sind, wird aufbauend auf der mikroanalytischen Untersuchung kommunikativer und interaktiver Austauschprozesse auch ein makroskopischer Ausblick auf die musikalische Spielhandlung und die gesamte musiktherapeutische Situation möglich, wie im folgenden Abschnitt exemplarisch an drei Beispielen gezeigt wird.

Die detaillierten Daten der Mikroanalyse von Videoaufnahmen musiktherapeutischer Sitzungen ermöglichen es – über eine Beschreibung struktureller und sequentieller Parameter hinaus – Variablen zu identifizieren, die es den untersuchten mehrfach behinderten Kindern erleichtern, präverbale kommunikative Fertigkeiten zu entwickeln. Orientiert am theoretischen Prozeßmodell der Orff-Musiktherapie können die beobachteten interaktiven Muster auf jeweils verschiedenen Ebenen beschrieben werden. Diese Trennung der Ebenen im musiktherapeutischen Rahmen in die musikalische Spielhandlung, die koordinierte Interaktion und den kommunikativen Austausch im gemeinsamen Gegenstandsbezug erfolgt rein analytisch, um Zusammenhänge zwischen therapeutisch wirksamen Interventionsprozessen und den gefundenen Interaktionsmustern aufzeigen zu können.

Es soll im folgenden zunächst am Beispiel eines Therapie-Ausschnitts von Kind 06 in einer Verknüpfung von Mikroanalyse und musikalischer Analyse der *gemeinsame Gegenstandsbezug* (Oerter, 1993) im musikalisch-kommunikativen Austausch von Kind und Musiktherapeutin dargestellt werden. Im Anschluß daran wird anhand eines Therapie-Ausschnitts von Kind 15 die koordinierte Interaktion von Kind und Therapeutin erläutert und schließlich werden in einem Therapie-Ausschnitt von Kind 09 die musikalisch-multisensorischen Elemente der Spielhandlung in der Orff-Musiktherapie beschrieben. Um die Schlußfolgerungen aus dem Prozeßmodell der Orff-Musiktherapie exemplarisch zu validieren, wird die für Einzelfallstudien traditionelle graphische Darstellungsform (Kratochwill, 1992) musiktherapeutischer Interaktionsmuster gewählt.

Die Ergebnisse von Rutter und Durkin (1987) weisen darauf hin, daß ein wesentliches Merkmal des Kontextes, in dem Kinder kommunikative Fertigkeiten erwerben, die spezifischen Formen interaktiven Verhaltens sind, innerhalb derer ein Dialog geführt wird. Da die Voraussetzungen für dialogisches Verhalten erst dann erfüllt sind, wenn sowohl zeitspezifische als auch musterspezifische Beziehungen zwischen den beiden Interagierenden vorliegen (Todt & Hultsch, 1994), muß sowohl der Rollentausch zeitlich abgestimmt erfolgen, als auch der jeweilige kommunikative Beitrag musterspezifisch zweifach – durch den eigenen vorangehenden Beitrag und durch den der Therapeutin – beeinflußt sein. Dieses letztgenannte Kriterium läßt sich nur durch eine musikalische Analyse der gespielten musikalischen Beiträge überprüfen und soll im folgenden Abschnitt exemplarisch anhand einer Detailanalyse zur interaktiven Abstimmung im *gemeinsamen Gegenstandsbezug* versucht werden. Abbildung 78 zeigt die Interaktion von Kind und Musiktherapeutin am Klavier in einem Ausschnitt aus der neunten musiktherapeutischen Sitzung des Kindes 06, bei der die Musiktherapeutin das Kind als *besonders musikalisch aktiv* eingeschätzt hat. Aus der Grafik lassen sich sowohl musterspezifische wie auch zeitspezifische Beziehungen zwischen den beiden am Klavier spielen Personen deutlich erkennen.

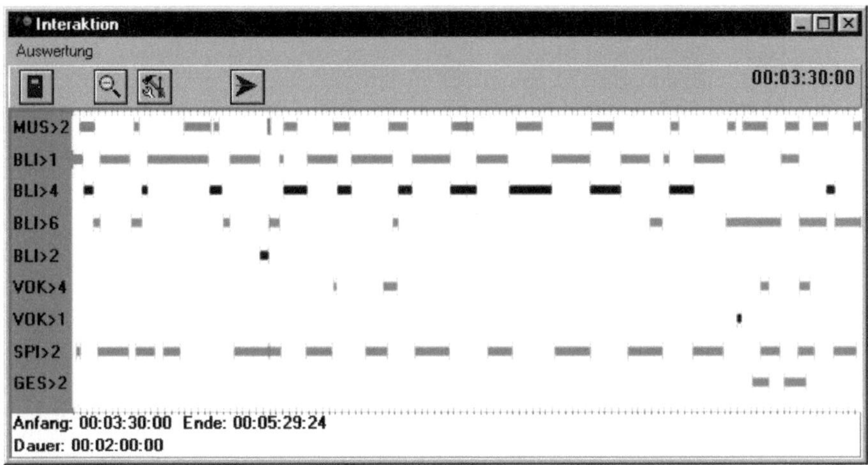

Abbildung 78: Interaktionsgrafik zur Videoanalyse – Kind 06

Das Kind signalisiert jeweils am Ende seines eigenen Spielbeitrags am Klavier (*SPI>2*) über den nachfolgenden Blick auf die Hände der Therapeutin (*BLI>4*) deutlich seine kommunikative Bezugnahme. Gelegentlich schaut der Junge bereits kurz vor dem Ende seines eigenen Spielbeitrags gewissermaßen antizipierend zur Therapeutin, so als ob er gespannt wäre, was sie wohl auf seinen Beitrag erwidern wird. Seine visuelle Aufmerksamkeitsausrichtung ist wahrscheinlich in Übereinstimmung mit seiner auditiven Aufmerksamkeitsausrichtung, da er fast regelmäßig so lange seinen Blick auf den spielenden Händen der Therapeutin läßt, bis diese ihren musikalischen Beitrag (*MUS>2*) beendet hat. Während seines eigenen Spielbeitrags richtet er seinen Blick auf die Tasten des Klaviers (*BLI>1*). In den ersten und letzten 30 Sekunden dieses zweiminütigen Beispiels geht der Blick des Kindes häufiger kurz auf anderes (*BLI>6*) und einmal auch zum Gesicht der Therapeutin (*BLI>2*).

In der mittleren Minute ist dagegen ein sehr regelmäßiges Blickmuster festzustellen, anhand dessen sich die Rollenintegration des Kindes ins dialogische Spielgeschehen ablesen läßt (McCollum & Stayton, 1988). Durch die visuelle Aufmerksamkeitsausrichtung signalisiert der Junge einerseits seine kommunikative Bezugnahme, andererseits ko-konstruiert er damit die reziprok abwechselnde dialogische Spielstruktur. Die zu Beginn und am Ende des intensiven musikalischen Dialogs zu beobachtenden vokalen Äußerungen in Form von Lachen (*VOK>4*) und Lautieren (*VOK>1*) sowie seine Verwendung von Gesten (*GES>2*) am Ende des musikalischen Dialogs weisen darauf hin, daß ihn das gemeinsame musikalische Spiel emotional berührt.

Was die Grafik nicht zeigen kann – jedoch vermuten läßt – ist eine durch die regelmäßige dialogische Struktur zu erwartende besondere qualitative Bezogenheit und Intensität des kommunikativen Austausches im gemeinsamen Spiel. Neben dem zeitlich sehr gut abgestimmten Rollentausch sind die jeweiligen Spielbeiträge in ihrem Muster sowohl vom eigenen vorangegangenen wie auch vom vorangehenden Beitrag der mitspielenden Person geprägt und konstituieren damit eine dialogische Form *gemeinsamen Gegenstandsbezugs*. Abbildung 79 zeigt die musikalische Notation der mittleren Minute aus dem oben abgebildeten Interaktionsausschnitt der neunten musiktherapeutischen Sitzung von Kind 06.

Es ist zu sehen, wie die Beiträge von Kind und Therapeutin formal und inhaltlich allmählich deutlicher aufeinander bezogen sind. Ab Takt 10 läßt sich eine Reihe von meist zweitaktigen wechselseitigen Imitationen erkennen, die nicht nur durch die Therapeutin, sondern ansatzweise auch durch das Kind erfolgen. Ebenso variieren beide das vom Jungen in Takt 14 vorgestellte Motiv rhythmisch und in der Dynamik. Durch das wechselseitige Aufnehmen von Motiven und Spielarten entstehen musikalische Phrasen, die gemeinsam ausgestaltet und weitergeführt werden.

Der vom Kind genutzte Tonraum auf dem Instrument zeigt in Verbindung mit der verwendeten breiten dynamischen, aber doch differenzierten Tongebung und der deutlichen Bezugnahme auf die Therapeutin, daß der autistische Junge musikalisch eine Qualität kommunikativen Austausches erreicht, die ihm verbal bisher nicht möglich ist. Die besondere Form der Strukturiertheit seines Spiels in Form von Akzenten und Wiederholungen wie auch die Variationsbreite seines Spiels in Form differenzierter Spieltechnik und Wechsel im Tonraum könnten mit Hilfe des Beschreibungssystems MAKS (von Moreau, 1997) zum Ausdrucks- und Kommunikationsverhalten in der Musiktherapie noch genauer abgebildet werden.

In der Analyse des *gemeinsamen Gegenstandsbezugs* (Oerter, 1993) zeigt sich eine wechselseitige Verschränkung der einzelnen Dimensionen auf verschiedenen Ebenen. Die *Gerichtetheit* der beiden Spielenden ist – bezogen auf die Tätigkeit – *gleich*, da beide am selben Klavier spielen. Sie ist – bezogen auf den zeitlichen Ablauf und die musikalische Form – *komplementär*, da beide abwechselnd spielen. Andererseits ist die Gerichtetheit – bezogen auf den Rhythmus – *gleich*, da sich ein der gemeinsamen Improvisation zugrunde liegender rhythmischer Fluß erkennen läßt. Schließlich ist die Gerichtetheit – bezogen auf den erzeugten Klang – *komplementär*, da die Musiktherapeutin in Akkorden spielt, während das Kind meist ein- oder zweistimmig spielt.

Auch in der *Fokussierung* zeigt sich die Verschränkung. Das Spiel des Jungen am Klavier ist auf das Instrument bezogen und damit *objektzentriert*, allerdings signalisiert er durch seinen Blick zu den Händen der Therapeutin seine *Personenzentrierung*, wobei er zwar antizipierend zu ihr schaut in Erwartung, was sie wohl

Abbildung 79: Musikalische Notation – Kind 06

auf seinen Beitrag antwortet, allerdings eher *objektzentriert* auf den erwarteten Klang gespannt ist. Dieser wird jedoch erst durch das dialogisch-bezugnehmende therapeutische Spiel interessant, wodurch wieder eher eine *personenzentrierte* Fokussierung vorliegt.

Schließlich sind die *Regeln* zur Herstellung und Aufrechterhaltung des gemeinsamen Gegenstandsbezugs als *konservativ* zu betrachten, da beide regelgerecht am Klavier spielen. Allerdings verwenden sie auch unkonventionelle Anschlagtechniken wie etwa Cluster, wodurch ihr Spiel durch *innovative* Regeln geleitet wird. Das Spiel ist insofern jedoch wieder *konservativ*, als es in Anpassung an dialogische Regeln erfolgt, die allerdings – *innovativ* – auch gebrochen werden. Andererseits ist der gemeinsame Bezug auf die zugrunde liegende rhythmische Struktur *konservativ*, wird jedoch durch eine Variation dieser rhythmischen Muster *innovativ*. Die beiden Spielenden halten sich in ihren Variationen wiederum in der Regel *konservativ* an das zweitaktige Metrum, allerdings- *innovativ* – nicht immer, wie Takt 35 zeigt.

Am Beispiel dieses kurzen Ausschnitts wird einerseits erkennbar, wie komplex die Verschränkungen der Dimensionen des gemeinsamen Gegenstandsbezugs von Kind und Therapeutin in der musiktherapeutischen Situation sind. Andererseits zeigt er auch die Bedeutung von Wiederholung und Variation, um einen musikalischen und damit auch kommunikativen Prozeß in Gang zu bringen und läßt so Gemeinsamkeiten mit den Grundmustern der präverbalen Kommunikation in den intuitiven elterlichen Kompetenzen erkennen (M. Papoušek & H. Papoušek, 1987). Das Beispiel zeigt auch, wie die Interaktion zwischen Kind und Musiktherapeutin Musik geworden ist und daß die aus der Musiktherapie resultierenden objektivierten Produkte in Form notierter Improvisationen Veränderungen durch die musiktherapeutische Behandlung reflektieren können.

Entscheidend für die Beurteilung dieses musikalischen Produktes ist allerdings nicht das Ergebnis an sich, sondern vielmehr der Prozeß, der zu diesem Ergebnis geführt hat. Dieser läßt sich nur im Nachvollziehen der Interaktion erfassen. Dies betont auch Faltin (1976), der im Hinblick auf den kommunikativen Charakter der Musik feststellt: „Dieses [kommunikative] Wesen der Musik teilt sich nicht durch die Töne, sondern in den Tönen mit. Der ‚Empfänger‘ hat nicht die Aufgabe, die in den Tönen verschlüsselte Intention zu entziffern, sondern das tönende Geschehen selbst nachzuvollziehen" (Faltin, 1976, S. 452).

Die wesentlichen Merkmale des musiktherapeutischen Kontextes, die es dem Kind erleichtern, kommunikative Fertigkeiten zu erwerben, sind die spezifischen interaktiven Muster, innerhalb derer der Dialog geführt wird. Diese Muster sind dann entwicklungsfördernd, wenn sie *reziprok*, *synchron* und *kohärent* koordinierte Interaktionen abbilden (Tronick, 1989). Anhand der Interaktion eines weiteren Kindes mit der Musiktherapeutin beim gemeinsamen Spiel auf der Gitarre läßt sich dies demonstrieren. Abbildung 80 zeigt einen eineinhalbminütigen Ausschnitt aus der siebten musiktherapeutischen Sitzung von Kind 15.

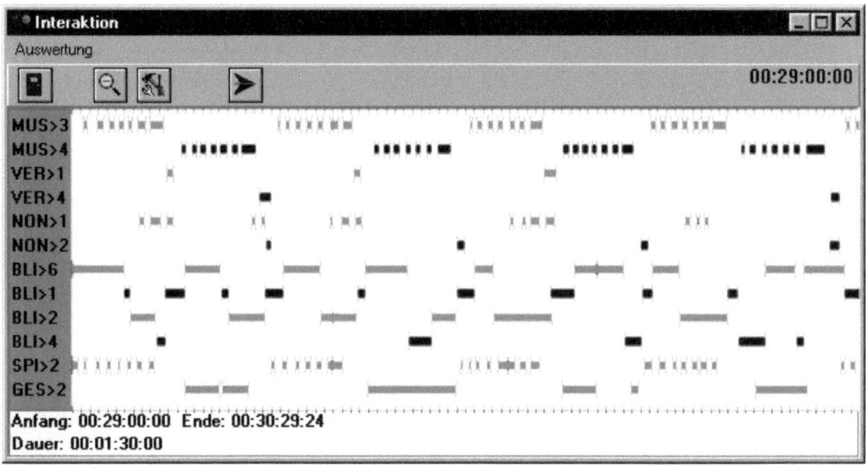

Abbildung 80: Interaktionsgrafik zur Videoanalyse – Kind 15

Die Interaktion von Kind und Musiktherapeutin bildet schon optisch ein regelmäßiges Muster wechselseitiger Bezugnahme, Regulation und Lenkung. Die koordinierte Interaktion spiegelt sich im Blickmuster des Kindes wider, bei dem sich Blicke zur Therapeutin (*BLI>2*) bzw. auf die Hände der Therapeutin (*BLI>4*) regelmäßig abwechseln mit Blicken zum Instrument (*BLI>1*) und frei im Raum schweifenden Blicken auf anderes (*BLI>6*). In Verbindung mit dem Spielen des Kindes auf der Gitarre (*SPI>2*) sowie den verwendeten Gesten (*GES>2*) läßt sich ein kohärent auf das Spiel der Musiktherapeutin bezogenes Verhalten ablesen. Diese wiederum beantwortet in ähnlicher Weise nahezu alle direkten Blickzuwendungen (*BLI>2*) des Kindes nonverbal durch eine Geste (*NON>1*) und verbal durch einen Kommentar (*VER>1*) oder eine Aufforderung (*VER>4*). Durch das Abwechseln von Singen (*MUS>3*) und Singen mit Gitarrenbegleitung (*MUS>4*) sowie durch das nonverbale Anbieten der Gitarre (*NON>2*) schafft die Musiktherapeutin den in sich rhythmisch strukturierten *kohärenten* Rahmen der musiktherapeutischen Spielhandlung.

Synchronizität in der Interaktion läßt sich zum einen beobachten in der gesanglichen Begleitung des Kindes durch die Musiktherapeutin (*MUS>3*), die auf die einzelnen Bewegungen des Mädchens auf der Gitarre synchron abgestimmt ist. Zum anderen stellt das Mädchen Synchronizität her, indem es verlangend seine Hand in Richtung Gitarre ausstreckt (*GES>2*), während die Musiktherapeutin darauf spielt, und seinem Wunsch mit einem abschließenden direkten Blick zur

Therapeutin (*BLI>2*) deutliche Intention verleiht. Insbesondere durch seinen bezugnehmenden Blick zur Therapeutin (*referential looking*) während des Spiels auf der Gitarre synchronisiert das Mädchen sein kommunikatives Verhalten mit dem der Therapeutin. Genau dieser Blickkontakt wird – wie bereits beschrieben – von der Musiktherapeutin kontingent nonverbal und verbal beantwortet und stabilisiert dadurch die Synchronizität weiter. Dieser Strom kontinuierlicher Rückmeldung (Marfo & Kysela, 1988) in verschiedenen kommunikativen Modalitäten ist es vor allem, der gelungene dyadische Interaktion charakterisiert.

Reziproke Interaktionsmuster werden durch das rhythmisch abwechselnde Spiel von Kind (*SPI>2*) und Musiktherapeutin (*MUS>4*) auf der Gitarre gebildet. Das reziproke Abwechseln wird dabei durch spezifische Verhaltensweisen der Musiktherapeutin unterstützt. So etwa durch ihr nonverbales Anbieten des Instrumentes (*NON>2*) als Aufforderung an das Kind, selbst zu spielen und durch ihren verbalen Kommentar (*VER>1*) direkt an der Stelle des Wechselns. Durch die musikalische Gestaltung entsteht eine besondere Art von Wechselgesang, da die Musiktherapeutin abwechselnd ihr eigenes Spiel (*MUS>4*) und das Spiel des Kindes stimmlich begleitet (*MUS>3*). All diese Interaktionen der Musiktherapeutin fördern das Herausbilden komplementärer Rollen und helfen, den Fluß der Interaktion zu regulieren (McCollum & Stayton, 1988).

Dieses Beispiel veranschaulicht besonders eindrucksvoll die grundlegend rhythmische Natur menschlicher Interaktion. Die zu beobachtende Koordination in der Interaktion illustriert Platos Definiton von *Rhythmus als Ordnung in der Bewegung*. Den Aspekt der Gestaltprinzipien in der Wahrnehmung rhythmischer Muster (Bower, 1978) beschreibt John Cage (1984) folgendermaßen: „Wenn man Tönen mit einem periodischen Rhythmus zuhört, hört man notwendigerweise etwas anderes als allein die Töne. Man hört nicht die Töne – man hört den Tatbestand, daß die Töne organisiert wurden" (S. 255).

Diese Fähigkeit, rhythmische Strukturen zu erkennen und entsprechende rhythmisch-prosodische Elemente in der Sprache nutzen zu können, ist von grundlegender Bedeutung für die Prozesse der Sprachentwicklung (Weinert, 1992). Ebenso hat die Wahrnehmung rhythmischer Muster regulierende Auswirkungen auf stereotype Verhaltensweisen mental retardierter Kinder (Soraci, Deckner, McDaniel & Blanton, 1982).

Die Spielhandlung im musiktherapeutischen Kontext bildet den Rahmen entwicklungsfördernder koordinierter Interaktionen zwischen Kind und Therapeutin. Diese zeichnet sich insbesondere durch die Verwendung *multisensorisch-musikalischer Spielelemente* aus. Abbildung 81 veranschaulicht die musiktherapeutische Spielstruktur am Beispiel eines Tanzliedes der dritten musiktherapeutischen Sitzung von Kind 09. Die Sequenz wurde von der Musiktherapeutin als *besonders gelungene Interaktion* eingeschätzt.

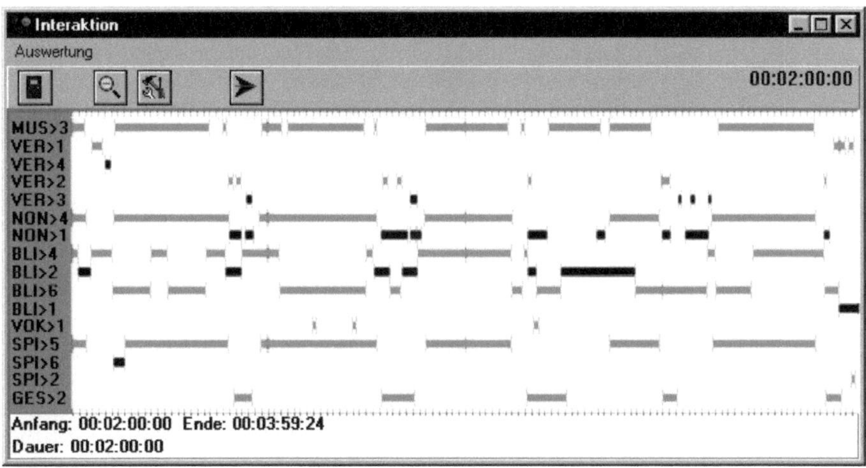

Abbildung 81: Interaktionsgrafik zur Videoanalyse – Kind 09

In der *multisensorisch-musikalischen Spielhandlung* sind verschiedene Sinnes-
modalitäten in ritualhaft wiederkehrenden Spiel- und Bewegungshandlungen integriert. Durch die gemeinsame Bewegung im Tanzen, bei der das Kind von der
Musiktherapeutin an den Händen gehalten wird (*NON>4*), anfangs kurz bewegt
wird (*SPI>6*), sich dann jedoch aus eigenem Antrieb mitbewegt (*SPI>5*) macht
das Kind – wie auch die Musiktherapeutin – kinästhetische und taktile Erfahrungen. Der gemeinsame Tanz wird durch ein Lied der Musiktherapeutin (*MUS>3*)
begleitet, das die Bewegungserfahrungen durch auditive Reize bereichert und
gleichzeitig strukturiert, da die Musiktherapeutin das Ende des Liedes durch eine
kurze Pause ankündigt. Die visuellen Eindrücke des Kindes werden durch die
regelmäßig wiederkehrenden Tanzrunden strukturiert, da das Kind während der
Tanzbewegung auf Dinge im Raum schaut (*BLI>6*) und bei Beendigung des
Tanzliedes im Stehen wieder Gelegenheit hat, seinen Blick auf die Therapeutin zu
richten (*BLI>2* oder *BLI>4*).

Lediglich zu Beginn des Ausschnitts richtet die Musiktherapeutin eine verbale
Aufforderung an das Kind (*VER>4*), danach wird das Tanzspiel für das Kind zum
Selbstzweck. Das Mädchen fordert sogar eine Wiederholung des Tanzliedes ein,
indem es seine Hände auffordernd der Therapeutin entgegenstreckt (*GES>2*) und
seiner Intention durch damit verbundene direkte Blicke zur Therapeutin (*BLI>2*)
Nachdruck verleiht. Die zu beobachtende Verlängerung seines Blickkontaktes zur
Therapeutin, wie auch die zusätzliche lautliche Äußerung des Kindes (*VOK>1*)
deuten darauf hin, daß das Mädchen eine Fortführung dieses ritualhaften Spiels
wünscht, und lassen vermuten, daß es ihr Freude bereitet.

Anhand der interaktiven Muster läßt sich auch erkennen, wie von Kind und Musiktherapeutin die gemeinsame Realität des Tanzspiels konstruiert wird, indem über die oben beschriebenen gemeinsamen Aktivitäten hinaus die Therapeutin das Mädchen jeweils am Ende einer Tanzrunde lobt (*VER>2*) und anschließend danach fragt, ob es noch einmal tanzen möchte (*VER>3*). Es ist auch zu erkennen, wie die Therapeutin durch eine Veränderung dieses interaktiven Musters das Kind auf eine neue Aktivität mit der großen Holzschlitztrommel (Big Bom) vorbereitet. Sie stellt keine Frage mehr zum Wunsch nach Wiederholung (*VER>3*), unterbricht das begleitende Lied (*MUS>3*) an ungewohnter Stelle in der Mitte, kündigt durch drei Fragen nach einer letzten Wiederholung (*VER>3*) die letzte Tanzrunde an und leitet so den Wechsel zu einer anderen Aktivität ein. Daraufhin lenkt sie die Aufmerksamkeit des Kindes durch verbale Kommentare (*VER>1*) auf das Instrument (*BLI>1*) und hat somit den Übergang zu einer neuen Spielhandlung geschaffen.

Es ist an diesem Beispiel zu sehen, wie die Interaktion zwischen Kind und Musiktherapeutin – und entsprechend die daraus resultierenden kommunikativen Muster – organisiert sind durch die synchronen multimodalen Bewegungen und die strukturierenden Elemente der Musik. Durch die Bewegung findet eine räumliche Orientierung statt, während eine zeitliche Orientierung durch die musikalische Form und die ritualhaft wiederkehrenden Tanzrunden erfolgt. Die Interaktion vollzieht sich in Bewegungsprozessen, die durch die ihnen innewohnenden rhythmischen Elemente zugleich organisierendes und energetisierendes Potential bergen und damit das faszinierende Phänomen veranschaulichen, „... daß der musikalische Rhythmus gleichzeitig im Erklingen und in der zum Erklingen führenden Körperbewegung begegnet!" (Kugler, 2000, S. 11).

Der Ko-Konstruktionsprozeß in der Orff-Musiktherapie ist geprägt davon, daß das Kind in verschiedenen Modalitäten Resonanz erfährt (Orff, 1984a), im gemeinsamen Gestalten der Zeit Kohärenz und Synchronizität erlebt und in der gegenseitigen Bezugnahme Reziprozität entwickelt. Damit werden die Vorraussetzungen dafür geschaffen, daß in den Interaktionen der musikalischen Spielhandlungen ein gemeinsamer Gegenstandsbezug von Kind und Therapeutin stattfinden kann (Oerter, 1993) und gemeinsam gestaltete Interaktion zu Musik wird (Clynes, 1986). Gleichzeitig entfaltet die Musik in Verbindung mit der Bewegung ihr in vielerlei Hinsicht *motionales* Potential: „Music can be profoundly moving by means of the resonance that people can establish between the tone-stress and ideal motion of music and the nervous tension and motor impulse of their bodies" (Blacking, 1987, S. 35).

Die Voraussetzung dafür, Kriterien zur Bestimmung änderungsrelevanter Variablen auf verschiedenen Beschreibungsebenen formulieren zu können, ist ein spezifisches Modell der Informationsverarbeitung im therapeutischen Prozeß. Das Prozeßmodell der Orff-Musiktherapie integriert die Beschreibung musiktherapeutischen Geschehens auf verschiedenen Ebenen und ermöglicht so die Verbindung struktureller Parameter kommunikativer Äußerungsformen (Mikroanalyse von Häufigkeit, Anteil, mittlerer Dauer), sequentieller Parameter kommunikativer Äußerungsformen (Mikroanalyse von Kontingenzen), funktionaler Parameter kommunikativer Äußerungsformen (Untersuchung verschiedener Funktionen und Dimensionen durch die ESCS), interaktiver Parameter kommunikativer Äußerungsformen (Beschreibung der erlebten Beziehung im Musiktherapie-Profil), Parameter der musikalischen Spielhandlung (Analyse der Interaktionsgrafiken) und Parameter des gemeinsamen Gegenstandsbezugs (Analyse der Musik gewordenen Interaktion). Durch die Verknüpfung dieser Ebenen des musiktherapeutischen Prozesses lassen sich dynamische Strukturen in Form prozessuraler Muster erkennen.

Das Zustandekommen der interaktiven Muster und ihre Veränderung im therapeutischen Prozeß kann durch eine Analyse der *patterns of change* (Rice & Greenberg, 1984) Hinweise auf therapeutisch wirksame, änderungsrelevante Variablen geben. Allerdings ist bei der Interpretation solcher musterspezifischer Zusammenhänge zu berücksichtigen, daß die verschiedenen quantitativen Ausprägungen von Verhaltensweisen, die das Muster erzeugen, den logischen Ebenen von *Klasse* und *Elementen* entsprechen, so daß Veränderungen des Musters nicht vollständig aus einzelnen konstituierenden Variablen vorausgesagt werden können: „Aus dem Blickwinkel jedes Agens, das eine quantitative Veränderung durchsetzt, wird jede Veränderung des Musters, die überhaupt auftreten kann, nicht voraussagbar oder divergent sein" (Bateson, 1984, S. 72). Besser als eine kausal geprägte Vorstellung eignet sich daher die Vorstellung eines Systems, bei dem ein latent vorhandenes Muster durch den Einfluß von qualitativen und quantitativen Veränderungen entwickelt wird.

8.5 Ausblick

Die Musiktherapie ist ein komplexes Therapieverfahren und anhand des im Rahmen dieser Studie erstellten umfangreichen und reichhaltigen musiktherapeutischen Materials könnte noch eine Reihe weiterer interessanter Fragestellungen untersucht werden. So wäre es beispielsweise vielversprechend, durch eine intensive Beobachtung klinisch signifikanter Veränderungsepisoden in der Musiktherapie Muster der Veränderung (Rhodes & Greenberg, 1994; Rice & Greenberg, 1984) zu identifizieren und sie systematisch und detailliert zu untersuchen. Solche Muster lassen sich entweder durch die subjektive Einschätzung der Musiktherapeutin oder durch eine Analyse der Interaktionsgrafiken finden. Der Vergleich von gelungenen und zufällig ausgewählten Sequenzen, wie er in der Arbeit von Eva Schlimok (1999) durchgeführt wurde, gibt Hinweise darauf, daß auf diese Weise änderungsrelevante Elemente gefunden werden können.

Aufschlußreich hinsichtlich unterschiedlicher Interaktionsmuster könnte auch eine Analyse der Strukturen musikalischer Improvisationen sein (Edgerton, 1994; Miller & Orsmond, 1994) oder ein Vergleich von Sequenzen, in denen Musik gemacht wird, mit Sequenzen, in denen gespielt wird. (Kächele & Scheytt-Hölzer, 1990). Schließlich ließe sich auch der differenzierende Einfluß von Interaktionsthemen durch die jeweils verschiedenen Instrumente (Wylie, 1983) und Bewegungsaktivitäten untersuchen.

Interessante Erkenntisse verspricht eine eingehendere Untersuchung des therapeutischen Verhaltens, da sich dadurch konkretisieren ließe, wie die Musiktherapeutin durch die Art ihres Vorgehens eine *Zone nächster Entwicklung* (Vygotsky, 1978) für das Kind herstellt. Beispielsweise könnte eine strukturelle und sequentielle Analyse der von ihr verwendeten verschiedenen Modalitäten und eine funktionale Analyse therapeutischer Aufforderungen und Unterstützungen Aufschluß über das spezifisch entwicklungsfördernde Interaktionsverhalten der Musiktherapeutin geben. In Verbindung mit den entsprechenden Analysen beim Kind könnte damit die musiktherapeutische Situation detailliert beschrieben und in ihren therapeutischen Wirkzusammenhängen genauer erklärt werden.

Da davon auszugehen ist, daß in der musiktherapeutischen Behandlung neben unspezifischen Beziehungsfaktoren spezifische therapeutische und kontextuelle Wirkzusammenhänge für die erzielten Resultate verantwortlich sind, könnten sich so Hinweise darauf finden lassen, welche musiktherapeutischen Interventionen die kommunikativen Äußerungen des Kindes stimulieren. Auch hier ist zu berücksichtigen, daß jede therapeutische Technik erst durch den Einfuß, den sie auf die Interaktion ausübt, ihre Bedeutung erlangt.

In der psychotherapeutischen Prozeß- und Veränderungsforschung finden die wechselseitigen Einflußprozesse häufig keine ausreichende Berücksichtigung und insbesondere die Wirkung der Patientin auf die Therapeutin wird selten explizit gemacht (Jones, Ghannam, Nigg & Dyer, 1993). Dies liegt sicher auch an den damit verbundenden erhöhten konzeptuellen und methodischen Anforderungen. Eine solche detaillierte bidirektionale Analyse erfordert im Fall des vorliegenden Untersuchungsgegenstandes eine technische Erweiterung, um sowohl das Verhalten des Kindes wie auch das Verhalten der Musiktherapeutin mit einer eigenen Kamera aufnehmen und später für die gemeinsame Analyse am Videomonitor (*split screen*) verbinden zu können (M. Papoušek & H. Papoušek, 1981c).

Um kontextuelle Einflußfaktoren besser erfassen zu können, wären weitere Bearbeitungen des bereits kodierten Videomaterials denkbar, die die kindliche Interaktion und Kommunikation in Zusammenhang mit strukturellen und funktionellen Merkmalen des musiktherapeutischen Kontextes (M. Papoušek, 1994a), mit dem musiktherapeutischen Angebot (Orff, 1984b) und mit dem gemeinsamen kokonstruierten Gegenstandsbezug (Oerter, 1993) berücksichtigen. Auf diese Weise könnte spezifiziert werden, für wen die Interventionsbedingungen in der Orff-Musiktherapie wie wirksam sind und somit differentielle Indikationen entwickelt werden. Guralnick (1993) hat dazu ein mehrdimensionales Modell vorgeschlagen, in dem die Eigenschaften der therapeutischen Intervention, die Eigenschaften des Kindes und seiner Familie und die verschiedenen Ziele der Behandlung miteinander in Beziehung gesetzt werden. Ziel dieses Modells ist es, die Eigenschaften und Voraussetzungen des Kindes mit bestimmten Elementen der Behandlung so zu kombinieren, daß ein optimaler Erfolg resultiert. Anhand von Gruppendaten lassen sich solche differenzierten und komplexen Verflechtungen allerdings wohl kaum identifizieren. Angesichts der hohen Spezifität der Entwicklungsverläufe mehrfach behinderter Kinder können nur Einzelfallvergleiche die *Optimierungspotentiale* einer Entwicklungsintervention aufzeigen (Kusch & Labouvie, 1999).

Schließlich könnten die Ergebnisse mehrerer Einzefallanalysen mit etwa vergleichbarer Symptomatik und gleichem Behandlungsplan nach expliziten Regeln und unter Rückbezug auf ein allgemeines Erklärungsmodell gegenüber gestellt werden (Petermann, 1986). So ließen sich etwa vergleichende Einzelfallanalysen der beiden autistischen Kinder 06 und 10 durchführen, da die bereits von ihnen vorliegenden Daten darauf hinweisen, daß diese Kinder in besonderer Weise von den musiktherapeutischen Interaktionen profitieren. Die bislang bei Musiktherapien mit autistischen Kindern durchgeführten Evaluationen beschränken sich in der Regel auf die Untersuchung eines einzelnen Falls (Schumacher & Calvet-Kruppa, 1999; Schumacher, 1994; Weber, 1991; Birkeback & Winter, 1985; eine Ausnahme ist die Untersuchung von Edgerton, 1994) und ermöglichen damit keine differentiellen Indikationsaussagen zur Behandlung autistischer Störungen.

Insbesondere bei den Kindern, bei denen Defizite im Lautspracherwerb ein syndromspezifisches Merkmal sind – wie etwa beim Cornelia-de-Lange-Syndrom – oder bei denen syndrombedingt eine Verschlechterung kommunikativer Verhaltensweisen zu erwarten ist – wie etwa beim Rett-Syndrom – sind entsprechende entwicklungsfördernde bzw. erhaltende Maßnahmen von besonderer Bedeutung. Da das Entwicklungspotential der kommunikativen Fähigkeiten beim Rett-Syndrom variabler ist als zunächst angenommen wurde, kann bei Mädchen mit Rett-Syndrom durch musiktherapeutische Behandlung eine Verbesserung von Blickkontakt und sozialer Interaktion und damit eine verbesserte Aufmerksamkeitsausrichtung und Kontaktbereitschaft zur Umwelt erreicht werden (Becker, 1998; Sarimski, 1997; Wesecky, 1986). Gerade hier wäre eine Untersuchung von Langzeiteffekten musiktherapeutischer Behandlung aufschlußreich.

Ein zusätzliches Rating etwa zum Ausmaß kommunikativer Initiative und Reaktivität des Kindes oder zu verschiedenen Formen dialogischer Abstimmung in verschiedenen musiktherapeutischen Sequenzen würde es ermöglichen, das kommunikative Geschehen im musiktherapeutischen Rahmen in Form bedeutungsvoller Handlungseinheiten zu beschreiben. Besonders interessant wäre es, diese direkten

Rating-Maße eingeschätzter Interaktionsqualität mit aus der Mikroanalyse abgeleiteten Reziprozitätsmaßen und musikalischen Notationen der musiktherapeutischen Interaktion zu vergleichen.

Patton (1987) hat zur Verbesserung methodischer Kriterien in der Evaluation vier Typen von Triangulation vorgeschlagen. Zunächst sollen möglichst viele verschiedene Datenquellen verbunden werden (*data triangulation*) – was in der vorliegenden Studie geschehen ist –, sodann sollten möglichst verschiedene Auswerterinnen involviert werden (*investigator triangulation*), – was ebenfalls bezogen auf die Mikroanalyse erfüllt wurde – und es sollten verschiedene Methoden verbunden werden (*methodological triangulation*) – auch dies wurde in der vorliegenden Studie getan. Die vierte – bislang noch fehlende – Triangulation ist die Verbindung verschiedener Perspektiven auf den gleichen Datensatz (*theory triangulation*). Insofern wären sowohl vergleichende Studien verschiedener theoretischer und methodischer Ansätze am vorliegenden Videomaterial vorstellbar – was seltsamerweise selten getan wird (Thiel 1991) – wie auch vergleichende Studien mit dem Kategoriensystem *KAMUTHE* oder dem Musiktherapie-Profil bei anderen musiktherapeutischen Ansätzen.

Interessant wäre es auch, die kognitiven Vorgänge beim Kind untersuchen zu können, um zu erfahren, wie die vielfältigen Informationen im musiktherapeutischen Setting verarbeitet werden und wie mehrfach behinderte Kinder solche Erfahrungen über den therapeutischen Rahmen hinaus in ihren Alltag transferieren. Dies wäre auch deswegen wichtig, weil der Nachweis und die Erklärung von Transfereffekten ein wichtiges Argument für die gesundheitspolitische Anerkennung musiktherapeutischer Behandlung sind. Gembris (1998) stellt in diesem Zusammenhang allerdings ganz pragmatisch fest: „Eines scheint jedenfalls sicher zu sein: Je früher eine musikalische Förderung einsetzt, desto besser – auch im Hinblick auf mögliche Transfereffekte" (S. 306).

Stern (1989) hat in seinem Modell zur Verarbeitung zwischenmenschlicher Erfahrung eine Unterscheidung von formalen und inhaltlichen Repräsentationseinheiten vorgeschlagen. Während die formalen Einheiten aus situativen Momenten und Szenarien bestehen, werden die inhaltlichen Einheiten in Form internaler Arbeitsmodelle und narrativer Modelle durch eine Reorganisation der formalen Einheiten gebildet.

Im Modell der gemeinsam ko-konstruiert kognitiv-affektiven Schemaveränderungen (Oerter & Noam, 1999) können Entwicklungsfortschritte durch Gedächtnisleistungen des Erwartens und Erinnerns von Tönen, durch den Einfluß der Gestaltwahrnehmung im Erkennen melodischer Intervalle und rhythmischer Strukturen (Orff, 1990, 1998) sowie durch die Verarbeitung sensomotorischer Wahrnehmung im Erfassen von Intensität, Frequenz, Klangfarbe der multisensorisch-musikalischen Elemente (Orff 1984a; Alvin, 1988) erklärt werden.

Wahrscheinlich war noch nie zuvor in der Menschheitsgeschichte die therapeutische Ausübung von Musik – wie auch der Konsum von Musik – so verbreitet wie im zurückliegenden 20. Jahrhundert. Dennoch meint der Musikanthropologe John Blacking (1995b), daß wir erst noch einiges Wissen über die spezifisch menschliche Fähigkeit der Musikalität zu erwerben haben, bevor die Musik ihr kommunikatives, gesellschaftliches und kulturelles Potential voll entfalten kann:

> If we knew more about ‚music‘ as a human capability and its potential as an intellectual and affective force in human communication, society and culture, we could use it more generally to enhance general education and to build peaceful, egalitarian, and prosperous societies in the twenty-first century; just as our prehistoric ancestors once used it to invent the cultures from which all civilizations evolved (S. 242).

Musik birgt ein kreatives Potential, das auf den poetischen Charakter musikalischer Äußerungsformen zurückgeht. Leonard Bernstein (1985) ist, bezogen auf den metaphorischen Gehalt von Musik, überzeugt davon, daß ihre semantische Bedeutung sich unmittelbar der Wahrnehmung erschließt, „... denn Musik besteht ausschließlich im poetischen Sinn. Sie ist Kunst von der ersten Note an" (S. 133).

Der umfassende Musikbegriff von *musiké*, der der Orff-Musiktherapie zugrunde liegt, deutet bereits darauf hin, daß sich das musiktherapeutische Geschehen als eine *poetische Realität* (Orff, 1998) begreifen läßt, in der über die interaktiv-kommunikative Dimension hinausgehend auch die ästhetisch-kreative Dimension der musikalischen Äußerungsformen von Bedeutung ist. Poesie ist in den sinnlichen Aspekten von musikalischen oder verbalen Äußerungen zu finden und entfaltet ihre erneuernde Wirkung auf den Menschen, indem sie verändernd auf seine Wirklichkeitskonstruktionen einwirkt (Rerrich, 1998). Der Umgang mit Musik scheint in besonderer Weise geeignet zu sein, verändernde und erneuernde Wirkung auf die Menschen auszuüben. Dies beschränkt sich nicht auf die therapeutische Anwendung, wie die folgende Ausführung von John Cage (1984) zeigt:

> Mir scheint, daß die Musik – so wie ich es zumindest betrachte – nichts aufdrängt. Sie kann unsere Betrachtungsweise wirkungsvoll ändern, indem sie bewirkt, alles um uns herum als Kunst zu sehen. Aber das ist nicht das Ziel. Klänge haben kein Ziel! Sie sind und mehr nicht. Sie leben. Musik ist das Leben der Klänge, diese Partizipation der Klänge am Leben, was sich, unfreiwilligerweise, zu einer Partizipation des Lebens an den Klängen entwickeln kann. Die Musik allein verpflichtet uns zu nichts (S. 96).

Musiktherapie als therapeutische und künstlerische Aktivität schafft einen Freiraum, in dem neue Formen und Wege menschlicher Entwicklung gefunden werden können. Musiktherapeutische Erfahrungen in Praxis und Forschung können daher anderen Bereichen der Entwicklungspsychologie und der Psychotherapie methodische und inhaltliche Impulse geben.

9 Zusammenfassung

In der vorliegenden Arbeit wird nach der Darstellung kommunikativer Dimensionen von Musik und nach der Erläuterung von Charakteristika präverbaler Kommunikation – insbesondere bei mehrfach behinderten Kindern – ein Prozeßmodell musiktherapeutischer Wirkzusammenhänge entwickelt, das an entwicklungspsychologischen Ansätzen orientiert ist. Aus dem von der Autorin konzipierten theoretischen Prozeßmodell werden Forschungshypothesen abgeleitet, deren Geltung im Rahmen einer Evaluationsstudie an der musiktherapeutischen Abteilung des Kinderzentrums München überprüft wurde.

Die klinische Studie verbindet Perspektiven von Prozeß- und Ergebnisevaluation und untersucht in einer zweiphasigen intensiven musiktherapeutischen Behandlung mit einer dazwischen liegenden Behandlungspause von drei bis vier Monaten, ob und wie die Behandlung mit Orff-Musiktherapie die präverbale Kommunikationsentwicklung von 12 mehrfach behinderten Kindern im Alter von 2;4 bis 5;10 Jahren fördern kann.

Die musiktherapeutischen Sitzungen der stationär mit ihren Eltern aufgenommenen Kinder wurden vollständig auf Videoband aufgezeichnet und anschließend mit Hilfe eines neu entwickelten Kategoriensystems mikroanalytisch ausgewertet. Zur Erfassung der präverbalen kommunikativen Fähigkeiten des Kindes wurde jeweils zu Beginn und am Ende der beiden Behandlungsphasen eine psychologische Untersuchung mit den Early Social Communication Scales – ESCS sowie zu Beginn und am Ende der gesamten Behandlung ein ESCS-Elterninterview durchgeführt. Im Anschluß an jede Sitzung wurden anhand der Ratingskalen des ebenfalls neu entwickelten Musiktherapie-Profils durch die Musiktherapeutin interaktive und kommunikative Verhaltensweisen des Kindes sowie in freier Form die Qualität der Interaktion und Kommunikation eingeschätzt. Ergänzend dazu wurden die Auswirkungen der musiktherapeutischen Behandlung im Alltag des Kindes in einem halbstrukturierten Elterninterview erfaßt. Zur Beschreibung und Analyse musiktherapeutischer Interaktion wurden sowohl strukturelle Paramenter der Häufigkeit, des prozentualen Anteils und der mittleren Dauer kommunikativer Äußerungsformen des Kindes und der Musiktherapeutin wie auch sequentielle Parameter kommunikativer Kontingenzen und interaktive Parameter kokonstruierender Prozesse ermittelt.

Die gefundenen Ergebnisse stützen in einem sehr großen Ausmaß die aus dem von der Autorin konzipierten theoretischen Prozeßmodell abgeleiteten Forschungshypothesen. Die in den ESCS-Untersuchungen erhobenen Werte zu den präverbalen kommunikativen Fähigkeiten zeigen signifikante Entwicklungsfortschritte, die von den Einschätzungen der Eltern bestätigt werden.

Die Mikroanalyse der Videoaufnahmen zeigt ebenfalls signifikante Verbesserungen grundlegender präverbaler Fähigkeiten in Form fokussierter Aufmerksamkeitsausrichtung, Produktion kommunikativer Beiträge, kommunikativer Bezugnahme auf die Therapeutin und dialogischer Abstimmung im gemeinsamen Spiel am Instrument. Auch die Einschätzungen der Musiktherapeutinnen zeigen signifikante Verbesserungen im Ausdrucksverhalten der untersuchten Kinder. Die Entwicklungsfortschritte im kommunikativen Verhalten waren sowohl im Verlauf der einzelnen Sitzungen wie auch im Verlauf der gesamten Behandlung zu beobachten und deuten damit darauf hin, daß der Behandlungsrahmen der Orff-Musiktherapie eine *Zone der nächsten Entwicklung* schafft, die es mehrfach behinderten Kindern ermöglicht, neue kommunikative Fähigkeiten in der gemeinsamen musiktherapeutischen Interaktion zu entwickeln.

Die postulierten Zusammenhänge wurden sowohl für die Gesamtgruppe inferenzstatistisch überprüft als auch für drei Einzelfälle exemplarisch anhand des theoretischen Prozeßmodells der Orff-Musiktherapie konstruktvalidiert. In einer detaillierten Analyse wechselseitiger Abstimmung im gemeinsamen Gegenstandsbezug auf der Grundlage der erstellten Interaktionsgrafiken wurden die entwicklungsfördernden Aspekte musiktherapeutischer Interaktion mit multisensorisch-musikalischen Elementen im Rahmen einer musikalischen Spielhandlung erläutert.

Die im therapeutischen Kontext erhobenen Veränderungen werden durch die von den Eltern berichteten Verbesserungen in der Beziehungsqualität und im Kommunikations- und Sozialverhalten der Kinder bestätigt und erhöhen in Verbindung mit den gleichgerichteten Veränderungen quantitativer und qualitativer Daten auf verschiedenen Meßebenen die Aussagekraft der gefundenen Ergebnisse. Angesichts der hohen externen Validität der erhobenen Daten sowie in Anbetracht der guten Reliabilitätswerte der mikroanalytischen Auswertung ist eine gute Generalisierbarkeit der vorliegenden Ergebnisse gegeben.

Die Behandlung mit Orff-Musiktherapie fördert nachweislich die präverbale Kommunikationsentwicklung. Die vorliegenden Befunde liefern über die Evaluation musiktherapeutischer Behandlung hinaus einen Beitrag zur grundlegenden Erforschung kommunikativer Prozesse in der Musiktherapie. Das entwickelte theoretische Prozeßmodell der Orff-Musiktherapie trägt zum Ver-ständnis musiktherapeutischer Interaktionsprozesse bei und gibt Hinweise auf therapeutische Wirkzusammenhänge und entwicklungsfördernde Elemente.

Durch den Bezug auf entwicklungspsychologische Modelle der Kommunikationsentwicklung können die vorliegenden Befunde auch für andere Anwendungsbereiche von Belang sein – beispielsweise für die Konzeption und Evaluation von Elterntrainings im Rahmen von Frühförderprogrammen oder für die Untersuchung kommunikativer Austauschprozesse in der Psychotherapie.

Literaturverzeichnis

Aigen, K. (1990). Echoes of silence. *Music therapy, 9*, 44–61.

Aldridge, D. (1991). Creativity and consciousness: Music therapy in intensive care. *The Arts in Psychotherapy, 18*, 359–362.

Aldridge, D. (1993). Music therapy research II: Research methods suitable for music therapy, *The Arts in Psychotherapy, 20*, 117–131.

Aldridge, D. (1996a). Auf dem Weg zur Entwicklung einer europäischen Wissenschafts- und Forschungskultur für Musiktherapie. *Musiktherapeutische Umschau, 17*, 6–16.

Aldridge, D. (1996b). *Music therapy research and practice in medicine. From out of the silence.* London: Kingsley.

Aldridge, D. (1996c). Musiktherapeutische Evaluationsforschung. In: H.-H. Decker-Voigt, P.J. Knill & E. Weymann (Hrsg.), *Lexikon Musiktherapie* (S. 90–96). Göttingen: Hogrefe.

Aldridge, D., Gustorff, D. & Neugebauer L. (1994). Musiktherapie mit entwicklungsverzögerten Kindern. *Musiktherapeutische Umschau, 15*, 309–334.

Alvin, J. (1959). The response of several retarded children to music. *Journal of Mental Deficiency, 63*, 988–993.

Alvin, J. (1961). Music therapy and the cerebral palsied child. *Cerebral Palsy Bulletin, 3*, 255–262.

Alvin, J. (1984). *Musiktherapie. Ihre Geschichte und ihre moderne Anwendung in der Heilbehandlung.* München: Bärenreiter.

Alvin, J. (1988). *Musiktherapie für das autistische Kind.* Stuttgart: Gustav Fischer.

Åsebø, K. (1999). *Entwicklungsfortschritte im Bereich der präverbalen Kommunikation. Eine Einzelfallanalyse zur Dokumentation der Orff-Musiktherapie bei einem fünfjährigen Jungen mit autistischer Entwicklungsstörung.* Unveröffentlichte Diplomarbeit: Ludwig-Maximilians-Universität München.

Aufschläger, M. & Oerter, R. (1999). Spontanes Singen und Improvisieren bei Kindern, *Interdisziplinär, 7*, 176–187.

Aureli, T. (1994). Shared focus in mother-child joint activity in the second year of life. *Early Development and Parenting, 3*, 145–152.

Baily, J. (1985). Music Structure and Human Movement. In: P. Howell, I. Cross & R. West (Eds.), *Musical Structure and Cognition* (pp 237–258). London.

Bänninger-Huber, E., Moser, U. & Steiner, F. (1990). Mikroanalytische Untersuchung affektiver Regulierungsprozesse in Paar-Interaktionen. *Zeitschrift für Klinische Psychologie, 19*, 123–143.

Bakeman, R. & Adamson, L. (1986). Infant's conventionalized acts: Gestures and words with mothers and peers. *Infant Behavior and Development, 9*, 215–230.

Bandura, A. (1978). Reflections on self-efficacy. *Advances in Behavioral Research and Therapy, 1,* 237–269.

Bandura, A. (1980). Gauging the relationship between self-efficacy, judgement and action. *Cognitive Therapy and Research, 4,* 263–268.

Bastian, H. J. (1994). Neuronale Grundlagen der vokalen Kommunikation. In: K.-F. Wessel & F. Naumann (Hrsg.), *Kommunikation und Humanontogenese* (S. 116–123). Bielefeld: Kleine.

Bateson, G. (1984). *Geist und Natur. Eine notwendige Einheit.* Frankfurt/Main: Suhrkamp.

Bayley, N. (1969). *Bayley Scales of Infant Development.* San Antonio, TX: Psychological Corporation.

Becker, T. (1998). ‚Hallo Jessica!'. Elementare Musiktherapie mit mehrfach behinderten Kindern am Beispiel des Rettsyndroms. *Musiktherapeutische Umschau, 19,* 105–114.

Bell, V.S.L. & Kolvin, L. (1989). Play group therapy: Process and patterns and delayed effects. In: M.H. Schmidt & H. Remschmidt (Eds.), *Needs and prospects of child and adolescent psychiatry.* Göttingen: Hogrefe.

Belsky, J. & Most, R.K. (1981). From Exploration to play: A cross-sectional study of infant free play behavior. *Developmental Psychology, 17,* 630–639.

Bernstein, L. (1985). *Musik – die offene Frage. Vorlesungen an der Harvard Universität.* München: Goldmann.

Birkeback, M. & Winter, U. (1985). Musiktherapie mit autistischen Kindern. *Beschäftigungstherapie und Rehabilitation, 2,* 113–118.

Bjørkvold, J.-R. (1988). Our musical mother tongue – world wide: Some communicative traits of the spontaneous singing of young children in Oslo, Leningrad and Southern California. In: R. Söderbergh (Ed.), *Children's Creative Communication* (pp 111–127). Lund: Lund University Press.

Bjørkvold, J.-R. (1990). Canto – ergo sum. In: F.R. Wilson & F.L. Roehmann (Eds.), *Music and child development* (pp 117–135). St. Louis, MO: MMB Music.

Blacking, J. (1973). *How musical is man?* Seattle, WA: University of Washington Press.

Blacking, J. (1981). Making artistic popular music: the goal of true folk. In: R. Middleton & D. Horn (Eds.), *Popular music 1. Folk or popular? Distinctions, influences, continuities* (pp 9–14). Cambridge, MA: Cambridge University Press.

Blacking, J. (1987). *‚A common sense view of all music'. Reflections on Percy Graigner's contribution to ethnomusicology and music education.* Cambridge, MA: Cambridge University Press.

Blacking, J. (1990). Music in children's cognitive and affective development: Problems posed by ethnomusicological research. In: F.R. Wilson & F.L. Roehmann (Eds.), *Music and child development* (pp 68–78). St. Louis, MO: MMB Music.

Blacking, J. (1995a). Expressing human experience through music. In: R. Byron (Ed.), *Music, culture, and experience. Selected papers of John Blacking* (pp 31–53). Chicago, IL: University of Chicago Press.

Blacking, J. (1995b). Music, culture, and experience. In: R. Byron (Ed.), *Music, culture, and experience. Selected papers of John Blacking* (pp 223–242). Chicago, IL: University of Chicago Press.

Böttcher, H.R. (1991). Ist das systemisch-synergetische Konzept des interpersonellen Austauschs an Lewins Feldtheorie anknüpfbar? Zur Komplexitätsproblematik in der psychologischen Forschung und Praxis. *System Familie, 4,* 72–80.

Bower, T. (1978). *Die Wahrnehmungswelt des Kindes.* Stuttgart: Klett-Cotta.

Brack, U. (1986). Verhaltensbeobachtung: Prinzipien der Beobachtung, Kodierung und Registrierung von Verhalten. In: U. Brack (Hrsg.), *Frühdiagnostik und Frühtherapie: Psychologische Behandlung von entwicklungs- und verhaltensgestörten Kindern* (S. 97–106). Weinheim: Psychologie Verlags Union, Urban und Schwarzenberg.

Brandl, R.M. & Rösing, H. (1993). Musikkulturen im Vergleich. In: H. Bruhn, R. Oerter & H. Rösing (Hrsg.), *Musikpsychologie. Ein Handbuch* (S. 57–74). Reinbek bei Hamburg: Rowohlt.

Breucker, T. (1994). Musiktherapie als Intervention bei stereotypem und selbstverletzendem Verhalten, *Musiktherapeutische Umschau, 15,* 240–249.

Bricker, D. & Carlson, L. (1982). The relationship of object and prelinguistic social-communiative schemes to the acquisition of early linguistic skills in developmentally delayed children. In: E. Edgar, N. Haring, J. Jenkins & C. Pious (Eds.), *Mentally handicapped children: Education and training* (pp 73–100). Baltimore, MD: University Park Press.

Brisch, K.H. & Kächele, H. (1999). Entwicklungsorientierte Evaluation in der Psychotherapie. In: R. Oerter, C. v. Hagen, G. Röper & G. Noam (Hrsg.), *Klinische Entwicklungspychologie. Ein Lehrbuch* (S. 557–576). Weinheim: Beltz, Psychologie Verlags Union.

Brockhaus, Riemann (1998). *Musiklexikon.* C. Dahlhaus & H.H. Eggebrecht (Hrsg.). Darmstadt: Wissenschaftliche Buchgesellschaft.

Bronfenbrenner, U. (1979). *The ecology of human development.* Cambridge, MA: Harvard University Press.

Bruhn, H. & Decker-Voigt H.-H. (1993). Selbstverständnis der Musiktherapie. In: H. Bruhn, R. Oerter & H. Rösing (Hrsg.), *Musikpsychologie. Ein Handbuch* (S. 405–412). Reinbek bei Hamburg: Rowohlt.

Bruhn, H. & Oerter, R. (1993). Die ersten Lebensmonate. In: H. Bruhn, R. Oerter & H. Rösing (Hrsg.), *Musikpsychologie. Ein Handbuch* (S. 276–283). Reinbek bei Hamburg: Rowohlt.

Bruhn, H. & Pekrun, R. (1987). Die Münchener Musikwahrnehmungs-Skalen (MMWS): Konstruktion und erste Erfahrungen. *Musiktherapeutische Umschau, 3,* 268–273

Bruner, J. (1975). The ontogenesis of speech acts. *Journal of Child Language, 2,* 1–19.

Bruner, J. (1981). The social context of language acquisition. *Language & Communication, 1,* 155–178.

Bruner, J. (1982). The organization of action and the nature of the adult-infant-transaction. In: Edward Z. Tronick (Ed.), *Social interchange in infancy. Affect, cognition and communication* (pp 23–35). Baltimore, MD: University Park Press.

Bruner, J. (1987). *Wie das Kind sprechen lernt.* Bern: Hans Huber.

Bruscia, K.E. (1987). *Improvisational models of music therapy.* Springfield, IL: Charles C. Thomas.

Bruscia, K.E. (1988). A survey of treatment procedures in improvisational music therapy. *Psychology of Music, 16,* 10–24.

Bruscia, K.E. (1989). *Defining music therapy.* Phoenixville, PA: Barcelona Publishers.

Bruscia, K. E. (1991). *Case studies in music therapy.* Phoenixville, PA: Barcelona Publishers.

Brust, J.(1988). Brain mechanisms in auditory perception. In: F.L. Roehmann & F.R. Wilson (Eds.), *The biology of music making* (pp 104–105). St. Louis, MO: MMB Music.

Bryk, A.S. & Raudenbush, S.W.(1987). Application of hierarchical linear models to assessing change. *Psychological Bulletin,* 147–158.

Bugental, D.B. & Moore, B. (1979). Effects of induced moods on voice affect. *Developmental Psychology, 15,* 664–665.

Bühler, K. (1934). *Sprachtheorie.* Jena: Fischer.

Bundschuh, K. (1996). *Einführung in die sonderpädagogische Diagnostik.* 4. neu bearbeitete Auflage. München: Reinhardt.

Bunge, M. (1967). *The search for truth.* Berlin: Springer.

Bunt, L., Cross, I., Clarke, E. & Hoskyns, S. (1988). A discussion on the relationships between music therapy and the psychology of music. *Psychology of Music, 16,* 62–70.

Butterworth, G. & Jarrett, N. (1991). What minds have in common is space: Spatial mechanisms serving joint visual attention in infancy. *British Journal of Developmental Psychology, 9,* 55–72.

Cage, J. (1984). *Für die Vögel. Gespräche mit Daniel Charles* (Übersetzung Birger Ollrogge). Berlin: Merve.

Carr, E., Levin, L., McConnachie, G., Carlson, J., Kemp, D. & Smith, C. (1994). *Communication-based intervention for problem behavior. A user's guide for producing positive change.* Baltimore MD: Paul Brookes.

Cicchetti, D. (1984). The emergence of developmental psychopathology. *Child development, 55,* 1–7.

Cicchetti, D. (1996). Special issue: Regulatory processes in development and psychopathology. *Development and Psychopathology, 8,* 1–2.

Cicchetti, D. (1999). Entwicklungspsychopathologie: Historische Grundlagen, konzeptuelle und methodische Fragen, Implikationen für Prävention und Intervention. In: R. Oerter, C. v. Hagen, G. Röper & G. Noam (Hrsg.), *Klinische Entwicklungspsychologie. Ein Lehrbuch* (S. 11–44). Weinheim: Beltz, Psychologie Verlags Union.

Clynes, M. (1986). When time is music. In: J.R. Evans & M. Clynes (Eds.), *Rhythm in psychological, linguistic and musical processes* (S. 169–224). Springfield, IL: Charles C. Thomas Publisher.

Cody, J. (1965). The cryptic message of music. *Journal of Music Therapy, 2,* 45–52.

Coggins, T.E. & Carpenter, R. L. (1981). The communication inventory: A system for obeserving and coding children's early intentional communication. *Applied psycholinguistics, 2,* 235–251.

Cossu, G., Faienza, C. & Capone, C. (1994). Infant's hemispheric computation of music and speech. In: C. Faienza (Ed.), *Music, speech and the developing brain. The case of the modularity of mind* (pp 181–202). Milano: Guerini.

Czogalik, D. (1991). Eine Strategie der Interaktions-Prozeßforschung. *Verhaltenstherapie und psychosoziale Praxis, 2,* 173–186.

David, E. (1989). Musikwahrnehmung und Hirnstrombild. In: H. Petsche (Hrsg.), *Musik – Gehirn – Spiel* (S. 91–102). Basel: Birkhäuser.

De la Motte-Haber, H. (1989). Der homo ludens – ein homo oeconomicus? In: H. Petsche (Hrsg.), *Musik – Gehirn – Spiel* (S. 15–22). Basel: Birkhäuser.

Denckla, M.B. (1990). The paradox of the gifted/impaired child. In: F.R. Wilson & F.L. Roehmann (Eds.), *Music and child development* (pp 227–240). St. Louis, MO: MMB Music.

Deutsch, D. (1988). The perception of musical configurations. In: F.L. Roehmann & F.R. Wilson (Eds.), *The biology of music making* (pp 112–130). St. Louis, MO: MMB Music.

Dilling, H., Mombour, W. & Schmidt, M.H. (Hrsg.) (1991). *Internationale Klassifikation psychischer Störungen: IDC-10, Kapitel V (F) klinisch-diagnostische Leitlinien, Weltgesundheitsorganisation.* Bern: Huber.

Donald, M. (1991). *Origins of the modern mind: Three stages in the evolution of culture and cognition.* Cambridge, MA: Harvard University Press.

Dornes, M. (1993). *Der kompetente Säugling. Die präverbale Entwicklung des Menschen.* Frankfurt/Main: Fischer.

Dornes, M. (1997). *Die frühe Kindheit. Entwicklungspsychologie der ersten Lebensjahre.* Frankfurt/Main: Fischer.

Dubose, R. (1976). Predictive value of infant intelligence scales with multiply handicapped children. *American Journal of Mental Deficiency, 81,* 388–390.

Dunst, C.J. & McWilliam, R.A. (1988). Cognitive assessment of multiply handicapped young children. In: T.D. Wachs & R. Sheehan (Eds.), *Assessment of young developmentally disabled children* (pp 213–238). New York, NY: Plenum Press.

Dunst, C.J. & Trivette, C.M. (1988). Determinants of parent and child interactive behavoir. In: K. Marfo (Ed.), *Parent-child interaction and developmental disabilities. Theorie, research and intervention* (pp 3–31). New York, NY: Praeger Publishers.

Eberwein, M. (1994). *Entwicklungstests. Eine Spezialbibliographie psychologischer Testverfahren.* Universität Trier: Zentralstelle für psychologische Information und Dokumentation.

Edgerton, C.L. (1994). The effect of improvisational music therapy on the communicative behaviors of autistic children. *Journal of Music therapy, 31,* 31–62.

Eisenberg, R.B. (1976). *Auditory competence in early life.* Baltimore, MD: University Park Press.

Ellgring, H. (1994). Kommunikation. In: D. Frey (Hrsg.), *Sozialpsychologie: Ein Handbuch in Schlüsselbegriffen* (S. 196–203). Weinheim: Psychologie-Verlags-Union.

Eschen, J.T. (1996). Aktive Musiktherapie. In: H.-H. Decker-Voigt, P.J. Knill & E. Weymann (Hrsg.), *Lexikon Musiktherapie* (S. 5–6). Göttingen: Hogrefe.

Evers, S. (1992). Music therapy in the treatment of autistic children. Medico sociological data from the Federal Republic of Germany, *Acta Paedopsychiatrica, 55,* 157–158.

Exline, R.V., Gray, D. & Schuette, D. (1965). Visual behavior in a dyad as affected by interview content and sex of respondent. *Journal of Personality and Social Psychology, 1,* 201–209.

Fallon, M.A. & Harris, M.B. (1991). Training parents to interact with their young children with handicaps: Professional-directed and parent-oriented approaches. *Infant-Toddler Intervention. The Transdisciplinary Journal, 1,* 297–313.

Faltin, P. (1976). Ästhetische Aspekte musikalischer Kommunikation. *Musik und Bildung, 9,* 451–454.

Fassbender, C. (1993). Entwicklung grundlegender musikalischer Fähigkeiten. In: H. Bruhn, R. Oerter & H. Rösing (Hrsg.), *Musikpsychologie. Ein Handbuch* (S. 268–275). Reinbek bei Hamburg: Rowohlt.

Fassbender, C. (1996). Infants' auditory sensitivity towards acoustic parameters. In: I. Deliege & J. Svoboda (Eds.), *Musical beginnings, origins and development of musical competence.* (56–87). Oxford: Oxford University Press.

Faßnacht, G. (1979). *Systematische Verhaltensbeobachtung: Einführung in die Methodologie und Praxis.* München: Ernst Reinhardt.

Fieguth, G. (1977). Die Entwicklung eines kategoriellen Beobachtungsschemas. In: U. Mees & H. Selg (Hrsg.), *Verhaltensbeobachtung und Verhaltensmodifikation: Anwendungsmöglichkeiten im pädagogischen Bereich* (S. 33–42). Stuttgart: Klett.

Field, T., Lasko, D., Mundy, P., Henteleff, T., Kabat, S., Talpins, S. & Dowling, M. (1997). Brief report: Autistic children's attentiveness and responsivity improve after touch therapy. *Journal of Autism and Developmental Disorders, 27*, 333–338.

Froehlich, M. (1984). A comparison of the effect of music therapy and medical play therapy on the verbalization behavior of pediatric patients. *Journal of Music Therapy, 21,* 2–15.

Fröhlich, G. (1986). Schwerpunkt: Rückstand der Sozialentwicklung. In: U. Brack (Hrsg.), *Frühdiagnostik und Frühtherapie: Psychologische Behandlung von entwicklungs- und verhaltensgestörten Kindern* (S. 190–200). Weinheim: Psychologie-Verlags-Union, Urban und Schwarzenberg.

Frohne-Hagemann, I. (1995). Integrative Musiktherapie bei Menschen mit depressiven Zuständen. Legitimation und Konzepte, *Musiktherapeutische Umschau, 16,* 16–31.

Frohne-Hagemann, I. (1999). Zur Hermeneutik musiktherapeutischer Prozesse: Metatheoretische Überlegungen zum Verstehen, *Musiktherapeutische Umschau, 20,* 103–113.

Gathmann, P., Brunekreeft, A., Wiedemann, F. & Schmölz, A. (1988). Kann musiktherapeutische Kommunikation „gemessen" und nachvollziehbar gemacht werden? Zum Problem der Analyse, Codierung und Metaanalyse musiktherapeutischer Kommunikation bei psychosomatisch Erkrankten. *Musiktherapeutische Umschau, 9,* 199–213.

Gembris, H. (1987). Forschungsprobleme der Musiktherapie. *Musiktherapeutische Umschau, 4,* 300–309.

Gembris, H. (1995). Musikalische Entwicklungspsychologie und ihre mögliche Bedeutung für die Musiktherapie. *Musiktherapeutische Umschau, 16,* 93–107.

Gembris, H. (1998). *Grundlagen musikalischer Begabung und Entwicklung.* Augsburg: Wißner.

Georgiades, T. (1958). *Musik und Rhythmus bei den Griechen.* Reinbek bei Hamburg: Rowohlt.

Gfeller, K. (1987). Music therapy theory and practice as reflected in research literature. *Journal of Music Therapy, 24,* 178–194.

Gfeller, K. (1995). The status of music therapy research. In: B. Wheeler (Ed.), *Music therapy research: Quantitative and qualitative perspectives* (pp 29–63). Phoenixville, PA: Barcelona Publishers.

Girolametto, L.E. (1988). Developing dialogue skills: The effects of a conversational model of language intervention. In: K. Marfo (Ed.), *Parent–child interaction and developmental disabilities. Theory, research and intervention* (pp 145–162). New York, NY: Praeger.

Goll, H. (1993). *Heilpädagogische Musiktherapie. Grundlegende Entwicklung eines ganzheitlich angelegten ökologisch-dialogischen Theorie-Entwurfs, ausgehend von Jugendlichen und Erwachsenen mit schwerer geistiger Behinderung.* Frankfurt/Main: Peter Lang.

Goodman, K. (1989). Music therapy assessment of emotionally disturbed children. *The Arts in Psychotherapy, 16,* 179–192.

Görlitz, D. (1987). Concluding observations about curiosity and play. In: D. Görlitz & J.F. Wohlwill (Eds.), *Curiosity, imagination, and play. On the development of spontaneous cognitive and motivational processes* (pp 351–374). Hillsdale, NJ: Lawrence Erlbaum.

Grawe, K. (1992). Psychotherapieforschung zu Beginn der neunziger Jahre. *Psychologische Rundschau, 43,* 132–162.

Grawe, K. (1994). Psychotherapie ohne Grenzen. Von den Therapieschulen zur Allgemeinen Psychotherapie. *Verhaltenstherapie & psychosoziale Praxis, 3,* 357–370.

Grawe, K., Donati, R. & Bernauer, F. (1994). *Psychotherapie im Wandel. Von der Konfession zur Profession.* Göttingen: Hogrefe.

Grawe, K., Regli, D., Smith, E. & Dick, A. (1999). Wirkfaktorenanalyse – ein Spektroskop für die Psychotherapie. *Verhaltenstherapie und psychosoziale Praxis, 31,* 201–225.

Greenberg, L.S. (1991). Research on the process of change. *Psychotherapy Research, 1,* 3–16.

Griffin, P. & Cole, M. (1984). Current activity for the future: The zo-ped. In: B. Rogoff & J.V. Wertsch (Eds.), *Children's learning in the ‚zone of proximal development'. New directions for child development, no 23,* (pp 45–64). San Francisco, CA: Jossey- Bass.

Grimm, H. (1995). Sprachentwicklung – allgemeintheoretisch und differentiell betrachtet. In: R. Oerter & L. Montada (Hrsg.), *Entwicklungspsychologie* (S. 705–757) 3. vollständig überarbeitete und erweiterte Auflage. Weinheim: Beltz, Psychologie Verlags Union.

Guralnick, M.J. (1991). The next decade of research on effectiveness of early intervention. *Exceptional Children, 58,* 174–183.

Guralnick, M.J. (1993). Second generation research on the effectiveness of early intervention. *Early Education and Development, 4,* 366–378.

Hanke, M. (1994). Komplexitätsdenken in der Kommunikationsforschung. In: Wessel, K.-F. & Naumann F. (Hrsg.), *Kommunikation und Humanontogenese* (S. 100–104). Bielefeld: Kleine Verlag.

Hanslick, E. (1982). *Vom Musikalisch Schönen. Aufsätze, Musikkritiken.* (erstmals 1854) Leipzig: Reclam.

Harding, C.G. & Golinkoff, R.M. (1979). The origins of intentional vocalization in prelinguistic infants. *Child Development, 50,* 33–40.

Hargreaves, D. J. (1986a). *The developmental psychology of music.* Cambridge, MA: Cambridge University Press.

Hargreaves, D. J. (1986b). Developmental psychology and music education. *Psychology of Music, 14,* 83–96.

Hargreaves, D. J. (1996). The development of artistic and musical competence. In: I. Deliege & J. Svoboda (Eds.), *Musical beginnings, origins and development of musical competence.* (145–170). Oxford: Oxford University Press.

Hargrove, D. S. & Martin, T.A. (1982). Development of a microcomputer system for verbal interaction analysis. *Behavior Research Methods & Instrumentation, 14,* 236–239.

Hasselbring, T.S. & Duffus, N.A. (1981). Using microcomputer technology in music therapy for analyzing therapist and client behavior. *Journal of Music Therapy, 4,* 156–165.

Havighurst, R.J. (1948). *Developmental tasks and education.* New York, NY: David McKay.

Heckhausen, H. (1987). Emotional components of action: Their ontogeny as reflected in achievement behavior. In: D. Görlitz & J.F. Wohlwill (Eds.), *Curiosity, imagination, and play. On the development of spontaneous cognitive and motivational processes* (pp 327–348). Hillsdale, NJ: Lawrence Erlbaum.

Hedge, B.J., Everitt, B.S. & Frith, C.D. (1978). The role of gaze in dialogue. *Acta Psychologica, 42,* 453–475.

Hellbrügge, T. (1994). *Münchener Funktionelle Entwicklungsdiagnostik: 2. und 3.Lebensjahr (4. korrigierte und erweiterte Auflage).* München: Solaris Dienstleistungsgesellschaft für gemeinnützige Institutionen mbH.

Hellbrügge, T., Lajosi, F., Menara, D., Schamberger, R. & Rautenstrauch, T. (1994). *Münchener Funktionelle Entwicklungsdiagnostik. Erstes Lebensjahr (4. überarbeitete Auflage).* Fortschritte der Sozialpädiatrie, Band 4. Lübeck: Hansisches Verlagskontor.

Hettinger, J. (1990). Stereotypes Verhalten bei Menschen mit geistiger Behinderung oder Autismussyndrom: Ein Literaturüberblick. *Heilpädagogische Forschung, 16,* 69–79.

Hodapp, R.M. (1988). The role of maternal emotions and perceptions in interactions with young handicapped children. In: K. Marfo (Ed.), *Parent-child interaction and developmental disabilities. Theorie, research and intervention* (pp 32–46). New York, NY: Praeger.

Hodges, D.A. (1989).: Why are we musical? Speculations on the evolutionary plausibility of musical behavior. *Council for Research in Music Education, 99,* 7–23.

Hogan, A.E. & Seibert, J.M. (1984). A developmental stage-based assessment instrument for early communication development. In: J.M. Berg (Ed.), *Perspectives and progress in mental retardation* (S. 181–188).

Holdgrafer, G.E. & Dunst, C.J. (1991). Developmental changes in early communicative competence. *Infant-Toddler Intervention. The Transdisciplinary Journal, 1,* 255–273.

Huber, H. (1992). Einzelfalldiagnostik. In: R. Jäger & F. Petermann (Hrsg.), *Psychologische Diagnostik: Ein Lehrbuch* (S. 208–216). Weinheim: Psychologie Verlags Union.

Humpel, M. (1991). The effects of an integrated early childhood music program on social interaction among children with handicaps and their typical peers. *Journal of Music Therapy, 28,* 161–177.

Jensen, H.S. (1981). Musiktherapie als akademische Disziplin. Entwicklungen in Skandinavien. *Musiktherapeutische Umschau, 2,* 29–37.

Jensen, H.S. (1982). Musiktherapie und Positivismus. *Musiktherapeutische Umschau, 3,* 161–167.

Jones, E.E., Ghannam, J., Nigg, J.T. & Dyer, J.F.O. (1993). A paradigm for single-case-research: The time series study of a long-term psychotherapy for depression. *Journal of Consulting and Clinical Psychology, 61,* 381–394.

Jones, O. (1980). Prelinguistic communication skills in Down's syndrome and normal infants. In: Field, T. (Ed.), *High-risk infants and children – Adult and peer interactions* (pp 205–226). New York, NY: Academic Press.

Jones, S.S., Collins, K. & Hing, H. (1991). An audience effect on smile production in 10-month-old infants. *Psychological Science, 2,* 45–49.

Jörg, M., Dinter, R., Rose, F., Vilalba-Yantorno, P., Esser, G., Schmidt, M. & Laucht, M. (1994). Kategoriensystem zur Mikroanalyse der frühen Mutter-Kind-Interaktion. *Zeitschrift für Kinder- und Jugendpsychiatrie, 22,* 97–106.

Kächele, H. & Scheytt-Hölzer, N. (1990). Sprechen und Spielen – verbale und non-verbale Aspekte des musiktherapeutischen Prozesses. *Musiktherapeutische Umschau, 11,* 286–295.

Kahn, J.V. (1988). Cognitive assessment of mentally retarded infants and preschoolers. In: T.D. Wachs & R. Sheehan (Eds.), *Assessment of young developmentally disabled children* (pp 163–182). New York, NY: Plenum Press.

Kant, I. (1974, 1790). Kritik der Urteilskraft, Werkausgabe Band X (Hrsg. W. Weischedel), Frankfurt a.Main: Suhrkamp.

Kazdin, A. E. (1982). *Single case research designs. Methods for clinical and applied settings.* Oxford: Oxford University Press.

Kelly, L. & Sutton-Smith, B. (1987). A study of infant musical productivity. In: J.C. Peery, I. Weiss Peery, & T.W. Draper (Eds.), *Music and child development* (S. 35–53). New York, NY: Springer.

Kendon, A. (1967). Some functions of gaze-direction in social interaction. *Acta Psychologica, 26,* 1–47.

Köhler, G. & Engelkraut, H. (1984). *Münchener Funktionelle Entwicklungsdiagnostik für das zweite und dritte Lebensjahr.* München: Institut für soziale Pädiatrie und Jugendmedizin.

Krahn, G. L. & Gabriel, R.M. (1984). Quantifying categorical observations of social interactions through multidimensional scaling. *Developmental Psychology, 20,* 833–843.

Kratochwill, T.R. (1992). Single-case research design and analysis: An overview. In: T.R. Kratochwill & J.R. Levin (Eds.), *Single-case research design and analysis.*

New directions for psychology and education (pp 1–14). Hillsdale, NJ: Lawrence Erlbaum.

Krause Eheart, B. (1982). Mother-child-interactions with nonretarded and mentally retarded preschoolers. *American Journal of Mental Deficiency, Vol.87,* 20–25.

Kriz, J. (1999). Von der „science-fiction" zur „science". Methodologische und methodische Bemerkungen zur Frage der „Wissenschaftlichkeit von Psychotherapieverfahren". *Report Psychologie, 24,* 21–30.

Kümmel, W.F. (1976). Gesundheit und Krankheit unter dem Aspekt der ‚musica'. *Musik und Medizin, 10,* 31–36.

Kugler, M. (2000). *Die Methode Jacques-Dalcroze und das Orff-Schulwerk Elementare Musikübung. Bewegungsorientierte Konzeptionen der Musikpädagogik.* Frankfurt/M: Peter Lang.

Kusch, M. (1993). *Entwicklungspsychopathologie und Therapieplanung in der Kinderverhaltenstherapie.* Frankfurt/Main: Lang.

Kusch, M. & Labouvie, H. (1999). Evaluation von Entwicklungsprogrammen. In: R. Oerter, C. v. Hagen, G. Röper & G. Noam (Hrsg.), *Klinische Entwicklungspsychologie. Ein Lehrbuch* (S. 577–605). Weinheim: Beltz, Psychologie Verlags Union.

Lamb, M. (1979). The effects of social context on dyadic social interaction. In: M. Lamb, S. Suomi & G. Stephenson (Eds.), *Social interaction analysis.* Maison, WI: University of Wisconsin Press.

Langenberg, M., Aigen, K. & Frommer, J. (Eds.) (1996). *Qualitative Music Therapy Research. Beginning Dialogues.* Phoenixville, PA: Barcelona Publishers.

Lecanuet, J.-P. (1996). Prenatal auditory experience. In: I. Deliège & J. Sloboda (Eds.), *Musical beginnings. Origins and development of musical competence* (pp 3–34). Oxford: Oxford University Press.

Lewin, K. (1936). *Principles of topological psychology.* New York, NY: Mc Graw-Hill.

Lienert, G.A. (1986). *Verteilungsfreie Methoden in der Biostatistik.* Königstein/ Taunus: Hain.

Linke, N. (1984). Musiktherapeutische Konzepte aus wissenschaftlicher Sicht. In: *Musiktherapeutische Umschau, 5,* 307–321.

Lund, C.S. (1991). Musica Sveciae. Fornnordiska klanger. The sounds of prehistoric Scandinavia. Booklet und CD. Stockholm: MSCD 101.

Luria, A. R. (1993). *Romantische Wissenschaft. Forschungen im Grenzbezirk von Seele und Gehirn.* Reinbek bei Hamburg: Rowohlt.

MacDonald, J. & Gilette, Y. (1988). Communicating partners: A conversational model for building parent-child relationships with handicapped children. In: K. Marfo (Ed.), *Parent-child interaction and developmental disabilities. Theorie, research and intervention* (pp 220–241). New York, NY: Praeger.

Mahns, W. (1994). Musiktherapie. In: L. Finscher (Hrsg.), *Die Musik in Geschichte und Gegenwart (MGG). Allgemeine Enzyklopädie der Musik. Sachteil* (S. 1736–1750). Kassel: Bärenreiter.

Mahns,W. (1998). Musiktherapie mit Kindern, *Musiktherapeutische Umschau, 19,* 151–163.

Mahoney, G. (1988). Enhancing the developmental competence of handicaped infants. In: K. Marfo (Ed.), *Parent-child interaction and developmental disabilities. Theorie, research and intervention* (pp 203–219). New York, NY : Praeger.

Maler, T. (1976). Musik und Ekstase. Medizinmann-Praxis in Ostafrika. *Musik und Medizin, 12,* 33–46.

Mangold, P. (1992). *Interact – Version 6.0. Programm zur Analyse von Beobachtungsdaten,* München: Mangold Software Development.

Manns, M., Schultze, J., Herrmann, C. & Westmeyer, H. (1987). *Beobachtungsverfahren in der Verhaltensdiagnostik. Eine systematische Darstellung ausgewählter Beobachtungsverfahren.* Salzburg: Otto Müller.

Manturzewska, M. & Kaminska, B. (1993). Human musical development. In: A. Langen & W. Piel (Hrsg.), *Musik und Heilpädagogik: Festschrift für Helmut Moog zum 65. Geburtstag* (S. 221–250). Frankfurt/Main: Lang.

Maranto, C. D. (1988). Music therapy: Present and future trends, *Journal of the International Association of Music for the Handicapped, 4,* 15–21.

Marfo, K. & Kysela, G.M. (1988). Frequency and sequential patterns in mothers' interactions with mentally handicapped and non handicapped children. In: K. Marfo (Ed.), *Parent-child interaction and developmental disabilities. Theorie, research and intervention* (pp 64–89). New York, NY: Praeger.

Maslow, A. (1973). *Psychologie des Seins. Ein Entwurf.* München: Kindler.

Mastnak, W. (1996) Musikethnologie-Schamanismus-Musiktherapie. In: H.-H. Decker-Voigt, P.J. Knill & E. Weymann (Hrsg.), *Lexikon Musiktherapie* (S. 233–237). Göttingen: Hogrefe.

Mazziotta, J. (1988). Brain metabolism in auditory perception: The PET study. In: F.L. Roehmann & F.R. Wilson (Eds.), *The biology of music making* (pp 106–111). St. Louis, MO: MMB Music.

McArthur, D. & Adamson, L.B. (1996). Joint attention in preverbal children: Autism and developmental language disorder. *Journal of Autism and Developmental Disorders, 26,* 481–494.

McCollum, J.A. & Stayton, V. (1988). Gaze patterns of mothers and infants as indicators of role integration during play and teaching with toys. In: K. Marfo (Ed.), *Parent-child interaction and developmental disabilities. Theorie, research and intervention* (pp 47–63). New York, NY: Praeger.

McLean, L.K., Brady, N.C. & McLean, J.E. (1996). Reported communication abilitities of individuals with severe mental retardation. *American Journal of Mental Retardation, 100,* 580–591.

Mees, U. (1977). Methodologische Probleme der Verhaltensbeobachtung in der natürlichen Umgebung: I. Zuverlässigkeit und Generalisierbarkeit von Beobachtungsdaten. In: U. Mees & H. Selg (Hrsg.), *Verhaltensbeobachtung und Verhaltensmodifikation: Anwendungsmöglichkeiten im pädagogischen Bereich* (S. 43–65). Stuttgart: Klett.

Mees, U. (1977). Methodologische Probleme der Verhaltensbeobachtung in der natürlichen Umgebung: II. Beobachter und Beobachtete als mögliche Fehlerquellen von Beobachtungsdaten. In: U. Mees & H. Selg (Hrsg.), *Verhaltensbeobachtung und Verhaltensmodifikation: Anwendungsmöglichkeiten im pädagogischen Bereich* (S. 66–77). Stuttgart: Klett.

Mellou, E. (1996). Can creativity be nurtured in young children? *Early Child Development and Care, 119*, 119–130.

Miller, L.K. & Orsmond, G. (1994). Assessing structure in the musical explorations of children with disabilities. *Journal of Music Therapy, 31*, 248–265.

Millner, M. (1992). *Neuropädiatrie. Ursachen und Formen der Behinderung.* Stuttgart: Schattauer.

Mittenecker, E. (1987). *Video in der Psychologie. Methoden und Anwendungsbeispiele in Forschung und Praxis.* Bern: Hans Huber.

Möller, H.-J. (1971). *Musik gegen 'Wahnsinn'. Geschichte und Gegenwart musiktherapeutischer Vorstellungen.* Stuttgart: Fink.

Möller, H.-J. (1976). Was macht die Musik mit den Lebensgeistern? Musik und Therapie in der Geschichte. II. Folge: Die Theorie des Athanasius Kircher. *Musik und Medizin, 3,* 35–36.

Montada, L. (1995). Entwicklungspsychologie und Anwendungspraxis. In: R. Oerter & L. Montada (Hrsg.), *Entwicklungspsychologie* (S. 895–914) 3. vollständig überarbeitete und erweiterte Auflage. Weinheim: Beltz, Psychologie Verlags Union.

Moog, H. (1968). *Das Musikerleben des vorschulpflichtigen Kindes.* Mainz: Schott.

Moreau, D. von (1997). *Entwicklung und Evaluation eines Beschreibungssystems (MAKS) zum Ausdrucks- und Kommunikationsverhalten in der Musiktherapie.* Unveröffentlichte Diplomarbeit, Universität Würzburg.

Moreau, D. von & Scheytt-Hölzer, N. (1996). Forschung in der Musiktherapie. *Musiktherapeutische Umschau, 17,* 3–5.

Müller, A. (1994). *Aktive Musiktherapie: Stimmungen, Therapieerleben und immunologisch relevante Speichelparameter.* Frankfurt/M.: Lang.

Mundy, P., Kasari, C., Sigman, M. & Ruskin, E. (1995). Nonverbal communication and early language acquisition in children with Down Syndrome and in normally developing children. *Journal of Speech and Hearing Research, 38,* 157–167.

Mundy, P.C., Seibert, J.M. & Hogan, A.E. (1984). Relationships between sensorimotor and early communiation abilities in developmentally delayed children. *Merrill-Palmer-Quarterly, 30,* 33–48.

Mundy, P., Sigman, M. & Kasari C. (1990). A longitudinal study of joint attention and language development in autistic children. *Journal of Autism and Developmental Disorders, 20,* 115–128.

Mundy, P., Sigman, M. & Kasari, C. (1994). Joint attention, developmental level, and symptom presentation in autism. *Development and Psychopathology, 6,* 389–401.

Mundy, P., Sigman, M., Kasari C. & Yirmiya, N. (1988). Nonverbal communication skills in Down syndrome children. *Child Development, 59,* 235–249.

Mundy, P., Sigman, M., Ungerer, J. & Sherman, T. (1986). Defining the social deficits of autism: The contribution of non-verbal communication measures. *Journal of Cild Psychology and Psychiatry, 27,* 657–669.

Mundy, P., Sigman, M., Ungerer, J. & Sherman, T. (1987). Nonverbal communication and play correlates of language development in autistic children. *Journal of Autism and Developmental Disorders, 17,* 349–364.

Nelson, D.L., Anderson, V.G. & Gonzales, A.D. (1984). Music activities as therapy for children with autism and other pervasive developmental disorders. *Journal of Music Therapy, 21,* 100–116.

Nitzschke, B. (1984). Frühe Formen des Dialogs. *Musiktherapeutische Umschau, 5,* 167–187.

Noam, G.G. (1985). Developmental psychopathology: An introduction. *McLean Hospital Journal, 10,* 12–14.

Noam, G.G. & Röper, G. (1999). Auf dem Weg zu entwicklungspsychologisch differentiellen Interventionen. In: R. Oerter, C. v. Hagen, G. Röper & G. Noam (Hrsg.), *Klinische Entwicklungspychologie. Ein Lehrbuch* (S. 478–511). Weinheim: Beltz, Psychologie Verlags Union.

Nolte, E. (1976). Musikpädagogik und die Auffassung der Musik als Kommunikationsphänomen. *Musik und Bildung, 9,* 433–441.

Nordoff, P. & Robbins, C. (1968). Improvised music as therapy for autistic children. In: E.T. Gaston (Ed.), *Music in Therapy* (pp 191–193). New York, NY: Macmillan.

Nordoff, P. & Robbins, C. (1975). *Musik als Therapie für behinderte Kinder.* Stuttgart: Gustav Fischer.

Nordoff, P. & Robbins, C. (1986). *Schöpferische Musiktherapie.* Stuttgart: Gustav Fischer.

Oerter, R. (1978). Zur Dynamik von Entwicklungsaufgaben im menschlichen Lebenslauf. In: R. Oerter (Hrsg.), *Entwicklung als lebenslanger Prozeß* (S. 66–110). Hamburg: Hoffmann & Campe.

Oerter, R. (1993). *Psychologie des Spiels. Ein handlungstheoretischer Ansatz.* München: Quintessenz.

Oerter, R. (1995). Kultur, Ökologie und Entwicklung. In: R. Oerter & L. Montada (Hrsg.), *Entwicklungspsychologie* (S. 84–127) 3. vollständig überarbeitete und erweiterte Auflage. Weinheim: Beltz, Psychologie Verlags Union.

Oerter, R. (1999a). Menschenbilder als sinnstiftende Konstruktion und als geheime Agenten. In: R. Oerter (Hrsg.), *Menschenbilder in der modernen Gesellschaft* (S. 1–2). Stuttgart: Enke.

Oerter, R. (1999b). Klinische Entwicklungspsychologie: Zur notwendigen Integration zweier Fächer. In: R. Oerter, C. v. Hagen, G. Röper & G. Noam (Hrsg.), *Klinische Entwicklungspychologie. Ein Lehrbuch* (S. 1–10). Weinheim: Beltz, Psychologie Verlags Union.

Oerter, R. & Noam, G. (1999). Der konstruktivistische Ansatz. In: R. Oerter, C. v. Hagen, G. Röper & G. Noam (Hrsg.), *Klinische Entwicklungspychologie. Ein Lehrbuch* (S. 45–78). Weinheim: Beltz, Psychologie Verlags Union.

Orff, G. (1971). Orff-Schulwerks spezifische Heilkomponente. Formulierungen aus der Arbeit mit dem behinderten Kind. In: H. Wolfgart (Hrsg.), *Das Orff-Schulwerk im Dienste der Erziehung und Therapie behinderter Kinder.* Berlin: Marhold.

Orff, G. (1973). Musiktherapie. *Fortschritte der Medizin, 91,* 195–199.

Orff, G. (1974). *Die Orff-Musiktherapie.* München: Kindler.

Orff, G. (1975). Musikalische Erziehung als Mittel zur sozialen Integration. In: *Integrierte Erziehung. Zweite Neustifter Gespräche für Sozialpädiatrie, September 1973* (S. 133–143). München, Wien: Urban und Schwarzenberg.

Orff, G. (1976). Spielgeschehen als Heilfaktor – Musiktherapeutische Erfahrungen. In: A. Flitner, G. Orff & A. Portmann (Hrsg.), *Der Mensch und das Spiel in der verplanten Welt* (S. 110–129). München: Deutscher Taschenbuch Verlag.

Orff, G. (1979). Musiktherapie bei Kindern. In: P.-M. Pflüger (Hrsg.), *Rhythmus, Entspannung, Heilung Menschliches Fühlen und Musik* (S. 90–119). Fellbach: Bonz Verlag.

Orff, G. (1982). Der Wert des akustischen Phänomens und des prämelodischen Spiels in der Entwicklung eines blinden Mädchens, *Musiktherapeutische Umschau, 3,* 283–293.

Orff, G. (1984a). *Schlüsselbegriffe der Orff-Musiktherapie. Darstellung und Beispiele.* München: Psychologie Verlags Union.

Orff, G. (1984b). Zur Funktion der Instrumente in der Musiktherapie, *Sozialpädiatrie, 6,* 625–629.

Orff, G. (1990). Musiktherapie und Entwicklung von Gestaltbewußtsein beim Kind. In: I. Frohne-Hagemann (Hrsg.), *Musik und Gestalt. Klinische Musiktherapie als integrative Psychotherapie* (S. 37–48). Paderborn: Jungfermann.

Orff, G. (1998). Musiktherapie im Dialog der Sinne. Cantus-Memoria-Meditatio. In: J.W. Meinold, G. Condrau & G. Langer (Hrsg.), *Das menschliche Bewußtsein. Annäherungen an ein Phänomen.* Zürich: Walter.

Papoušek, H. (1994). Emergence of musicality and its adaptive significance. In: C. Faienza (Ed.), *Music, speech and the developing brain. The case of the modularity of mind* (pp 111–135). Milano: Guerini.

Papoušek, H. (1996). Musicality in infancy research: biological and cultural origins of early musicality. In: Deliege I. & J. Svoboda (Eds.), *Musical beginnings, origins and development of musical competence* (37–55). Oxford: Oxford University Press.

Papoušek, H. & Papoušek, M. (1977a). Mothering and the cognitive headstart: Psychobiological considerations. In: H.R. Schaffer (Ed.), *Studies in mother-infant interaction* (pp 63–85). New York, NY: Academic Press.

Papoušek, H. & Papoušek, M. (1977b). Das Spiel in der Frühentwicklung des Kindes. *Supplement Pädiatrische Praxis:Beiträge zur Psychologie und Erziehung, 18*, 17–32.

Papoušek, H. & Papoušek, M. (1995). Beginning of human musicality. In: R. Steinberg (Ed.), *Music and the mind machine. The psychophysiology and psychopathology of the sense of music* (27–34). Berlin: Springer.

Papoušek, M. (1981). Die Bedeutung musikalischer Elemente in der frühen Kommunikation zwischen Eltern und Kind. *Sozialpädiatrie in Praxis und Klinik, 3*, 412–415, 468–473.

Papoušek, M. (1987). Die Rolle des Vaters in der frühen Kindheit. Ergebnisse der entwicklungspsychobiologischen Forschung. In: *Kind und Umwelt, 54*, 29–49.

Papoušek, M. (1994a). *Vom ersten Schrei zum ersten Wort. Anfänge der Sprachentwicklung in der vorsprachlichen Kommunikation.* Bern: Hans Huber.

Papoušek, M. (1994b). Die muttersprachliche Umwelt des Säuglings und ihre Bedeutung für die Entwicklung von Vokalisation und Sprache. In: K.-F. Wessel & F. Naumann (Hrsg.), *Kommunikation und Humanontogenese* (S. 144–171). Bielefeld: Kleine Verlag.

Papoušek, M. (1994c). Melodies in caregiver's speech: A species-specific guidance towards language. *Early Development and Parenting, 3*, 5–17.

Papoušek, M. (1995). Origins of reciprocity and mutuality in prelinguistic parent-infant 'dialogs'. In: I. Marková, C.F. Graumann, K. Foppa, *Mutualities in dialogue* (58–81). Cambridge, MA: Cambridge University Press.

Papoušek, M. (1996a). Intuitive parenting: A hidden source of musical stimulation in infancy. In: I. Deliege & J. Svoboda (Eds.), *Musical beginnings. Origins and development of musical competence* (88–112).Oxford: Oxford University Press.

Papoušek, M. (1996b). Kommunikations- und Beziehungsdiagnostik im Säuglingsalter – Einführung in den Themenschwerpunkt. In: *Kindheit und Entwicklung, 5*, 136–139.

Papoušek, M. (1996c). Frühe Eltern-Kind-Beziehungen: Gefährdungen und Chancen in der Frühentwicklung von Kindern mit genetisch bedingten Anlagestörungen. In: *Kindheit und Entwicklung, 5*, 45–52.

Papoušek, M. (1996d). Die intuitive elterliche Kompetenz in der vorsprachlichen Kommunikation als Ansatz zur Diagnostik von präverbalen Kommunikations- und Beziehungsstörungen. In: *Kindheit und Entwicklung, 5*, 140–146.

Papoušek, M. (1999). Regulationsstörungen der frühen Kindheit: Entstehungsbedingungen im Kontext der Eltern-Kind-Beziehungen. In: R. Oerter, C. v. Hagen,

G. Röper & G. Noam (Hrsg.), *Klinische Entwicklungspsychologie. Ein Lehrbuch* (S. 148–169). Weinheim: Beltz, Psychologie Verlags Union.

Papoušek, M. & Papoušek, H. (1981a). Musical elements in the infant's vocalisation: Their significance for communication, cognition and creativity. In: L.P. Lipsitt (Ed.). *Advances in infancy research, Vol.1.* (163–224). Norwood, NJ: Ablex Publishing.

Papoušek, M. & Papoušek, H. (1981b). Musikalische Ausdruckselemente der Sprache und ihre Modifikation in der ‚Ammensprache'. *Sozialpädiatrie in Praxis und Klinik, 3,* 294–296.

Papoušek, M. & Papoušek, H. (1981c). Neue Wege der Verhaltensbeobachtung und Verhaltensmikroanalyse. *Sozialpädiatrie in Praxis und Klinik, 3,* 20–22.

Papoušek, M. & Papoušek, H. (1987). Intuitive parenting: A dialectic counterpart to the infant's integrative competence. In: J.D. Osofsky(Ed.), Handbook of infant development, 2. Edition (pp. 669–720). New York, NY: Wiley.

Papoušek, M., Papoušek, H. & Symmes, D. (1991). The meaning of melodies in motherese in tone and stress languages. *Infant Behavior Development, 14,* 414–440.

Patton, M.Q. (1987). *How to use qualitative methods in evaluation.* Newbury Park, CA: Sage.

Pavlicevic, M. (1995). Music and emotion. Aspects of music therapy research. In: A. Gilroy & C. Lee (Eds.), *Art and music: Therapy and research* (pp 51–65). London: Routledge.

Pavlicevic, M. (1997). *Music therapy in context: Music, meaning and relationship.* London: Jessica Kingsley Publishers.

Petermann, F. (1986). Therapiekontrolle und Erfolgsmessung. In: U. Brack (Hrsg.), *Frühdiagnostik und Frühtherapie: Psychologische Behandlung von entwicklungs- und verhaltensgestörten Kindern* (S. 46–52). Weinheim: Psychologie Verlags Union, Urban und Schwarzenberg.

Petermann, F. (Hrsg.) (1989). *Einzelfallanalyse.* 2. Auflage. München: Oldenbourg.

Petermann, F. (Hrsg.) (1996). *Lehrbuch der Klinischen Kinderpsychologie.* Göttingen: Hogrefe.

Petermann, F. & Kusch, M. (1992). Klinische Diagnostik. In: R. Jäger & F. Petermann (Hrsg.), *Psychologische Diagnostik: Ein Lehrbuch* (S. 510–533). Weinheim: Psychologie Verlags Union.

Petsche, H., Lindner, K., Rappelsberger, P. & Gruber, G. (1989). Die Bedeutung des EEG für die Musikpsychologie. In: H. Petsche (Hrsg), *Musik – Gehirn – Spiel* (S. 111–134). Basel: Birkhäuser.

Piaget, J. (1975). *Das Erwachen der Intelligenz beim Kinde.* (Original erschienen 1959). Stuttgart: Klett.

Plahl, C. (1997). Spielräume in der Musik – Musiktherapie mit mehrfachbehinderten Kindern. In: O. Kruse (Hrsg.), *Kreativität als Ressource für Veränderung und Wachstum. Kreative Methoden in den psychosozialen Arbeitsfeldern: Theorien,*

Vorgehensweisen, Beispiele (S. 153–165). Tübingen: Deutsche Gesellschaft für Verhaltenstherapie.

Plahl, C. (1998). Methodos – der Weg zu etwas hin. Der 10. Ulmer Workshop für musiktherapeutische Grundlagenforschung, *Musiktherapeutische Umschau, 19,* 120–122.

Prizant, B.M. & Wetherby, A.M. (1990). Toward an integrative view of early language and communication development and socio-emotional development. *Topics in language disorders, 10,* 1–16.

Rauh, H. (1992). Verschränkungen mit der Entwicklungspsychologie. In: R. Jäger & F. Petermann (Hrsg.), *Psychologische Diagnostik: Ein Lehrbuch* (S. 64–75). Weinheim: Psychologie Verlags Union.

Rauh, H. (1995a). Frühe Kindheit. In: R. Oerter & L. Montada (Hrsg.), *Entwicklungspsychologie* (S. 167–248) 3. vollständig überarbeitete und erweiterte Auflage. Weinheim: Beltz, Psychologie Verlags Union.

Rauh, H. (1995b). Geistige Behinderung. In: R. Oerter & L. Montada (Hrsg.), *Entwicklungspsychologie* (S. 929–942) 3. vollständig überarbeitete und erweiterte Auflage. Weinheim: Beltz, Psychologie Verlags Union.

Rauh, H. & Ziegenhain, U. (1994). Nonverbale Kommunikation von Befindlichkeit bei Kleinkindern. In: Wessel, K.-F. & Naumann F. (Hrsg.) *Kommunikation und Humanontogenese* (S. 172–218). Bielefeld: Kleine.

Remmert, C. (1992). Wirkungsforschung in der Musiktherapie: Ein Beispiel. Teil I. *Musik-, Tanz- und Kunsttherpie, 3,* 125–128.

Rennen-Allhoff, B. (1991). Wie verläßlich sind Elternangaben? *Praxis der Kinderpsychologie und Kinderpsychiatrie, 40,* 333–338.

Rennen-Allhoff, B. & Rennen, P. (1987). *Entwicklungstests für das Säuglings-, Kleinkind- und Vorschulalter.* Berlin: Springer.

Rerrich, D. (1998). *Zur Stimme finden.* Regensburg: Edition Reimann.

Revenstorf, D. (1976). Datengenerierende Prozesse zur Analyse von Therapieverläufen. *Zeitschrift für Klinische Psychologie, 5,* 210–230.

Rhodes, R.H. & Greenberg, L. (1994). Investigating the process of change: Clinical applications of process research. In: P.F. Talley, H.H. Strupp, & S.F. Butler (Eds.), *Psychotherapy research and practice. Bridging the gap* (pp 227–245). New York, NY: Basic Books.

Rice, L.N. & Greenberg, L.S. (1984). The new research paradigm. In: L.N. Rice & L.S. Greenberg (Eds), *Patterns of change. Intensive analysis of psychotherapy process* (pp 7–25). New York: The Guilford Press.

Riess Jones, M. (1986). Attentional rhythmicity in human perception. In: J.R. Evans & M. Clynes (Eds.), *Rhythm in psychological, linguistic and musical processes* (pp 13–40). Springfield, IL: Charles C. Thomas Publisher.

Rogers, C. (1959/1991). *Eine Theorie der Psychotherapie, der Persönlichkeit und der zwischenmenschlichen Beziehungen.* Köln: Gesellschaft für wissenschaftliche

Gesprächspsychotherapie (Original in: S. Koch, *Psychology. A study of science*, New York, NY., 1959).

Rogers, P.J. (1996). Musiktherapieforschung aus europäischer Perspektive. In: *Musiktherapeutische Umschau, 17*, 39–50.

Rogers, S. (1990). Theories of child development and musical ability. In: F.R. Wilson & F.L. Roehmann (Eds.), *Music and child development* (pp 1–10). St. Louis, MO: MMB Music.

Rogoff, B., Malkin, C. & Gilbride, K. (1984). Interaction with babies as guidance in development. In: B. Rogoff & J.V. Wertsch (Eds.), *Children's learning in the 'zone of proximal development'. New directions for child development, no 23,* (pp 31–44). San Francisco, CA: Jossey-Bass.

Rösing, H. (1993). Sonderfall Abendland. In: H. Bruhn, R. Oerter & H. Rösing (Hrsg.), *Musikpsychologie. Ein Handbuch* (S. 74–86). Reinbek bei Hamburg: Rowohlt.

Roth, A. & Fonagy, P. (1996). Translating research into practice: Methodological consideration. In: A. Roth & P. Fonagy (Eds.), *What works for whom? A critical review of psychotherapy research* (pp 13–36). New York, NY: The Guilford Press.

Rudinger, G. (1995). Strukturgleichungsmodelle in der Entwicklungspsychologie. In: R. Oerter & L. Montada (Hrsg.), *Entwicklungspsychologie* (S. 1177–1190) 3. vollständig überarbeitete und erweiterte Auflage. Weinheim: Beltz, Psychologie Verlags Union.

Russel, R.L. & Bryant, F. (1997). *Are there optimal zones of child partizipation in therapy: Quantity and phase in high versus low quality sessions.* Third Conference of the North American Society for Psychotherapy Research, 04.12.–07.12.97, Tucson, AZ.

Rutter, D.R. & Durkin, K. (1987). Turn-taking in mother-infant interaction. An examination of vocalizations and gaze. *Developmental Psychology, 23*, 54–61.

Ruud, E. & Mahns, W. (1992). *Meta – Musiktherapie. Wege zu einer Theorie der Musiktherapie.* Stuttgart: Gustav Fischer.

Sameroff, A.J. (1979). The etiology of cognitive competence: A systems perspective. In: R. Kearsley & I. Sigl (Eds.), *Infants at risks: Assessment of cognitive functioning* (pp 115–151). Hillsdale, NJ: Lawrence Erlbaum.

Sameroff, A.J. & Emde, R. (Eds.) (1989). *Relationship disturbances in early childhood: A developmental approach.* New York. NY: Basic Books.

Sarimski, K. (1986). *Interaktion mit behinderten Kleinkindern: Entwicklung und Störung früher Interaktionsprozesse.* München: Ernst Reinhardt.

Sarimski, L. (1987). *Ordinalskalen zur sensomotorischen Entwicklung.* Weinheim: Beltz Test.

Sarimski, K. (1993). *Interaktive Frühförderung. Behinderte Kinder: Diagnostik und Beratung.* Weilheim: Psychologie Verlags-Union.

Sarimski, K. (1997). *Entwicklungspsychologie genetischer Syndrome.* Göttingen: Hogrefe.

Sarimski, K. & Möller, J. (1991). Zur Beurteilung früher kommunikativer Fähigkeiten bei entwicklungsverzögerten Kindern. *Frühförderung Interdisziplinär, 10,* 151–159.

Schaffer, H. (1984). *The child's entry into a social world.* London: Academic Press.

Schaller, S. (1992). Daten aus Beobachtungen. In: R. Jäger & F. Petermann (Hrsg.), *Psychologische Diagnostik: Ein Lehrbuch* (S. 439–448). Weinheim: Psychologie Verlags Union.

Schindler, L. (1991). *Die empirische Analyse der therapeutischen Beziehung. Beiträge zur Prozeßforschung in der Verhaltenstherapie.* Berlin: Springer.

Schindler, L. (1996). Prozeßforschung. In: A. Ehlers & K. Hahlweg (Hrsg.), *Enzyklopädie der Psychologie. Serie 2 Klinische Psychologie. Band 1 Grundlagen der Klinischen Psychologie* (S. 269–298). Göttingen: Hogrefe.

Schindler, L., Müller, U., Hohenberger-Sieber, E. & Hahlweg, K. (1988). *Manual des Codiersystems zur Interaktion in der Psychotherapie (CIP).* Max-Planck-Institut für Psychiatrie, Psychologische Abteilung, München.

Schlimok, E. (1999). *Die Entwicklung des Blickverhaltens in der 'bezogenen Kommunikation' und Aufmerksamkeitsregulation im musiktherapeutischen Setting bei mehrfachbehinderten Kindern. Einzelfallanalyse.* Unveröffentlichte Diplomarbeit: Ludwig-Maximilians-Universität München.

Schneider, E. (1998). Wissenschaftliche Psychotherapie und kreative Reflexion. *Report Psychologie, 23,* 720–728.

Schneider, K. (1994). Mimisches Verhalten bei Vorschulkindern: Spontaner emotionaler Ausdruck oder willentliche Kommunikation? In: Wessel, K.-F. & Naumann F. (Hrsg.), *Kommunikation und Humanontogenese* (S. 219–237). Bielefeld: Kleine.

Schulz, R. & J. Barefoot (1974). Non-verbal responses and affiliative conflict theory. *British Journal of Social and Clinical Psychology, 13,* 629–636.

Schumacher, K. (1994). *Musiktherapie mit autistischen Kindern. Musik-, Bewegungs- und Sprachspiele zur Integration gestörter Sinneswahrnehmung.* Stuttgart: Gustav Fischer.

Schumacher, K. & Calvet-Kruppa, C. (1999). Musiktherapie als Weg zum Spracherwerb. Evaluierung von Musiktherapie anhand des stimmlich-vorsprachlichen Ausdrucks eines autistisch-sprachgestörten Kindes. *Musiktherapeutische Umschau, 20,* 216–230.

Seibert, J.M. & Hogan, A.E. (1982a). *Procedures manual for the Early Social-Communication Scales (ESCS).* Miami, FL: University of Miami.

Seibert, J.M. & Hogan, A.E. (1982b). A model for assessing social and object skills and planning intervention. In: D.P. McClowry, A.M. Guilford & S.O. Richardson (Eds.), *Infant communication. Development, assessment, and intervention* (pp 21–53). New York, NY: Grune & Stratton.

Seibert, J.M. & Hogan, A.E. (1986). On the specifically cognitive nature of early object and social skill domain associations. *Merrill-Palmer Quarterly, 32*, 21–36.

Seibert, J.M., Hogan, A.E. & Mundy, P.C. (1982). Assessing interactional competencies: The Early Social-Communication Scales. *Infant Mental Health Journal, 3*, 244–258.

Seibert, J.M., Hogan, A.E. & Mundy, P.C. (1984a). Developmental assessment of social-communication skills for early intervention: Testing a cognitive stage model. In: R.A. Glow (Ed.), *Advances in the behavioral measurement of children*. Volume 1 (pp 55–92). Greenwich, CT: Jai Press Inc..

Seibert, J.M., Hogan, A.E. & Mundy, P.C. (1984b). Mental Age and cognitive stage in young handicapped and at-risk children. *Intelligence, 8*, 11–29.

Seifer, R., Clark, G.N. & Sameroff, A.J. (1991). Positive effects of interaction coaching on infants with developmental disabilities and their mothers. *American Journal on Mental Retardation, Vol.96, No. 1*, 1–11.

Sekeles, C. (1990). Music therapy with a child having motor delay and elective mutism. A case report. In: F.R. Wilson & F.L. Roehmann (Eds.), *Music and child development* (pp 254–268). St. Louis, MO: MMB Music.

Seligman, M. (1995). The effectivenes of psychotherapy. *The consumer reports study*. *American Psychologist, 50*, 965–974.

Shuter-Dyson, R. (1982). Psychologie musikalischen Verhaltens. Angloamerikanische Forschungsbeiträge. In: S. Abel-Struth (Hrsg.), *Musikpädagogik. Forschung und Lehre*. (Band 14). Mainz: Schott.

Sloboda, J.A. (1990). Music as a language. In: F.R. Wilson & F.L. Roehmann (Eds.), *Music and child development* (pp 28–43). St. Louis, MO: MMB Music.

Smeijsters, H. (1994). *Musiktherapie als Psychotherapie. Grundlagen, Ansätze, Methoden*. Stuttgart: Gustav Fischer.

Smeijsters, H. (1996). Entweder – oder? Überlegungen zur quantitativen und qualitativen Forschung in der Musiktherapie. *Musiktherapeutische Umschau, 17*, 23–38.

Smeijsters, H. (1999). *Grundlagen der Musiktherapie. Theorie und Praxis der Behandlung psychischer Störungen und Behinderungen*. Göttingen: Hogrefe.

Smeijsters, H. & Van den Hurk, J. (1994). Praxisorientierte Forschung in der Musiktherapie. *Musiktherapeutische Umschau, 15*, 25–40.

Soraci, S., Deckner, C.W., McDaniel, C. & Blanton, R.L. (1982). The relationship between rate of rhythmicity and the stereotypic behaviors of abnormal children. *Journal of Music Therapy, 19*, 46–54.

Spidell Rusher, A., Cross, D & Ware, A. (1995). Infant and toddler play: Assessment of exploratory style and development level. *Early Childhood Research Quarterly, 10*, 297–315.

Sroufe, A. (1996). *Emotional development: The organization of emotional life in the first early years*. Cambridge, MA: Cambridge University Press.

Stern, D.N. (1977). *The first relationship: Infant and mother.* London: Fontana (deutsch 1979: Mutter und Kind: die erste Beziehung. Stuttgart: Klett-Cotta).

Stern, D.N. (1989). The representation of relational patterns: Developmental considerations. In: A.J Sameroff & R. Emde (Eds.), *Relationship disturbances in early childhood: A developmental approach* (pp 52–69). New York. NY: Basic Books.

Stern, D. N. (1993). *Die Lebenserfahrung des Säuglings.* Stuttgart: Klett-Cotta.

Stern, D.N. (1995) *The interpersonal world of the infant.* New York, NY: Basic Books.

Strauss, A.L. & Corbin, J. (1996). *Grounded Theory: Grundlagen Qualitativer Sozialforschung.* Weinheim: Beltz, Psychologie Verlags Union.

Strawinsky, I. (1957). Erinnerungen (Chronique de ma vie) in: *Leben und Werk* (Übersetzung von R. Tüngel). Zürich.

Strobel, W. (1990). Von der Musiktherapie zur Musikpsychotherapie. Kann aus der Musiktherapie eine anerkannte Form von Psychotherapie werden? *Musiktherapeutische Umschau, 11,* 313–338.

Strobel, W. & Huppmann, G. (1997). *Musiktherapie: Grundlagen, Formen, Möglichkeiten.* Göttingen: Hogrefe.

Suppan, W. (1976). Musikalisches Verhalten und Musikpädagogik in hochindustrialisierten Ländern. *Musik und Bildung, 4,* 183–186.

Suppan, W. (1984). *Der musizierende Mensch. Eine Anthropologie der Musik.* Mainz: Schott.

Suppan, W. (1986). *Musica Humana. Die anthropologische und kulturethnologische Dimension der Musikwissenschaft.* Wien: Böhlaus.

Tannock, R. (1988). Control and reciprocity in mothers' interactions with Down syndrome and normal children. In: K. Marfo (Ed.), *Parent-child interaction and developmental disabilities. Theorie, research and intervention* (pp 163–180). New York, NY: Praeger.

Tannock, R., Girolametto, L. & Siegel, L.S. (1992). Language intervention with children who have developmental delays: Effects of an interactive approach. *American Journal on Mental Retardation, Vol.97, No. 2,* 145–160.

Taylor, D.B. (1990). Childhood sequential development of rhythm, melody and pitch. In: F.R. Wilson & F.L. Roehmann (Eds.), *Music and child development* (pp 241–253). St. Louis, MO: MMB Music.

Thaut, M. & de l'Etoile, S.K. (1993). The effects of music on mood state-dependent recall. *Journal of Music Therapy, 30,* 70–80.

Theunissen, G. (1989). *Wege aus der Hospitalisierung. Ästhetische Erziehung mit schwerstbehinderten Erwachsenen.* Bonn: Psychiatrie-Verlag.

Thiel, T. (1991). Videotechnique and science: Methodological considerations. In M.E Lamb & H. Keller (Eds.), *Infant development: Perspectives from german speaking countries* (pp 179–195). Hillsdale, NJ: Lawrence Erlbaum.

Tischler, B. (1983). Ist Musiktherapie empirisch begründbar? *Musiktherapeutische Umschau, 4,* 95–106.

Todt, D. & Hultsch, H. (1994). Biologische Grundlagen des Dialogs. In: Wessel, K.-F. & Naumann F. (Hrsg.), *Kommunikation und Humanontogenese* (S. 53–76). Bielefeld: Kleine Verlag.

Tomasello, M. & Farrar, M.J. (1986). Joint attention and early language. *Child Development, 57,* 1454–1463.

Toolan, P.G. & Coleman, S.Y. (1994). Music therapy, a description of process: engagement and avoidance in five prople with learning disabilities. *Journal of Intellectual Disabilitiy research, 38,* 433–444.

Touma, H. H. (1982) Außereuropäische Heilmusik. In: G. Harrer (Hrsg.), *Grundlagen der Musiktherapie und Musikpsychologie* (S. 287–291). Stuttgart: Fischer.

Towle, P., Farran, D. & Comfort,M. (1988). Parent-handicapped child interaction observational coding systems: a review. In: K. Marfo (Ed.), *Parent-child interaction and developmental disabilities. Theory, research, and intervention* (pp 293–330). New York, NY: Praeger.

Trehub, S.E., Bull, D. & Thorpe, L.A. (1984). Infants' perception of melodies: The role of melodic contur. *Child development, 55,* 821–830.

Trevarthen, C. (1988). Infants trying to talk: How a child invites communication from the human world. In: R. Söderbergh (Ed.), *Children's creative communication* (pp 9–31). Lund: Lund University Press.

Trevarthen, C. (1997). Preface: A theory for therapy in a different voice. In: M. Pavlicevic, *Music therapy in context: Music, meaning and relationship* (pp ix–xii). London: Jessica Kingsley Publishers.

Tronick, E.Z. (1989). Emotions and emotional communication in infants. *American Psychologist, Vol. 44, No 2,* 112–119.

Tüpker, R. (1988). *Ich singe, was ich nicht sagen kann. Zu einer morphologischen Grundlegung der Musiktherapie.* Regensburg: Bosse.

Ulvund, S.E. & Smith, L. (1996). The predictive validity of nonverbal communicative skills in infants with perinatal hazards. *Infant Behavior and Development, 19,* 441–449.

Uzgiris, I.C. (1976). Organization of sensorimotor intelligence. In M. Lewis (Ed.), *Origins of intelligence.* New York, NY: Plenum Press.

Uzgiris, I.C. (1987). The study of sequential order in cognitive development. In: I.C. Uzgiris & J.McV. Hunt (Eds.), *Infant performance and experience. New findings with the ordinal scales* (pp 313–167). Urbana, IL: University of Illinois Press.

Uzgiris, I.C. & Hunt, J.McV. (1975). *Assessment in infancy: Ordinal scales of psychological development.* Urbana, IL: University of Illinois Press.

Vanger, P., Scheytt, N. & Czogalik, D. (1993). *Beurteilungssystem des nonverbalen Ausdrucks in der musiktherapeutischen Interaktion.* Präsentiert auf dem 5. Ulmer Workshop für Musiktherapieforschung (5. und 6. Februar 1993).

Vocke, J. (1986). *Effektivitätskontrolle der Orff-Musiktherapie.* Unveröffentlichte Dissertation an der Ludwig-Maximilian-Universität München.

Voigt, M. (1998). Musiktherapie in der Behandlung von Entwicklungsstörungen – die Orff-Musiktherapie heute. *Musiktherapeutische Umschau, 19,* 289–296.

Vygotsky, L.S. (1978). *Mind in society: The development of higher psychological processes.* Cambridge, MA: Harvard University Press.

Wachs, T.D. & Sheehan, R. (1988). Developmental patterns in disabled infants and preschoolers. In: T.D. Wachs & R. Sheehan (Eds.), *Assessment of young developmentally disabled children* (pp 3–23). New York, NY: Plenum Press.

Wagner, H. (1981). *Die Ermittlung sozialer Signale: Methode und Ergebnisse.* Unveröffentliche Dissertation, Ludwig-Maximilians-Universität München.

Weber, C. (1991). Musiktherapie als therapeutische Möglichkeit beim autistischen Syndrom. *Musik-, Tanz- und Kunsttherapie, 2,* 66–74.

Wehner, K. (1980). Einblick in die cerebralen Grundlagen bei der Verarbeitung von Musik. *Musiktherapeutische Umschau, 1,* 123–140.

Weinberg, M.K. & Tronick, E.Z. (1994). Beyond the face: An empirical study of infant affective configurations of facial, vocal, gestural, and regulatory behaviors. *Child Development, 65,* 1503–1515.

Weinert, S. (1992). Deficits in acquiring language structure: The importance of using prosodic cues. *Applied Cognitive Psychology, 6,* 545–571.

Wertsch, J.V. (1984). The zone of proximal development: Some conceptual issues. In: B. Rogoff & J.V. Wertsch (Eds.), *Children's learning in the 'zone of proximal development'. New directions for child development, no 23* (pp 7–18). San Francisco, CA: Jossey-Bass.

Wertsch, J.V. & Rogoff, B. (1984). Editors's Notes. In: B. Rogoff & J.V. Wertsch (Eds.), *Children's learning in the 'zone of proximal development'. New directions for child development, no 23* (pp 1–6). San Francisco, CA: Jossey-Bass.

Wesecky, A. (1986). Music therapy for children with Rett syndrome. *American Journal of Medical Genetics, 24,* 253–258.

Wessel, K.-F. & Naumann, F. (1994). Zeit und Komplexität in der Entwicklung menschlicher Kommunikationsfähigkeit. In: Wessel, K.-F. & Naumann F. (Hrsg.), *Kommunikation und Humanontogenese* (S. 14–23). Bielefeld: Kleine.

Wetherby, A.M. & Prizant, B.M. (1992). Profiling young children's communicative competence. In: S. Warren & Reichle, J. (Eds.), *Perspectives on communication and language intervention: Development, assessment, and intervention* (pp 217–251). Baltimore, MD: Paul H. Brookes.

Wetherby, A.M. & Prizant, B.M. (1995). Die 'Communication and Symbolic Behavior Scales' (CSBS). *Kindheit und Entwicklung, 4,* 43–50.

Wetherby, A.M., Cain, D.H., Yonclas, D.G. & Walker, V.G. (1988). Analysis of intentional communication of normal children from the prelinguistic to the multi-word stage. *Journal of Speech and Hearing Research, 31,* 240–252.

Weymann, E. (1996). Morphologische Musiktherapie. In: H.-H. Decker-Voigt, P.J. Knill & E. Weymann (Hrsg.), *Lexikon Musiktherapie* (S. 220–223). Göttingen: Hogrefe.

Wheeler, B. (1995) Introduction: Overview of music therapy research.In: B. Wheeler (Ed.), *Music therapy research: Quantitative and qualitative perspectives* (pp 3–15). Phoenixville, PA: Barcelona Publishers.

Wittgenstein, L. (1984). *Philosophische Untersuchungen.* Werkausgabe Bd.1 (erstmals 1953). Frankfurt a. Main: Suhrkamp.

Wolke, D. & Schulz, J. (1999). Methoden und Kriterien entwicklungsorientierter Evaluation. In: R. Oerter, C. v. Hagen, G. Röper & G. Noam (Hrsg.), *Klinische Entwicklungspychologie. Ein Lehrbuch* (S. 522–556). Weinheim: Beltz, Psychologie Verlags Union.

Wurmser, H. (1999). *Programm zur deskriptiven Analyse von Interact-Daten.* Ludwig-Maximilians-Universität München, Institut für Sozialpädiatrie.

Wylie, M.E. (1983). Eliciting vocal responses in severely and profoundly mentally handicapped subjects. *Journal of Music Therapy, Vol. 10, no. 4,* 190–200.

Yin, R.K. (1993). *Case study research: Design and methods. 2nd edition. Applied Social Research Methods Series Volume 5.* Thousand Oaks: Sage Publications.

Anhang

Übersicht medizinisch-psychologische Diagnosen

Kategoriensystem Musiktherapie *KAMUTHE*

Auswertebogen ESCS

Musiktherapie-Profil

Zuordung der Item-Paare im Musiktherapie-Profil

Leitfaden für das Eltern-Interview

INTERACT-Ereignisliste

Übersicht medizinisch-psychologische Diagnosen

Kind	Alter in Monaten	Gesch.	Medizinische Diagnose	Mentale Entwicklung	Weitere diagnostische Angaben
01	67	w	Angelman-Syndrom;	Mentale Retardierung	myoklonische Epilepsie; Hirnatrophie
02	28	w	Infantile Cerebralparese	Allgemeiner Entwicklungsrückstand	Zustand nach Frühgeburt (29.SSW), Hirnblutung; Leukomalazie
03	48	m	Down-Syndrom	Allgemeiner Entwicklungsrückstand	
04	70	w	Spastische infantile Tetraparese	Mentale Entwicklungs-störung	Zustand nach Zwillingsfrühgeburt (29.SSW)
05	52	w	Rett-Syndrom	Mentale Entwicklungs-störung	
06	58	m	Autistische Entwicklungsstörung	Mentale Retardierung	Frühkindlicher Autismus mit schwerer Störung im Sozialverhalten
07	39	m		Allgemeiner Entwicklungsrückstand	Zustand nach Zwillingsfrühgeburt (27.SSW)
08	30	m	gemischte spastische Diparese	Allgemeiner Entwicklungsrückstand	
09	48	w	Cornelia-de-Lange-Syndrom	Mentale Retardierung	Hiatusplastik und Fundoplicatio; Kaderfistelanlage; Mikroencephalie;
10	56	w	Atypischer Autismus	Tiefgreifende Entwicklungsstörung	Psychomotorische Entwicklungsstörung mit autistischem Verhalten,
11	44	m	Infantile Cerebralparese	mentale Entwicklungs-störung	
12	67	m	Cerebralparese mit spastisch ataktischen Komponenten	mentale Entwicklungs-störung	Zustand nach Hirnfehlbildung
13	49	m	Infantile spastische Diparese	mentale Entwicklungs-störung	Intrauterine Asphyxie und Neugeborenenkrämpfe, Mikrocephalie
14	28	w	Infantile spastische Diparese	Mentale Entwicklungs-verzögerung	Zustand nach Frühgeburt (28.SSW), Hirnblutung; Hydrocephalus internus
15	32	w	Infantile Cerebralparese	Mentale Retardierung, Mikrocephalie; Sprach-entwicklungsstörung	Zustand nach Frühgeburt (29.SSW)

Anmerkung:
Bei den medizinischen Diagnosen wurden die Angaben der behandelnden Ärztinnen übernommen. die Angaben zur mentalen Entwicklung beziehen sich auf Angaben der Diplom-Psychologinnen im Kinderzentrum München.

Kategoriensystem Musiktherapie *KAMUTHE*

Kategorien der Musiktherapeutin

Musikalischer Beitrag	Verbaler Beitrag	Nonverbaler Beitrag
Stimme MUS1	*Kommentar* VER1	*Geste* NON1
Klang MUS2	*Lob* VER2	*Angebot des Instrumentes* NON2
Lied MUS3	*Frage* VER3	*Bewegen des Instrumentes* NON3
Lied mit Begleitung MUS4	*Aufforderung* VER4	*Bewegen des Kindes* NON4

Kategorien des Kindes

Blick	Spielen	Vokalisationen	Gesten
Instrument BLI1	*Bewegen am Instrument* SPI1	*Lautieren* VOK1	*Konventionelle Geste* GES1
Therapeutin Gesicht BLI2	*Klang erzeugen mit Instrument* SPI2	*Singen* VOK2	*Andere Geste* GES2
Gegenstand BLI3	*Spielen mit Gegenständen* SPI3	*Sprechen* VOK3	
Therapeutin Rest BLI4	*Bewegen mit dem Instrument* SPI4	*Lachen* VOK4	
Mutter/Vater BLI5	*Rhythmisches Bewegen* SPI5	*Jammern* VOK5	
Anderes BLI6	*Bewegt, geführt werden* SPI6	*Weinen* VOK6	

Auswertebogen ESCS   Video

Name:

(Seibert, J.M., Hogan, A.E. & Mundy, P.S. (1982); Übersetzung: Sarimski, K. (1991, 1993))

I Gemeinsame Aufmerksamkeitsausrichtung

Niveau	Item	Beschreibung	t1	t2	t3	t4
0	I-1	Kind schaut auf ein Objekt, auf das die Erwachsene die Aufmerksamkeit zu lenken versucht durch Schütteln, Antippen o.ä.				
1	I-2	Kind schaut auf ein Objekt, das die Erwachsene vorzeigt, ohne damit etwas zu tun				
2a	I-3	Kind schaut auf den Finger, wenn die Erwachsene irgendwohin zeigt				
2b	I-4	Kind verfolgt fast immer Zeigen oder Blickrichtung der Erwachsenen zu einem Gegenstand außer Reichweite				
2b	I-5	Kind verfolgt fast immer Zeigen oder Blickrichtung der Erwachsenen nach links oder rechts				
2b	I-6	Kind antwortet auf eine Frage mit Nicken oder Kopfschütteln				
3	I-7	Kind versteht mehrere Bezeichnungen von Körperteilen				
3	I-8	Kind versteht mehrere Bezeichnungen von Objekten				
3	I-9	Kind beantwortet eine Frage der Erwachsenen mit einem Wort				
3	I-10	Kind beantwortet eine Frage der Erwachsenen mit „Ja" oder „Nein"				
3	I-11	Kind benutzt ein Wort um nachzufragen, wenn es etwas nicht verstanden hat				
4	I-12	Kind versteht zahlreiche Bezeichnungen bei der Wahl zwischen vier Objekten oder zeigt die benannten Objekte im Bilderbuch				
4	I-13	Kind benutzt Zweiwort-Äußerungen in Antworten („Bitte Keks")				
4	I-14	Kind benutzt Zweiwort-Äußerungen in Fragen („Puppe schlafen?")				

Auswertebogen ESCS   Video

Name:

(Seibert, J.M., Hogan, A.E. & Mundy, P.S. (1982); Übersetzung: Sarimski, K. (1991, 1993))

II Initiierung gemeinsamer Aufmerksamkeitsausrichtung

Niveau	Item	Beschreibung	t1	t2	t3	t4
0		Kind nimmt während der Beschäftigung mit Objekten keinen Kontakt zur Erwachsenen auf				
1	II-1	Kind nimmt spontan während einer Aktivität Blickkontakt zur Erwachsenen auf				
2a	II-2	Kind schaut abwechselnd auf mechanisches Spielzeug und die Erwachsene, die es in Gang setzt				
2a	II-3	Kind schaut auf Bilder oder zeigt auf sie, ohne Blickkontakt aufzunehmen				
2b	II-3	Kind zeigt oder gibt der Erwachsenen spontan ein Objekt, das sie anschauen soll				
2b	II-4	Kind zeigt spontan auf Objekte oder Bilder, die die Erwachsene anschauen soll				
3	II-5	Kind benennt spontan ein Objekt und schaut die Erwachsene an				
3	II-6	Kind benutzt ein anderes Wort außer der Objektbezeichnung, um die Aufmerksamkeit der Erwachsenen auf etwas zu lenken, ein Objekt oder Ereignis zu beschreiben („kaputt") oder nach dem Namen eines Gegenstandes zu fragen				
4	II-7	Kind benutzt Zweiwort-Äußerungen aus eigenständigen Begriffen, um die Erwachsene auf etwas aufmerksam zu machen („Schau Bär"), um eine Situation zu beschreiben („Auto kaputt") oder eine Frage zu stellen zu einer Situation				

Auswertebogen ESCS   Video

Name:

(Seibert, J.M., Hogan, A.E. & Mundy, P.S. (1982); Übersetzung: Sarimski, K. (1991, 1993))

III Reaktion auf Verhaltensregulation

Niveau	*Item*	*Beschreibung*	*t1*	*t2*	*t3*	*t4*
0		Kind zeigt keine kommunikative Reaktion auf Ansprache, Verbot, Entzug eines Objekts				
1	III-1	Kind dreht sich zur Erwachsenen hin, wenn sie es mit Namen anspricht				
1	III-3	Kind hält Objekt fest, das die Erwachsene zu nehmen versucht				
1	III-4	Kind schiebt ein Objekt weg, das es nicht will				
2a	III-2 III-5	Kind unterbricht eine Handlung auf ein scharfes „Nein" hin				
2a	III-4 (I-6)	Kind schüttelt den Kopf, um etwas abzulehnen				
2a	III-6	Kind schiebt die Hand der Erwachsenen weg, wenn diese etwas wegziehen möchte				
2a	III-7	Kind protestiert, wenn etwas entfernt wird und schaut dabei die Erwachsene an				
2b	III-8.1 - III-8.6	Kind versteht Aufträge, die von Gesten unterstützt werden (z.B. „Gib mir!", „Leg es rein!", „Gib der Puppe ein Bussi!", „Komm her!", Laß uns gehen!", „Setz dich!")				
3	III-9	Kind versteht Aufträge, die rein sprachlich, aber im Kontext passend, gestellt werden (z.B. „Leg es rein!", wenn das Kind gerade einen Ball hat und eine Dose in Reichweite ist)				
3	III-10	Kind lehnt etwas mit „Nein" ab				
4	III-11.1 - III-11.7	Kind versteht eine Serie von wechselnden Aufforderungen, bei denen es zwei Worte verstehen muß (z.B. „Laß Puppe/Hund essen/schlafen/springen!")				
4	III-12	Kind lehnt etwas mit einer Zweiwort-Verbindung ab				

Auswertebogen ESCS   Video

Name:

(Seibert, J.M., Hogan, A.E. & Mundy, P.S. (1982); Übersetzung: Sarimski, K. (1991, 1993))

IV Initiative zur Verhaltensregulation

Niveau	Item	Beschreibung	t1	t2	t3	t4
0		Kind schaut auf ein Objekt oder greift nach ihm ohne Kontaktaufnahme mit der Erwachsenen				
1	IV-2	Kind zeigt eine unspezifische Handlung, wenn ein Ereignis aufhört (z.B. bloßes Lautieren, Klopfen auf den Tisch, Hopsen o.ä.)				
2a	IV-3.1	Kind deutet auf ein Objekt, das es wünscht				
2a	IV-3.1	Kind streckt den Arm nach dem Objekt aus				
2a	IV-3.2	Kind schaut die Erwachsene an, wenn ein Objekt außer Reichweite liegt				
2a	IV-3.3 IV-3.5	Kind greift nach der Hand der Erwachsenen, wenn ein Ereignis endet				
2a	IV-3.3 IV-3.5	Kind schaut die Erwachsene an, wenn ein Ereignis endet				
2a	IV-3.4	Kind dreht/schiebt ein nichtgewolltes Objekt weg vor einer Berührung mit ihm				
2b	IV-4.1	Kind zeigt auf ein Objekt, schaut zur Erwachsenen und lautiert				
2b	IV-4.2	Kind gibt der Erwachsenen ein Objekt, damit diese etwas Interessantes damit tun oder wiederholen soll				
2b	IV-4.3	Kind lehnt Objekt ab mit Blickkontakt				
2b	IV-4.4	Kind gibt der Erwachsenen etwas in die Hand, um es loszuwerden				
3	IV-5	Kind benutzt in den gleichen Situationen jeweils ein Wort (z.B. „Gib", „Nochmal", „Weg", „Ab", den Namen des Objekts)				
4	IV-6	Kind fragt nach Gegenständen, die außer Sicht sind				
4	IV-7.1-7.3	Kind setzt Zweiwort-Äußerungen ein, um um etwas zu bitten (z.B. „Gib Auto!", „Puppe haben!", „Mach Blasen!")				

MUSIKTHERAPIE - PROFIL

Musiktherapeutin: Kind: Datum: Sitzung:

Bitte kreuzen Sie auf der folgenden Liste jeweils den Wert an, der Ihrem Eindruck des Kindes in der zurückliegenden Stunde am ehesten entspricht:
(3 = sehr, 2 = eher, 1 = wenig, 0 = weder noch, bzw. nicht zu beurteilen)

		3	2	1	0	1	2	3	
1.	aktiv	O	O	O	O	O	O	O	passiv
2.	entspannt	O	O	O	O	O	O	O	angespannt
3.	wach	O	O	O	O	O	O	O	müde
4.	energievoll	O	O	O	O	O	O	O	energiearm
5.	lebhaft	O	O	O	O	O	O	O	ruhig
6.	ausdrucksvoll	O	O	O	O	O	O	O	ausdrucksarm
7.	offen	O	O	O	O	O	O	O	verschlossen
8.	mitteilungsbedürftig	O	O	O	O	O	O	O	zurückhaltend
9.	vokalisierend	O	O	O	O	O	O	O	still
10.	musikalisch aktiv	O	O	O	O	O	O	O	musikalisch passiv
11.	zugewandt	O	O	O	O	O	O	O	abgewandt
12.	zugänglich	O	O	O	O	O	O	O	distanziert
13.	aufgeschlossen	O	O	O	O	O	O	O	abweisend
14.	kooperativ	O	O	O	O	O	O	O	unkooperativ
15.	interessiert	O	O	O	O	O	O	O	uninteressiert
16.	ausdauernd	O	O	O	O	O	O	O	ohne Ausdauer
17.	aufmerksam	O	O	O	O	O	O	O	nicht aufmerksam
18.	freundlich	O	O	O	O	O	O	O	unfreundlich
19.	zufrieden	O	O	O	O	O	O	O	unzufrieden
20.	fröhlich	O	O	O	O	O	O	O	quengelig

Besonders gelungene Interaktion war   ---
in den Minuten: 0   5   10   15   20   25   30

Kind war besonders stark musikalisch   ---
aktiv in den Minuten: 0   5   10   15   20   25   30

Kurze Bewertung der zurückliegenden Stunde:
anstrengend?

Atmosphäre beschreiben

Zuordung der Item-Paare im Musiktherapie-Profil

Aktivität/ Aufmerksamkeit	Kontakt/ Beziehung	Emotionaler Zustand/ Entspannung	Ausdruck/ Musikalische Aktivität
aktiv– passiv	*zugewandt– abgewandt*	*freundlich– unfreundlich*	*ausdrucksvoll– ausdrucksarm*
wach– müde	*zugänglich– distanziert*	*zufrieden– unzufrieden*	*mitteilungsbedürftig– zurückhaltend*
energievoll– energiearm	*aufgeschlossen– abweisend*	*fröhlich– traurig*	*vokalisierend– still*
lebhaft– ruhig	*kooperativ– unkooperativ*	*entspannt– angespannt*	*musikalisch aktiv– musikalisch passiv*
ausdauernd– ohne Ausdauer	*interessiert– uninteressiert*		
aufmerksam– nicht aufmerksam	*offen– verschlossen*		

Leitfaden für das Eltern-Interview

Wer hat sich zuhause meist mit dem Kind beschäftigt? Wie lange haben Sie jeweils mit Ihrem Kind gespielt?	Was haben Sie konkret mit Ihrem Kind gespielt? Wie oft haben Sie auf diese Art mit Ihrem Kind gespielt?	Wie haben Sie mit Ihrem Kind gespielt?
Wurde mit dem Kind gesungen oder Musik gemacht? Haben Sie aus der Musiktherapie Anregungen mitgenommen?	Hat das Kind Musik gehört? Wann? Wie lange? Welche haben Sie aufgegriffen und umgesetzt?	Welche Art von Musik hört das Kind? Welche Art von Musik hören die Eltern?
Wie hat Ihr Kind auf die Musiktherapie reagiert?	Was hat Ihr Kind von der Musiktherapie profitiert?	Was ist für Sie das Besondere an der Musiktherapie?
Hat sich die Art Ihrer Beziehung zu Ihrem Kind seit dem letzten Mal verändert?	Haben Sie neue Verhaltensweisen an Ihrem Kind beobachtet?	Hat Ihr Kind neue Mittel sich zu verständigen, entwickelt?
Hatte Ihr Kind in der Zwischenzeit Frühförderung / andere Therapie?	Welche? Wie oft?	Bemerkungen

[1] MUS
[2] VER
[3] NON
[4] BLI   INTERACT-Ereignisliste
[5] VOK
[6] SPI
[7] GES

				[1]	[2]	[3]	[4]	[5]	[6]	[7]
Scene 001	**00:02:00:00**	**00:06:59:24**	**06FEC000-1**							
Take 001	**00:02:00:00**	**00:02:29:24**								
E 001	00:02:00:00	00:02:00:20									1			
E 002	00:02:00:07	00:02:01:11													1	
E 003	00:02:00:21	00:02:04:16									4			
E 004	00:02:01:13	00:02:02:06		|2						
E 005	00:02:04:08	00:02:05:09													1	
E 006	00:02:04:17	00:02:06:07									1			
E 007	00:02:05:15	00:02:06:05		|2						
E 008	00:02:06:08	00:02:07:22									4			
E 009	00:02:07:23	00:02:08:15									1			
E 010	00:02:08:16	00:02:09:02									4			
E 011	00:02:08:22	00:02:13:04													2	
E 012	00:02:09:03	00:02:11:20									1			
E 013	00:02:11:21	00:02:14:07									6			
E 014	00:02:11:22	00:02:14:01														|2
E 015	00:02:13:16	00:02:16:02		|2						
E 016	00:02:14:08	00:02:14:15									1			
E 017	00:02:14:16	00:02:17:04									4			
E 018	00:02:17:05	00:02:29:00									1			
E 019	00:02:17:12	00:02:25:19													2	
E 020	00:02:26:04	00:02:27:03		|2						
E 021	00:02:26:21	00:02:29:02													2	
E 022	00:02:28:17	00:02:29:24		|2						
E 023	00:02:29:01	00:02:29:20									6			
E 024	00:02:29:21	00:02:29:24									4			
Take 002	**00:02:30:00**	**00:02:59:24**								
E 025	00:02:30:00	00:02:31:17									4			
E 026	00:02:30:00	00:02:30:23		|2						
E 027	00:02:31:18	00:02:32:09									1			
E 028	00:02:32:08	00:02:33:09											1		
E 029	00:02:32:10	00:02:37:21									6			
E 030	00:02:34:16	00:02:36:22													2	
E 031	00:02:37:04	00:02:38:19		|2						
E 032	00:02:37:22	00:02:40:05									4			
E 033	00:02:39:20	00:02:40:15					1					
E 034	00:02:40:06	00:02:41:07									6			
E 035	00:02:41:08	00:02:43:23									1			
E 036	00:02:42:02	00:02:45:22													2	
E 037	00:02:43:06	00:02:44:05					1					